MACHADO DE ASSIS
E A ADMINISTRAÇÃO PÚBLICA

O SERVIÇO PÚBLICO NA VIDA
E NA CRÔNICA MACHADIANA

FÁBIO LINS DE LESSA CARVALHO

Prefácio
Irene Nohara

Apresentação
Rodrigo Valgas

MACHADO DE ASSIS E A ADMINISTRAÇÃO PÚBLICA

O SERVIÇO PÚBLICO NA VIDA E NA CRÔNICA MACHADIANA

Belo Horizonte

FÓRUM
CONHECIMENTO JURÍDICO
2024

© 2024 Editora Fórum Ltda.

É proibida a reprodução total ou parcial desta obra, por qualquer meio eletrônico, inclusive por processos xerográficos, sem autorização expressa do Editor.

Conselho Editorial

Adilson Abreu Dallari
Alécia Paolucci Nogueira Bicalho
Alexandre Coutinho Pagliarini
André Ramos Tavares
Carlos Ayres Britto
Carlos Mário da Silva Velloso
Cármen Lúcia Antunes Rocha
Cesar Augusto Guimarães Pereira
Clovis Beznos
Cristiana Fortini
Dinorá Adelaide Musetti Grotti
Diogo de Figueiredo Moreira Neto (in memoriam)
Egon Bockmann Moreira
Emerson Gabardo
Fabrício Motta
Fernando Rossi
Flávio Henrique Unes Pereira

Floriano de Azevedo Marques Neto
Gustavo Justino de Oliveira
Inês Virgínia Prado Soares
Jorge Ulisses Jacoby Fernandes
Juarez Freitas
Luciano Ferraz
Lúcio Delfino
Marcia Carla Pereira Ribeiro
Márcio Cammarosano
Marcos Ehrhardt Jr.
Maria Sylvia Zanella Di Pietro
Ney José de Freitas
Oswaldo Othon de Pontes Saraiva Filho
Paulo Modesto
Romeu Felipe Bacellar Filho
Sérgio Guerra
Walber de Moura Agra

FÓRUM
CONHECIMENTO JURÍDICO

Luís Cláudio Rodrigues Ferreira
Presidente e Editor

Coordenação editorial: Leonardo Eustáquio Siqueira Araújo / Aline Sobreira de Oliveira
Revisão: Cristhiane Maurício
Capa, projeto gráfico e diagramação: Walter Santos
Imagem de capa: Arquivo Nacional, Domínio Público

Rua Paulo Ribeiro Bastos, 211 – Jardim Atlântico – CEP 31710-430
Belo Horizonte – Minas Gerais – Tel.: (31) 99412.0131
www.editoraforum.com.br – editoraforum@editoraforum.com.br

Técnica. Empenho. Zelo. Esses foram alguns dos cuidados aplicados na edição desta obra. No entanto, podem ocorrer erros de impressão, digitação ou mesmo restar alguma dúvida conceitual. Caso se constate algo assim, solicitamos a gentileza de nos comunicar através do *e-mail* editorial@editoraforum.com.br para que possamos esclarecer, no que couber. A sua contribuição é muito importante para mantermos a excelência editorial. A Editora Fórum agradece a sua contribuição.

Dados Internacionais de Catalogação na Publicação (CIP) de acordo com ISBD

C331m

Carvalho, Fábio Lins de Lessa

Machado de Assis e a administração pública: o serviço público na vida e na crônica machadiana / Fábio Lins de Lessa Carvalho. Belo Horizonte: Fórum, 2024.

335 p. 14,5x21,5cm
il.
ISBN impresso 978-65-5518-763-2
ISBN digital 978-65-5518-768-7

1. Administração pública brasileira. 2. História. 3. Literatura. 4. Direito administrativo. 5. Machado de Assis. I. Título.

CDD: 342
CDU: 342

Ficha catalográfica elaborada por Lissandra Ruas Lima – CRB/6 – 2851

Informação bibliográfica deste livro, conforme a NBR 6023:2018 da Associação Brasileira de Normas Técnicas (ABNT):

CARVALHO, Fábio Lins de Lessa. *Machado de Assis e a administração pública: o serviço público na vida e na crônica machadiana*. Belo Horizonte: Fórum, 2024. 335 p. ISBN 978-65-5518-763-2.

"*Duvido que um secretário de Estado dê melhores explicações ao parlamento do que eu aos meus leitores*".
(Machado de Assis, crônica de 17.07.1864)

"*As questões literárias não têm a importância das políticas*".
(Machado de Assis, crônica de 02.07.1893)

"*Leis internacionais, constituições federais ou estaduais não são comigo. Eu sou, quando muito, homem de regimento interno*".
(Machado de Assis, crônica de 15.03.1896)

SUMÁRIO

PREFÁCIO
O BRUXO DO COSME VELHO E O CATADOR DE CONCHAS: MACHADO DE ASSIS SOB O OLHAR DE FÁBIO LINS
Irene Patrícia Diom Nohara 11

APRESENTAÇÃO
O CONVITE
Rodrigo Valgas dos Santos 19
    Uma contextualização 20
    O surgimento do epíteto de "Bruxo do Cosme Velho" 23
    Machado e o serviço público: o novidadeiro olhar de Fábio 26
    A Administração Pública na crônica machadiana 29
    Para além das crônicas 31
    Teoria do Medalhão 31
    O Espelho 33
    A Sereníssima República 34
    Um arremate 37

NOTA DO AUTOR
A INTERDISCIPLINARIDADE NAS QUESTÕES JURÍDICO-ADMINISTRATIVAS 39

PARTE I
MACHADO DE ASSIS SERVIDOR PÚBLICO

1.1   Evolução dos critérios de provimento dos cargos públicos 51
1.1.1 Era da espoliação 52
1.1.2 Era dos cavalheiros 59
1.1.3 Era do mérito 62
1.1.4 Era da diversidade 73
1.2   A tradição universal de escritores servidores públicos 87

1.3	A tradição brasileira de escritores servidores públicos	94
1.4	A Administração Pública e o Direito Administrativo no Segundo Reinado e na Primeira República	105
1.5	Machado de Assis: vida, caráter, ideologia, obra e reconhecimento	121
1.6	A trajetória de Machado de Assis no serviço público	138
1.6.1	Na Imprensa Nacional (1856/1858; 1867/1873)	143
1.6.1.1	Como Tipógrafo	144
1.6.1.2	Como Ajudante do Diretor do Diário Oficial	150
1.6.2	No Conservatório Dramático Brasileiro (1862-1864)	152
1.6.2.1	Como Censor Teatral	152
1.6.3	Na Secretaria da Agricultura, Comércio e Obras Públicas e no Ministério da Indústria, Viação e Obras Públicas (1873-1908)	159
1.6.3.1	Como Amanuense	162
1.6.3.2	Como Primeiro Oficial	165
1.6.3.3	Como Chefe de Seção	166
1.6.3.4	Como Oficial de Gabinete do Ministro	171
1.6.3.5	Como Diretor da Diretoria do Comércio	174
1.6.3.6	Como Diretor da Diretoria Geral da Viação	176
1.6.3.7	Como Secretário do Ministro	180
1.6.3.8	Como Diretor-Geral da Secretaria da Indústria	183
1.6.3.9	Como Diretor-Geral de Contabilidade	185
1.7	Avaliação de desempenho de Machado de Assis no serviço público	189
1.7.1	Capacidade (qualidade, produtividade e tempestividade)	192
1.7.2	Dedicação (assiduidade, pontualidade e lealdade)	194
1.7.3	Zelo (responsabilidade, rigor e honestidade)	197
1.7.4	Iniciativa (presteza, bom relacionamento e proatividade)	201
1.7.5	Bônus: espirituosidade (vivacidade, motivação e bom humor)	202
1.7.6	Conclusão da avaliação de desempenho	205

PARTE II

A ADMINISTRAÇÃO PÚBLICA NA CRÔNICA MACHADIANA

2.1	O cronista Machado de Assis	211
2.2	Opiniões de Machado de Assis sobre questões jurídico-administrativas	219
2.2.1	Patrimonialismo	220

2.2.2	Autoritarismo	224
2.2.3	Burocracia	226
2.2.4	Interesse público	228
2.2.5	Princípios	231
2.2.6	Legalidade	232
2.2.7	Impessoalidade	235
2.2.8	Moralidade	237
2.2.9	Publicidade	241
2.2.10	Eficiência	243
2.2.11	Legislativo	247
2.2.12	Judiciário	251
2.2.13	Inovação e tecnologia	254
2.2.14	Participação cidadã	258
2.2.15	Agentes públicos	261
2.2.16	Acesso das mulheres à função e vida públicas	270
2.2.17	Regulamentos administrativos	272
2.2.18	Estado e Município	275
2.2.19	Poder de polícia e proteção ambiental	279
2.2.20	Responsabilidade do Estado	281
2.2.21	Serviços públicos	284
2.2.22	Licitações, contratos e obras públicas	286
2.2.23	Regulação, fomento e intervenção estatal na propriedade	291
2.2.24	Patrimônio público	294

REFERÊNCIAS..................299

IMAGENS

Primeira parte do livro: Machado de Assis Servidor..................317
Segunda parte do livro: Machado de Assis Cronista (1859-1900)..................325

PREFÁCIO

O BRUXO DO COSME VELHO E O CATADOR DE CONCHAS: MACHADO DE ASSIS SOB O OLHAR DE FÁBIO LINS

Joaquim Maria Machado de Assis (1839-1908) é considerado não apenas um dos maiores escritores da literatura brasileira, mas também está entre os mais respeitados da literatura universal. Frequentemente referido como bruxo do Cosme Velho, foi de fato um "mago" que, com um estilo próprio, penetrou na psicologia profunda de suas personagens literárias, tendo a alcunha sido construída ainda por ter morado com sua esposa Carolina na Rua Cosme Velho, nº 18, Rio de Janeiro, então Capital Federal.

Escreveu romances como a monumental tríade *Dom Casmurro*, *Memórias póstumas de Brás Cubas* e *Quincas Borba*, mais de duzentos contos, poesias e peças de teatro. A empreitada de Fábio Lins de o juntar à sua vasta produção transdisciplinar, sobre Literatura, Arte e Direito acerca da Administração Pública e, consequentemente, do Direito Administrativo brasileiro, é um passo a ser celebrado com grande entusiasmo!

Essa escolha de Fábio Lins traz à tona uma faceta até agora obscura do "bruxo do Cosme Velho", concentrada nas diversas crônicas (mais de seiscentas), que ele publicou nos jornais de 1859 até 1900, atraindo o olhar do *Direito na Literatura* (*Law in Literature*) para aspectos ainda não tão garimpados e remexidos da produção e da vida de Machado de Assis, quer seja em suas crônicas, que refletiam suas percepções reais da sociedade da metade do século XIX, assim como na sua pouco divulgada atuação como agente público, cobrindo, portanto, um ponto cego da abordagem machadiana.

Nessa perspectiva, Fábio Lins, que já produz enorme bibliografia sobre as facetas dos principais autores da literatura brasileira e sua percepção da Administração Pública, incluindo a vinculação com o funcionalismo público, faz um trabalho inspirado de verdadeiro "catador de conchas", pois não apenas descreve com dados o vínculo de Machado de Assis com a Administração Pública, trazendo relatos até daqueles que com ele desenvolveram funções, como Francisco Glicério, mas sobretudo coleta excertos das centenas de crônicas de Machado, que demonstram a opinião do autor sobre inúmeros temas associados ao Direito Administrativo.

Fábio Lins coleta as "conchas" como pérolas que encontra na areia da vasta produção machadiana, sendo as crônicas momentos em que o leitor pode conhecer mais de perto algo que nem sempre a literatura revela de achado: a verdadeira opinião do autor sobre questões pontuais da vida social do Rio de Janeiro da segunda metade do século XIX. Ademais, Fábio Lins faz seu trabalho de catador de conchas não apenas como seu principal *hobby* de jurista das Alagoas, que aprecia e se dedica à arte e à literatura, mas também como pesquisador, sendo então proporcionadas verdadeiras joias de achados científicos que trazem mais colorido e variedade para a imagem que tradicionalmente se construiu de Machado de Assis.

Inclusive, do ponto de vista de sua atuação na Administração Pública, a pesquisa científica de Fábio Lins desfaz uma percepção equivocada que se tem de Machado de Assis. Frequentemente se costuma referir que a vida dele no funcionalismo fora algo menor, que ele apenas teria utilizado das atribuições como um meio de "sustentar sua arte". Evidente que a presença no funcionalismo o provera de sustento, mas, nos dados levantados por Fábio Lins, revela-se um aspecto de Machado zeloso, preocupado em desenvolver suas tarefas com presteza, rendimento funcional e envolvimento notável.

Machado de Assis foi, durante muito tempo de sua vida, agente público e a presente obra, ainda que no contexto de Império e de início da República, em que não havia o profissionalismo próprio das carreiras públicas pós-Getúlio Vargas e do modelo burocrático weberiano, vai nos desvendar como foi sua dedicação aos ofícios e cargos ocupados, sendo, numa etapa posterior, desdobradas as crônicas a partir de várias opiniões colacionadas por Fábio Lins, que deliciarão o leitor e admirador de Machado de Assis com preciosas descobertas.

Lembre-se da frase machadiana, de Brás Cubas: "a vida é um mosaico: esta pedra feroz, aquela outra suave, lá uma colorida, acolá uma sombria, todas vão formando um desenho". Com essa inspiração da variedade e complexidade da vida, também Machado é um mosaico, sendo que se "cata" um fato da vida aqui, mais feroz, "outro" acolá, mais suave, até algo colorido (mais raro nos últimos romances..., porém mais identificável em suas crônicas), e se vai refazendo, a cada novo estudo, as tonalidades e nuanças do desenho geral que se tem do "bruxo".

Sobre a biografia de Joaquim Maria Machado de Assis, por sua vez, apesar de ampla documentação, ainda há lacunas. Sabe-se que foi filho de um pintor e decorador de paredes, Francisco José de Assis, mulato, sendo descendente de escravo alforriado, com a lavadeira portuguesa denominada Maria Leopoldina de Câmara Machado. Nasceu em 21 de junho de 1839, na Chácara do Livramento, onde viveu como agregado de Maria José de Mendonça Barroso Pereira (viúva de um Senador). Foi acolhido por ela, tornando-se um exemplo escasso de mobilidade social em um Brasil que aboliria a escravidão apenas em 1888.

Não frequentou universidade, não obstante se notabilizou como autodidata, que sempre que pôde aprendeu com os eruditos que teve contato. Reservado em sua vida privada ou do círculo de relações que construiu, pode-se dizer, porém, que Machado se relacionou muito bem com a elite intelectual e cultural do Rio de Janeiro de então.

Machado de Assis é referido como "bruxo", pois suas análises transcendem o que é comum e, como "mago", consegue enxergar o invisível encartado na teia das complexidades que regem as suscetibilidades latentes e emergentes das relações humanas, em uma visão que instiga à percepção das idiossincrasias, dos sentimentos contraditórios e dos interesses inconfessáveis.

A presente abordagem deixa de lado aquelas correntes alusões à "navalha machadiana" dos romances da fase mais madura, regados ao sarcasmo que "corta", como instrumento, e, portanto, expõe as camadas mais profundas das contradições humanas. Frequentemente, Machado subverte expectativas, fazendo observações precisas e penetrantemente incômodas sobre a natureza humana, que se volta muito mais para racionalizar preferências subjetivas do que efetivamente se encaixar em eventuais metanarrativas de supostas grandes conquistas da humanidade, com as quais, aliás, não se identifica, dado comportamento oscilante e interessado que enxerga no ser humano, sob o qual recai quase sempre uma "hermenêutica de suspeição" voltada a todo e qualquer "olhar de soslaio" ou mesmo, na linguagem de *Dom Casmurro*, olhar "de ressaca".

Por conhecer a latência da hipocrisia da alma humana, na vida e nas leituras que fez, Machado continuamente nos revela uma faceta que leva sua narrativa a gerar uma ponderação de um fator obscuro, mas que ele, de forma sutil, com elegante sarcasmo e uma escrita refinada, esclarece, deixando, no entanto, ao leitor que faça o seu julgamento.

Ressalte-se, porém, que, na faceta machadiana de cronista, há mais leveza, sendo esta regada a uma linguagem mais direta, mas que também se alicerça na crítica social, no olhar do cenário do cotidiano político, social e cultural do tempo vivido pelo autor enquanto jornalista, cronista e ocupante de cargos públicos no Rio de Janeiro.

Assim, no "Machado cronista" há uma linguagem mais imediata e efêmera dos relatos das tendências do cotidiano e das peculiaridades da vida na então Capital Federal. Machado, na crônica de 27.07.1862, reclama das ruas imundas da cidade, do descaso dos fiscais, em que a iluminação de gás não é suficiente para clarear as madrugadas, num cenário de chuvas com valas entupidas, correios que nem sempre tinham eficiência na entrega das cartas e autoridades públicas agindo com autoritarismo e truculência, sendo a Administração Pública tomada de "mexeriqueiros".

Machado trabalhou como cronista em jornais, teve a carreira pública destacada, dos cargos mais subalternos às chefias, seja na Imprensa Nacional, como Diretor-Geral de Contabilidade do Ministério da Indústria, Viação e Obras Públicas ou no Ministério da Agricultura, ocasião em que Fábio Lins, com bastante espiritualidade, propõe-se a fazer uma "avaliação de desempenho" de Machado de Assis no exercício de suas funções, conforme dados que levanta dos seus biógrafos e de pessoas com as quais trabalhou. Ademais, Machado de Assis participou, em 1897, da fundação da Academia Brasileira de Letras (ABL), tendo sido seu primeiro presidente até a morte, em 1908. Sua aposentadoria do funcionalismo se deu em 1899, período em que mais de dedicou à ABL.

Não é mais tão habitual, como outrora fora, exaltar o fato incontestável de que Machado de Assis ascendeu socialmente, por dois motivos: (i) primeiramente, pois, apesar de ter sido mulato, gago, epiléptico e originado de família pouco abastada, o que, em si, já é algo admirável, tendo em vista os obstáculos que teria de enfrentar para ser alguém, ou, como se costuma dizer, em expressão extraída do conto de Machado, para ser um "medalhão", ele obteve muito apoio social e não passou propriamente por privações mais severas em sua vida, tendo sido, desde jovem, apadrinhado por membros da elite, escritores e editores; e

(ii) depois, embora sendo de fato notável a trajetória social de Machado de Assis, que alcançou tamanho prestígio, grande parte em função de seu esforço, extremamente dedicado à escrita, à leitura atenta e ao aperfeiçoamento pelo autodidatismo, e também por seu talento, o próprio Fábio Lins, autor da presente obra, adverte, da passagem do sistema dito meritocrático para o sistema da diversidade, o que acontece nos dias atuais, que a visão meritocrática na sociedade brasileira de fato merece as críticas que recebe, pois, antes mesmo de começar uma competição, salvo para alguns raros "azarões" (como seria o exemplo de Machado), que devem ser vistos como exceções que confirmam a regra, praticamente já é possível saber quais serão os vencedores ou, pelo menos, de que classe social eles virão.

Assim, em icônica frase machadiana, "ao vencedor, as batatas!", sendo que, desde tempos imemoriais, essas batatas não são distribuídas em função de critérios justos e equilibrados. Algo que, do prisma emocional, aplicado à música da banda sueca Abba, é traduzido na frase: *the winner takes it all*, do álbum de 1980, denominado "Super Trouper", em que a banda canta a natureza cruel e desigual dos términos dos relacionamentos amorosos, pois, enquanto o vencedor fica com tudo (*takes it all*), incluindo a capacidade de seguir em frente renovado e nutrido, o perdedor é deixado acuado nos escombros da dor e do desgosto.

Ademais, Fábio Lins não deixa de analisar uma das principais polêmicas envolvendo Machado de Assis, um verdadeiro *disclaimer* da era da diversidade, que foi o seu *branqueamento* pela elite cultural brasileira, a qual não apenas clareou sua pele, mas também o pintou com as cores da indiferença em relação à escravidão.

Contudo, Machado de Assis foi mulato, sendo, por isso, motivo de orgulho sua inserção entre os autores negros brasileiros e atualmente sua pele está sendo representada como é, mais escurecida, num movimento apelidado de "Machado real", e, em sua obra, é possível, ainda, identificar passagens que estão distantes da postura indiferente à escravidão, não obstante a efetiva ausência de engajamento mais veemente na causa abolicionista, como ocorreu com o seu contemporâneo Luís Gama, que foi um abolicionista, pois a abordagem machadiana é literária, mas não é justo chamá-lo de isento.

Note-se que Fábio Lins chega inclusive, na parte das crônicas machadianas, a trazer um dado que é pouco conhecido de Machado de Assis e que merece igual atenção: ele também se posicionou em favor da conquista de direitos por parte das mulheres, pois ele diz, em uma crônica escrita em 1861, que quisera uma nação onde a organização política e administrativa passasse às mãos do "sexo amável", onde "tudo fosse ocupado" por essa metade da humanidade. Outrossim, numa crônica de 1894, Fábio Lins colaciona a passagem em que Machado de Assis defende o voto feminino, enfatizando ser a mulher mais discreta, zelosa e mais desinteressada do que o homem, incitando a que se convidem as mulheres a colaborar com os homens "na oficina da política" (1894, *Gazeta de Notícias*).

Aliás, da perspectiva de subversão, Machado reiteradamente apontava, com o sarcasmo que lhe era peculiar, as mentiras sociais. Tal se verifica no conto "Teoria do Medalhão", em que o pai dá conselhos ao seu filho, que conquista a maioridade de então, dizendo que a melhor forma de se transformar em uma pessoa de destaque social é evitar o estudo aprofundado, a reflexão crítica, deixando de lado, ainda, a autenticidade, a integridade moral e a profundidade intelectual, em prol da aparência e das relações superficiais que possam gerar benefícios, reflexão que vale pela abordagem da verdade efetiva (*verità effettuale*) empreendida por Machiavel, na obra *O Príncipe*.

Machado de Assis alcançou prestígio em vida, mas se não deslumbrou por ocupar espaços de destaque na sociedade de então, pois via as relações sociais do prisma realista, sendo constante observador da contradição da moralidade afirmada em relação aos atos praticados; assim, mesmo que pessimista em relação à natureza humana, não estranhava "nada do que era humano", conforme a máxima do dramaturgo Terêncio da Roma Antiga. Todavia, no caso do "Machado cronista", não há o mesmo relativismo do Machado (maduro) dos romances, sendo então Brás Cubas e sua visão cética sobre a verdade e a moral uma crítica da hipocrisia, mas jamais a reprodução da indiferença que o autor concretamente atribui às atitudes humanas.

O presente prefácio convida o leitor a acompanhar a reconstrução da trajetória de Machado de Assis, do prisma de sua carreira pública, bem como admirar cada excerto de crônica colacionada por Fábio Lins, que, com o seu olhar de publicista, revela-nos facetas ainda não tão conhecidas de Machado de Assis, posicionando-se de forma mais direta, o que é mais raro em seus romances, sobre temas como interesse público, princípios, legalidade, impessoalidade, Legislativo, inovação e tecnologia, cidadania, regulamentos, poder de polícia, mostrando que Machado de Assis prezava pela moralidade, principalmente em face das inúmeras denúncias feitas, pelo espírito cívico (no sentido de civilidade, de civilização, de cidadania, não de "moral e cívica"), apesar da controvertida tarefa de Censor de peças teatrais. E também é um autor que, nas suas crônicas, abre não só um portal para o passado, mas trata assuntos e atitudes humanamente universais, o que quase sempre causa espanto pela atualidade de suas análises.

Seguramente esta será uma obra de referência entre as ricas obras de Fábio Lins. Faço votos para que, além disso, venha a chamar a atenção não apenas do público da área jurídica, que se deliciará com os excertos e as reflexões colacionadas, mas ainda dos que estudam Machado de Assis no Brasil e no mundo, pois a original abordagem da presente obra cobre assuntos de grande importância da biografia do bruxo do Cosme Velho que nem sempre são conhecidos dos estudiosos deste que é, conforme reconhecido, o maior autor da literatura nacional e um dos maiores da literatura mundial.

Irene Patrícia Diom Nohara
Livre-Docente e Doutora em Direito do Estado (USP).
Professora e Pesquisadora do Programa de Direito Político e Econômico da Universidade Presbiteriana Mackenzie.

APRESENTAÇÃO

O CONVITE

O convite de Fábio Lins de Lessa Carvalho, para fazer a apresentação do livro: "Machado de Assis e a Administração Pública: o serviço público na vida e na crônica machadiana", encheu-me de alegria. Mas também me atravessou um calafrio na espinha. Não é fácil falar sobre Machado. Para aventurar-me nessa missão, tive a prazerosa tarefa de revisitar inúmeros clássicos e rever biografias, artigos, *podcasts*, discursos, críticas literárias, acervo da Academia Brasileira de Letras (ABL), etc.

Essa mesma sensação certamente perpassou o espírito de Irene Patrícia Diom Nohara, que elabora o prefácio desta obra, grande incentivadora, para que juntos estivéssemos neste livro. São momentos como esse que fazem a vida adquirir uma dimensão maior, quando nos desprendemos do cotidiano para imergir nas coisas que realmente importam, nas coisas d'alma e, no caso de Machado, num mergulho sempre introspectivo e personalíssimo.

Joaquim Maria Machado de Assis é o maior e o mais estudado de todos os escritores brasileiros. Temos outros notáveis, a exemplo de Guimarães Rosa, Clarice Lispector, Graciliano Ramos, Manoel Bandeira, Lygia Fagundes Telles, Carlos Drummond de Andrade, Cora Coralina, José de Alencar, Cecília Meireles, Jorge Amado, Nélida Piñon, etc. Contudo, o reconhecimento da grandiosidade de Machado deve-se à magnitude de sua obra nos mais diversos gêneros literários. Teve muito de inspiração – sem a qual não aflora o gênio –, mas muito de transpiração. Sempre trabalhou à beira da estafa e pôde fazer experiências que o prepararam para atingir possibilidades literárias antes inauditas.

De há muito Machado mora em minha casa. Acostou-se devagarinho. Chegou através do clássico: *Obra completa em três volumes*, encadernada em couro pela Aguilar Editora (1971), com romances, contos, teatro, poesia, crônicas e correspondências que adquiri num sebo que não resistiu ao tempo. Desde a mansidão de sua chegada, cada leitura fazia com que sua presença se tornasse cada vez mais intensa, deixando de ocupar um lugar específico em minha biblioteca, para instalar-se no pensamento e no imaginário de todo meu ser. Isso também me aguçou o interesse pela obra machadiana. Ao longo do tempo adquiri novos rebentos, como biografias, releituras, almanaque, discursos, etc.

Grandes escritores nos marcam indelevelmente, moldam nosso pensamento e percepção de mundo. Suas visitas não são de ocasião. Uma vez convidados, ocupam a sala de estar e depois os mais recônditos cantos de nossa mente, passam a ser moradores permanentes, amigos queridos que ora nos confortam, ora nos afligem com suas ideias e inquietações. Machado de Assis é um desses companheiros que resolveu habitar minha morada interior, tal qual habita um sem-número de admiradores mundo afora.

Uma contextualização

Por certo não temos a pretensão de apresentar Machado em tão breves linhas. Mas vale trazermos, à guisa de breve contextualização, alguns aspectos de sua vida, especialmente porque o livro de Fábio Lins não está destinado apenas aos amantes da literatura, mas aos do Direito.

Do seu nascimento no Rio de Janeiro, em 21 de junho de 1839, dos primeiros anos no Morro do Livramento até tornar-se o mais aclamado autor brasileiro, foi um longo percurso. Se hoje a condição de negro ainda impõe sérios obstáculos, ao tempo do Brasil Imperial, marcado pela chaga da escravidão, superar os obstáculos raciais para vir a ser aclamado nos maiores círculos intelectuais do Brasil do século XIX é um feito difícil de conceber. Machado é um milagre!

Naqueles tempos, o Rio era um viveiro de pestilências. Sua irmã Maria morreu aos 4 anos de sarampo. A Capital do Brasil era conhecida por suas doenças; viver era demais perigoso e durava-se pouco. Sua mãe Maria Leopoldina morreu tísica aos 49 anos. A amada esposa Carolina de câncer no intestino em 1904. Machado morreu com uma úlcera cancerosa na boca e sua certidão de óbito, de 29 de setembro de 1908, indica "arteriosclerose generalizada". Era gago e sofria com severas crises epiléticas, além de uma inflamação crônica nos olhos que dificultavam o ler e o escrever na medida do desejável. A média de vida dos brasileiros era de 34 anos e a dos escravizados de 25.[1]

A tuberculose, as bexigas da varíola, o sarampo, a cólera e toda sorte de doenças, que em grande parte ficaram no passado, atormentavam a mundividência e a realidade dos habitantes do Rio de Janeiro do século XIX e povoam as crônicas, contos e romances machadianos. Essa percepção que nosso mundo pode desmoronar a qualquer instante, que os amigos e entes queridos podem desaparecer num átimo, dava um senso de urgência e dramaticidade que dificilmente hoje conseguimos compreender. É como estar permanentemente "à beira do eterno aposento".[2]

Muitos escritores reagiam de diferentes maneiras a esse estado de coisas e à fragilidade da vida. Não à toa alguns dos românticos respondiam ao "mal do século" fazendo com que tal desencanto culminasse no anelo da morte. Machado rompeu com essa abordagem literária mais lúgubre, expressando de outro modo a ilogicidade e perplexidade da existência, na linha da filosofia schopenhaueriana.

Como bem lembra Rui Barbosa no discurso proferido em suas exéquias em 1908: "Nascido com uma dessas predestinações sem remédio ao sofrimento, a amargura do seu quinhão nas expiações da nossa herança o não mergulhou no pessimismo dos sombrios, dos mordazes, dos invejosos, dos revoltados".[3] Certamente seu pessimismo não era nem invejoso nem revoltado, mas é certo que é uma tônica da obra machadiana. A crueza da sua narrativa apenas encontra refrigério no seu fino humor. O humorismo e a tragicomédia da vida humana foram o método eleito para desforrar-se e fazer troça da realidade. E por que não: trazer um pouco mais de leveza à vida.

Seu pessimismo era admitido por si mesmo. Na carta escrita ao amigo Mário de Alencar, em agosto de 1908, cerca de um mês antes de falecer, disse: "Meu querido amigo, hoje à tarde, reli uma página da biografia do Flaubert; achei a mesma solidão e tristeza e até o mesmo

---

[1] AGUIAR, Luiz Antônio. *Almanaque Machado de Assis*. 3. ed. São Paulo: Record, 2008, p. 30.
[2] Carta a Joaquim Nabuco, de 1904. Disponível em: https://fundar.org.br/wp-content/uploads/2021/06/correnpondencias-entre-machado-de-assis-e-joaquim-nabuco.pdf. Acesso em: 28 abr. 2024.
[3] BARBOSA, Rui. *Adeus a Machado de Assis*. Disponível em: https://rubi.casaruibarbosa.gov.br/bitstream/handle/20.500.11997/16240/FCRB_RuiBarbosa_Adeus_a_Machado_de_Assis.pdf?sequence=1&isAllowed=y. Acesso em: 28 abr. 2024.

mal, como sabe, o outro..." Machado fazia alusão a sua epilepsia, sobre cuja condição negava-se a falar abertamente.

O autor não se enquadra facilmente em quaisquer rótulos. Seu primeiro livro de poemas, *Crisálidas* (1864), tinha traços do romantismo, bem como seus 4 primeiros romances, *Ressureição* (1872), *A mão e a luva* (1874), *Helena* (1876) e *Iaiá Garcia* (1878). A partir de *Memórias póstumas de Brás Cubas* (1881), consolida a transição para sua segunda fase, seguindo-se *Quincas Borba* (1891), *Dom Casmurro* (1899), *Esaú e Jacó* (1904) e *Memorial de Aires* (1908). Tampouco pode dizer-se que foi um típico realista à Zola. José Guilherme Merquior o define como um escritor *impressionista* como Tchecov, Eça, Henry James ou Marcel Proust, asseverando:

> [...] o impressionismo engendra o "romance psicológico" de tipo moderno, ou seja, de estrutura não linear. O relato de narrador impessoal e onisciente, usado pelos realistas e naturalistas, é substituído pela história contada do *ponto de vista* do herói-autor (Proust, Svevo), ou então, como em James e Conrad, pela narração construída com ponto de vista plurifocal, isto é, contada a partir da perspectiva de vários personagens. Elaborando a técnica do "discurso vivido" o romancista procura captar a vida interior dos protagonistas.[4]

Alfredo Coutinho não o situa exatamente como um *impressionista*, ainda que não negue essa característica em sua obra: "Naturalmente é realista a arte machadiana. Mas de um realismo mitigado, antes um realismo impressionista".[5] Bem se percebe que a obra de Machado bebe de diversas fontes literárias, não sendo possível – nem desejável – rotulá-lo com exatidão.

Sua obra também fascina porque decorre da mente de um homem de hábitos espartanos e moderados. Ao revés, seus textos não têm freios ou pejos morais. As traições, os assassínios, a sensualidade, as perversões, a inveja, a cupidez, a canalhice, a grandeza e especialmente a pequenez humana afloram por todos seus poros e pena de escritor. Matreiramente, fico a pensar se uma certa retidão de vida acaba por possibilitar abrir as asas para os desejos mais ocultos; a viver na imaginação o que não é vivido no cotidiano, porque, se o fosse, talvez não

---

[4] MERQUIOR, José Guilherme. *De Anchieta a Euclides*: breve história da literatura brasileira. São Paulo: É Realizações, 2014, p. 244-245.

[5] COUTINHO, Alfredo. Estudo Crítico. *Machado de Assis*: obra completa em três volumes. Rio de Janeiro: José Aguillar, 1971, p. 51.

houvesse a necessidade catártica de condensar essa humanidade na literatura.

E por falar no plano pessoal, Machadinho viveu plenamente o amor com Carolina. A carta a Joaquim Nabuco traz o pungente relato de como ficou difícil viver depois da morte da amada esposa: "Depois que minha mulher faleceu soube por algumas amigas dela de uma confidência que ela lhes fazia; dizia-lhes que preferia me ver morrer primeiro por saber a falta que me faria. A realidade foi talvez maior do que ela cuidava; a falta é enorme. Tudo isso me abafa e entristece. Acabei".[6]

Machado elevou a língua portuguesa a novos planos. Contribuiu para que a língua de Camões fosse temperada com nossos molhos, sabores e recantos geográficos. Não apenas nos distinguiu enquanto brasileiros para contribuir com o legado lusófono, mas fez muito mais. Colocou a literatura brasileira no rol dos míticos escritores da literatura universal. Sempre que temos boas traduções e adequada divulgação da obra machadiana no exterior o resultado é um *best seller*. A tradução realizada por Flora Thomson-DeVeaux do clássico *Memórias póstumas de Brás Cubas*, publicada em 2020 pela Penguin Classics nos Estados Unidos, esgotou-se rapidamente e tornou-se um sucesso editorial.

É verdade que a falta de boas traduções no exterior e de uma percepção real ou imaginária do que seja o Brasil pelos estrangeiros ainda são entraves para um reconhecimento mundial de Machado entre os grandes da literatura. Foi um mago em fazer da singularidade a universalidade. Mas nunca esqueçamos que as bruxarias de Machado ainda estão em curso. Independentemente de nacionalismos, uma coisa é certa: somos todos privilegiados por podermos desfrutar de Machado na plenitude de nossa língua!

O surgimento do epíteto de "Bruxo do Cosme Velho"

A expressão "Bruxo do Cosme Velho" (Machado residiu no Bairro do Cosme Velho, nº 18) remonta a Moisés Velinho, no livro: *Letras da Província*, pela livraria Globo, de 1944, onde escreve: "Convicções novas rondavam-lhe o espírito, impondo-lhe o dever de penitenciar-se de um pecado tão grave quanto fora grande a delícia que nele sentira

---

[6] ARANHA, Graça. *Correspondência entre Machado de Assis e Joaquim Nabuco*. Disponível em: https://fundar.org.br/wp-content/uploads/2021/06/correnpondencias-entre-machado-de-assis-e-joaquim-nabuco.pdf Acesso em: 20 abr. 2024.

– o pecado de haver mergulhado os sentidos e o pensamento nos perigosos filtros que o bruxo do Cosme Velho sabia propinar com arte sorrateira e amável". O apelido foi popularizado por Drummond no poema: "A um Bruxo com amor", no jornal *Correio da Manhã*, de 28 de setembro de 1958.[7]

As magias se fizeram sentir em definitivo com Helen Caldwell, que, durante a tradução de Dom Casmurro para língua inglesa de 1953, percebeu que era possível a releitura dessa obra de um modo então inusitado. A suposta traição de Capitu com Escobar estava muito mais na cabeça do marido e narrador Bentinho, que nos fatos em si mesmo considerados. A partir dessa premissa, em 1960, Caldwell escreveu o livro: *The Brazilian Othello of Machado de Assis: a study of Dom Casmurro*, fazendo com que a tese passasse a circular entre os iniciados no culto machadiano, mas cuja publicação do livro em português foi tardia, apenas em 2002.

Ora, uma escritora americana alertar aos brasileiros, após 60 anos da publicação de *Dom Casmurro* (1899), que Capitu pode nunca ter traído Bentinho, e isso ter ficado oculto após três gerações de leitores só poderia mesmo ser bruxaria!

E não bastasse tamanha reviravolta em *Dom Casmurro*, ainda há outras que também se fizeram notar mais recentemente. Luiz Alberto Pinheiro de Freitas, no livro "Freud e Machado de Assis: uma interseção entre psicanálise e literatura" (Editora Mauad, 2001), sugere que a relação entre Bento Santiago e Ezequiel Escobar transcendia a mera amizade, havendo uma paixão homossexual entre ambos (quer imaginada ou concretizada) desde os tempos de seminário. Há diversos trechos da obra que podem sugerir tanto que estamos diante de uma forte amizade, ou de algo mais... E para quem acha que isso é ousadia demais para um autor do século XIX, Machado tratou da temática no conto "Pílades e Orestes" (1906).

Nessa altura do campeonato, no clássico triângulo amoroso entre Capitu, Bentinho e Escobar, de adúltera e culpada, Capitu foi declarada inocente por Caldwell em 1960. Não bastasse isso, Pinheiro de Freitas sugere em 2001 que quem foi traída fora Capitu! Essa versão foi também endossada por Millôr Fernandes. Procedentes ou não, uma coisa é fato: as releituras de Dom Casmurro bem demonstram o quão psicologicamente complexa é essa obra. Feitiçaria pura!

---

[7] VELLINHO, Moysés. *Letras da província*. Disponível em: https://medium.com/classicosanotados/a-origem-do-bruxo-do-cosme-velho-bdf30ff37d1c. Acesso em: 28 abr. 2024.

Nosso escritor maior mirou fundo na alma brasileira. Não poderia ser diferente com a Administração Pública, que ocupou significativo espaço em sua vida. Machado foi funcionário público durante parte considerável da sua vida. Logo, natural que sua obra ficcional procurasse traduzir todas as contradições e perplexidades de um mundo altamente patrimonialista,[8] fisiologista e clientelista do qual era um observador privilegiado. Capturou como poucos o que é viver num Brasil onde as elites precisavam manter-se em uma posição de poder, ainda que sem o preparo e o caráter para o exercício dessas elevadas funções públicas.

Muitos acusaram Machado de negar suas origens e de não se envolver diretamente na crítica à escravidão. Triste engano. Primeiro, porque jamais Machado teria se feito ouvir se não tivesse se distanciado das suas origens para ascender socialmente. Depois, há um absoluto anacronismo nesse tipo de análise, pretendendo-se cobrar o autor mais por sua biografia que por sua obra. Finalmente, esquecem-se de que Machado de Assis fez ácida crítica à burguesia indolente e escravocrata do seu tempo. Graça Aranha sintetiza:

> O heroísmo de Joaquim Nabuco foi o de separar-se da aristocracia e fazer a abolição. O heroísmo de Machado de Assis foi uma marcha inversa, da plebe à aristocracia pela ascensão espiritual. Ambos tiveram de romper com as suas classes e heroicamente afirmar as próprias personalidades.[9]

Nesse ambiente de luta, heroísmo e redenção, Machado mereceu seu epíteto de Bruxo do Cosme Velho; escreveu seu caminho sem qualquer curso superior, com impressionante autodidatismo e vertiginosa ascensão social, cuja magnitude também parece bruxaria.

---

[8] A propósito da permanência desses aspectos deletérios na Administração Pública brasileira, destaca Fábio Lins de Lessa Carvalho: "Frise-se que ressaltar a permanência do autoritarismo e do patrimonialismo no Brasil de hoje não é adotar um discurso pautado no fatalismo, na gênese inicial colonial que nos condena a carregar eternamente o fardo do passado. Reconhecer os problemas é apenas o primeiro e decisivo passo para uma sociedade sair da inércia e virar o jogo". CARVALHO, Fábio Lins de Lessa. Autoritarismo e patrimonialismo: as maiores resistências à instalação de uma administração pública democrática e republicana no Brasil. In: CARVALHO, Fábio Lins de Lessa (Coord.). *Direito administrativo democrata*. Curitiba: Juruá, 2021, p. 101.

[9] ARANHA, Graça. *Correspondência entre Machado de Assis e Joaquim Nabuco*. Disponível em: https://fundar.org.br/wp-content/uploads/2021/06/corrempondencias-entre-machado-de-assis-e-joaquim-nabuco.pdf. Acesso em: 20 abr. 2024.

Machado e o serviço público: o novidadeiro olhar de Fábio

Nesse espírito de trazer novas luzes sobre a obra machadiana, Fábio Lins de Lessa Carvalho mais uma vez inova e nos traz um enfoque ainda pouco explorado: o serviço público na vida e na crônica machadiana.

As crônicas machadianas são um bom exemplo de subversão. A palavra crônica remete a *Cronos*, deus do tempo. Cabia ao cronista narrar de modo impessoal os acontecimentos de sua época. Machado elevou a crônica como estilo literário, trazendo, para além do tempo e das notícias em si mesmas, a percepção e a subjetividade do narrador que encontram em Machado fina expressão literária.

A escolha das crônicas para delas extrair uma maior compreensão da Administração Pública brasileira não poderia ter sido mais feliz. As crônicas são a parte da obra machadiana que mais carecem de estudos. Um dos grandes contributos deste livro está em trabalhar essas crônicas sob um viés específico, não apenas sob o ângulo literário – o que já é um feito e tanto –, mas para lançar luzes na Administração Pública do século XIX, visando a compreender nossa realidade através do olhar de nosso grande escritor.

Na primeira parte, o livro trata da evolução dos critérios de provimento dos cargos públicos e a evolução de suas fases, destacando Fábio: "a era da espoliação (*spoil system*), a era dos cavalheiros (*gentlemen system*), a era do mérito (*merit system*) e a era da diversidade (*diversity system*)".

Outro aspecto relevante da obra foi realizar as importantes ligações da tradição de escritores como servidores públicos não apenas no Brasil, mas no mundo. Não são poucos. Para além disso, os escritores que também foram servidores públicos estão entre os maiores expoentes de nossa literatura. Escritores como Lima Barreto, Graciliano Ramos, Lygia Fagundes Telles, Guimarães Rosa, Cecília Meireles, Euclides da Cunha, José de Alencar, Itamar Vieira Júnior e Lilia Guerra são exemplos de autores que ingressaram no serviço público. Mesmo nomes que recentemente se destacaram, como Itamar Vieira Júnior, autor de *Torto Arado*, também é servidor público, atuando como geógrafo do Incra, atividade que lhe trouxe um olhar fundamental para sua obra.

A diplomacia brasileira ofertou à literatura nacional preciosos filhos, como João Cabral de Mello Neto, Guimarães Rosa, Ribeiro Couto e nosso poetinha Vinícius de Morais. Destacam-se ainda as obras de crítica literária, política e social de José Guilherme Merquior, um dos grandes intelectuais da história brasileira, que integrou a Academia Brasileira de Letras e cuja vasta obra está a ser resgatada, traduzida e colocada no seu devido lugar.

Qual a razão dessa proximidade entre os escritores e o serviço público? Enquanto lia o livro de Fábio pensei comigo: rotina, rotina e rotina! De fato, nas páginas seguintes, confirmou-se minha suspeita nas palavras de Marco Antônio Rodrigues: "Por que andam tão juntas, então, a literatura e a servidão burocrática? Talvez por uma negar a outra e por se afirmarem mutuamente, por contraste. Ou então por a criação ficcional estar muitas vezes associada à experiência de vida dos criadores, experiência esta frequentemente vinculada ao trabalho burocrático nas repartições públicas".

Para bem compreender essa relação entre o serviço público e a literatura, complementa Carlos Drummond de Andrade:

> O emprego do Estado concede com que viver de ordinário sem folga, e essa é condição ideal para um número de espíritos: certa mediania que elimina os cuidados imediatos, porém não abre perspectiva de ócio absoluto. O indivíduo tem apenas a calma necessária para refletir na mediocridade de uma vida que não conhece a fome e nem o fausto: sente o peso dos regulamentos, que lhe compete observar ou fazer observar; o papel barra-lhe a vista dos objetos naturais, como uma cortina parda. É então que intervém a imaginação criadora, para fazer desse papel precisamente o veículo de fuga, sorte de tapete mágico, em que o funcionário embarca, arrebatando consigo a doce ou amarga invenção, que irá maravilhar outros indivíduos, igualmente prisioneiros de outras rotinas, por este vasto mundo de obrigações não escolhidas.

Fábio também situa o leitor para compreender a Administração Pública brasileira no Segundo Reinado e na Primeira República, contextualizando factualmente e normativamente a vida de Machado naquele ambiente. Fornece elementos biográficos que nos auxiliam a entender a personalidade machadiana que não gostava de bajulações, ainda que cônscio de sua importância. O trabalho sério de crítico literário rendeu a Machado algumas inimizades, a exemplo do polemista Silvio Romero, que o atacou grosseira e infundadamente, após as críticas feitas por Machado ao livro *Cantos do fim do século*, pelas quais, sem atacar a pessoa, mas a obra, denunciava-lhe a falta de estilo.

Na trajetória do serviço público, Fábio acompanha a vida de Machado de Assis desde seu primeiro emprego, quando atuou como Tipógrafo revisor de provas na Imprensa Nacional, em 1855, com apenas 15 anos de idade. Com 20 anos já publicava suas crônicas nos jornais fluminenses. Ao falecer em 1908, ainda ocupava o cargo de Diretor Geral de Contabilidade do Ministério da Indústria, Viação e Obras Públicas. O livro estuda e descreve sua carreira no serviço público brasileiro como: (i) Tipógrafo, (ii) Ajudante do Diretor do Diário Oficial, (iii) no Conservatório Dramático Brasileiro, (iv) na Secretaria da Agricultura, Comércio e Obras Públicas e no Ministério da Indústria, Viação e Obras Públicas, quer como Amanuense (copista), Primeiro Oficial, Chefe de Seção, Oficial de Gabinete do Ministro, Diretor da Diretoria do Comércio, Diretor da Diretoria-Geral de Viação, Secretário do Ministro, Diretor-Geral da Secretaria da Indústria e Diretor-Geral de Contabilidade.

Por certo, tamanha ascensão funcional não se daria se Machado não tivesse competência para tanto. Por isso o livro de Fábio se debruça sobre a avaliação do desempenho de Machado no serviço público, sua capacidade, dedicação, zelo, iniciativa e vivacidade.

Em sua busca pela atuação de Machado como funcionário público, Fábio trouxe diversos textos, dos quais destacamos os livros: *Machado de Assis funcionário público* (de Raimundo Magalhães Júnior, 2. ed., 1970) e *Machado de Assis e a administração pública federal*[10] (de Paulo Guedes e Elizabeth Hazin). Como esclarece Fábio, essa atividade junto ao serviço público não estava apenas ligada às necessidades econômicas do cargo, mas tinha importante papel para solidificar sua ascensão social.

E mais. Machado era um excelente funcionário público. A ideia de que apenas ocupava esses cargos para ter apenas um bom sustento enquanto escrevia não encontra reflexo na realidade. Na verdade, para chegar aonde chegou, ascendeu tanto intelectualmente como escritor, mas também como funcionário público, carreira que lhe dava não apenas um ótimo vencimento, mas lhe possibilitava mostrar-se como um igual na elite do seu tempo.

Aliás, Machado percebia bons vencimentos enquanto servidor público, como revela Raimundo Faoro:

> [...] os vencimentos de Machado de Assis, chefe de seção do Ministério da Agricultura, com os seus cinco contos e quatrocentos mil réis por ano, remuneração de alto funcionário (I, XXIX). Vivia-se, sem

---

[10] GUEDES, Paulo; HAZIN, Elizabeth. *Machado de Assis e a administração pública federal*. Brasília: Senado Federal, 2006.

desperdícios e sem luxo, com quatrocentos mil réis mensais, ordenado quase escandaloso ainda em 1885 (III, 492). O certo é que duzentos mil réis mensais seria o mínimo para uma existência poupada e sóbria (II, 326). Há oportunidade para um parêntese. Em 1882, duzentos mil réis por mês faziam de um homem um ser modesto, nem mendigo, nem nababo (II, 326).[11]

Enfrentou adversidades como funcionário público, especialmente diante das turbulências entre a Monarquia e República. Sofreu perseguições, como no governo de Prudente de Morais, quando o Ministro Sebastião Lacerda (avô de Carlos Lacerda) o deixou como simples adido à Secretaria de Estado e não teve sossego até que conseguisse retornar à plenitude das suas atividades. Como bem sintetiza Raymundo Magalhães Jr.: "Porque também nas letras, como na função pública, não se aposentou. E só largou a pena quando a morte o venceu".[12]

A Administração Pública na crônica machadiana

A Parte II da obra de Fábio busca compreender a Administração Pública brasileira em diversas crônicas de Machado. O jornal era o principal veículo de informação daqueles tempos, palco privilegiado para fazer-se conhecer e propagar ideias. Foram mais de 600 crônicas que nos apresentam um farto contexto daquela sociedade e daquele tempo.

O texto teve o cuidado de selecionar as crônicas que melhor retratassem a Administração Pública brasileira. Trata-se de excelente material para se avaliar a qualidade e as carências da realidade da Capital do Brasil, onde tudo estava sendo construído e o serviço público ocupava uma posição central na vida de todos.[13]

---

[11] FAORO, Raimundo. *Machado de Assis*: a pirâmide e o trapézio. São Paulo: Nacional, 1974, p. 212-213.
[12] MAGALHÃES JR., Raymundo. Machado de Assis funcionário público. *Revista do Serviço Púbico – RSP*, Brasília, v. 56, n. 2, p. 247, abr./jun. 2005.
[13] Para adequada compreensão de *serviço público* na atualidade, servimo-nos da posição de Irene Nohara, que o define como: "atividade prestacional que incumbe ao Poder Público, ou sem caráter privativo, sendo por ele desenvolvida diretamente ou por contrato de concessão ou permissão, com regime de exorbitância ou tendo em vista restrições especiais estabelecidas para satisfação de necessidades coletivas que o ordenamento jurídico confere especial proteção". NOHARA, Irene Patrícia. *Direito administrativo*. 3. ed. São Paulo: Atlas, 2013, p. 463.

Para tanto, Fábio seleciona preciosos trechos da crítica machadiana acerca do patrimonialismo; por exemplo: "Em nosso país a vulgaridade é um título, a mediocridade um brasão; para os que têm a fortuna de não se alarem além de uma esfera comum é que nos fornos do Estado se coze e tosta o apetitoso pão de ló, que é depois repartido por eles, para a glória de Deus e da pátria".[14]

Ou ainda quando Machado critica o autoritarismo e faz a distinção entre a democracia formal da democracia real: "É uma cousa santa a democracia – não a democracia que faz viver os espertos, a democracia do papel e da palavra –, mas a democracia praticada honestamente, regularmente. Quando ela deixa de ser um sentimento para ser simplesmente forma, quando deixa de ser ideia para ser simplesmente feitio, nunca será democracia – será espertocracia, que é sempre o governo de todos os feitios e de todas as formas".[15]

Igualmente se ocupou Fábio em analisar os princípios da Administração Pública na obra machadiana, abordando sua perspectiva sobre legalidade, impessoalidade, moralidade, publicidade e eficiência. Machado era um defensor da Constituição: "Quando uma Constituição livre pôs nas mãos de um povo o seu destino, força é que este povo caminhe para o futuro com as bandeiras do progresso desfraldadas. A soberania nacional reside nas Câmaras; as Câmaras são a representação nacional. A opinião pública deste país é o magistrado último, o supremo tribunal dos homens e das coisas".[16]

Por certo que esta apresentação não deseja antecipar as pepitas garimpadas por Fábio. A intenção foi trazer diversos temas enfrentados neste livro para aguçar o apetite do leitor; para degustar sem demora as delícias das crônicas do Bruxo. Diversos outros temas acerca do serviço público nas crônicas machadianas estão tratados neste livro.

---

[14] ASSIS, Machado de. Crônica de 1º.11.1861, publicada no jornal *A Semana*. Disponível em: https://machadodeassis.ufsc.br/obras/cronicas/CRONICA,%20Comentarios%20da%20Semana,%201861.htm. Acesso em: 28 abr. 2024.

[15] ASSIS, Machado de. Crônica de 24.10.1864, publicada no jornal *Diário do Rio de Janeiro*. Disponível em: https://memoria.bn.gov.br/pdf/094170/per094170_1864_00293.pdf. Acesso 28 abr. 2024.

[16] ASSIS, Machado de. Crônica de 15.08.1876, publicada na revista *Illustração Brasileira*. Disponível em: https://memoria.bn.gov.br/pdf/758370/per758370_1876_00004.pdf. Acesso em: 28 abr. 2024.

Para além das crônicas

Fábio acertou em analisar a Administração Pública brasileira sob a óptica das crônicas de Machado de Assis. Em especial, porque sendo este alagoano um profícuo administrativista, precisava de uma visão mais direta de Machado sobre os temas da Administração Pública. Todavia, é certo que, em toda a obra machadiana, especialmente em seus contos e romances, também há elementos que nos possibilitam bem compreender a realidade do serviço público e das elites do século XIX e, por que não, entender o tempo presente.

Este apresentador não resistiu em fazer um singelo recorte subjetivo de 3 contos que me parecem traduzir não apenas a alma da Administração Pública oitocentista, mas também a do século XXI, justamente porque permeados pelo aspecto mais atemporal da obra de Machado: *o elemento psicológico*.

Teoria do Medalhão

No conto "Teoria do Medalhão", temos um magistral exemplo de como a elite político-burocrata brasileira plasmou a essência de nossa Administração. Embora esse conto seja dos mais conhecidos de Machado, retomemos seu mote para refrescar a memória.

Um pai aconselha o filho Janjão [o nome é ótimo...], que completa seus 22 anos de idade, para pensar em seu futuro. A despeito de tantas possibilidades de uma carreira profissional, o pai sugere que o filho enverede pelo ofício de "medalhão".

Para atingir tal intento, o primeiro conselho é abafar quaisquer ideias próprias. Deve-se ainda utilizar de sentenças prontas nada inventivas, ótimas para "discursos de sobremesa". Um verdadeiro medalhão é pragmático. Em vez de elaborar "Tratado Científico da Criação de Carneiros", deve dá-los a quem deseja angariar os préstimos. Também se deve almejar certa publicidade para não sair da memória dos conhecidos e ser sempre lembrado.

E quando finalmente se conquista a categoria de medalhão, sentencia o pai: "Começa nesse dia a tua fase de ornamento indispensável, de figura obrigada, de rótulo. Acabou-se a necessidade de farejar ocasiões, comissões, irmandades; elas virão ter contigo, com o seu ar pesadão e cru de substantivos desadjetivados, e tu serás o adjetivo dessas orações opacas, o odorífero das flores, o anilado dos céus, o prestimoso dos cidadãos, o noticioso e suculento dos relatórios".

A atividade política deve ser desenvolvida de modo a reconhecer-lhe a utilidade, pouco importando o partido. Nos discursos deve-se fugir de tudo quanto possa "cheirar a reflexão, originalidade, etc.". Jamais utilizar da ironia, "esse movimento ao canto da boca, cheio de mistérios..." [adoro essa alegoria machadiana].

O desassombro com que "Teoria do Medalhão" capta a essência do que foi a burocracia brasileira e sua relação com as elites é de uma compreensão tamanha que chega a explicar sociologicamente o Brasil. De fato, ter ideias próprias é absolutamente incompatível com as práticas clientelistas distribuídas como benesses e ambicionadas por muitos praticantes da teoria do medalhão para terem acesso a oportunidades. Quem pensa por si e exterioriza seus pensamentos pode potencialmente rivalizar com os que concedem as benesses, inviabilizando o caminho para tornarem-se futuros medalhões. Não raro grandes líderes políticos estão cercados de figuras opacas, sem brilho próprio, justamente para não ofuscarem o sol em torno do qual orbitam. Esperam pacientemente a hora da estrela colapsar para, quem sabe, tornarem-se o novo centro gravitacional. Mas nunca com o brilho do astro antecessor.

O mais espantoso é que essa descrição machadiana da mediocridade calculada não apenas refletiu-se, mas ainda se reflete nos quadros da Administração Pública contemporânea. A falta de implementação de políticas públicas quando conduzidas pelos aspirantes à medalhão se faz sentir no cotidiano da Administração. Indico um singelo exemplo. Segundo os dados do Censo Escolar de 2023, cerca de 45,8% dos diretores de escolas públicas são escolhidos por mera indicação da Administração. A falta de uma gestão democrática subestima o papel dos diretores para conduzir uma das políticas públicas mais relevantes da nação.[17]

É certo que o concurso público, nos moldes trazidos pela Constituição de 1988, veio a modificar sensivelmente esse estado de coisas. Também aqui não desprezamos a importância de certos cargos que tenham por premissa a confiança da autoridade nomeante. Mas que ainda há largo espaço para utilização da Teoria do Medalhão não há dúvidas. Tanto na ambiência da política como das relações privadas com a Administração Pública, há milhares de praticantes devotos dessa belíssima teoria que ainda continua comprovando seu valor!

---

[17] Sobre esse aspecto fazemos menção ao texto de Fabrício Motta. Disponível em: https://www.conjur.com.br/2024-fev-29/educacao-uma-olhada-em-dados-do-censo-escolar/. Acesso em: 02 abr. 2024.

O Espelho

Rememoremos o conto "O Espelho". Cinco amigos debatiam noite adentro os árduos problemas do universo. Jacobina, que tudo observava em silêncio, provocado por um deles, resolve contar um caso da própria vida e fazer suas elucubrações. Sentencia para espanto de todos: "Em primeiro lugar não há uma só alma, há duas..." Cada homem traz duas almas, "uma que olha de dentro para fora e outra que olha de fora para dentro".

Jacobina descreve que essa alma exterior pode compreender muitas coisas, como pessoas, um título, dinheiro e objetos, e passa a relatar um episódio dos seus vinte e cinco anos: sua nomeação de alferes da guarda nacional. Esse cargo gerou uma grande mudança na vida de Jacobina, agora objeto de elogios pelos amigos e parentes e também de despeito pelos invejosos. Os amigos lhe presentearam com o fardamento de alferes.

Em dado momento, Jacobina recebe o convite da tia Marcolina para visitá-la em seu distante sítio. Foi recebido calorosamente. Era chamado de alferes para lá e para cá. Também foi colocado em seu quarto um grande espelho. Durante sua estada na casa da tia, as duas almas, a do homem e a do alferes, estavam em relativo equilíbrio, até que a segunda tomou conta da sua humanidade. A patente de alferes tomou-lhe o espírito.

Ocorre que tia Marcolina teve de viajar para acudir a uma das filhas que estava doente e com risco de morte. Jacobina ficou só na casa do sítio. Com ele ficaram os escravos, que certa noite urdiram a própria fuga e deixaram Jacobina sozinho. Ficou sem saber o que fazer; perambulava dias e noites pela casa vazia, apenas o *tic-tac* do relógio quebrava o *silêncio vasto*, quase enlouquecedor. Então, o espelho, até então desprezado, capturou sua atenção. Teve a ideia de vestir a farda de alferes e mirar-se. Finalmente podia encontrar sua alma exterior; olhava sua imagem, gesticulava, despia-se e depois vestia-se, e com isso conseguiu atravessar *os mais de seis dias de solidão*. Quando os amigos voltaram a si dessa estória, Jacobina já tinha descido as escadas.

Esse conto revela algo muito profundo e que permeia muitas das carreiras de estado e da realidade da Administração Pública brasileira. Não raro, o cargo de militar, de juiz, de promotor, de procurador, de defensor ou mesmo o mais singelo cargo de "alferes" na base do serviço público brasileiro, torna-se a alma exterior do seu ocupante. Carecemos de uma visão de servidor público no sentido *daquele que serve ao público*.

O cargo passa a definir a pessoa. De tanto ser objeto de lisonja, os detentores de certos cargos incialmente resistem, pois ainda lhes resta um fio de realidade; mas depois de algum tempo e com tanta insistência dos bajuladores, passam realmente a acreditar que são figuras únicas, especiais e que, não fosse por eles, tudo estaria perdido.

As consequências para a gestão pública são bastante sérias e é muito difícil que o leitor desta obra já não tenha se deparado com algum alferes na Administração Pública brasileira.

Fico a pensar que muitos desses "alferes", quando chega a respectiva aposentadoria compulsória, no silêncio ensurdecedor de suas casas, onde o *tic-tac* do tempo parece inclemente, de repente, miram-se do espelho e colocam suas fardas, becas, togas, medalhas e prêmios e, finalmente, reencontram-se com a sua imagem exterior, apaziguando o espírito inquieto. Mas justiça seja feita: não miramos todos para o espelho vez por outra?

A Sereníssima República

Quem diria que Machado atravessaria o tempo para falar de nossas urnas eletrônicas! Claro que nos fala disso com uma certa dose de liberdade poética deste apresentador. O conto "A Sereníssima República" trata dos eternos conflitos de fraudes e contagem de votos na história do Brasil. O conto inicia com a conferência proferida pelo Cônego Vargas para uma audiência estupefata. Vargas trata da descoberta do regime social das aranhas [o inseto escolhido não é nada casual]. O Cônego criava aranhas e chegou mesmo a aprender sua língua, o "idioma araneida". Diante do aumento da população dos aracnídeos, resolveu implementar uma república à moda de Veneza. Para as eleições dessa nova república, inspira-se no sorteio e escolha das carreiras públicas, no qual se metiam as bolas com os nomes dos candidatos. Para tanto, entendeu conveniente que as próprias aranhas urdissem o saco eleitoral onde seriam colocadas as respectivas bolas.

Daí sucede uma série de problemas que vão fazendo com que o sistema eleitoral tivesse de se adaptar para evitar fraudes. Primeiro, apareciam bolas com nome de candidatos em duplicidade, para evitar isso, limitando-se a capacidade do saco para reduzir o número de bolas. Depois, havia candidatos cujo nome havia sido suprimido; restaurando-se o tamanho do saco anterior. Num problema posterior, os nomes dos candidatos mais importantes (Harezoth e Magog) tiveram as letras iniciais suprimidas, sendo inutilizadas e gerando um vencedor obscuro.

Chegou-se a fazer um saco com malha transparente para fazer com que tudo ficasse mais claro e à prova de fraudes. Porém, na hora de escolher os nomes, diante de um conchavo prévio com o oficial que escolhia as bolas, o candidato Nabiga, que tudo observava dada a transparência do saco, abanava negativamente com sua cabeça para o oficial, até que seu nome fosse escolhido.

Restaurou-se o regime do saco fechado. Inclusive passou a se admitir que mesmo que o nome do candidato estivesse grafado de forma errada, este poderia ser considerado desde que cinco pessoas jurassem que o nome inscrito era de determinado candidato. Essa mudança passou a ser o novo estatuto das eleições. Aí se sucedeu o ponto culminante do conto de Machado. Este apresentador não ousa continuar a simplificar para não ofender o leitor. Segue a íntegra:

> Este novo estatuto deu lugar a um caso novo e imprevisto, como ides ver. Tratou-se de eleger um coletor de espórtulas, funcionário encarregado de cobrar as rendas públicas, sob a forma de espórtulas voluntárias. Eram candidatos, entre outros, um certo Caneca e um certo Nebraska. A bola extraída foi a de Nebraska. Estava errada, é certo, por lhe faltar a última letra; mas, cinco testemunhas juraram, nos termos da lei, que o eleito era o próprio e único Nebraska da república. Tudo parecia findo, quando o candidato Caneca requereu provar que a bola extraída não trazia o nome de Nebraska, mas o dele. O juiz de paz deferiu ao peticionário. Veio então um grande filólogo – talvez o primeiro da república, além de bom metafísico, e não vulgar matemático –, o qual provou a coisa nestes termos:
>
> – Em primeiro lugar, disse ele, deveis notar que não é fortuita a ausência da última letra do nome Nebraska. Por que motivo foi ele inscrito incompletamente? Não se pode dizer que por fadiga ou amor da brevidade, pois só falta a última letra, um simples *a*. Carência de espaço? Também não; vede: há ainda espaço para duas ou três sílabas. Logo, a falta é intencional, e a intenção não pode ser outra, senão chamar a atenção do leitor para a letra *k*, última escrita, desamparada, solteira, sem sentido. Ora, por um efeito mental, que nenhuma lei destruiu, a letra reproduz-se no cérebro de dois modos, a forma gráfica e a forma sônica: *k* e *ca*. O defeito, pois, no nome escrito, chamando os olhos para a letra final, incrusta desde logo no cérebro, esta primeira sílaba: *Ca*. Isso posto, o movimento natural do espírito é ler o nome todo; volta-se ao princípio, à inicial *ne*, do nome *Nebrask*. – *Cané*. – Resta a sílaba do meio, *bras*, cuja redução a esta outra sílaba *ca*, última do nome Caneca, é a coisa mais demonstrável do mundo. E, todavia, não a demonstrarei, visto faltar-vos o preparo necessário ao entendimento da significação espiritual

ou filosófica da sílaba, suas origens e efeitos, fases, modificações, consequências lógicas e sintáxicas, dedutivas ou indutivas, simbólicas e outras. Mas, suposta a demonstração, aí fica a última prova, evidente, clara, da minha afirmação primeira pela anexação da sílaba *ca* às duas *Cane*, dando este nome Caneca.

Diante desse fiasco eleitoral, aboliu-se a prova testemunhal e inovou-se no formato do saco, que passou a ter a forma triangular. Novos problemas passaram a ocorrer. Dessa feita, muitas bolas ficavam no fundo. Mudou-se novamente a forma para cilíndrica, depois de ampulheta, etc. O conto finaliza com os conselhos de Erasmus, encarregado de notificar a última resolução legislativa para as aranhas urdidoras do saco eleitoral, contando-lhes a fábula de Penélope, *que fazia e desfazia a famosa teia à espera do esposo Ulisses*:

> – Vós sois a Penélope da nossa república, disse ele ao terminar; tendes a mesma castidade, paciência e talentos. Refazei o saco, amigas minhas, refazei o saco, até que Ulisses, cansado de dar às pernas, venha tomar entre nós o lugar que lhe cabe. Ulisses é a Sapiência.

Sequer precisamos explicar a atualidade desse tema em nosso País! O Brasil, ao longo do século XX, sofreu com inúmeras fraudes eleitorais, que conspurcavam o resultado das urnas. Lembremos algumas. No tempo das urnas de lona, em vez de chegarem vazias, por vezes eram preparadas fraudulosamente com votos dentro delas. Também havia falcatruas durante o transporte das urnas das secções para os locais de votação.

O famoso "voto formiguinha" consistia no eleitor levar consigo a cédula eleitoral e depositar um papel qualquer na urna. Do lado de fora, quem organizava a fraude recebia a cédula e entregava a outro eleitor, que, no momento da sua votação, depositava a cédula já preenchida e levava a sua cédula em branco ao trapaceiro que repetia o processo diversas vezes.

Igualmente se colocava outro número de candidato para as cédulas que continham apenas o nome dos candidatos, levando à anulação do voto indesejado pelo apurador. Outro ardil comum era preencher os votos em branco com o nome de outros candidatos. Também havia a fraude "cantada", de modo que o apurador *cantava* erradamente a totalização dos votos em voz alta para serem registrados no mapa eleitoral. Enfim, todas essas fraudes eram de ruborizar as aranhas da Sereníssima República...

Para resolver um histórico de problemas, desenvolvemos a urna eletrônica, que igualmente é auditada pelos partidos políticos e pela Justiça Eleitoral. A urna eletrônica passou a apresentar os resultados mais fidedignos e céleres de nossa nada serena República. Foi o que bastou para que também a urna fosse fortemente atacada em nossa história recente, de modo que mesmo candidatos vencedores se diziam surrupiados mediante teorias conspiratórias.

O conto de Machado nos ensina que não importa quão claras sejam as regras, sempre haverá quem queira discutir o resultado das urnas. Mesmo quando nossas aranhas tecedoras façam uma urna segura, testada e auditada, seu resultado é contestado, sempre seletivamente, quando não for conveniente a certos grupos políticos.

Fica o conselho final de Erasmus. Aguardamos que a sapiência venha a tomar seu lugar e esperamos tempos melhores, que atualmente exigem não apenas serenidade, mas também firmeza da Justiça Eleitoral na condução das eleições brasileiras.

Um arremate

Caríssimo leitor, o livro de Fábio nos descortina mais um horizonte para vasta obra de Joaquim Maria Machado de Assis. Que privilégio o Brasil ter produzido nas condições mais improváveis nosso escritor maior! Os "olhos de ressaca" da obra machadiana nos tragam para dentro do mar de um sem-número de possibilidades para compreender a complexidade da alma humana.

Euclides da Cunha conta-nos que, nos estertores de Machado, um dia antes de sua morte, recebeu em seu leito a figura de um jovem desconhecido de 18 anos. Depois, soube-se que era Astrogildo Pereira.[18] Ao ouvir hesitações entre receber ou não receber o rapaz, Machado pediu para que o conduzissem até sua cama. O jovem tomou sua mão e beijou-a afetuosamente diante do mais absoluto silêncio dos presentes.

E nos relata Euclides da Cunha: "Naquele momento o seu coração bateu sozinho pela alma de uma nacionalidade. Naquele meio segundo

---

[18] Esse não foi seu único momento épico. Quando adulto, Astrogildo Pereira teve relevante destaque como jornalista, escritor, crítico literário e militante comunista, sendo um dos fundadores e principais dirigentes do Partido Comunista Brasileiro (PCB). Entre suas obras, publicou o livro "Machado de Assis: ensaios e apontamentos avulsos" (1959).

– no meio segundo em que ele estreitou o peito moribundo de Machado de Assis, aquele menino foi o maior homem de sua terra".[19]

Ao fazer essa apresentação por obséquio de Fábio e Irene, tenho a sensação de um mergulho em nossa brasilidade no que ela tem de melhor. A mão de Machado está-nos estendida. Se não para a beijarmos – coisa que ele próprio acharia excessiva –, mas para caminharmos de mãos dadas com este grande brasileiro, o primeiro embaixador de nossa literatura para o mundo.

Nélida Piñon sempre afirmou: "se Machado de Assis existiu, o Brasil é possível [...]. Não há motivos e nem fundamentos deterministas que impeçam a nação de cumprir os desígnios de sua grandeza".[20] Inspirado nessa feliz síntese, a obra de Fábio nos exorta a lembrar que se Machado de Assis existiu, também é possível uma Administração Pública de qualidade a todos os brasileiros. Boa leitura!

Rodrigo Valgas dos Santos
Advogado. Especialista em Direito Administrativo pela Universidade Regional de Blumenau (FURB). Mestre em Direito pela Universidade Federal do Paraná (UFPR). Doutor em Direito, Estado e Sociedade pela Universidade Federal de Santa Catarina (UFSC). Professor de Direito Administrativo do Complexo de Ensino Superior de Santa Catarina (CESUSC). Presidente da Comissão de Moralidade Pública do Conselho Seccional de Santa Catarina (OAB/SC). 1º Vice-Presidente do Instituto Brasileiro de Direito Administrativo (IBDA). Membro Vitalício da Academia Catarinense de Letras Jurídicas – ACALEJ, Cadeira n. 26, Patrono José Ferreira Bastos. Autor de livros e artigos em revistas especializadas.

---

[19] Academia Brasileira de Letras (ABL). *Guardados da memória*. Disponível em: https://www.academia.org.br/abl/media/RB%2056-GUARDADOS%20DA%20MEMORIA.pdf. Acesso em: 28 abr. 2024.
[20] PIÑON, Nélida. *Discurso de abertura na exposição Machado Vive*. Disponível em: https://www.academia.org.br/abl/cgi/cgilua.exe/sys/start.htm%3Fsid%3D290/Discurso%20de%20abertura%20da%20exposi%C3%A7%C3%A3o%20Machado%20Vive%21. Acesso em: 28 abr. 2024.

NOTA DO AUTOR

A INTERDISCIPLINARIDADE NAS QUESTÕES JURÍDICO-ADMINISTRATIVAS

A motivação para redação do presente livro partiu de algumas inquietações que tenho sentido a respeito do meio acadêmico brasileiro. A primeira delas perpassa pela falta de diálogo entre as diversas áreas do conhecimento: cada um em sua ilha, o jurista não estuda nada além de leis; o médico só procura conhecer a anatomia e a fisiologia do corpo humano; o engenheiro apenas busca ser um especialista em cálculos complexos necessários à concretização de projetos; o profissional da tecnologia da informação somente pensa em algoritmos e o economista se aprofunda exclusivamente na análise das taxas de juros, só para citar alguns exemplos.

Como resultado deste processo de insulamento e fragmentação do conhecimento, são gerados operadores do direito míopes que mal enxergam o mundo sobre o qual as normas jurídicas incidem; profissionais de saúde que, embora lidem com pessoas, desumanizam-se cada vez mais; engenheiros que medem o progresso com uma trena; analistas de sistemas solitários diante de máquinas e inteligência artificial; e economistas que só enxergam os seres humanos enquanto cifras financeiras.

Em resumo, tais profissionais, em vez de estarem comprometidos com as transformações sociais, para usar uma expressão da moda, estão cada vez mais descolados da realidade da sociedade civil, carente de pessoas com espírito crítico.

Nesse contexto, na pesquisa científica, embora a especialização (enquanto delimitação temática) seja importante e até mesmo desejável, pois produz estudos com o devido grau de foco e profundidade, também não se pode desconsiderar a necessidade e a relevância da interdisciplinaridade na investigação de cada quadrante do saber científico, pois isso alarga o horizonte e qualifica a mirada do investigador.

No campo das ciências sociais, essa exigência é ainda maior. Questões como "a organização do Estado Social, a reformulação do imposto progressivo e dos tratados internacionais, as reparações pós-coloniais ou a luta contra as discriminações são de uma complexidade e tecnicidade que só podem ser superadas recorrendo à história, à difusão dos saberes, à deliberação e ao confronto de pontos de vistas".[21] Assim, a interdisciplinaridade objetiva a formação integral, a fim de que as pessoas "possam exercer criticamente a cidadania, mediante uma visão global de mundo e ser capazes de enfrentar os problemas complexos, amplos e globais da realidade atual".[22]

Atento à mencionada constatação, no tocante aos estudos sobre Administração Pública, o Conselho Nacional de Educação reconheceu que aqueles, por alcançarem um campo multidimensional de investigação e atuação profissional voltada ao Estado, ao Governo, à Administração Pública, às políticas públicas e à sociedade civil, têm, como um de seus princípios fundamentais, a interdisciplinaridade,[23] que pressupõe a utilização de abordagem metodológica que interligue diversos saberes, mediante a convergência de diferentes áreas do conhecimento.

E aí é que trago ao conhecimento do leitor outra inquietação que vem me assombrando: embora ainda exista uma grande distância entre a citada norma e a realidade, vê-se que, em geral, o investigador da Ciência da Administração Pública tem uma maior preocupação com a interdisciplinaridade quando comparado aos estudiosos do Direito Administrativo.

Em relação à Ciência da Administração Pública, já se reconhece há mais de meio século que, como esta pesquisa os "fenômenos sociais, em um campo mais vasto, busca em todas as outras ciências os meios úteis para a consecução do seu objetivo". Assim, "tira seus princípios da filosofia, da moral, suas regras de conduta e, da história, sua origem.

---

[21] PIKETTY, Thomas. *Uma breve história da igualdade*. Tradução de Maria de Fátima Oliva do Coutto. Rio de Janeiro: Intrínseca, 2022, p. 22.
[22] LÜCK, Heloisa. *Pedagogia interdisciplinar*: fundamentos histórico-metodológicos. 11. ed. Petrópolis: Vozes, 2003, p. 64.
[23] Resolução nº 1, de 13 de janeiro de 2014, do Conselho Nacional de Educação.

Por outro lado, esforça-se, através da economia política, por resolver seus problemas de um modo geral".[24]

Por sua vez, salvo raras exceções, as pesquisas dos chamados administrativistas (em especial, em terras brasileiras) estão pouco (ou nada) preocupadas com a interdisciplinaridade, o que é de se lamentar, visto que não se pode olvidar que, sendo o objeto do Direito Administrativo a regulação da Administração Pública, esta é uma atividade estatal multidimensional de grande complexidade teórica e abrangência temática, o que é incompatível com uma visão apenas centrada na análise de textos normativos.

Na realidade, até a interdisciplinaridade mais óbvia que deveria ocorrer não chega aos estudos de Direito Administrativo, pois estes sequer se conectam com as pesquisas da Ciência da Administração Pública.

Convém ressaltar que "os cursos de Direito devem se utilizar de instrumentos de ensino que ampliem a consciência de seus alunos para que estejam preparados para entender em que contexto vão operar e o sentido de sua ação na sociedade".[25] Nesse sentido, o ensino do Direito tem que levar em consideração uma formação mais integral, "de forma a atender às necessidades de formação fundamental, sociopolítica, técnico-jurídica e prática do bacharel em direito".[26] Já foi destacado que

> a formação estereotipada e especializada dos advogados que se transformaram, e às vezes até eficientemente, em autênticos despachantes de papéis judiciários, em contraste com os bacharéis de larga cultura, que chegaram a dirigir o processo sociopolítico-econômico do nosso país, trouxe-me à mente um preconceito típico de nossa época tecnológica, que dá extremo valor ao especialismo, como se houvesse um único caminho para o conhecimento humano trilhar com segurança.[27]

---

[24] ALEXANDRIS, Georges. A administração pública como ciência ou arte. *Revista Internacional de Ciências Administrativas*, v. XXVII, 1961, n. 10, tradução de Glauciè Vai. In: *Revista do Serviço Público*, v. 95, n. 1, 1963, p. 9.

[25] ZIMIANI, D. T.; HOEPPNER, M. G. Interdisciplinaridade no ensino do direito. *Akrópolis Umuarama*, v. 16, n. 2, p. 103-107, abr./jun. 2008, p. 104.

[26] É o que determina o art. 3º da Portaria MEC nº 1.886, de 30 de dezembro de 1994, pioneira na exigência de interdisciplinaridade nos cursos de graduação em Direito.

[27] RIBEIRO JÚNIOR, João. *A formação pedagógica do professor de Direito*: conteúdos e alternativas metodológicas para a qualidade do ensino do Direito. 2. ed. Campinas: Papirus, 2003, p. 31-32.

Venho buscando desenvolver pesquisas na área do Direito Administrativo que sejam interdisciplinares: Direito Comparado,[28] Administração Pública,[29] História,[30] Sociologia,[31] Música,[32] Teatro,[33] Saúde Pública[34] e Literatura[35] têm estado presentes em alguns de meus artigos científicos e livros.

Ao realizar esses estudos, que muito vêm me servindo para conhecer novas dimensões (política, sociológica, histórica) da Administração Pública, tinha a ideia de que os integrantes do conservador meio jurídico brasileiro não os recepcionariam com a mente aberta. Na verdade, o novo sempre sofre uma grande resistência não apenas em ambientes mais apegados à tradição, como o do Direito, mas até mesmo em setores considerados mais livres, como o artístico. A propósito, em uma crônica escrita em 1864, sobre uma monumental peça teatral que seria encenada no Teatro de São Pedro (Rio de Janeiro) e que foi amplamente rechaçada pelos críticos e pelo público, o jornalista Machado de Assis já afirmava que este país não estaria preparado para novidades, e que, "com exceção de muito pouca gente de gosto que por aí existe", as coisas novas e de valor bem podem "oferecerem-se à vista de todo o mundo que ninguém as aprecia".[36]

---

[28] Vide CARVALHO, Fábio Lins de Lessa. *Acceso igualitario a la función pública*. Consideraciones sobre El modelo español de selección de los funcionarios públicos. 2. ed. Lisboa: Juruá Europa, 2017.

[29] Vide CARVALHO, Fábio Lins de Lessa. *Graciliano Ramos e a administração pública*. Comentários a seus relatórios de gestão à luz do Direito Administrativo moderno. Belo Horizonte: Fórum, 2017.

[30] Vide CARVALHO, Fábio Lins de Lessa. *Pontes de Miranda e a administração pública*. O pensamento ponteano no direito administrativo. Belo Horizonte: Fórum, 2020.

[31] Vide CARVALHO, Fábio Lins de Lessa. *Autoritarismo e patrimonialismo no Brasil*. 40 visões da Literatura e da Academia (1500-2021). Curitiba: Juruá, 2021.

[32] Vide CARVALHO, Fábio Lins de Lessa. *Raul Seixas e a administração pública*. Uma abordagem musical dos grandes desafios do Direito Administrativo no Brasil. Belo Horizonte: Fórum, 2022.

[33] Vide CARVALHO, Fábio Lins de Lessa. A mal-amada administração pública brasileira: uma análise das práticas de Odorico Paraguaçu na gestão de Sucupira e de sua subsistência nos tempos atuais. *Revista Brasileira de Direito Público*, v. 19, p. 37-72, 2021.

[34] Vide CARVALHO, Fábio Lins de Lessa. *Nise da Silveira e a administração pública*. Reflexões sobre a trajetória de uma heroína brasileira no serviço público. Belo Horizonte: Fórum, 2023.

[35] Vide capítulos que analiso a relação da poesia *Epílogos* (Gregório de Matos), do *Sermão de Bom Ladrão* (Padre Antônio Vieira), do *Auto da compadecida* (Ariano Suassuna), de *Os Bruzundangas* (Lima Barreto) e *Incidente em Antares* (Érico Veríssimo) com a administração pública. In: CARVALHO, Fábio Lins de Lessa. *Autoritarismo e patrimonialismo no Brasil*. 40 visões da Literatura e da Academia (1500-2021). Curitiba: Juruá, 2021.

[36] ASSIS, Machado de. Crônica de 1º.05.1864, publicada no jornal *Semana Ilustrada*.

Por falar em Machado de Assis, como as minhas maiores motivações acadêmicas e profissionais são pesquisar temas que me encantam, focar óticas inovadoras e divulgar minhas reflexões interdisciplinares, mesmo sem a pretensão de agradar ou de ser compreendido, eis que me surgiu a vontade de escrever um livro sobre o citado escritor e sua íntima relação com a Administração Pública.

Mas alguns logo indagariam: "Que negócio é este que Machado de Assis tinha uma íntima relação com a Administração Pública?".

A resposta é um sim com letras garrafais, já que aquele que é considerado por tantos como o maior nome da literatura brasileira de todos os tempos, durante meio século (entre 1856, quando atuou como Tipógrafo da Imprensa Nacional aos dezessete anos, e 1908, ano de sua morte, quando ocupava o cargo de Diretor de Contabilidade do Ministério de Viação), exerceu nada menos que doze diferentes funções públicas, das mais subalternas às mais destacadas, no âmbito da Administração Pública do Império e da República.

Na realidade, é marcante a relação de Machado de Assis com as questões jurídicas:

> o Direito invade completamente a vida e a obra do grande mestre. Ou seja: Machado de Assis é todo Direito – em sua vida de funcionário público, sobram exemplos de atuação jurídica; em suas amizades, sobressaem os bacharéis; seus personagens jurídicos têm grande destaque (impressionante destaque); e a linguagem jurídica aparece em todos os recantos da vasta obra machadiana. Ou seja, Machado de Assis tem todo o direito de receber as melhores homenagens do mundo jurídico.[37]

É sobre este Machado servidor público de que trata a primeira parte do livro, oportunidade em que se analisará como eram o provimento dos cargos públicos, a Administração Pública e o Direito Administrativo no ocaso do Império e na alvorada da República. Também haverá espaço para a análise de uma tendência universal, que é mais intensa no Brasil: o grande número de literatos no serviço público.

Algumas das perguntas que a primeira parte do livro procura responder são as seguintes: "Teria sido Machado de Assis um servidor medíocre e relapso, que apenas buscava, no serviço público, receber rendimentos financeiros não proporcionados pela literatura, ou se

---

[37] SCHUBSKY, Cássio; MATOS, Miguel. *Doutor Machado*. O Direito na vida e na obra de Machado de Assis. Ribeirão Preto: Lettera Doc, Migalhas, 2008, p. 8.

tratava de um servidor dedicado e eficiente?"; "Como era Machado de Assis na Administração Pública?"; e "Que atividades ele desenvolveu ao longo de sua vida funcional?".

Se a longa carreira pública de Machado não for suficiente para comprovar a intimidade do primeiro presidente da Academia Brasileira de Letras com a Administração Pública, acrescente-se que sua produção literária ficcional abordou inúmeras temáticas relacionadas à gestão pública, com vários personagens memoráveis que eram servidores públicos, e na sua obra, com rara capacidade de observação e ironia fina, "critica a burocracia mediana do funcionalismo do Estado, como é o caso do pai de Capitu, saudoso de uma chefia interina. Aqui as ambições menores das repartições, os desejos retorcidos de pequenos cargos e chefias são disputados com acirrado ânimo, muitas vezes com dispêndio de energia para tão pouco resultado".[38]

De fato, eu poderia ter seguido o caminho que se abriu diante de mim, em um primeiro momento, como o mais evidente, e ter decidido analisar as obras de Machado de Assis no campo da ficção (romances, contos, peças teatrais, poemas), relacionando-as às minhas curiosidades acadêmicas, algo que muitos vêm fazendo, não no Direito Administrativo, infelizmente, mas em diversas outras áreas, como a filosofia, a psicologia, a economia, a contabilidade, etc. De fato, não são poucos os que vêm fazendo isso, desde a morte de Machado até hoje em dia, em que há uma verdadeira legião de leitores e seguidores do escritor de Dom Casmurro que são especialistas nas mais diversas áreas do saber.

> Machado de Assis é o autor mais supinamente canônico da nossa literatura e, por isso, em consequência, o de mais vasta fortuna crítica. Além disso, sua ambiguidade e seu olhar oblíquo e dissimulado, como o de Capitu, dão margem a uma ampla variedade de leituras. Assim, ao longo do tempo, temos visto análises de todos os tipos: estruturalistas, marxistas, historicistas, econômicas, antropológicas, culturalistas, filosóficas, psicológicas, psicanalíticas, psiquiátricas, bíblicas... A obra de Machado de Assis tem sido esquadrinhada com a minúcia de quem procura na mina esgotada os últimos vestígios de ouro.[39]

---

[38] FERNANDES, Ronaldo Costa. Machado de Assis: servidor público. Apresentação do livro GUEDES, Paulo; HAZIN, Elizabeth. *Machado de Assis e a administração pública federal*. Brasília: Edições do Senado Federal, 2006, p. XVI.

[39] PETRAGLIA, Benito. Machado de Assis e as crônicas de *A Semana*. *Temporis (ação)*, v. 14, n. 1, p. 42-50, jan./jun. 2014, p. 43.

Teria sido um imenso desafio (re)ler e (tentar) comentar textos ficcionais de Machado de Assis, como os maravilhosos *Memórias Póstumas de Brás Cubas, O Alienista, Quincas Borba, Dom Casmurro* (no campo do romance), ou *Teoria do Medalhão* e *O caso Barreto* (no campo dos contos). Apesar da dificuldade prática pela quantidade considerável de obras que teriam que ser analisadas (dez romances, mais de duzentos contos, dez peças teatrais e cinco coletâneas de poemas e sonetos), adotei outro caminho, o das crônicas, não pela suposta maior facilidade que ele proporcionaria (como se verá a seguir), mas por outros motivos.

Primeiramente, porque as crônicas representam uma parcela considerável da produção literária machadiana, já que são mais de seiscentas que foram publicadas nos jornais quase quinzenal e ininterruptamente, entre 1859 e 1900. Em segundo lugar, porque a crônica machadiana não vem recebendo dos pesquisadores a atenção que merecia ter. Assim, mesmo a obra de Machado de Assis sendo bastante estudada, "ainda há o que investigar, e, a meu ver, são justamente as crônicas. Talvez elas tenham sido, de certo modo, negligenciadas".[40]

Outra razão por que escolhi este caminho é que as crônicas reproduzem a realidade (no caso, as questões administrativas) com maior fidelidade e traduzem a opinião do autor com maior clareza, já que na ficção o narrador não precisa ter os mesmos pensamentos do autor. Nesse sentido,

> se a ficção mimetiza uma realidade, a crônica está calcada no real, no universo do leitor, não como uma recriação, mas como uma reprodução comentada. Ao contrário do universo mimetizado da ficção, em que a representação do mundo é uma solução estética de captura do leitor, a crônica representa a realidade a partir de um processo de subtração. Cronista e leitor compartilham o mesmo substrato da informação, eles habitam a mesma cidade e têm acesso ao mesmo conjunto de conhecimentos. Entre as notícias, o cronista seleciona as que lhe parecem importantes, subtraindo eventos e selecionando destaques representativos de uma sociedade. A carreira de cronista de Machado de Assis foi longa, atravessando três décadas. Ela também foi multifária. O escritor produziu crônicas em colunas isoladas, em colunas anônimas, em companhia (em um projeto a várias mãos), escreveu crônicas de forma dramática e mesmo em versos. O cronista Machado de Assis tem, em cada um de seus ciclos de crônicas, um programa de escrita que se alinha a um projeto maior, ligado à sua filosofia da arte. A concepção maior

---

[40] PETRAGLIA, Benito. Machado de Assis e as crônicas de *A Semana*. *Temporis (ação)*, v. 14, n. 1, p. 42-50, jan./jun. 2014, p. 43.

do cronista Machado de Assis é a defesa de um projeto de "educação pelo jornal". Ao longo da carreira de cronista, o escritor promove uma série de valores simbólicos que entende serem benéficos para a sociedade e para seus leitores. Esse projeto maior convive com o programa estruturado para cada ciclo de crônicas. Em cada ciclo, isto é, em cada um do conjunto de colunas publicadas nos diversos periódicos, os textos abordam assuntos específicos, que variam entre si. Apesar dessa variação, os textos relacionam-se em um plano maior dentro de uma concepção específica de ver e comentar o mundo.[41]

No livro, serão apresentadas (e contextualizadas) centenas de opiniões críticas de Machado de Assis sobre os mais diversos temas que envolvem o cotidiano da Administração Pública e a aplicação do Direito Administrativo no Brasil: de nossa herança patrimonialista e autoritária aos primeiros momentos da burocracia no serviço público; dos temas mais teóricos, como a concepção de interesse público e de princípios da Administração Pública, a assuntos mais práticos, como concessões, obras públicas, licitações, servidores públicos, responsabilidade estatal, serviços públicos e poder de polícia. Machado de Assis administrativista surpreenderá ao opinar sobre questões pioneiras como inovação, tecnologia, participação cidadã e acesso das mulheres à função e vida públicas.

Enquanto gênero literário mais próximo do leitor cidadão, a crônica merece maior consideração pelos que atuam no Direito. Acredito, inclusive, que a crônica poderia ser um elemento de aproximação entre Direito e Literatura, saberes que estão cada vez mais se aproximando, a partir de três caminhos possíveis, como se vê adiante.

> Do ponto de vista teórico, há diferentes formas de leitura da relação entre direito e literatura: pode-se caracterizar o direito na ou como literatura, a literatura no direito, o direito da literatura, tendo em vista que os léxicos direito e literatura podem não dizer muito a respeito da proposta de uma leitura do jurídico através do literário. A relação entre direito e literatura normalmente realiza-se em três dimensões: o direito da literatura, perspectiva que analisa a questão da liberdade de expressão, a história jurídica da censura e políticas de subsídios editoriais, por exemplo; em um segundo momento, tem-se o direito como literatura, oportunidade em que a investigação gira em torno da

---

[41] PITOMBEIRA, Antonio Euclides Vega de; HOLANDA, Nogueira; SIQUEIRA, Ana Marcia Alves; GIUSTI, Jean Paulo. A violência simbólica nas crônicas de Machado de Assis, um estudo sobre "História de quinze dias". *Letras*, Santa Maria, v. 30, n. 61, p. 71-92, jul./dez. 2020, p. 77.

análise retórica e, principalmente, pode-se comparar os métodos de interpretação entre os textos literários e jurídicos; por último, o direito na literatura, em que se buscam as questões mais fundamentais sobre o direito, a justiça e o poder, por exemplo, nos textos literários e não nos manuais jurídicos ou diários oficiais.[42]

Em resumo, há atualmente no mundo três importantes movimentos: *Law in Literature*, *Law as Literature* e *Law and Literature*. Enquanto o movimento *Law in Literature* destina-se à análise de textos literários que tematizam matérias jurídicas, *Law and Literature* é o movimento que estuda o Direito pela Literatura, examinando, assim, a qualidade literária do Direito, e *Law as Literature* pretende trazer a forma da Literatura para o Direito, isto é, a possibilidade de textos jurídicos serem interpretados e lidos como textos literários.[43]

A segunda parte deste livro terá como principal foco o movimento *Law in Literature* (Direito na Literatura), a partir da análise da presença do Direito Administrativo nas crônicas machadianas.

Assim, tanto considero imperdível para o leitor a primeira parte do livro, que analisará meio século de atuação de Machado de Assis no serviço público, como também a segunda parte, que cobrirá sua intensa atividade jornalística. Curiosamente, estes períodos (Machado servidor e Machado cronista) praticamente coincidem. Ora, como foi possível o mesmo homem servir fielmente a Administração Pública e, ao mesmo tempo, criticá-la com tanta acidez?

Conforme se verá (e sem dar *spoiler*), pode-se dizer que o segredo estava no elevado espírito ético, público e democrático que Machado de Assis possuía. Portanto, pode-se afirmar que ainda que o ficcionista não tivesse surgido (bate na madeira!), existiriam motivos de sobra para se conhecer a vida, a obra e o legado de Machado de Assis. Portanto, o que este livro pretende é ofertar mais uma singela contribuição para o conhecimento e a reflexão interdisciplinar sobre o espaço mais cidadão e vocacionado para atender as demandas da sociedade civil: a Administração Pública.

---

[42] RAMIRO, Carlos Henrique Lopes. Direito, literatura e a construção do saber jurídico. Paulo Leminski e a crítica do formalismo jurídico. *Revista de Informação Legislativa*, Brasília, ano 49, n. 196, out./dez. 2012, p. 400.

[43] Sobre este tema, *vide* SOARES, Guilherme Augusto de Vargas; FONTANIVE, Thiago. Diálogo entre Direito e Literatura: uma interdisciplinariedade promissora. *Consultor Jurídico*, 21 jul. 2018. Disponível em: https://www.conjur.com.br/2018-jul-21/diario-classe-dialogo-entre-direito-literatura-interdisciplinariedade-promissora/. Acesso em: 18 dez. 2023.

PARTE I

MACHADO DE ASSIS SERVIDOR PÚBLICO

1.1 Evolução dos critérios de provimento dos cargos públicos

Tendo vivido boa parte de sua vida no século XIX, Machado de Assis (1839-1908) se sujeitou às contingências de seu tempo. Nesse contexto, é mais que natural que sua presença na Administração Pública durante boa parte de sua vida não tenha passado pelo crivo legitimador do concurso público. E, para que não se incorra em anacronismo, isso não pode ser considerado, *a priori*, um aspecto negativo da vida funcional do famoso escritor. É preciso, portanto, analisar as circunstâncias fáticas, políticas e jurídicas que envolviam o provimento dos cargos públicos no Brasil nos tempos do Império e no começo da República.

Se hoje em dia a sociedade brasileira valoriza a figura do concurso público, ao ponto de existirem milhões de pessoas que estão, neste exato momento, dedicando-se à preparação para os processos seletivos de acesso à função pública (cargos, empregos e contratos), confiando na lisura dos procedimentos administrativos, não se pode afirmar que a maior parte da história do ingresso nos postos de trabalho no Estado tenha sido pautada nas ideias de igualdade e mérito.

Ao contrário, a história da ocupação dos cargos públicos no Brasil é marcada por "diversas situações em que prevaleceram os interesses privados sobre os públicos, tornando-se comum a utilização dos cargos e funções como forma de ascensão social e até mesmo como moeda de troca entre os soberanos e seus súditos, em detrimento da própria Administração Pública".[1]

---

[1] CORDEIRO, Carla Priscilla Barbosa Santos; LINS JÚNIOR, George Sarmento. A ocupação dos cargos públicos ao longo da história brasileira: o concurso público como instrumento jurídico por excelência para a escolha dos agentes públicos. *In*: CARVALHO, Fábio Lins de Lessa; CORDEIRO, Carla Priscilla Barbosa Santos. *Direito dos concursos públicos*. Rio de Janeiro: Lumen Juris, 2016, p. 12.

Em outra oportunidade, já destacamos que os distintos modelos de Estado (antigo, absolutista, liberal, social, neoliberal, etc.), na medida em que representaram diferentes visões políticas da vocação estatal, fizeram com que o papel do Estado variasse, "o que exigiu, em alguns momentos, a seleção de muitos servidores, e, em outros, de poucos; em algumas oportunidades, servidores de perfil técnico, em outras, de perfil político".[2]

Com base em classificação adotada na doutrina estadunidense, pode-se afirmar que a história do provimento dos cargos públicos possui quatro fases distintas: a era da espoliação (*spoil system*), a era dos cavalheiros (*gentlemen system*), a era do mérito (*merit system*) e a era da diversidade (*diversity system*).

Enquanto a era da espoliação alcançou alto nível de corrupção, pois somente visava à apropriação privada do que era público, a era dos cavalheiros levava em consideração a aptidão de caráter, integridade e posição social elevada, e a era do mérito é mais impessoal, focada em qualificações profissionais que não dependem de conexões políticas. Atualmente, com o reconhecimento da necessidade de inclusão de segmentos da sociedade tradicionalmente renegados (como mulheres, pessoas com deficiência, estrangeiros, negros, etc.), surge uma quarta e nova era: a da diversidade (*diversity system*).[3] Passemos a analisar cada uma dessas eras.

1.1.1 Era da espoliação

No Brasil, a era da espoliação ocorreu especialmente no período colonial, quando o fator decisivo para escolha daqueles indivíduos que iriam ocupar as funções públicas era de natureza patrimonialista, modelo de Administração Pública caracterizado pela confusão (mistura indevida) entre patrimônio público e privado, e pela prevalência dos interesses pessoais (em detrimento do interesse público), sejam dos ocupantes do poder, sejam dos membros da sociedade civil. Assim, no Brasil colônia, "a escolha do funcionalismo não era realizada com base

---

[2] CARVALHO, Fábio Lins de Lessa. *Concursos públicos no direito brasileiro*. Curitiba: Juruá, 2015, p. 26.
[3] MALONE, Patrick S. Diversity, the Newest Era in Public Personnel Administration, PA Times, American Society for Public Administration, 13 mar. 2023. Disponível em: https://patimes.org/diversity-the-newest-era-in-public-personnel-administration/. Acesso em: 31 jan. 2024.

nas aptidões dos indivíduos ou do melhor interesse da Administração, mas sim na posição social dos cidadãos e em seu poder de barganha com a Coroa Portuguesa".[4]

Na realidade, este era o quadro geral das colônias dos países ibéricos nas Américas, em que "a tradição absolutista do período colonial implicava na clara mistura do tesouro do Estado espanhol e português com o do rei e da nobreza (os principais funcionários do Estado)".[5] Vê-se, portanto, que o emprego público era não apenas uma valiosa moeda de troca (clientelismo), mas também uma fonte de exploração e enriquecimento daqueles que estavam no poder ou próximos a ele, sem maiores preocupações com a qualidade dos serviços a serem prestados à população.

No *Sermão do Bom Ladrão* (proferido em 1655), Padre Antônio Vieira, ao tratar do empreguismo nos primórdios do Brasil, faz uso de uma expressão que até hoje representa uma mazela na Administração Pública brasileira: entrar no serviço público pela janela. Ele se indignava ao "ver alguns tão introduzidos e tão entrados, não entrando pela porta nem podendo entrar por ela se entraram pelas janelas, como aqueles ladrões [...] grande desgraça é que, sendo as janelas feitas para entrar a luz e o ar, entrem por elas as trevas e os desares".[6] Padre Antônio Vieira não poupa aqueles que, embora não cometam roubos, favorecem a sua prática, no caso, admitindo pessoas inadequadas para os cargos públicos: "senão na face do sol, e na luz do meio-dia, como se pode escusar quem ao menos firma os provimentos de que não conhecia serem ladrões os que por estes meios foram providos? Finalmente, ou os conhecia, ou não: se os não conhecia, como os proveu sem os conhecer? E se os conhecia, como os proveu conhecendo-os?".[7]

Na era da espoliação, os cargos públicos pertenciam ao soberano, que os negociava com os interessados, geralmente pessoas com influência e/ou posses (por isso era um "sistema que privilegiava os

---

[4] CORDEIRO, Carla Priscilla Barbosa Santos; LINS JÚNIOR, George Sarmento. *Op. cit.*, p. 12.
[5] DOMINGUES, José Maurício. Patrimonialismo e neopatrimonialismo. AVRITZER, Leonardo *et al.* (Orgs.). *Corrupção*: ensaios e críticas. Belo Horizonte: Ed. UFMG, 2008, p. 189.
[6] VIEIRA, Padre Antônio. *Sermão do bom ladrão*. Texto de domínio público, p. VII. Disponível em: http://www.dominiopublico.gov.br/download/texto/fs000025pdf.pdf. Acesso em: 09 dez. 2023.
[7] VIEIRA, Padre Antônio. *Sermão do bom ladrão*. Texto de domínio público, p. VII. Disponível em: http://www.dominiopublico.gov.br/download/texto/fs000025pdf.pdf. Acesso em: 09 dez. 2023.

mais ricos").[8] O rei poderia fazer o que quisesse com esses postos de trabalho, inclusive vendê-los, arrendá-los ou mesmo cedê-los se assim o desejasse, de forma temporária ou não. Em contrapartida, a função pública era exercida por funcionários que apenas queriam auferir todo tipo de vantagem patrimonial. De forma pragmática, perceba-se que, no caso brasileiro, se a Coroa portuguesa não oferecesse incentivos pecuniários ou tolerasse alguma margem de lucro por parte de seus funcionários, ela sequer encontraria candidatos aos cargos na colônia.[9]

Raimundo Faoro destaca que Portugal começa a organizar precocemente (quando comparado a outros Estados europeus) sua Administração Pública e acaba por recorrer a um modelo ainda atrelado aos tempos feudais:

> A função pública de primeiro nível cabia ao nobre, senhor da terra ou alheio ao solo jurisdicionado. Igualmente, as circunscrições judiciais (julgados) e as circunscrições fiscais (almoxarifados) dependiam, no provimento dos cargos, da exclusiva escolha régia. O corpo de funcionários recebia a remuneração das rendas dos casais, aldeias e freguesias, dos estabelecimentos não beneficiados com a imunidade fiscal. Os cargos eram, dentro de tal sistema, dependentes do príncipe, de sua riqueza e de seus poderes. Extremava-se tal estrutura da existente na Europa contemporânea, marcando um prematuro traço de modernidade.[10]

O Estado Patrimonialista tinha pouquíssimas funções. Faoro explica: "Fazenda, guerra e justiça são as funções dos reis, no século XVI, funções que se expandem e se enleiam no controle e aproveitamento da vida econômica". Para atender as referidas funções, existe "uma constelação de cargos, já separada a Administração Pública da casa real, realiza as tarefas públicas, com as nomeações e delegações de autoridade. Separação, na verdade, tênue, em que o valido da corte se transmuta em funcionário ou soldado, num processo de nobilitação, que abrange o letrado e o homem de armas". Ademais, o patrimônio do soberano se converte, gradativamente, no Estado, "gerido por um estamento, cada vez mais burocrático. No agente público – o agente com investidura e regimento e o agente por delegação – pulsa a centralização,

---

[8] CARVALHO, Fábio Lins de Lessa. *Concursos públicos no direito brasileiro*. Curitiba: Juruá, 2015, p. 29.
[9] FIGUEIREDO, Luciano Raposo. A corrupção no Brasil Colônia. *In*: AVRITZER, Leonardo *et al*. (Orgs.). *Corrupção*: ensaios e críticas. Belo Horizonte: Ed. UFMG, 2008, p. 212.
[10] FAORO, Raymundo. *Os donos do poder*. Formação do patronato político brasileiro. 3. ed. Rio de Janeiro: Globo, 2001, p. 16.

só ela capaz de mobilizar recursos e executar a política comercial. O funcionário é o outro eu do rei, um outro eu muitas vezes extraviado da fonte de seu poder".[11] Faoro resume:

> O chefe provê, tutela os interesses particulares, concede benefícios e incentivos, distribui mercês e cargos, dele se espera que faça justiça sem atenção a normas objetivas e impessoais. No soberano concentram-se todas as esperanças de pobres e ricos, porque o Estado reflete o polo condutor da sociedade. O súdito quer a proteção, não participar da vontade coletiva, proteção aos desvalidos e aos produtores de riqueza, na ambiguidade essencial ao tipo de domínio.[12]

Caio Prado Júnior ressalta a carência de mão de obra e a falta de interesse dos portugueses se deslocarem para as colônias, o que comprometia ainda mais o processo de preenchimento dos cargos públicos no Brasil colonial:

> Outra circunstância bastante peculiar residia no fato de que, como os agentes da administração estavam concentrados na sede, em boa parte das vilas "nem havia gente suficiente capaz para preencher o número, elevado demais para elas, de cargos públicos", o que fez com que fosse largamente adotada a prática das correições e visitações, "isto é, espécie de excursões administrativas em que as autoridades percorriam as suas jurisdições; mas isto que, dado aquele sistema de concentração deveria ser qualquer coisa de permanente, constituía acontecimento excepcional, e só as autoridades mais dirigentes o praticavam com alguma assiduidade".[13]

Caio Prado Júnior oferece um exemplo para demonstrar como a era da espoliação gerou uma Administração Pública ineficiente. Os cargos públicos acabavam sendo ocupados por leigos, pessoas sem qualquer capacidade técnica, mesmo em áreas consideradas vitais para as autoridades portuguesas. Assim, em relação aos servidores públicos, "raramente se encontram neles técnicos especializados. Nas várias Intendências do Ouro, por exemplo, nunca se viu um geólogo, um mineralogista, um simples engenheiro. Eram indivíduos inteiramente

---

[11] FAORO, Raymundo. Op. cit., p. 199.
[12] FAORO, Raymundo. Os donos do poder. Formação do patronato político brasileiro. 11. ed. v. 1. São Paulo: Globo, 1997, p. 172.
[13] PRADO JR., Caio. Formação do Brasil contemporâneo. São Paulo: Companhia das Letras, p. 322.

leigos em ciências naturais e conhecimentos técnicos que se ocupavam com os assuntos de mineração".[14]

Sobre a corrupção no Brasil colonial e a forte presença do patrimonialismo, são bastante significativas as palavras de Caio Prado Júnior:

> De alto a baixo da escala administrativa, com raras exceções, é a mais grosseira imoralidade e corrupção que domina desbragadamente. Poder-se-ia repetir aqui, sem nenhuma injustiça, o conceito do Soldado Prático: "Na Índia não há cousa sã: tudo está podre e afistulado, e muito perto de herpes..." Os mais honestos e dignos delegados da administração régia são aqueles que não embolsam sumariamente os bens públicos, ou não usam dos cargos para especulações privadas; porque de diligência e bom cumprimento dos deveres, nem se pode cogitar. Aliás o próprio sistema vigente de negociar os cargos públicos abria naturalmente portas largas à corrupção. Eles eram obtidos e vendidos como a mais vulgar mercadoria. Mas isto ainda é o de menos, porque estava nos métodos aceitos e reconhecidos. O que fazia Vieira, já século e meio antes, conjugar no Brasil o verbo "rapio" (no Sermão do Bom Ladrão) em todos os modos, tempos e pessoas, era esta geral e universal prática, que já passara para a essência da administração colonial, do peculato, do suborno e de todas as demais formas de corrupção administrativa.[15]

Ainda sobre esta Administração Pública pré-burocrática, o amadorismo "estendia-se também a funções que requeriam conhecimentos especializados. Os próprios delegados de polícia exerciam seus cargos juntamente com outras ocupações: eram lavradores, comerciantes, ou viviam 'de dinheiro a prêmio'. Os conhecimentos que mobilizavam em suas decisões vinham da experiência adquirida no trabalho, sem fundamento em qualquer habilitação prévia".[16]

Ademais, havia "um descompasso entre as potencialidades reais de recrutamento e seleção de pessoal e a estrutura formal dos serviços públicos, definindo-se uma situação paradoxal: enquanto os cargos eram preenchidos sem exigências de adestramento, suas atribuições eram fixadas com certo rigor".[17]

---

[14] *Op. cit.*, p. 354.
[15] *Op. cit.*, p. 357.
[16] FRANCO, Maria Sylvia de Carvalho. *Homens livres na ordem escravocrata*. 4. ed. São Paulo: Ed. Unesp, 1997, p. 135.
[17] FRANCO, Maria Sylvia de Carvalho. *Homens livres na ordem escravocrata*. 4. ed. São Paulo: Ed. Unesp, 1997, p. 135.

Sobre a falta absoluta de critérios profissionais para preenchimento dos cargos públicos que demandavam algum conhecimento técnico de seu titular, recorrendo ao humor, Lima Barreto narra dois fictícios diálogos, ocorridos em *Os brunzundangas* (que seria o Brasil):

– O senhor quer ser diretor do Serviço Geológico da Bruzundanga? – pergunta o Ministro.
– Quero, Excelência.
– Onde estudou geologia?
– Nunca estudei, mas sei o que é vulcão.
– Que é?
– Chama-se vulcão a montanha que, de uma abertura, em geral no cimo, jorra turbilhões de fogo e substâncias em fusão.
– Bem. O senhor será nomeado.

No outro episódio, Lima Barreto destila toda sua malícia para narrar o caso de um candidato ao cargo de Amanuense (Escrevente) que foi entrevistado diretamente pelo Ministro, que não fazia questão que seu funcionário fosse preparado e inteligente, mas exigia que fosse "chique e lindo":

– Sabe sorrir?
– Sei, Excelentíssimo Senhor Ministro.
– Então mostre. – Pancome ficou contente e indagou ainda:
– Sabe cumprimentar?
– Sei, Senhor Visconde.
– Então, cumprimente ali o Major Marmeleiro. – Este major era o seu secretário e estava sentado, em outra mesa, ao lado da do Ministro, todo ele embrulhado em uma vasta sobrecasaca. O rapaz não se fez de rogado e cumprimentou o major com todos os "ff" e "rr" diplomáticos. O Visconde ficou contente e perguntou ainda:
– Sabe dançar?
– Sei, Excelentíssimo Senhor Visconde.
– Dance.
– Sem música?
O visconde não se atrapalhou. Determinou ao secretário:
– Marmeleiro, ensaia aí uma valsa.
– Só sei "Morrer sonhando" (exemplo).

– Serve. – O candidato dançou às mil maravilhas e o Visconde não escondia o grande contentamento de que sua alma exuberava. Indagou afinal.

– Sabe escrever com desembaraço?

– Ainda não, doutor.

– Não faz mal. O essencial, o senhor sabe. O resto o senhor aprenderá com os outros.

E foi nomeado, para bem documentar, aos olhos dos estranhos, a beleza dos homens da Bruzundanga.[18]

Sobre o nepotismo e o familismo existente em Bruzundanga, Lima Barreto denuncia:

> eles tratam, no poder, não de atender as necessidades da população, não de lhes resolver os problemas vitais, mas de enriquecerem e firmarem a situação dos seus descendentes e colaterais. Não há lá homem influente que não tenha, pelo menos, trinta parentes ocupando cargos do Estado; não há lá político influente que não se julgue com direito a deixar para os seus filhos, netos, sobrinhos, primos, gordas pensões pagas pelo Tesouro da República.[19]

Não era apenas o amadorismo que causava um imenso dano à vida social. O coronelismo era uma verdadeira ameaça à liberdade e à igualdade entre as pessoas:

> Quando o Estado se aproximava, ele o fazia dentro do acordo coronelista, pelo qual o coronel dava seu apoio político ao governador em troca da indicação de autoridades, como o delegado de polícia, o juiz, o coletor de impostos, o agente do correio, a professora primária. Graças ao controle desses cargos, o coronel podia premiar os aliados, controlar sua mão de obra e fugir dos impostos. Fruto dessa situação eram as figuras do "juiz nosso" e do "delegado nosso", expressões de uma justiça e de uma polícia postas a serviço do poder privado.[20]

---

[18] BARRETO, Lima. *Os Bruzundangas*. Obra de domínio público, p. 64. Disponível em: http://www.dominiopublico.gov.br/download/texto/bv000149.pdf. Acesso em: 09 dez. 2023.

[19] BARRETO, Lima. *Os Bruzundangas*. Obra de domínio público, p. 17. Disponível em: http://www.dominiopublico.gov.br/download/texto/bv000149.pdf. Acesso em: 09 dez. 2023.

[20] CARVALHO, José Murilo de. *Cidadania no Brasil*. O longo caminho. 19. ed. Rio de Janeiro: Civilização Brasileira, 2015, p. 62.

1.1.2 Era dos cavalheiros

A segunda fase da história do provimento dos cargos públicos é a era dos cavalheiros (*gentlemen system*), em que começa a haver uma preocupação com um mínimo de qualificação técnica que o titular do cargo público deveria ostentar, mas não há qualquer traço de impessoalidade administrativa na escolha, que continua dependendo exclusivamente da decisão discricionária do Estado.

Nessa era, deveriam ser selecionadas, para as funções administrativas e políticas do Estado, pessoas com formação acadêmica (geralmente jurídica) ou com elevada bagagem intelectual:

> ao se estudar o comportamento da *intelligentsia* brasileira que atuou junto à Secretaria de Estado de Negócios Estrangeiros, reorganizada em 1822 por Bonifácio, sobressai um aspecto que, embora pouco debatido na academia, constituiu um interessante modo de atuação intelectual integrado ao projeto de modernização do país: a polimatia. Para aqueles indivíduos eruditos, donos de uma rica bagagem intelectual construída no Velho Continente, atuar em variadas áreas do saber significava, portanto, uma práxis cujo escopo era retirar o Brasil do atraso econômico e cultural em relação à Europa e aos Estados Unidos. Esse país, aliás, já representava um exemplo instigante para os letrados brasileiros oriundos de classes oligárquicas, até porque, no início do século XIX, a economia estadunidense havia chegado ao nível de desbancar, ao lado da França e da Alemanha, o monopólio industrial inglês.[21]

A era dos cavalheiros no Brasil teve seu início no século XIX. Com o aumento da complexidade administrativa, especialmente a partir da chegada da família real portuguesa ao país (1808), passou a haver uma maior demanda por profissionais que pudessem dar conta das tarefas atribuídas à máquina administrativa.

Todavia, ao contrário do sistema meritório que, a partir de procedimentos administrativos impessoais, procura os melhores, quem quer que eles sejam e onde quer que eles estejam (independentemente da classe social), na era dos cavalheiros, somente da elite política e econômica vinham os funcionários públicos. Nesse sentido:

> o amparo a um desenvolvimento cultural mais amplo e efetivo só viria mesmo a ocorrer com a chegada abrupta de D. João VI, em 1808, transferindo-se a administração imperial portuguesa para o Brasil

---

[21] RIBEIRO, Celso Diniz. Escritores diplomatas: a trajetória do trabalho intelectual brasileiro no século XIX. *Ipotesi*, Juiz de Fora, v. 21, n. 2, p. 84-96, jul./dez. 2017. p. 84.

concomitantemente. O motivo desse apoio era óbvio, uma vez que havia a necessidade de formar urgentemente um pessoal capacitado para assumir funções político-administrativas. Importa lembrar, no entanto, que até o final da década de 1820, a formação superior era um privilégio para os poucos indivíduos que pudessem trasladar-se para a Europa.[22]

Assim, "a implantação de um aparelho administrativo burocrático no Brasil necessitava de indivíduos intelectualmente preparados para a ocupação dos cargos da imprensa e do funcionalismo público".[23] Esses indivíduos eram chamados de letrados que "formavam grupos equivalentes pelas funções sociais, nível de instrução, diretrizes mentais e gostos, separando-se da massa na medida em que integravam os quadros dirigentes na política, na administração, na religião".[24] Nesse contexto, pode-se afirmar que, "na ausência de cursos superiores no Brasil colônia, a proclamação da independência legou aos daqui uma elite ideologicamente homogênea devido a sua formação jurídica (Universidade de Coimbra – fundada em 1290), ao seu treinamento no serviço público e ao isolamento em relação a doutrinas revolucionárias".[25]

Acrescente-se que, "num quadro de favoritismo elitista [...], constituía-se como uma condição promotora de privilégios, os bacharéis oriundos das classes oligárquicas eram, por isso mesmo, os indicados para as funções jornalísticas e de servidor público".[26]

Por sua vez, o historiador Sérgio Buarque de Holanda ressaltou, no clássico *Raízes do Brasil*, que "na monarquia eram ainda os fazendeiros escravocratas e eram os filhos dos fazendeiros, educados nas profissões liberais, quem monopolizava a política, elegendo-se ou fazendo eleger seus candidatos, dominando os parlamentos, os ministérios, em geral todas as posições de mando e fundando a estabilidade das instituições nesse contestado domínio".[27]

---

[22] RIBEIRO, Celso Diniz. Escritores diplomatas: a trajetória do trabalho intelectual brasileiro no século XIX. *Ipotesi*, Juiz de Fora, v. 21, n. 2, p. 84-96, jul./dez. 2017. p. 85.
[23] RIBEIRO, Celso Diniz. *Op. cit.*, p. 84.
[24] CANDIDO, Antonio. *Formação da literatura brasileira*: momentos decisivos 1750-1880. Rio de Janeiro: Ouro sobre Azul, 2012, p. 84.
[25] GUEDES, Paulo; HAZIN, Elizabeth. *Machado de Assis e a administração pública federal*. Brasília: Senado Federal, 2006, p. 33.
[26] RIBEIRO, Celso Diniz. Escritores diplomatas: a trajetória do trabalho intelectual brasileiro no século XIX. *Ipotesi*, Juiz de Fora, v. 21, n. 2, p. 84-96, jul./dez. 2017. p. 86.
[27] HOLANDA, Sérgio Buarque de. *Raízes do Brasil*. 26. ed. São Paulo: Companhia das Letras, 1995, p. 73.

No Brasil Império, essa elite se reproduziu localmente seguindo a formação nos cursos de direito implantados no país, "ao fazer passar os seus futuros membros pela magistratura e ao movimentá-los pelos cargos políticos e da alta administração do Império. Os ministros, por exemplo, exceto os militares, eram recrutados no Parlamento".[28]

O cronista do livro *Os Bruzundangas* (que é uma sátira ao Brasil, escrita por Lima Barreto) ressaltava que, no tocante à Administração Pública, outro benefício atribuído indevidamente à classe dos doutores é a exclusividade na ocupação de determinados cargos públicos, garantindo uma reserva de mercado, especialmente para os advogados (bacharelismo):

> Tendo crescido imensamente o número de doutores, eles, os seus pais, sogros, etc., trataram de reservar o maior número de lugares do Estado para eles. Capciosamente, os regulamentos da Bruzundanga vão conseguindo esse *desideratum*. Assim, é que os simples lugares de alcaides de polícia, equivalentes aos nossos delegados, cargos que exigem o conhecimento de simples rudimentos de direito, mas muito tirocínio e hábito de lidar com malfeitores, só podem ser exercidos por advogados, nomeados temporariamente.[29]

Joaquim Nabuco ressalta que, neste contexto de empreguismo e oportunidades vantajosas que o Estado oferece aos particulares, surgiu uma espécie de dependência do setor público, mantendo a sociedade civil em condição de menoridade, importante elemento cultural do Brasil:

> nessas condições oferecem-se ao brasileiro que começa diversos caminhos, os quais conduzem todos ao emprego público. As profissões chamadas independentes, mas que dependem em grande escala do favor da escravidão; como a advocacia, a medicina, a engenharia, têm pontos de contato importantes com o funcionalismo, como sejam os cargos políticos, as academias, as obras públicas. Além desses, que recolhem por assim dizer as migalhas do orçamento, há outros, negociantes, capitalistas, indivíduos inclassificáveis, que querem contratos, subvenções do Estado, garantias de juro, empreitadas de obras, fornecimentos públicos.[30]

---

[28] GUEDES, Paulo; HAZIN, Elizabeth. *Machado de Assis e a administração pública federal*. Brasília: Senado Federal, 2006, p. 33.
[29] BARRETO, Lima. *Os Bruzundangas*. Obra de domínio público, p. 14. Disponível em: http://www.dominiopublico.gov.br/download/texto/bv000149.pdf. Acesso em: 09 dez. 2023.
[30] NABUCO, Joaquim. *O abolicionismo*. Petrópolis: Vozes de Bolso, 2012. Edição digital. Disponível em: file:///D:/Downloads/O%20Abolicionismo%20-%20Joaquim%20Nabuco%20(2)%20(1).pdf. Acesso em: 09 dez. 2023.

Com autocrítica, Sérgio Buarque de Holanda aduz que "no trabalho não buscamos senão a própria satisfação, ele tem o seu fim em nós mesmos e não na obra". Sobre a classe intelectual brasileira, constata que:

> Ainda hoje são raros, no Brasil, os médicos, advogados, engenheiros, jornalistas, professores, funcionários que se limitem a ser homens de sua profissão. Revemos constantemente o fato observado por Burmeister nos começos de nossa vida de nação livre: "Ninguém aqui procura seguir o curso natural da carreira iniciada, mas cada qual almeja alcançar aos saltos os altos postos e cargos rendosos: e não raro o conseguem" [...] O funcionário público esforça-se por obter colocação de engenheiro e o mais talentoso engenheiro militar abandona sua carreira para ocupar o cargo de arrecadador de direitos de alfândega. O oficial de Marinha aspira ao uniforme de chefe de esquadra. Ocupar cinco ou seis cargos ao mesmo tempo e não exercer nenhum é coisa nada rara.[31]

Ainda em *Raízes do Brasil*, outra crítica bastante ferrenha diz respeito ao bacharelismo, considerado pelo autor como uma praga: "as nossas academias diplomam todos os anos centenas de novos bacharéis, que só excepcionalmente farão uso, na vida prática, dos ensinamentos recebidos durante o curso". Nessa "terra de advogados", as pessoas se formam em Direito para ascender às mais altas posições e cargos públicos. Ademais, buscam prestígio, uma vez que "a dignidade e a importância que confere o título de doutor permitem ao indivíduo atravessar a existência com discreta compostura e, em alguns casos, podem libertá-lo da necessidade de uma caça incessante aos bens materiais, que subjuga e humilha a personalidade". Ademais, Sérgio Buarque de Holanda ressalta a "ânsia pelos meios de vida definitivos, que dão segurança e estabilidade, exigindo, ao mesmo tempo, um mínimo de esforço pessoal, de aplicação e sujeição da personalidade, como sucede tão frequentemente com certos empregos públicos".[32]

1.1.3 Era do mérito

No plano de vista teórico, o ordenamento jurídico-constitucional brasileiro no século XIX já vinha proclamando o acesso meritório aos

---

[31] HOLANDA, Sérgio Buarque. *Raízes do Brasil*. 26. ed. São Paulo: Companhia das Letras, 1995, p. 156.
[32] *Op. cit.*, p. 157.

cargos públicos, o que se verificava na Constituição Imperial (1824) – que estabelecia, em seu art. 179, XIV, que "todo o cidadão pode ser admitido aos Cargos Públicos Civis, Políticos ou Militares, sem outra diferença, que não seja a dos seus talentos, e virtudes" – e na primeira Constituição Republicana (1891) – que previa, em seu art. 73, que "os cargos públicos, civis ou militares, são acessíveis a todos os brasileiros".

Todavia, inexistia no Direito brasileiro qualquer procedimento administrativo que instrumentalizasse, a partir de uma concorrência impessoal, o acesso igualitário aos cargos públicos. Em outras palavras, apesar da previsão constitucional da acessibilidade aos brasileiros, esta era letra morta porque não existia a figura do concurso público.

Somente com a Constituição de 1934, o concurso público foi introduzido no ordenamento jurídico-constitucional brasileiro. A citada Carta Política determinava, no art. 170, 2º, que "a primeira investidura nos postos de carreira das repartições administrativas, e nos demais que a lei determinar, efetuar-se-á depois de exame de sanidade e concurso de provas ou títulos".

Assim, houve finalmente o reconhecimento, no contexto brasileiro, seguindo a tendência do direito constitucional universal, de que, "num Estado de Direito, todo cidadão tem direito de acesso aos cargos e empregos públicos, pelos quais competirá em igualdade de condições com os demais cidadãos interessados".[33]

O que se reconheceu nos textos constitucionais brasileiros do século XX é que se todos os cidadãos são iguais perante a lei, também o são diante da Administração Pública, que está constitucionalmente encarregada de aplicar as leis (igualdade na aplicação da lei), devendo garantir o acesso igualitário a partir da instauração de uma competição pública e impessoal. Assim, a Administração Pública, quando necessitar prover um posto de trabalho, terá que garantir o amplo direito de participação, em condições de igualdade, a todos os candidatos que cumpram os requisitos legais, em um processo seletivo decidido por critérios objetivos e que tenham em consideração o mérito e a capacidade dos postulantes.

A consagração do concurso público na Constituição de 1934 não ocorreu por acaso. Getúlio Vargas chegou ao poder com a promessa de que combateria o coronelismo (modelo patrimonialista) e promoveria a reforma da Administração Pública, estruturando e qualificando o

---

[33] ROCHA, Francisco Lobello de Oliveira. *Regime jurídico dos concursos públicos*. São Paulo: Dialética, 2006, p. 52.

serviço público federal a partir da adoção de critérios racionais (modelo burocrático). Ainda que de forma tardia, em comparação com Europa e Estados Unidos, as ideias de Max Weber finalmente seriam aplicadas no país.

O concurso público era um dos símbolos maiores deste novo momento da Administração Pública no Brasil: os cargos públicos passariam a ser providos a partir um procedimento de seleção que permitisse o acesso de todas as pessoas que estivessem tecnicamente qualificadas para o desempenho das tarefas estatais, fossem elas provenientes ou não das classes mais privilegiadas (superando a era dos cavalheiros). E, *a priori*, a definição de quem lograria êxito dependeria apenas do talento, do esforço e da disciplina dos candidatos.

O modelo burocrático (e o sistema do mérito) serve como uma luva às aspirações da burguesia, que precisava de um Estado mais racional, serviços públicos mais confiáveis e uma Administração Pública mais organizada. Para tanto, teria a sociedade que se livrar das heranças do patrimonialismo, consideradas como a fonte do atraso e como obstáculo ao desenvolvimento econômico. Nesse sentido, "desde o momento em que os interesses econômicos da burguesia capitalista acabam destruindo o esquema de Estado feudal e patrimonial, impondo o modelo de Estado moderno, faz-se indispensável a gestão do poder através do mecanismo burocrático" e isso implica "uma maior especialização de conhecimentos por parte dos agentes públicos em função das crescentes tarefas do Estado com relação à mutável realidade econômica e social".[34]

Destaque-se que o racionalismo como princípio de organização administrativa impõe a especialização e a profissionalização do servidor, circunstâncias que exigirão a substituição do modelo antigo de acesso. O que se exige agora é um servidor que seja capaz de responder de forma satisfatória às demandas de um serviço público recém-criado enquanto conjunto de órgãos administrativos especializados e hierarquizados. Essas circunstâncias fizeram com que a organização burocrática impusesse servidores permanentes (nesse momento surge a figura da estabilidade), distribuídos em carreiras, o que garantiu a necessidade de continuação das atividades administrativas, até então sujeita às instabilidades do governo.[35]

---

[34] PAREJO ALFONSO, Luciano; JIMÉNEZ-BLANCO, A.; ORTEGA ÁLVAREZ, L. *Manual de derecho administrativo*. 5. ed. v. 2. Barcelona: Ariel, 1998, p. 1. Tradução do autor.
[35] CARVALHO, Fábio Lins de Lessa. *Concursos públicos no direito brasileiro*. Curitiba: Juruá, 2015, p. 31.

No século XIX, quando o Estado (de cunho liberal) ainda não tinha abarcado inúmeras tarefas (como a prestação de serviços públicos sociais), não havia maiores preocupações com a qualidade técnica dos servidores públicos, visto que a estes não eram atribuídas tarefas tão complexas, nem deles se exigia a permanência por toda uma carreira. A título de ilustração, "nos Estados Unidos da América, a rejeição pelo sistema de funcionalismo inabalável fez com que o Presidente Jackson, para justificar o sistema de propina (*spoil system*) dissesse que 'os trabalhos confiados aos agentes do Estado são tão fáceis que todo homem inteligente pode se adaptar a eles sem demora'".[36]

Com a passagem para o século XX e com o apogeu do Estado Social, de cunho intervencionista, a concepção que se tinha dos servidores públicos mudou. Agora estes teriam que estar preparados para atender às novas exigências da sociedade civil junto à Administração Pública, o que passou a demandar a adoção do sistema de mérito, para permitir o ingresso de trabalhadores profissionais (como o médico e o professor, só para ficarmos nas áreas de saúde e educação).

Assim, o modelo burocrático consagrou o sistema de acesso meritório, mediante o estabelecimento de procedimentos seletivos detalhados, com a previsão de regras de concorrência, o que serviria para afastar a arbitrariedade da decisão e o risco da admissão de pessoas sem preparo técnico. Nesse caminho, ressalta-se que:

> O objetivo de preservar a impessoalidade do administrador e de prevenir o desvio de finalidade fez aflorar o modelo de administração racional-burocrática, a partir da segunda metade do século XIX, portanto, na vigência do Estado Liberal. [...] A vinculação da administração a regulamentos genéricos, abstratos, evita decisões casuísticas, impedindo os favores e privilégios individuais, que dominam no patrimonialismo.[37]

Assim, em teoria, a escolha dos que seriam contemplados com cargos públicos não mais dependeria de considerações pessoais dos governantes. Nesses termos, "a burocracia profissional adquire, dessa maneira, um novo estatuto jurídico sobre bases objetivas, de mérito

---

[36] PARADA, Ramón. *Derecho administrativo II, organización y empleo público*. 20. ed. Madrid: Marcial Pons, 2008, p. 360. Tradução do autor.

[37] MOREIRA, João Batista Gomes. Princípios constitucionais da legalidade e da eficiência nos concursos públicos. *In*: MOTTA, Fabrício (Coord.). *Concurso público brasileiro e Constituição*. Belo Horizonte: Fórum, 2005, p. 125.

e capacidade, as mesmas que seguem proclamando as Constituições democráticas de nossos dias".[38]

É inegável que o acesso meritório aos cargos públicos, historicamente considerado, é uma das maiores conquistas da humanidade, pois, ao mesmo que freou o arbítrio, qualificou o nível dos servidores públicos, que passaram a ser selecionados a partir de critérios técnicos e de forma impessoal.

Todavia, se a burocracia trouxe muitas vantagens, tais como a imparcialidade, a objetividade, a previsibilidade dos comportamentos, a racionalidade, o profissionalismo, etc., com reflexos muito positivos no acesso à função pública, que passou a ser impessoal e meritório, também é correto afirmar que o modelo mencionado teve seus inconvenientes, para a gestão pública em geral, e para o acesso à função pública, de forma particular. No contexto geral, a burocracia produziu uma máquina administrativa lenta, que não conseguiu transitar com êxito pelos tortuosos e inevitáveis trâmites estabelecidos em uma regulamentação excessivamente detalhista. No tocante a essa constatação, a doutrina enfatiza que:

> praticamente todos os pilares do modelo weberiano de organização da Administração Pública ruíram durante os anos em que se positivou o chamado Estado de Bem-Estar: (i) as vicissitudes da burocracia a tornaram, ao contrário do que previra Weber, um grande obstáculo à eficiência das ações estatais; (ii) a quantidade e a complexidade das novas atividades desempenhadas pela Administração Pública fizeram com que fosse necessário dotar a Administração de amplos poderes regulatórios, emasculando o princípio da estrita legalidade e, consequentemente, diminuindo a segurança jurídica dos administrados em função da atuação estatal; (iii) a hierarquização, aliada ao crescimento dos quadros funcionais da Administração, conduziu não ao estrito controle da máquina administrativa, mas à irresponsabilidade dos funcionários subalternos, descompromissados com os objetivos maiores do serviço público; (iv) a vinculação à forma deu lugar ao "formalismo", chaga que conduziu invariavelmente a Administração a esquecer os seus objetivos primordiais em prol de um estéril apego às formalidades procedimentais; (v) o distanciamento da Administração em relação à sociedade, por fim, não a tornou impessoal, racional ou técnica, mas dominada por interesses políticos desligados dos objetivos maiores dos cidadãos e, consequentemente, ineficiente e ilegítima.[39]

---

[38] SÁNCHEZ MORÓN, Miguel. *Derecho de la función pública*. 5. ed. Madrid: Tecnos, 2008, p. 25. Tradução do autor.

[39] PEREZ, Marcos Augusto. *A administração pública democrática*: institutos de participação popular na administração pública. Belo Horizonte: Fórum, 2004, p. 47-48.

Surge, então, um paradoxo: a necessidade do detalhismo regulamentar, que foi uma das grandes virtudes da burocracia, pois serviu para frear a arbitrariedade dos governantes, garantindo os direitos dos cidadãos, também foi um de seus principais inconvenientes, já que saturou a Administração, que não conseguiu conciliar o cumprimento de procedimentos rígidos e a necessária eficácia de suas atuações. Ademais, no contexto da seleção dos servidores estatais, com o surgimento de um Estado Administrativo, o problema do favorecimento no provimento dos cargos públicos não acabou:

> O Estado que surgia era um Estado administrativo, que procurava falar a língua racional-legal, com a montagem de aparelhos modernos, com a implantação de carreiras em bases meritocráticas, com a classificação de cargos. Era um Estado que criava uma burocracia, procurando incorporar pessoas da nova classe média urbana, burocracia esta que crescia quantitativamente, na medida em que crescia a pressa em recuperar o tempo perdido. Mas era um Estado que não resistia às pressões clientelísticas, e que, para impor o seu poder de dominação, usava, sem medo, estratagemas informais como a criação de uma estrutura administrativa paralela ou de inúmeros cargos "extranumerários" para atender aos crescentes pedidos de emprego, repetindo práticas que vinham da fase em que predominava a forma de dominação tradicional, como diria Weber.[40]

Assim, mesmo no contexto burocrático, conforme advertia o jurista mineiro Vítor Nunes Leal, a distribuição sem critérios técnicos de cargos públicos continuou sendo uma prática bastante utilizada, uma vez que as motivações político-eleitorais sempre falaram mais alto: "se os próprios governos federal e estaduais têm tanta dificuldade em conseguir funcionários capazes, por isso mesmo improvisando técnicos em tudo da noite para o dia, imagine-se o que será dos municípios mais atrasados".[41] Portanto, lamentavelmente:

> Não se pode dizer, assim, que o ciclo patrimonialista da Administração Pública tenha sido superado com uma revolução democrática instantânea. Persistem formas autoritárias e privilégios institucionalizados e, além disso, é frequente ainda hoje o direcionamento da administração, ostensiva ou disfarçadamente, para atender a interesses pessoais,

---

[40] GOUVÊA, Gilda Portugal. *Burocracia e elites burocráticas no Brasil*. São Paulo: Paulicéia, 1994, p. 80.
[41] LEAL, Victor Nunes. *Coronelismo, enxada e voto*. O município e o regime representativo no Brasil. 7. ed. São Paulo: Companhia das Letras, 2012, p. 60.

privados (ex.: eleitoreiros), como se o administrador dele (patrimônio) proprietário fora, o que transparece em grande medida no provimento de cargos públicos.⁴²

Portanto, durante o transcorrer do século XX, quando houve o apogeu da era do mérito, os concursos públicos, "notadamente para os cargos iniciais do serviço, aconteciam com frequência. Por outro lado, a velha cultura do favorecimento também aparecia no dia a dia de uma Administração Pública mesclada pela racionalidade instrumental e as velhas práticas patriarcais".⁴³

No contexto brasileiro, após uma fase de apogeu do processo de universalização do acesso meritório à função pública (especialmente após a Constituição de 1988), a era do mérito passa ser contaminada por nova onda de favorecimentos, que muitas vezes vêm sendo perpetrados a partir da utilização indevida e excessiva de expedientes legitimados pelo ordenamento jurídico-constitucional, como são os casos do cargo em comissão e da contratação temporária.

De situações excepcionais, tais institutos, em várias situações, passaram a ser mais utilizados que o próprio concurso público. Diante desses abusos, as instituições jurídicas precisaram se posicionar. Nesse contexto, em relação aos cargos em comissão, cujo provimento se dá por livre nomeação, o Supremo Tribunal Federal (STF) precisou reforçar o óbvio:

> EMENTA
>
> Criação de cargos em comissão. Requisitos estabelecidos pela Constituição Federal. Estrita observância para que se legitime o regime excepcional de livre nomeação e exoneração. Repercussão geral reconhecida. Reafirmação da jurisprudência da Corte sobre o tema.
>
> 1. A criação de cargos em comissão é exceção à regra de ingresso no serviço público mediante concurso público de provas ou provas e títulos e somente se justifica quando presentes os pressupostos constitucionais para sua instituição.
>
> 2. Consoante a jurisprudência da Corte, a criação de cargos em comissão pressupõe: a) que os cargos se destinem ao exercício de funções de direção, chefia ou assessoramento, não se prestando ao desempenho de atividades burocráticas, técnicas ou operacionais; b) necessária relação

---

⁴² MOREIRA, João Batista Gomes. *Op. cit.*, p. 124.
⁴³ GUEDES, Paulo; HAZIN, Elizabeth. *Machado de Assis e a administração pública federal.* Brasília: Senado Federal, 2006, p. 61.

de confiança entre a autoridade nomeante e o servidor nomeado; c) que o número de cargos comissionados criados guarde proporcionalidade com a necessidade que eles visam suprir e com o número de servidores ocupantes de cargos efetivos no ente federativo que os institui; e d) que as atribuições dos cargos em comissão estejam descritas de forma clara e objetiva na própria lei que os cria.⁴⁴

Por sua vez, no tocante à contratação temporária, onde embora haja um processo seletivo, este muitas vezes não guarda as exigências do concurso público (como a realização de provas), em diversos momentos, o Tribunal de Contas da União também teve que evidenciar que o citado expediente administrativo, previsto no inciso II do art. 37 da Constituição Federal deve ser utilizado "apenas para os casos de necessidade temporária de excepcional interesse público" e que:

> não se pode olvidar que a realização de concurso público para a admissão desses profissionais constitui exigência constitucional, de modo que deve ser tratada como regra a ser observada tanto pela União quanto pelos Estados, DF e Municípios, ao passo que a contratação temporária, com albergue no art. 37, inciso IX, da CF/88, deve ser tratada como exceção, ficando devidamente justificada pelos gestores por ocasião da contratação.⁴⁵

Também devem ser destacadas outras figuras jurídicas que vêm gerando a diminuição no número de concursos públicos (e de servidores públicos de carreira) na Administração Pública brasileira: a terceirização e a contratação de entidades do terceiro setor. Perceba-se que tais expedientes foram potencializados nas últimas duas décadas, viabilizando admissão de pessoal no setor público com quase nenhuma preocupação com a impessoalidade e com a eficiência (com a diversidade, nem de longe).

Enquanto a nova normativa federal sobre os contratos de terceirização (Decreto Federal nº 9.507/18) passou a estabelecer apenas os casos em que não se poderia utilizar o citado instituto,⁴⁶ alargando

---

⁴⁴ Supremo Tribunal Federal, tema 1010, de Repercussão Geral, Leading Case RE nº 1041210, Relator Ministro Dias Toffoli, julgamento em 06.09.2018.
⁴⁵ Tribunal de Contas da União, Acórdão nº 527/2013-Plenário, Relator Ministro André de Carvalho, sessão de 13.03.2013.
⁴⁶ Nos termos do Decreto Federal nº 9.507/2018:
Art. 3º Não serão objeto de execução indireta na administração pública federal direta, autárquica e fundacional, os serviços:

as hipóteses previstas na regulamentação anterior (Decreto Federal nº 2.271/97), que apenas apontava alguns casos excepcionais em que a terceirização poderia ser realizada (basicamente, atividades administrativas acessórias), os contratos com as entidades do terceiro setor (organizações sociais, organizações da sociedade civil de interesse público e organizações da sociedade civil) passaram a estabelecer a possibilidade de celebração de parcerias, transferindo às referidas entidades da sociedade civil serviços que vinham sendo prestados pelo Estado e por seus servidores (como hospitais, creches e escolas públicas). Atente-se para o fato de que os colaboradores que irão trabalhar nos equipamentos públicos que passaram a ser geridos pelas entidades do terceiro setor serão livremente selecionados, sem processo seletivo de caráter público e isonômico, criando um espaço propício para politicagem e favorecimentos. Ademais, não terão qualquer garantia de independência (o que a estabilidade proporciona), o que os fragiliza em suas relações com o poder e com os cidadãos.

Essa precarização excessiva seria consagrada no texto constitucional, caso fosse aprovada a Proposta de Emenda Constitucional nº 32/2020 (encaminhada na gestão do presidente Bolsonaro), que previa, com inspiração claramente neoliberal, a adoção da subsidiariedade como um dos novos princípios da Administração Pública:

> O princípio da subsidiariedade propaga a primazia da atividade da iniciativa privada em relação à iniciativa estatal, a partir da ideia de que o Estado deve se abster de realizar atividades que os particulares teriam condições de exercer pela iniciativa e com recursos próprios (NOHARA, 2016, p. 190). Nessa lógica, caberia ao Estado tão somente deixar que a sociedade civil e o mercado resolvessem seus próprios problemas; somente no caso excepcionalíssimo de a sociedade ou o mercado não conseguirem resolver os seus problemas é que o Estado deve atuar (GABARDO, 2009, p. 6). Por conseguinte, o princípio da

---

I - que envolvam a tomada de decisão ou posicionamento institucional nas áreas de planejamento, coordenação, supervisão e controle;
II - que sejam considerados estratégicos para o órgão ou a entidade, cuja terceirização possa colocar em risco o controle de processos e de conhecimentos e tecnologias;
III - que estejam relacionados ao poder de polícia, de regulação, de outorga de serviços públicos e de aplicação de sanção; e
IV - que sejam inerentes às categorias funcionais abrangidas pelo plano de cargos do órgão ou da entidade, exceto disposição legal em contrário ou quando se tratar de cargo extinto, total ou parcialmente, no âmbito do quadro geral de pessoal.
§1º Os serviços auxiliares, instrumentais ou acessórios de que tratam os incisos do caput poderão ser executados de forma indireta, vedada a transferência de responsabilidade para a realização de atos administrativos ou a tomada de decisão para o contratado.

subsidiariedade coloca o Estado em um papel secundário, como mero auxiliar da iniciativa privada, a quem competirá o principal papel na busca pelo desenvolvimento e pela produção de riquezas. Em suma, o princípio da subsidiariedade representa a preponderância do setor privado, de modo que a atuação do Estado passa a ser a exceção e não a regra. O setor privado se torna o protagonista e o Estado é relegado ao papel de mero coadjuvante. [...] Todavia, autores como Emerson Gabardo (2009, p. 232) e Gilberto Bercovici (2015) demonstram que a Constituição Federal não previu a atuação subsidiária do Estado na ordem econômica. Pelo contrário, o Constituinte de 1988 rejeitou de maneira proposital a adoção da subsidiariedade, realizando a opção política de não repetir o dispositivo presente na Carta anterior.[47]

Conforme se verifica, o discurso que postula a redução da atuação do Estado é avassalador e tem várias frentes. Entre os argumentos apontados pelos neoliberais, sempre surgem aqueles que afirmam que o número de servidores públicos no Brasil é muito elevado e o que sustenta que quem trabalha na Administração Pública recebe salários muito superiores aos pagos aos trabalhadores da iniciativa privada.

Os dois argumentos são inverídicos: em primeiro, o número de servidores públicos no Brasil (11,3 milhões, nas três esferas de governo) é, percentualmente, bastante inferior ao da média dos países da OCDE: se no Brasil os servidores correspondem a 12,45% da força total de trabalho do país, na média, os países da OCDE têm, no mercado de trabalho, 23,48% de servidores.[48]

Ademais, mais de 92% dos servidores públicos no Brasil estão nos municípios (61,6%) e nos Estados (30,5%). Nesses entes, especialmente no Poder Executivo (em que está concentrada a maioria esmagadora dos servidores, no caso, 94,2%), em média, os salários são baixos (R$6.000 no âmbito estadual e R$3.000 no municipal). Assim, segundo os dados oficiais (do ano 2021), há um número insuficiente de servidores públicos no Brasil e os salários pagos estão longe de serem excessivos.[49]

---

[47] FERNANDES, Érika Capella; NOHARA, Irene Patrícia. Retrocessos da positivação do princípio da subsidiariedade: a inconstitucionalidade da reforma pretendida pela PEC 32/2020. *Revista do Direito Público*, Londrina, v. 18, n. 3, p. 219-235, dez. 2023, p. 219.

[48] SALOMÃO, Alexa. Brasil tem menos servidores que EUA, Europa e países vizinhos. *Folha de São Paulo*, 30 jul. 2023. Disponível em: https://www1.folha.uol.com.br/mercado/2023/07/brasil-tem-menos-servidores-que-eua-europa-e-paises-vizinhos.shtml#:~:text=Na%20m%C3%A9dia%20dos%20pa%C3%ADses%20da,48%25%20do%20total%20de%20trabalhadores. Acesso em: 02 fev. 2024.

[49] Atlas do Estado brasileiro, IPEA. Disponível em: https://www.ipea.gov.br/atlasestado/. Acesso em: 02 fev. 2024.

Assim, como se vê, são vários os riscos que o acesso meritório vem sofrendo no Brasil, inclusive aqueles que impedem a realização de concursos públicos. De volta à meritocracia, esta criou uma crença inabalável de que, a partir da definição de regras objetivas e iguais para todos que queiram competir por algum bem da vida (no caso, um cargo público), os melhores (mais esforçados e disciplinados) seriam sempre selecionados, e isto passou a ser considerado o ideal. Nesse sentido:

> Meritocracia pode ser compreendida como um sistema de hierarquização e premiação baseado nos méritos pessoais de cada indivíduo. Etimologicamente, vem do latim *meritum* (mérito) e *cracía* ("poder"). O poder do mérito está assentado na suposição de qualidades individuais, resultado dos seus esforços e dedicações. Este termo foi utilizado pela primeira vez por Michael Young, no livro *Rise of the Meritocracy* (Levantar da Meritocracia), publicado em 1958. Nesse livro de Young, o mérito é entendido como um termo pejorativo, uma vez que se relacionava com a narração de uma sociedade que seria segregada, tendo como base dois principais aspectos: a inteligência (QI elevado) e um grande nível de esforço. As melhores posições hierárquicas estariam condicionadas às pessoas que apresentam os melhores valores educacionais, morais e aptidões técnicas ou profissionais específicas e qualificadas em determinada área [...] A meritocracia pode ser compreendida como o tutano do liberalismo. Aqui, o indivíduo é apresentado como um ser livre de condicionantes sociais. Ele é capaz de se parir e, do nada, torna-se ser. Racismo, misoginia, transfobia, xenofobia são termos estranhos àqueles/as que acreditam que o esforço individual é a medida de todas as coisas, e o mercado de trabalho seria o lugar de veridição, aquele que fará o julgamento final das qualidades que cada um possui.[50]

Logo, apesar das inegáveis conquistas da adoção da meritocracia (ainda mais destacadas quando comparadas às desvantagens do antigo sistema de favorecimentos pessoais), esta concepção liberal, que substituiu a velha aristocracia pela elite meritocrática, ao não levar em consideração condicionantes sociais, gerou outra grande limitação da era do mérito, que foi sua incapacidade de resolver os problemas da exclusão e baixa representatividade de vários segmentos da sociedade civil na Administração Pública, circunstâncias que geraram o surgimento de uma nova era, conforme se verá a seguir.

---

[50] BENTO, Berenice. Crítica da crítica à meritocracia. *UnB Notícias*, 19 maio 2021. Disponível em: https://noticias.unb.br/artigos-main/4976-critica-da-critica-a-meritocracia. Acesso em: 1º fev. 2024.

1.1.4 Era da diversidade

A quarta e atual era do provimento dos cargos públicos pode ser chamada de era da diversidade, que surgiu a partir de novas reinvindicações da sociedade civil que ultrapassam a concepção tradicional de meritocracia, que, sendo baseada apenas na ideia de que a competição deve ser pautada na igualdade formal (igualdade de todos perante a lei), não consegue gerar uma Administração Pública com a diversidade que traduza a heterogeneidade da sociedade.

Nos últimos tempos, o dogma da meritocracia passou a ser seriamente criticado, sob o argumento legítimo de que, em uma sociedade tão desigual como a brasileira, apenas reconhecer o mesmo direito de acesso indistintamente a todas as pessoas, sem levar em consideração condições reais que as desigualam na disputa, como renda, gênero, raça, condição física, formação educacional e discriminações sofridas, é o mesmo que garantir o êxito (ingresso no serviço público) apenas para os mais privilegiados.

Em outras palavras, na meritocracia, antes de começar a competição, salvo alguns raros azarões (como exceções que confirmam a regra), praticamente já se sabe quem serão os vencedores (ou pelo menos, de que classe social eles virão). Assim, os críticos do sistema meritocrático consideram que não seria socialmente justo que o berço, a sorte e o talento tenham um peso absolutamente decisivo na definição dos que terão êxito (no nosso caso, de quem serão os futuros servidores públicos). Nesse contexto, convém que seja apresentado um resumo das críticas à meritocracia:

> Nas últimas décadas a brecha entre os vencedores e os perdedores aumentou, gerando sociedades mais polarizadas e desiguais em rendimentos e riqueza. A conceitualização do sucesso também mudou: "Os que chegaram ao topo acreditam que seu sucesso é obra sua, evidência de seu mérito superior, e que os que ficam para trás merecem seu destino da mesma forma", diz o filósofo da Universidade Harvard Michael Sandel, prêmio Princesa de Astúrias de Ciências Sociais 2018 e autor do livro *A Tirania do Mérito* (Editora Civilização Brasileira, 2020). A realidade é que as coisas não são tão simples e a igualdade de oportunidades não existe. "Desde o começo do século se detecta um funcionamento pior de nosso elevador social", diz o relatório Espanha 2050 elaborado pelo Governo de Pedro Sánchez. "Na Espanha, nascer em famílias de baixa renda condiciona as oportunidades de educação e desenvolvimento profissional em maior medida do que em outros países europeus". Não é a mesma coisa nascer em um bairro pobre de Madri como Vallecas, por exemplo, e em um bairro rico como La

Moraleja. Não é a mesma coisa nascer em um país desenvolvido onde é possível construir uma carreira bem-sucedida e em um país onde tudo é mais difícil. Os golpes de sorte muitas vezes são cruciais na trajetória das pessoas. O talento tem ótima fama, mas sequer é merecido, e sim inato. Não basta ter talento, e sim descobri-lo e encontrar o ambiente adequado ao seu desenvolvimento. Além disso, o talento deve ser apreciado pelo mercado: não é a mesma coisa ter talento para jogar futebol, como Lionel Messi, e ter talento para jogar badminton. "O talento e o esforço produzem pouco na ausência de um entorno social bem desenvolvido", diz o economista da Universidade Cornell Robert H. Frank, autor do livro *Success and Luck*: Good Fortune and the Myth of Meritocracy (*Sucesso e sorte*: boa fortuna e o mito da meritocracia), que também aponta um dos feitos perniciosos da meritocracia: "As pessoas que minimizam a contribuição ao seu sucesso de um entorno propício estão menos dispostas a apoiar os investimentos públicos necessários para manter esse entorno". Nesse sentido, a meritocracia pode corroer as políticas sociais, o Estado de bem-estar, idealizados, justamente, para equilibrar o terreno social e diminuir as desigualdades. [...] Se legitimamos uma sociedade onde os poucos que ganham levam tudo, se isso parece justo e natural, deslegitima-se a redistribuição da riqueza e a justiça social. "A ideia de meritocracia é utilizada para que um sistema social profundamente desigual pareça justo quando não o é", diz a socióloga da Universidade de Londres Jo Littler, autora de *Against Meritocracy*: Culture, Power and Myths of Mobility (*Contra a meritocracia*: cultura, poder e mitos da mobilidade). A inexistente meritocracia frequentemente é lubrificada com as fecundas ideias do mito do empreendimento, do *coaching* e do pensamento positivo (a happycracia descrita por Eva Illouz e Edgar Cabanas): você pode conseguir o que você quiser, você deve empreender, você deve sair da sua zona de conforto e romper seus limites. É uma doutrina própria do capitalismo vigente que premia especialmente o individualismo e a competição, sob a ideia meritocrática de que quem mais trabalhar será o mais bem-sucedido: o caminho ao sucesso costuma ser uma luta solitária e contra os outros, que não tem muito a ver com o progresso coletivo.[51]

Pioneiro nesta discussão e inventor do termo "meritocracia", o sociológico britânico Michael Young fala em "arrogância meritocrática das elites", ressaltando que seus integrantes creem que, diante de seu intelecto e formação educacional superiores, não precisam se envolver em discussões sérias como pessoas socialmente inferiores. "Hoje,

---

[51] FANJUL, Sergio C. A meritocracia é uma armadilha. *El País*, 18 jul. 2021. Disponível em: https://brasil.elpais.com/economia/2021-07-18/a-meritocracia-e-uma-armadilha.html. Acesso em: 01 fev. 2024.

pessoas renomadas sabem que sucesso é apenas recompensa por sua própria capacidade, por seus próprios esforços e por sua própria realização inegável. Elas merecem pertencer a uma classe superior".[52] Por sua vez, o professor de Filosofia de Harvard Michael J. Sandel ressalta que "ser pobre em uma meritocracia é desmoralizante". Ele explica:

> Se, em uma sociedade feudal, você nascesse em condição de servidão, não se sentiria oprimido ou oprimida pelo pensamento de que a responsabilidade por estar nessa posição de subordinação é sua. E nem trabalharia acreditando que a pessoa proprietária de terras para quem labuta alcançou sua posição por ser mais capaz e por ter mais talento do que você. Saberia que essa pessoa não merecia mais que você, apenas tinha mais sorte. Se, ao contrário, você estivesse na base de uma sociedade meritocrática, seria difícil resistir ao pensamento de que sua desvantagem era, pelo menos em parte, resultado de suas ações, um reflexo do fato de você não conseguir demonstrar talento e ambição suficientes para estar à frente. Uma sociedade que permite às pessoas ascender, e que honra a ascensão, apresenta um veredicto duro sobre aquelas que não conseguem fazer isso.[53]

De acordo com Daniel Markovits, o ideal meritocrático se converteu em um princípio básico da "religião civil de todas as sociedades avançadas". A meritocracia promete promover a igualdade de oportunidades, "abrindo uma elite anteriormente hereditária a estranhos, armados apenas com seus próprios talentos e ambições". Todavia, a meritocracia não funciona como prometido. Ressalta o professor de Direito da Universidade de Yale que:

> Hoje, as crianças da classe média perdem para as crianças ricas na escola, e os adultos da classe média perdem para os graduados da elite no trabalho. A meritocracia bloqueia as oportunidades da classe média. Depois culpa aqueles que perdem uma competição por rendimento e estatuto que, mesmo quando todos cumprem as regras, só os ricos podem vencer.[54]

---

[52] YOUNG, Michael. *The rise of the meritocracy*. Harmondsworth: Penguin Books, 1958, p. 106. Tradução livre do autor.
[53] SANDEL, Michael J. *A tirania do mérito. O que aconteceu com o bem comum?*. Tradução de Bhuvi Libanio. 6. ed. Rio de Janeiro: Civilização Brasileira, 2021, p. 173.
[54] MARKOVITS, Daniel. *The Meritocracy Trap. How America's foundational myth feeds inequality, dismantles the middle class and devours the elite*. New York: Penguin Books, 2019, p. IX. Tradução livre do autor.

Analisando o contexto britânico, James Bloodworth acredita que, nos quadros da meritocracia, as chances de mobilidade social são baixas: "uma criança inteligente, mas pobre, raramente subirá a escada, a menos que um de seus colegas mais acima a ultrapasse na descida".[55] Se isto acontece na Grã-Bretanha, em países em desenvolvimento, a situação é ainda mais crítica, tendo em vista, entre outros fatores, as falhas gritantes do sistema educacional.

As críticas à meritocracia coexistem com a luta contra a discriminação e exclusão e com uma demanda de assimilação e de ocupação de espaços decisórios. Os "novos candidatos à cidadania"[56] são as mulheres, os negros, os indígenas, as pessoas com deficiência, as pessoas com vulnerabilidade social, os estrangeiros, as minorias religiosas e outros segmentos da sociedade civil que lutam por inclusão. Nos quadros da Administração Pública, muitas vezes não se pode dizer sequer que alguns destes segmentos são invisibilizados; eles sequer existem. Convém destacar que:

> Uma das maiores limitações do movimento rumo à igualdade que se deu ao longo do século passado foi ter muitas vezes se restringido a uma igualdade formal. Em resumo, proclamamos o princípio teórico da igualdade de direitos e oportunidades, independentemente de origens, mas sem oferecer os meios de verificar se esse princípio corresponde ou não à realidade. Se desejamos atingir a igualdade real, é urgente desenvolver indicadores e procedimentos que permitam combater as discriminações de gênero, sociais e etnorraciais, que são endêmicas em quase todos os lugares.[57]

É aquela frase famosa que George Orwell colocou em seu livro *A revolução dos bichos*: "os animais são todos iguais, mas uns mais iguais que os outros". Esta estratificação social produziu um abismal desequilíbrio de forças entre as pessoas:

> Quando humanos obtiveram propriedade de terra, animais, plantas e ferramentas, surgiram rígidas sociedades hierárquicas, nas quais pequenas elites monopolizavam a maior parte da riqueza e do poder geração após geração. Os humanos aceitaram esse arranjo como sendo

---

[55] BLOODWORTH, James. *The myth of meritocracy*. London: Bitevack Publishing, 2016, p. 60.
[56] DEMANT, Peter. Direitos para os excluídos. In: PINSKY, Jaime; PINSKY, Carla Bassanezi (Org.). *História da cidadania*. 6. ed. São Paulo: Contexto, 2016, p. 373.
[57] PIKETTY, Thomas. *Uma breve história da igualdade*. Tradução de Maria de Fátima Oliva do Coutto. Rio de Janeiro: Intrínseca, 2022, p. 187.

natural e até mesmo proveniente de ordem divina. A hierarquia não era apenas a norma, mas também o ideal [...] as cem pessoas mais ricas possuem mais do que as 4 bilhões mais pobres [...] se os novos tratamentos para prolongar a vida e aprimorar habilidades físicas e cognitivas forem dispendiosos, o gênero humano poderia se dividir em castas biológicas. No decorrer da história, os ricos e a aristocracia sempre imaginaram que tinham qualificações superiores às de todos os outros, e que por isto estavam no controle.[58]

No concurso público, durante muito tempo, era exatamente isto que acontecia: apenas os integrantes das classes mais abastadas conseguiam ser aprovados nos certames (especialmente aqueles voltados para os postos mais altos do Estado, com as mais elevadas remunerações).

Cada vez mais concorridos, os concursos públicos demandavam uma preparação longa e cara, o que não era permitido a muitos que não podiam se dar ao luxo de se dedicar exclusivamente ao estudo para as provas. Como resultado, as elites se perpetuavam no poder, não apenas político, mas também administrativo.

Acerca do altíssimo custo de preparação para os concursos públicos brasileiros, em especial, aqueles voltados para a área jurídica, ressalte-se que:

> Os candidatos apontaram investir recursos em itens como cursos, materiais e equipamentos para estudo, além de ajuda profissional. O total dos gastos na preparação para um único concurso, para os candidatos que passaram por todas as fases da seleção, é estimado, em média, em cerca de R$36 mil – mediana em R$30 mil (CAMPOS; CUNHA, 2020a). A dimensão dos gastos é corroborada por relatos de candidatos aprovados, quando questionados sobre o total investido nesse concurso: "Olha, eu não fiz nenhum cursinho de segunda fase. Eu fiz só o curso de prova oral. E com viagens, eu gastei R$30 mil. Com viagens e cursinho de prova oral. A mesma coisa. A ordem de grandeza também, considerando aí a média dos cursinhos por volta de R$30 mil a R$35 mil. Então, para ter um parâmetro, na minha poupança tinha R$60 mil quando começou tudo isso, e acabou tudo. Eu dei graças a Deus que eu passei no concurso nacional. Tirando a ajuda dos meus pais, claro, porque nada disso seria possível sem eles". Os custos de preparação concentraram-se em cursos, materiais de estudos e avaliações simuladas e apoio profissional (desde *coach* a médicos, psicólogos e

---

[58] HARARI, Yuval Noah. *21 lições para o século 21*. Tradução de Paulo Geiger. São Paulo: Companhia das Letras, 2018, p. 103.

fonoaudiólogos). O relato dos aprovados ajuda a entender como esses valores são alocados ao longo da preparação. "São três etapas, e cada etapa tem um gasto diferente. Para a primeira etapa, eu comprei um curso de videoaula que custou entre R$3 mil e R$4 mil. Para a segunda fase, que seria discursiva e sentenças, então esse valor vai aumentando gradativamente. Na faixa para a segunda fase, discursiva e sentença, eu devo ter gastado R$9 mil. Para aprender a fazer mesmo. E aí depois, para a prova oral, tinha curso de prova oral, tinha viagem para você fazer o curso, eu estava morando no interior de [...]. Então eu devo ter gastado mais uns R$15 mil a R$20 mil. Então, se você somar tudo isso... São fases, e realmente a prova oral é mais cara". A prova oral foi apontada como a fase mais onerosa. Esse exame consiste em arguição de tópico sorteado com 24 horas de antecedência. Para essa preparação, muitos candidatos relatam ter contado com apoio de amigos, parentes ou profissionais, por vezes remotamente (grupos em aplicativo de mensagens instantâneas), como também presencialmente. Nesse último caso, a estratégia envolve arcar com os custos dessa "equipe" que colaborará com os preparativos para essa fase. "Eu contratei uma professora que não era juíza, para fazer esse acompanhamento nas vésperas da prova oral pelo menos. E grande parte dos colegas também, ou advogados ou trouxeram amigos que fizeram esse acompanhamento nos estudos nas 24 horas".[59]

Assim, na era da diversidade, impõe-se que o Estado desenvolva políticas públicas voltadas para a qualificação da participação de candidatos financeiramente hipossuficientes nos processos seletivos, proporcionando-lhes maiores chances de disputarem as vagas ofertadas pela Administração Pública em condições de igualdade real com candidatos em melhor situação econômica.

Isso pode acontecer a partir do estímulo à criação de cursos preparatórios para os concursos públicos exclusivos para pessoas em situação de vulnerabilidade socioeconômica ou mesmo via concessão de bolsas de estudos para tais pessoas. No município alagoano de Palmeira dos Índios (que teve como prefeito o escritor Graciliano Ramos, entre 1928 e 1930), a Prefeitura local, após lançar o edital para o concurso público municipal, criou um cursinho preparatório gratuito para candidatos que fazem parte do CadÚnico ou que comprovem

---

[59] SILVA, Tatiana Dias; CAMPOS, André Gambier; AVELAR, Adriana; ARAÚJO, Carla. Custos de um concurso para a magistratura: uma análise a partir da perspectiva de inclusão racial. *Boletim de Análise Político-Institucional*, IPEA, n. 31, dez. 2021. Disponível em: https://repositorio.ipea.gov.br/bitstream/11058/11039/13/bapi_31_custos_concurso.pdf. Acesso em: 02 fev. 2024.

baixa renda.⁶⁰ A Administração Pública, além de criar e manter esses cursinhos, também pode apoiar entidades do terceiro setor ou mesmo empresas privadas que resolverem adotar tais iniciativas. Este é o papel do fomento estatal.

Ademais, devem ser tomadas medidas visando à redução das despesas dos candidatos. Nesse contexto, destaque para leis como a Lei Federal nº 13.656, de 30 de abril de 2018, que isenta do pagamento da taxa de inscrição em concursos públicos para provimento de cargo efetivo ou emprego permanente em órgãos ou entidades da Administração Pública direta e indireta de qualquer dos Poderes da União "os candidatos que pertençam a família inscrita no Cadastro Único para Programas Sociais (CadÚnico), do Governo Federal, cuja renda familiar mensal *per capita* seja inferior ou igual a meio salário-mínimo nacional".

Acrescente-se que também devem ser concebidas iniciativas que reduzam as despesas dos candidatos com viagens necessárias à participação nas fases do concurso, circunstância que muitas vezes inviabiliza por completo a aprovação de candidatos mais pobres. Daí a importância de se pensar o concurso público eletrônico, que dispensaria o deslocamento geográfico de candidatos em todas ou em algumas fases da disputa.⁶¹

Uma iniciativa para reduzir custos dos candidatos que já sendo aplicada é o Decreto Federal nº 11.722, de 28 de setembro de 2023, que prevê a figura do Concurso Nacional Unificado, que "consiste em modelo de realização conjunta de concursos públicos para o provimento de cargos públicos efetivos no âmbito dos órgãos e das entidades da Administração Pública federal direta, autárquica e fundacional, mediante a aplicação simultânea de provas em todos os Estados e no Distrito Federal".

Mais há esperança: depois de a humanidade ter passado milênios sofrendo e até mesmo aceitando situações de exclusão, "a história do século XX girou em grande medida em torno da redução da desigualdade entre classes, raças e gêneros".⁶²

---

⁶⁰ *Vide* notícia "Prefeitura de Palmeira dos Índios lança Cursinho Preparatório Gratuito para Concurso Público 2024", publicada em 03.12.2023, no *site* na Prefeitura de Palmeira dos Índios (https://palmeiradosindios.al.gov.br). Acesso em: 06 fev. 2024.

⁶¹ *Vide* CARVALHO, Fábio Lins de Lessa Carvalho. Concursos públicos eletrônicos. Perspectivas para o uso de novas tecnologias da informação nos processos seletivos de acesso à função pública no Brasil. *In*: CARVALHO, Fábio Lins de Lessa *et al.* (Coord.). *Direito administrativo e novas tecnologias*. Curitiba: Juruá, 2022.

⁶² HARARI, Yuval Noah. *21 lições para o século 21*. Tradução de Paulo Geiger. São Paulo: Companhia das Letras, 2018, p. 103.

O surgimento do Estado Social, de caráter intervencionista, foi decisivo para esta tentativa de reequilíbrio de forças e representatividade na sociedade. Neste sentido, "uma das manifestações mais relevantes no desenvolvimento do papel do Estado como promotor de transformações sociais é a utilização da tese da igualdade de oportunidades. Essa ideia, que consiste em situar a todos os indivíduos em iguais pontos de partida, tem particular aplicação nas situações em que há pessoas em competição".[63]

Para viabilizar a igualdade de oportunidades, foram criadas as ações afirmativas, que, nas palavras do primeiro negro a presidir o Supremo Tribunal Federal brasileiro, "são políticas públicas (e também privadas) voltadas à concretização do princípio constitucional da igualdade material e à neutralização dos efeitos da discriminação racial, de gênero, de idade, de origem nacional e de compleição física".[64]

A respeito do ex-Ministro Joaquim Barbosa, a partir da análise de sua trajetória, vê-se o quadro de exclusão que atinge os negros, que, embora correspondam a um grande contingente da população brasileira, não estão presentes nos quadros dos poderes estatais. Nesse sentido, ressalte-se que:

> Sessenta e seis anos após o último afrodescendente ocupar uma cadeira no Supremo Tribunal Federal (STF), o presidente Lula nomeia Joaquim Benedito Barbosa Gomes ministro da mais alta corte nacional. A indicação de Barbosa – filho de um pedreiro e de uma dona de casa – constitui importante marco de inclusão racial no Judiciário, ainda dominado, em suas diversas instâncias, por homens brancos da elite socioeconômica. O STF, instância máxima do Poder Judiciário brasileiro, foi instaurado pela Constituição Provisória de 1890. Desde então, a absoluta maioria dos seus ministros sempre foi de homens brancos, com apenas duas exceções: o jurista Pedro Augusto Carneiro Lessa, de 1907 a 1921, e Hermenegildo Rodrigues de Barros, de 1919 a 1937. As políticas afirmativas, que começaram a tomar corpo em 2003, tornar-se-iam instrumentos de referência no enfrentamento da discriminação e na consolidação da democracia brasileira. Nas palavras do próprio Joaquim Barbosa, "quanto mais intensa a discriminação e mais poderosos os mecanismos inerciais que impedem o seu combate, mais ampla se mostra a clivagem entre o discriminador e o discriminado". Em 22 de novembro

---

[63] CARVALHO, Fábio Lins de Lessa. *Igualdade, discriminação e concurso público*. Maceió: Viva, 2015, p. 56.
[64] GOMES, Joaquim Benedito Barbosa. *Ação afirmativa e princípio constitucional da igualdade*. Rio de Janeiro: Renovar, 2001, p. 6.

de 2012, Joaquim Barbosa se tornaria ainda o primeiro presidente negro do STF, tendo permanecido no comando do Tribunal até se aposentar, em 31 de julho de 2014.[65]

Nos Estados Unidos, país precursor das *affirmative actions*, o panorama desta nova era assim se anuncia:

> Talvez seja o tempo de uma era que se baseie nos benefícios que o Sistema de Mérito tem oferecido ao governo ao longo dos anos, mas que seja de natureza mais intencional. Nossos mecanismos de proteção são sólidos, mas quem estamos protegendo? De onde eles são? A composição da nossa força de trabalho representa verdadeiramente os indivíduos que servimos? A próxima fase da administração pessoal no serviço público deve centrar-se na criação de um local de trabalho diversificado, inclusivo e equitativo. Os benefícios da diversidade são inquestionáveis. A pesquisa mostra consistentemente que uma força de trabalho diversificada reúne mais perspectivas que contribuem para uma melhor tomada de decisões. Como os indivíduos vêm de diversas origens, eles trazem pontos de vista que permitem uma discussão robusta dos problemas enfrentados pelo serviço público. Equipes diversas são mais criativas e inovadoras. Finalmente, uma força de trabalho diversificada e inclusiva contribui para uma sensação de segurança psicológica entre equipes e indivíduos. Sentir um sentimento de pertencimento aumenta a confiança e melhora a motivação de todos. [...] Inclusão e diversidade não são temas políticos. Eles não são modismos. São imperativos sociais e estratégias empresariais inteligentes que ajudarão todas as nossas organizações governamentais a cumprir a sua missão de uma forma mais eficiente, criativa e eficaz. Talvez com atenção focada em nossas comunidades e uma despolitização do assunto, acadêmicos e profissionais possam avançar com a próxima era de administração de pessoal.[66]

No Brasil, há importantes iniciativas que procuram garantir o acesso aos cargos públicos de segmentos historicamente discriminados.

---

[65] MINISTRO negro quebra tabu no STF. *Memorial da Democracia*, 05 jun. 2003. Disponível em: http://memorialdademocracia.com.br/card/ministro-negro-quebra-tabu-no-stf#:~:text=De%20origem%20humilde%2C%20Barbosa%20%C3%A9,no%20cargo%20em%2066%20anos&text=Sessenta%20e%20seis%20anos%20ap%C3%B3s,da%20mais%20alta%20corte%20nacional. Acesso em: 1º fev. 2024.

[66] MALONE, Patrick S. Diversity, the Newest Era in Public Personnel Administration, PA Times, American Society for Public Administration. Texto publicado em 13.03.2023. Disponível em: https://patimes.org/diversity-the-newest-era-in-public-personnel-administration/. Acesso em: 31 jan. 2024.

É o caso das cotas para pessoas com deficiência, previstas no art. 37, VIII, da Constituição Federal, e das cotas raciais, previstas para os concursos públicos federais e de outros entes federativos (na União, foram instituídas por 10 anos pela Lei Federal nº 12.990/2014 e alcançam 20% das vagas), e que, nos termos do PL nº 1958/2021, serão renovadas, desta vez, por 25 anos e com ampliação para 30% da reserva de vagas em concursos públicos para candidatos negros (deste percentual, a metade será exclusivamente destinada a mulheres negras, podendo ser redistribuída aos homens em situações sem candidatas suficientes). O projeto de lei em comento ainda prevê a reserva de vagas para indígenas e quilombolas nos concursos públicos, mas não especifica percentual, que deverá ser estabelecido em regulamento. Também há proposta para os concursos para cargos efetivos no Ministério dos Povos Indígenas e na Fundação Nacional dos Povos Indígenas (Funai), que prevê uma reserva de vagas entre 10% e 30% destinadas a pessoas indígenas.[67]

Convém registrar que tão ou mais importante que a lei de cotas raciais nos concursos públicos é a lei de cotas raciais e sociais nas universidades públicas e institutos superiores. Nos dez primeiros anos das cotas raciais nas universidades públicas federais (Lei nº 12.711, de 29 de agosto de 2012), houve um importante incremento de pessoas negras nos cursos superiores. Em 2018, pela primeira vez na história, o número de matrículas de estudantes pretos e pardos superou o de brancos nas universidades públicas federais, chegando a 50,3% das vagas. É evidente que o aumento de pessoas negras nas universidades seria um importante aspecto para incrementar a representatividade de tais pessoas no serviço público.

Tais ações afirmativas (a lei de cotas raciais nas universidades públicas e no concurso público) já vêm apresentando resultados positivos, mas ainda longe de gerar uma proporcional representatividade dos negros no serviço público federal:

> Números do Atlas do Estado Brasileiro, organizado pelo Ipea (Instituto de Pesquisa Econômica Aplicada, ligado ao Ministério da Economia), mostram que, a partir de 2014, o ingresso de pessoas negras aumentou no serviço público federal. Ou seja, entre as pessoas que passaram em concursos, a proporção de negros subiu. Entre 2008 e 2013, pessoas

---

[67] Concursos: PL que amplia cota de negros para 30% avança no Senado, notícia publicada em 15.12.2023, no site Folha Dirigida. Disponível em: https://folha.qconcursos.com/n/concursos-pl-que-amplia-cota-racial-avanca-no-senado. Acesso em: 1º fev. 2024.

pretas e pardas representaram cerca de 30% dos novos contratados no quadro do governo federal. Entre 2014 e 2020, esse número subiu para 40%. [...] Os dados são referentes às médias de todos os novos vínculos do Executivo federal. Em carreiras que já aprovavam uma proporção de pessoas negras acima de 20% antes de 2014, é possível que não tenha havido efeito. Mas nas carreiras em que negros entravam a uma taxa menor que essa, a reserva de vagas pode ter tido maior impacto, elevando a média geral. A proporção de pessoas negras ingressando no serviço federal aumentou a partir de 2014. Mas o número de pessoas negras no total do quadro federal cresceu lentamente. Em 2013, ano anterior à aprovação e vigência da lei que reserva aos negros 20% das vagas oferecidas nos concursos públicos, 35% do quadro federal ativo era ocupado por pessoas pretas e pardas. Em 2020 (ano mais recente da série histórica do Ipea), essa parcela havia crescido em pouco mais de dois pontos percentuais. O gráfico abaixo mostra a evolução entre 2010 e 2020. Ou seja, nos anos após a lei de cotas em concursos, a presença de negros no quadro federal aumentou. Mas a proporção ainda está longe da média da população brasileira – segundo estimativa do IBGE (Instituto Brasileiro de Geografia e Estatística), em torno de 56% dos brasileiros se identificam como pretos ou pardos.[68]

Em relação às pessoas com deficiência, já há estatísticas que apontam uma maior presença daquelas no setor público, embora tais cifras sejam insignificantes quando comparadas ao número de pessoas com deficiência na sociedade brasileira:

> As informações mostram que o número de pessoas com deficiência no serviço público federal cresceu de 3.942 em dezembro de 2014 para 6.720 em junho de 2023, uma variação de 70%. Também foi apresentado um perfil das pessoas com deficiência atualmente no serviço público, com recortes por sexo, escolaridade, média salarial e raça. Segundo a secretária nacional dos direitos da pessoa com deficiência, Anna Paula Feminella, estima-se que as pessoas com deficiência representem 15% da população mundial. Ela exaltou a importância da reconstrução da Secretaria Nacional dos Direitos da Pessoa com Deficiência, que refundou a agenda para a superação do capacitismo, que é toda a discriminação, violência ou atitude preconceituosa contra a pessoa com deficiência.[69]

---

[68] ROUBICEK, Marcelo. Qual o efeito da cota racial no setor público. E como aprimorá-la. *Nexo*, 23 set. 2022. Disponível em: https://www.nexojornal.com.br/expresso/2022/09/23/Qual-o-efeito-da-cota-racial-no-setor-p%C3%BAblico.-E-como-aprimor%C3%A1-la. Acesso em: 1º fev. 2024.

[69] NÚMERO de pessoas com deficiência no serviço público federal cresceu 70% entre 2014 e 2023. Secretaria de Comunicação da Presidência da República, 21 set. 2023. Disponível em: https://www.gov.br/secom/pt-br/assuntos/noticias/2023/09/numero-de-pessoas-com-deficiencia-no-servico-publico-cresceu-70-entre-2014-e-2023. Acesso em: 02 fev. 2024.

Por sua vez, as mulheres representam outro segmento da sociedade civil que ainda precisa receber uma atenção especial para garantir a tão esperada diversidade nos quadros de servidores da Administração Pública. Todavia, tal afirmação aplica-se com mais intensidade nos cargos que não dependem de concurso público, posto que, em relação aos cargos efetivos, as mulheres já vêm alcançando resultados expressivos, sendo maioria em várias carreiras públicas. O problema reside nos cargos em comissão e funções gratificadas, especialmente as do alto escalão, que dependem de indicações políticas, que, em geral, ainda discriminam as mulheres. Sobre essa constatação:

> Essa reduzida representatividade feminina nos cargos de liderança deve-se essencialmente a fatores culturais e comportamentais, visto que a participação feminina na sociedade demorou muito para ser efetiva. No Brasil, somente em 1879, através do Decreto de Lei nº 7.247/1879, as mulheres conquistaram direito de acesso à universidade em meio a sociedades que ainda exalavam um forte machismo estrutural e até a década de 1970 havia barreiras visíveis e regras explícitas que definiam diferentes papéis sociais em razão do gênero (SARTI, 2004). Posteriormente, as barreiras começaram a mudar de forma, de modo que os obstáculos não excluíam totalmente as mulheres de todas as posições de trabalho, mas apenas de níveis mais altos; assim, ainda que as mulheres quisessem chegar às posições de liderança, não lhes era permitido por motivos de discriminação (AZEVEDO, 2022). Hoje, as mulheres são maioria nas universidades brasileiras e, graças a presença, pressão, força e luta do movimento feminista, outros direitos, mesmo que muito lentamente, foram sendo conquistados, como o direito ao voto e ao trabalho, contribuindo, assim, para a reversão das desigualdades de gênero no Brasil (AZEVEDO, 2022). Contudo, mesmo que, geralmente, elas possuam maior qualificação que os homens, isto não se reflete nos seus salários e nos cargos por elas ocupados (MILTERSTEINER *et al.*, 2020). Sabe-se que, hoje, as mulheres têm mais acesso aos cargos mais elevados das organizações comparado à década de 1970 e que é visível a sua capacidade em apresentarem bons resultados na vida pública. Entretanto, ainda são minorias nas posições de chefia. Conforme o relatório de pesquisa publicado pelo IBGE em 2018, "Estatísticas de Gênero – indicadores sociais das mulheres no Brasil", as mulheres são maioria no serviço público, representando 55% do funcionalismo (federal, estadual e municipal). No entanto, 60,9% dos cargos gerenciais, incluindo o setor público e o privado, eram ocupados por homens e, apenas, 39,1% pelas mulheres, em 2016.[70]

---

[70] COLUCCI, Bruna Colucci; TELLES, Raissa M.; SOUZA, Stefani. O papel da mulher na gestão pública: uma discussão sobre os espaços de liderança, publicado por Coisa Pública

Só para citar um exemplo do tratamento conferido às mulheres: no início do governo Bolsonaro em 2019, eram apenas 2 ministras e 22 ministros. Nesse contexto, registre-se que, "na média, a taxa internacional é de 20,7% dos ministérios ocupados por mulheres. No Brasil, o índice é de apenas 9%, ficando atrás de Sudão, Camboja, Filipinas, Laos, Síria, Argélia, Gabão, Afeganistão".[71]

Em relação às carreiras jurídicas, tem crescido significativamente o número de mulheres, como é o caso do incremento de juízas no país. Todavia, nas instâncias superiores do Judiciário, este número ainda é muito pequeno, o que vem demandando iniciativas para equacionar este problema:

> O Conselho Nacional de Justiça (CNJ), sob a presidência da ministra do Supremo Tribunal Federal (STF), Rosa Weber, aprovou, por maioria, nesta terça-feira (26), a criação da regra que promove a paridade de gênero no preenchimento de vagas de juízes da segunda instância nos tribunais federais, estaduais, militares e trabalhistas, nas promoções por merecimento. O CNJ excluiu o gênero da regra de promoção dos magistrados por antiguidade. A ministra Rosa Weber comentou a aprovação da alteração da Resolução do CNJ 106/2010, que trata dos critérios objetivos para promoção de magistrados e acesso aos Tribunais de 2º grau. "Não há guerra de sexos. Nós temos homens que pensam, também, o direito, e tem toda essa sensibilidade, como aliás, agora, na construção dessa solução ficou evidenciado também, no seio do Conselho Nacional de Justiça". A aprovação da medida pelo colegiado deve ampliar o número de mulheres nos cargos de desembargadoras. De acordo com dados do levantamento Justiça em Números, do CNJ, apenas 38% da magistratura, composta por cerca de 18 mil juízes, é formada por mulheres. Enquanto entre desembargadores, as mulheres representam 25% e, entre os ministros de cortes superiores, esse percentual é ainda menor, de 18%. A regra aprovada define que, para o acesso aos tribunais de 2º grau que não alcançaram a proporção de 40 a 60% por gênero, pelo critério de merecimento, as vagas serão preenchidas por meio de editais abertos para o recebimento de inscrições mistas, para homens e mulheres, ou exclusivas de mulheres, até atingir a margem do percentual determinado pelo CNJ, no respectivo tribunal.

---

em 06.07.2023. Disponível em: https://wp.ufpel.edu.br/coisapublica/2023/09/06/o-papel-da-mulher-na-gestao-publica-uma-discussao-sobre-os-espacos-de-lideranca/. Acesso em: 1º fev. 2024.

[71] PARTICIPAÇÃO de mulheres no governo Bolsonaro é uma das menores do mundo. Confederação Nacional de Trabalhadores em Saúde, 13 mar. 2019. Disponível em: https://cnts.org.br/noticias/participacao-de-mulheres-no-governo-bolsonaro-e-uma-das-menores-do-mundo/.

Com a medida aprovada pelo CNJ, os tribunais deverão alternar as promoções entre a lista mista e a lista exclusiva de mulheres a partir de 1º de janeiro de 2024.[72]

Assim, o provimento dos cargos públicos na era da diversidade tem que enfrentar inúmeros desafios para conseguir melhorar a representatividade de diversos segmentos da sociedade, até mesmo porque "a meritocracia, apesar das aparentes e ruidosas críticas, continua soberana e rindo daqueles que supõem que haverá, nos marcos do capitalismo, lugar para todos/as".[73]

Registre-se, por fim, que os argumentos das pessoas contrárias às cotas, de que os candidatos que são alcançados por alguma ação afirmativa no concurso público e que venham a ser aprovados estariam sendo favorecidos, e que a Administração Pública estaria selecionando servidores menos eficientes, o que iria de encontro à finalidade do concurso, representam um discurso duplamente equivocado.

Primeiro, porque a ação afirmativa concede qualquer privilégio ou benesse, já que o que a cota pretende apenas é dar um tratamento desigual a pessoas em situação de desigualdade. Os cotistas, em que pesem também participarem da disputa da ampla concorrência, sujeitam-se a uma competição específica, com outros candidatos que também estão sob condições similares de desvantagem. O exemplo das pessoas com deficiência é emblemático nesse sentido.

Em relação ao segundo argumento, na realidade, todos os candidatos, para serem aprovados no concurso, devem alcançar o desempenho mínimo indicado pelo edital. A partir desse índice, todos estariam aptos a exercerem as atribuições do cargo público. Ademais, com a era da diversidade, às duas finalidades tradicionais do concurso público (impessoalidade e eficiência) é acrescida uma nova: a concretização do dever constitucional de inclusão (faceta da igualdade material), algo indispensável para garantir a legitimidade e representatividade da atuação administrativa do Estado.

---

[72] Matéria "CNJ aprova regra de gênero para ampliar número de juízas", publicada em 26.09.2023 no site Agência Brasil. Disponível em: https://agenciabrasil.ebc.com.br/justica/noticia/2023-09/cnj-aprova-regra-de-genero-para-ampliar-numero-de-juizas#:~:text=A%20aprova%C3%A7%C3%A3o%20da%20medida%20pelo,ju%C3%ADzes%2C%20%C3%A9%20formada%20por%20mulheres. Acesso em: 02 fev. 2024.

[73] BENTO, Berenice. Crítica da crítica à meritocracia. UnB Notícias, 19 maio 2021. Disponível em: https://noticias.unb.br/artigos-main/4976-critica-da-critica-a-meritocracia. Acesso em: 1º fev. 2024.

Analisadas as quatro fases do provimento dos cargos públicos no Brasil, agora se verifica que existem condições mais propícias para se compreender como um homem nascido em um morro do Rio de Janeiro, vindo da pobreza, mulato, com sérios problemas de saúde conseguiu alcançar, no século XIX, inúmeros postos de trabalho (sendo alguns com enorme destaque) na Administração Pública brasileira. Seria um feito quase impossível, se não fosse realizado por Machado de Assis.

Teria Machado de Assis ingressado no serviço público apenas com o objetivo de atender seus interesses pessoais, uma vez que a literatura não lhe concedia bons rendimentos (era da espoliação)? Ou teria Machado sido escolhido para exercer cargos de alta relevância por se tratar de pessoa que gozava de ótima reputação em seu meio social (era dos cavalheiros)? Machado de Assis se sujeitou a algum processo seletivo impessoal de acesso aos cargos públicos que ocupou ou ao menos era favorável a tal espécie de seleção (era do mérito)? Já havia no século XIX alguma preocupação com a inclusão, o que teria levado à admissão de um escritor negro no serviço público (era da diversidade)? Essas perguntas começam a ser respondidas a seguir.

1.2 A tradição universal de escritores servidores públicos

Machado de Assis entrou para a história como um dos maiores escritores da literatura universal. Embora nunca tenha saído do Brasil (na verdade, raríssimas vezes deixou a cidade do Rio de Janeiro), seus romances não apenas estão traduzidos para trinta e cinco idiomas, "do chinês ao árabe, do catalão ao grego, do sueco ao croata",[74] mas também sua obra goza de prestígio e reconhecimento, nacional e internacional, sendo elogiada por grandes nomes do pensamento contemporâneo:

> O cineasta americano Woody Allen não é o único admirador ilustre de Machado de Assis. A lista é extensa e inclui, entre outros, a americana Susan Sontag ("Espanta-me que um escritor de tal grandeza não ocupe ainda, na literatura universal, o lugar que merece"), o português José Saramago ("Dir-me-ão que se Brás Cubas não fala de Diderot é simples-

---

[74] Matéria "Do Rio para o mundo: o sucesso internacional do 'Bruxo do Cosme Velho'", publicado em 10.04.2020, no sítio eletrônico Clipping. Disponível em: https://blog.clippingcacd.com.br/cacd/machado-de-assis-traducoes/#:~:text=O%20primeiro%20t%C3%ADtulo%20de%20Machado,dessa%20vez%2C%20para%20a%20Argentina. Acesso em: 05 fev. 2024.

mente porque não o teria lido. É possível. Mas, então, ninguém me tirará da cabeça que foi Diderot quem leu a Brás Cubas") e o britânico Salman Rushdie ("Se Jorge Luís Borges é o escritor que tornou Gabriel Garcia Márquez possível, então, não é exagero dizer que Machado de Assis é o escritor que tornou Borges possível"). Impressionante, não? Tem mais. O poeta beat Allen Ginsberg descreveu Machado de Assis como "um novo Franz Kafka", o escritor americano Philip Roth o comparou ao dramaturgo irlandês Samuel Beckett, o pensador austríaco Stefan Zweig disse que Machado era a resposta brasileira a Charles Dickens e o mexicano Carlos Fuentes, em um evento na ABL, em julho de 1997, chamou o fundador e primeiro presidente da casa de "Machado de La Mancha", em alusão ao espanhol Miguel de Cervantes.[75]

No campo acadêmico, Machado de Assis é estudado por muitos pesquisadores, das mais diversas áreas, sendo objeto de dissertações de mestrado e teses de doutorado em universidades do Brasil e do exterior. Trata-se, inclusive, do autor mais estudado. Em pesquisa realizada na Universidade de Brasília (UnB), mapearam-se os escritores nacionais mais citados nos trabalhos de doutores em literatura brasileira no país. "A pesquisa teve como base os currículos disponibilizados na plataforma Lattes, banco de dados mantido pelo CNPq (Conselho Nacional de Desenvolvimento Científico e Tecnológico), de 2.176 pesquisadores. [...] Machado de Assis lidera a lista com 122 citações". Ainda sobre esta questão, na UERJ, foi realizada uma pesquisa semelhante, "só que realizada com 224 pesquisadores que vivem no exterior. Também neste grupo Machado lidera, com 135 menções".[76]

O reconhecimento da obra de Machado de Assis se deve ao fato de que o autor brasileiro dedicou toda sua vida à literatura, tendo produzido uma obra colossal, pois, além do altíssimo nível do ponto de vista qualitativo, impressiona pela extensão, são dez romances, sete livros de contos, sete livros de poesia, dez peças teatrais, doze livros de crítica, três traduções, dez obras de miscelânea, e mais de

---

[75] Matéria "Do Rio para o mundo: o sucesso internacional do 'Bruxo do Cosme Velho'", publicado em 10.04.2020, no sítio eletrônico Clipping. Disponível em: https://blog.clippingcacd.com.br/cacd/machado-de-assis-traducoes/#:~:text=O%20primeiro%20t%C3%ADtulo%20de%20Machado,dessa%20vez%2C%20para%20a%20Argentina. Acesso em: 05 fev. 2024.

[76] ALMEIDA, Marco Rodrigo. Pesquisas apontam Machado de Assis como o autor brasileiro mais estudado. *Folha de São Paulo*, 03 jul. 2013. Disponível em: https://m.folha.uol.com.br/ilustrada/2013/07/1305864-pesquisam-apontam-machado-de-assis-como-o-autor-brasileiro-mais-estudado.shtml. Acesso em: 06 fev. 2024.

seiscentas crônicas.⁷⁷ Assim, seria difícil acreditar que Machado de Assis, profissionalmente, fez outra coisa na vida além de escrever.

Mas, como este livro já anunciou, sim, ele também trabalhou durante praticamente toda a vida no serviço público e em jornais da então capital do Brasil, e, conforme se verá, nestas duas atividades, era não apenas um assíduo cumpridor de suas obrigações, mas um destacado cidadão que procurou influenciar sua época.

Mais especificamente em relação à atuação de Machado de Assis na Administração Pública, que ele desenvolveu paralelamente à carreira literária, o escritor brasileiro se inseriu em uma tradição já existente em outros países e nos variados momentos da história: a de literatos que trabalhavam no Estado.

A lista de grandes nomes da literatura universal que também se dedicaram a funções estatais pode iniciar com Nicolau Maquiavel (1429-1527), autor de *O príncipe*, que, aos vinte e nove anos, já ocupava o cargo de Secretário da Segunda Chancelaria da República de Florença. Nesse cargo, Maquiavel observou o comportamento de grandes nomes da época e, a partir dessa experiência, retirou alguns postulados para sua obra, que o imortalizou. Convém destacar que, entre as funções exercidas por Maquiavel, estavam "tarefas burocráticas e de assessoria política, de diplomacia e de comando no Conselho dos Dez [...]. Depois de servir em Florença durante catorze anos, foi afastado e escreveu suas principais obras. Conseguiu também algumas missões de pequena importância, mas jamais voltou ao seu antigo posto como desejava".⁷⁸

Autor de clássicos como *Crime e castigo*, *Irmãos Karamazov* e *Noites brancas*, Fiódor Dostoiévski (1821-1881) trabalhou, por algum tempo, como engenheiro no serviço público russo. Mesmo tendo pedido demissão em 1844 para se dedicar exclusivamente ao seu primeiro romance (*Gente pobre*, 1846), sua experiência administrativa lhe permitiu escrever textos literários como o romance *O duplo*, que se trata de um "drama do pequeno funcionário que, oprimido pelo contraste entre a imagem que faz de si mesmo e a realidade, passa a enxergar e conviver com seu próprio duplo – que o persegue e ameaça levá-lo à loucura".⁷⁹

---

⁷⁷ Vide o sítio eletrônico Machado de Assis, vida e obra. Disponível em: https://machado.mec.gov.br/.

⁷⁸ BIOGRAFIA. *Revista do Instituto Humanitas Unisinos – IHU*, n. 427, 16 set. 2013. Disponível em: https://www.ihuonline.unisinos.br/artigo/5160-biografia-13. Acesso em: 07 fev. 2024.

⁷⁹ Sinopse do livro *O duplo*, de Fiódor Dostoiévski, publicado no *site* Estante Virtual. Disponível em: https://www.estantevirtual.com.br/livros/fiodor-dostoievski/o-duplo/407468509#. Acesso em: 07 fev. 2024.

Também merece destaque o conto "Um coração fraco", escrito em 1848, que narra a história do personagem Vássia que, tal qual Machado de Assis, atuou na Administração Pública como Amanuense (Copista). Vale a pena conhecer o enredo do conto, que aborda questões que são atuais no serviço público (como o *burn-out*) e algumas peculiaridades da burocracia russa do século XIX, como a previsão de fuzilamento como pena aos servidores públicos que atuassem de forma desidiosa:

> No conto "Um coração fraco", Dostoiévski narra o drama de um escriturário, um servidor público russo no império do TZAR, que, em caso de desídia, pode ser até fuzilado, pois o serviço público, registrando e mantendo guardados processos e documentos, é a base da burocracia e do controle do estado sobre os cidadãos. Fazer parte do serviço público do império russo é uma honra, e as promoções vão depender da produtividade, da caligrafia perfeita, que não pode ser demorada, mas precisa, afinal não existia xerox, somente cópias manuais de documentos – o trabalho do calígrafo, do amanuense.[80]

Na literatura russa, há outros grandes escritores que se dedicaram ao serviço público: Aleksandr Púchkin (1799-1837), considerado o maior poeta russo, ocupou cargo no Ministério do Exterior; Aleksandr Griboedov (1795-1829), dramaturgo de renome, teve uma destacada carreira como diplomata; Mikhail Lermontov (1814-1841), um dos maiores representantes do romantismo da literatura russa, foi militar.

O escritor britânico George Orwell (1903-1950), nome artístico de Eric Arthur Blair, fez parte da Polícia Imperial Indiana entre 1922 e 1927. Escrita em 1948, sua principal obra, *1984*, narra um mundo administrado por meio de câmeras, que "escondidas, olham as ruas e as casas [...]. As lentes governamentais procuram detectar os cidadãos que não se enquadram nos padrões estabelecidos para fazer de todos servidores do Estado".[81]

O romancista britânico Anthony Trollope (1815-1882) é um exemplo de representante das classes menos favorecidas que dedicou toda sua vida ao serviço público: mesmo já reconhecido por suas novelas

---

[80] LOBATO, Arthur. O esgotamento profissional: o *burn-out* segundo Dostoiévski. Sindicato dos Trabalhadores do Poder Judiciário Federal no Estado de Minas Gerais, 23 maio 2017. Disponível em: https://www.sitraemg.org.br/post_type_artigo/o-esgotamento-profissional-o-burn-out-segundo-dostoiewisk/. Acesso em: 07 fev. 2024.

[81] Texto "(Nada) respeitável público", escrito por Paulo Nasser e publicado em 04.08.2009 no *site* Observatório da Imprensa. Disponível em: https://www.observatoriodaimprensa.com.br/feitos-desfeitas/nada-respeitavel-publico/. Acesso em: 07 fev. 2024.

e contos, somente deixou o trabalho como oficial dos correios na Inglaterra Vitoriana aos cinquenta e dois anos de idade.

Um dos maiores nomes da literatura universal, pouca gente sabe que o tcheco Franz Kafka (1883-1924) trabalhou no Instituto de Seguros por Acidentes de Trabalho do Reino da Boêmia, informação que torna mais fácil entender de onde o autor buscou inspiração para escrever obras como *O processo* e *Metamorfose*.

O poeta argentino Jorge Luis Borges (1899-1986) trabalhou muitos anos como Diretor da Biblioteca Nacional, em Buenos Aires. A mesma curiosidade que me inspirou a escrever este livro sobre Machado de Assis também levou Gilberto Cunha a realizar as seguintes reflexes sobre Borges servidor público:

> Jorge Luis Borges foi diretor da Biblioteca Nacional, na Argentina, entre 25 de outubro de 1955 e 11 de outubro de 1973. Assumiu o cargo no rastro da Revolução Libertadora, que deu cabo ao governo populista de Juan Domingo Perón (1946-1955), e saiu (aposentado) quando da volta, do mesmo Perón, ao comando da Argentina, eleito que fora, democraticamente, no pleito de 23 de setembro de 1973. Esses dados constam em qualquer biografia que se preze de J. L. Borges. Mas, o que, amiúde, não se encontra com tanta facilidade, é como foi a gestão de Jorge Luis Borges na Biblioteca Nacional da Argentina, ao largo de 18 anos? Houve, efetivamente, um Borges executivo? Um Borges administrador? Um Borges Chefe? Um Borges CEO? Sabidamente, em 1955, quando assumiu esse cargo, Jorge Luis Borges já estava praticamente cego. E isso ele deixou bem claro no seu conhecido *Poema dos dons* (*Poema de los dones*): "Ninguém rebaixe a lágrima ou rejeite/esta declaração da maestria/de Deus, que com magnífica ironia/deu-me a um só tempo os livros e a noite" ("Nadie rebaje a lágrima o reproche/ esta declaración de la maestría/ de Dios, que con magnífica ironia/ me dio a la vez los libros y la noche"). Como era, então, o dia a dia de Borges na Biblioteca Nacional? Eis uma intrigante questão.[82]

Outro gigante da literatura universal, o português José Saramago (1922-2010), que era filho de camponeses e se formou no ensino técnico como serralheiro mecânico, no início de sua vida profissional, para se sustentar, também trabalhou como funcionário público na área da saúde e da previdência social. O vencedor do Prêmio Nobel da Literatura

---

[82] CUNHA, Gilberto. O bibliotecário J. L. Borges. O Nacional, 11 nov. 2006. Disponível em: https://www.onacional.com.br/cidade,2/2016/11/11/o-bibliotecario-jl-borges,104141. Acesso em: 07 fev. 2024.

conta: "quando casei, em 1944, já tinha mudado de actividade, passara a trabalhar num organismo de Segurança Social como empregado administrativo [...]. Por motivos políticos fiquei desempregado em 1949".[83]

O escritor francês Antoine de Saint-Exupéry (1900-1944), aos 21 anos de idade, entrou para o serviço militar. Ele havia tentado ingressar na Escola Naval, mas foi reprovado, tendo entrado somente no Regimento de Aviação de Estrasburgo, onde se tornou piloto civil e subtenente da reserva. Cinco anos mais tarde, foi trabalhar como piloto da Aéropostale. É desse período o livro *O Aviador* (1926).

Recordista mundial de vendas de livros e maior escritora de romances policiais de todos os tempos, a britânica Agatha Christie (1890-1976) trabalhou como enfermeira voluntária, no setor de farmácia de hospital de campanha, em Torquay (sua cidade natal), durante a I Guerra Mundial. "Como eu estava cercada por venenos, era natural que a morte por envenenamento fosse meu método escolhido", escreveu Christie em sua autobiografia a respeito da inclusão de estricnina e brometo em *O Misterioso Caso de Styles*, seu primeiro romance publicado, escrito em 1920. Na realidade, o envenenamento foi o método de assassinato que mais ocorreu na obra da autora, o que se verificou em nada menos que quarenta e seis romances.[84]

Outra escritora britânica de ficção policial e que também trabalhou com saúde pública foi P.D. James (1920-2014). Ela foi Diretora do North West Regional Hospital em Londres de 1949 a 1968 e depois atuou no Ministério do Interior, no departamento de Polícia Criminal.

Na área da educação, destaque para o escritor argentino Julio Cortazar, que lecionou em algumas cidades do interior da Argentina, tendo sido professor de literatura na Facultad de Filosofía y Letras de la Universidad Nacional de Cuyo, até sua renúncia do cargo, quando Perón assumiu a presidência da Argentina.

Mas, afinal, por que tantos escritores de renome foram parar na Administração Pública? Ou seria melhor perguntar: por que tantos servidores públicos se dedicaram à literatura? Embora não exista uma resposta única, essas perguntas já foram feitas antes, obviamente. Na

---

[83] SARAMAGO, José. Autobiografia. Fundação José Saramago. Disponível em: https://www.josesaramago.org/biografia/. Acesso em: 07 fev. 2024.
[84] Matéria "Agatha Christie, Pharmacist", publicado em 15.09.2016 no *site* Daily from JSTOR. Disponível em: https://daily.jstor.org/agatha-christie-pharmacist/. Acesso em: 07 fev. 2024.

Irlanda, por exemplo, foi dito que "o burocrata está limitado pela linguagem. O que talvez ajude a explicar por que tantos escritores irlandeses aprimoraram suas habilidades no serviço público". Ainda sobre a relação entre literatura e Administração Pública:

> Pensando na época em que seu falecido marido, o romancista Richard Power, era funcionário público, sua esposa, Ann, observou que aqueles foram os dias em que o Serviço Civil Irlandês deve ter sido o maior patrono das artes desde os Médici, simplesmente por conta do número de escritores, artistas e assim por diante que trabalharam para ele. Isso foi na década de 1960. Mas não era novidade: a ligação entre as duas profissões já estava bem estabelecida. E 50 anos mais tarde, essa mesma ligação pode ser vista como sendo de longa data e apresentando um elenco de personagens notáveis – alguns deles definitivamente homens da Renascença – que constitui uma cápsula da história da literatura irlandesa do século XX. Não seria apenas uma recitação de personagens e publicações, mas ilustraria certas questões centrais para a cultura irlandesa como um todo, questões relacionadas com expressão e identidade, com serviço e crítica, com vocação e dever. Escritores servidores é um delinear de uma linhagem longa e complicada que inclui temperamentos opostos como Brian O'Nolan e Conor Cruise O'Brien; um embaixador, em Denis Devlin, que foi pioneiro na sua prática poética; e dois poetas, Thomas Kinsella e Dennis O'Driscoll, que desenvolveram pontos de vista poéticos distintos enquanto mantinham empregos diurnos em departamentos que não parecem particularmente propícios a tal atividade, Finanças e Receita, respectivamente.[85]

Conforme se verá em seguida, muitos escritores brasileiros também se dedicaram ao serviço público. E alguns deles chegaram a ser até mesmo influenciados pelos exemplos vindos dos grandes escritores mundiais:

> Naquela ambiência social, ainda que o trabalho jornalístico incrementasse a renda do escritor, era a assunção de funções públicas, dentre elas a diplomacia, que iria trazer, efetivamente, a segurança almejada. Destaque-se, à guisa de mais exemplos, a situação de Aluísio Azevedo. Embora tenha sido um escritor que conseguiu viver da literatura por um período breve, não lhe foi possível manter essa situação profissional por mais tempo, tanto que, para dar prosseguimento a sua arte, o mesmo

---

[85] O'BRIEN, George. How the Civil Service became a hotbedof great Irish writing. *The Irish Times*, 03 fev. 2018. Disponível em: https://www.irishtimes.com/culture/books/how-the-civil-service-became-a-hotbed-of-great-irish-writing-1.3374347. Acesso em: 11 jan. 2024. Tradução livre do autor.

Aluísio optou, em 1895, por concorrer a uma vaga de diplomata, como também o fez seu ídolo, Eça de Queirós. Segundo Massaud Moisés, inclusive, o fato de o escritor português ter produzido a maior parte de sua obra literária enquanto exercia essa função, teria sido o maior incentivo a Aluísio na decisão pela carreira diplomática.[86]

1.3 A tradição brasileira de escritores servidores públicos

Como demonstrado nas linhas anteriores, uma grande quantidade de escritores desenvolveu suas carreiras literárias paralelamente a carreiras no serviço público. No Brasil, pode-se afirmar que a relação entre literatura e Administração Pública costuma ser ainda mais íntima. Nesse contexto, já houve quem chegasse ao ponto de considerar que "os melhores funcionários públicos deste País – e os mais renomados – têm sido escritores, ao longo de quase toda a sua história".[87] Sobre a relação entre literatura e burocracia:

> Fosse definida não pelo que a constitui, mas pelo que a contradiz, a literatura seria uma forma de oposto, de negação à burocracia. Nos termos de Antonio Candido (1987, p. 163), a criação literária tem como condição necessária uma carga de liberdade extraordinária, que transcende as nossas servidões. Por que andam tão juntas, então, a literatura e a servidão burocrática? Talvez por uma negar a outra e por se afirmarem mutuamente, por contraste. Ou então por a criação ficcional estar muitas vezes associada à experiência de vida dos criadores, experiência esta frequentemente vinculada ao trabalho burocrático nas repartições públicas. "Estou farto do lirismo comedido/ do lirismo bem comportado/ Do lirismo funcionário público com livro de ponto expediente protocolo e manifestações de apreço ao Sr. diretor", sintetiza Manuel Bandeira, em sua famosa "Poética". O "lirismo funcionário público", que normatiza, formata e conforma a experiência, é o que o poeta recusa e achincalha. A este se opõe "o lirismo dos loucos/ O lirismo dos bêbedos/ O lirismo difícil e pungente dos bêbedos/ O lirismo dos clowns de Shakespeare". E, no entanto, quantos de nossos poetas e prosadores não teriam concebido e rematado suas obras nos bureaus de alguma repartição pública, escrevendo no verso de papel timbrado? [...] No caso específico do Brasil, o vínculo dos escritores com

---

[86] RIBEIRO, Celso Diniz. Escritores diplomatas: a trajetória do trabalho intelectual brasileiro no século XIX. *Ipotesi*, Juiz de Fora, v. 21, n. 2, p. 84-96, jul./dez. 2017, p. 88.
[87] FISCHER, Almeida. Escritores no serviço público. *Revista do Serviço Público*, v. 105, n. 3, p. 309-312, 1970, p. 309.

o serviço público foi tão evidente, aponto de motivar um de seus mais ilustres representantes, Carlos Drummond de Andrade, a qualificar a literatura brasileira como uma "literatura de funcionários públicos".[88]

No caso, o poeta mineiro Carlos Drummond de Andrade, que teve uma carreira destacada no serviço público federal (tendo, a partir de 1929, trabalhado na Imprensa Oficial mineira, sido auxiliar e oficial de gabinete da Secretaria do Interior de Minas Gerais a partir de 1930, Chefe de Gabinete do Ministério da Educação e Saúde Pública de 1934 a 1945 (gestão do amigo e ministro Gustavo Capanema), e funcionário do Serviço do Patrimônio Histórico e Artístico Nacional (SPHAN) até 1962, quando se aposentou), escreveu que, aparentemente, havia um só caminho, ou um percurso privilegiado, a repartição. No poema "Canção funcionária mineira", anotou:

> [...]
> Somos todos funcionários.
> Assina o ponto da vida,
> poesia; depois, recolhe
> o justo salário, o prêmio
> de não varar a capoeira
> na direção do mistério,
> de esquecer o jeito nosso
> de pegar onça no chumbo
> e soletrar sem temor
> os caminhos d'água do
> São Francisco e Rio Doce.
> Acabou-se,
> Eis que só há um caminho:
> repartição.
> [...][89]

---

[88] RODRIGUES, Marco Antonio. *Contos da vida burocrática*: o funcionário público na narrativa curta de ficção brasileira. 2015. Tese (Doutorado em Literatura Brasileira) – Instituto de Letras, Universidade de Brasília, Brasília. p. 31-32 Disponível em: https://repositorio.unb.br/bitstream/10482/22054/1/2015_MarcoAntonioRodrigues.pdf. Acesso em: 11 jan. 2024.

[89] Carlos Drummond de Andrade, poema "Canção funcionária mineira". Texto inédito cujo original integra o acervo do Arquivo-Museu de Literatura Brasileira, instalado em 1972 na Fundação Casa de Ruy Barbosa, no Rio de Janeiro.

Assim, se o maior escritor de prosa da literatura brasileira (Machado de Assis) dedicou várias décadas de sua vida ao serviço público, assim também o fez o poeta maior de nossas letras (Carlos Drummond de Andrade). Este sempre falava sobre o tema do serviço público, como no texto abaixo:

> Sempre se falou mal de funcionários, inclusive dos que passam a hora do expediente escrevendo literatura. Não sei se esse tipo de burocrata-escritor existe ainda. A racionalização do serviço público, ou o esforço por essa racionalização, trouxe modificações sensíveis ao ambiente de nossas repartições, e é de crer que as vocações literárias manifestadas à sombra de processos se hajam ressentido desses novos métodos de trabalho. Sem embargo, não se terão estiolado de todo, tão forte é, no escritor, a necessidade de exprimir-se, dentro ou fora da rotina que lhe é imposta. Se não escrever no espaço de tempo destinado à produção de ofícios, escreverá na hora do sono ou da comida, escreverá debaixo do chuveiro, na fila, ao sol, escreverá até sem papel – no interior do próprio cérebro, como poetas prisioneiros da última guerra, que voltaram ao soneto como uma forma que por si mesma grava na memória. E por que se maldizia tanto o literato-funcionário? Porque desperdiçava os minutos de seu dia, reservados aos interesses da nação, no trato de quimeras pessoais. A nação pagava-lhe para estudar papéis obscuros e emaranhados, ordenar casos difíceis, promover medidas úteis, ouvir com benignidade as "partes". Em vez disso, nosso poeta afinava a lira, nosso romancista convocava suas personagens, e toca a povoar o papel da repartição com palavras, figuras e abstrações que em nada adiantam à sorte do público. É bem verdade que esse público, logo em seguida, ia consolar-se de suas penas na trova do poeta ou no mundo imaginado pelo ficcionista. Mas, sem gratidão especial ao autor, ou talvez separando neste o artista *rond-de-cuir* [burocrata], para estimar o primeiro sem reabilitar o segundo. O certo é que um e outro são inseparáveis, ou antes, este determina aquele. O emprego do Estado concede com que viver de ordinário sem folga, e essa é condição ideal para um número de espíritos: certa mediania que elimina os cuidados imediatos, porém não abre perspectiva de ócio absoluto. O indivíduo tem apenas a calma necessária para refletir na mediocridade de uma vida que não conhece a fome e nem o fausto: sente o peso dos regulamentos, que lhe compete observar ou fazer observar; o papel barra-lhe a vista dos objetos naturais, como uma cortina parda. É então que intervém a imaginação criadora, para fazer desse papel precisamente o veículo de fuga, sorte de tapete mágico, em que o funcionário embarca, arrebatando consigo a doce ou amarga invenção, que irá maravilhar outros indivíduos, igualmente prisioneiros de outras rotinas, por este vasto mundo de obrigações não escolhidas. Retire-se tal rotina ao temperamento literário a que me reporto, e cessará sua veia criadora. Instalado confortavelmente num escritório

de capitão de indústria, já não se produzirá essa inconformidade entre o real e o individual, que tantas vezes gera a obra de arte. As forças de ação aplicam-se ao objeto imediato, e o homem fabricará as coisas de uso cotidiano, planejará a competição nos mercados, desprezará tanto o ofício das letras como as frágeis produções de seus oficiais. Cortem-se os víveres ao mesmo temperamento, e as questões de subsistência imediata, sobrelevando a quaisquer outras, igualmente lhe extinguirão o sopro mágico. Há, é claro, os exemplares da boêmia ou da miséria fecunda, que nos legaram obras imperecíveis. Mas aqui se trata de certo tipo de criador literário, aquele que não ama velejar por mares lendários nem ancorar à sombra do botequim: o escrito homem-comum, despido de qualquer romantismo, sujeito a distúrbios abdominais, em geral preso à vida civil pelos laços do matrimônio, cauteloso, tímido, delicado. A organização burocrática situa-o, protege-o, melancoliza-o e inspira-o. Observa-se que quase toda a literatura brasileira, no passado como no presente, é literatura de funcionários públicos.[90]

A lista de servidores públicos escritores (ou escritores servidores públicos) impressiona. Drummond apresenta este rol (até a década de 1950, quando o texto abaixo foi escrito):

> nossa figura máxima, aquela que podemos mostrar ao mundo como a que mais e desenganadamente aprofundou entre nós os negócios do coração humano, foi o diretor-geral de contabilidade do Ministério da Viação, Machado de Assis. Mas não para aí: "Raul Pompeia, diretor de estatística do Diário Oficial e da Biblioteca Nacional; Olavo Bilac, inspetor escolar no Rio; Alberto de Oliveira, diretor de instrução no estado do Rio, como também o foram José Veríssimo e Franklin Távora, respectivamente no Pará e em Pernambuco; Aluísio Azevedo, oficial-maior no estado do Rio e cônsul; Araújo Porto-Alegre, cônsul; Mário de Alencar, diretor de biblioteca na Câmara; Mário Pederneiras, taquígrafo no Senado; Gonzaga Duque, oficial da Fazenda na prefeitura do Rio; B. Lopes, empregado nos Correios, como Hermes Fontes; Ronald de Carvalho, praticante de secretaria e depois oficial do Itamaraty; Coelho Neto, diretor de Justiça no estado do Rio; Humberto de Campos, inspetor federal de ensino; João Ribeiro e Capistrano de Abreu, oficiais da Biblioteca Nacional; Guimarães Passos, arquivista da mordomia da Casa Imperial; Augusto de Lima, diretor do arquivo público de Minas; Araripe Júnior, oficial do Ministério do Império; Emílio de Menezes, funcionário do recenseamento, Raimundo Correia, diretor de Finanças

---

[90] ANDRADE, Carlos Drummond de. A rotina e a quimera. In: *Passeios na ilha*: divagações sobre a vida literária e outras matérias. Rio de Janeiro: Organização Simões, 1952, p. 111-113.

do governo mineiro em Ouro Preto; Luís Carlos Pereira e Silva, da Central do Brasil; Ramiz Galvão e Constâncio Alves, respectivamente diretor e chefe de seção da Biblioteca Nacional; José de Alencar, diretor e consultor da Secretaria de Justiça; Farias Brito, secretário de governo no Ceará; Lúcio de Mendonça, delegado de instrução pública em Campanha; Manuel Antônio de Almeida, administrador da Tipografia Nacional e oficial da Secretaria da Fazenda; Lima Barreto, oficial da secretaria da Guerra (escrevia romances nas costas do papel almaço, usado, da repartição); João Alphonsos, funcionário da Secretaria das Finanças em Minas; o grande Gonçalves Dias, oficial da Secretaria de Estrangeiros... Mas seriam páginas e páginas de nomes, atestando o que as letras devem à burocracia, e como esta se engrandece com as letras, mesmo através de contato fortuito, como foi o caso de alguns exemplos citados sem método".[91]

Acerca das opiniões de Carlos Drummond de Andrade e de Mário de Andrade sobre as questões da criação artística, o primeiro preferia a rotina da burocracia, enquanto o último destacava a necessidade do ócio criativo. Sobre esse debate, há uma interessante análise, que a transcrevo, devolvendo ao leitor a seguinte pergunta: afinal, a rotina burocrática do serviço público ajuda ou atrapalha a produção literária?

> é interessante notar que o poeta aponta para o imperativo de existir uma "rotina" para produzir literatura. Ideia curiosa. Afinal, não sonham os escritores com o ócio para poderem produzir sua literatura de maneira remansosa? Não é a tranquilidade que tanto almejam para os esforços literários? Não é óbvia a tensão constante entre o fardo do trabalho e o prazer da escrita? Sabe-se que muitos escritores – homens de letras, de maneira geral – se ressentem da necessidade de prover sua subsistência material muitas vezes em detrimento de sua produção individual. Se Drummond reputava essencial a existência da rotina para se manter a "veia criadora", Mário de Andrade partia de premissa diametralmente oposta. Para ele, as possibilidades de criação artística estavam associadas ao "ócio criativo" (vejam bem: estou falando de Mário de Andrade e não de Domenico de Masi). Em um artigo de 1918, intitulado "A divina preguiça", Mário teria dito que "a arte nasceu porventura dum bocejo sublime, assim como o sentimento do belo deve ter surgido duma contemplação da natureza". Ou seja, a rotina das instituições públicas (que Mário conheceu tão bem quanto Drummond) não lhe seria combustível para criação alguma... A esse respeito, aliás, é sabido que,

---

[91] ANDRADE, Carlos Drummond de. A rotina e a quimera. In: *Passeios na ilha*: divagações sobre a vida literária e outras matérias. Rio de Janeiro: Organização Simões, 1952, p. 111-113.

durante o tempo em que estivera à frente da Diretoria do Departamento de Cultura de São Paulo (1935-1938), Mário se queixava frequentemente da burocracia e a responsabilizava pela quase impossibilidade de criação literária e pelo abandono de seus projetos pessoais. Ao final das contas, não sei o que pensar das posições dos dois Andrades. Quais seriam as condições ideais de criação: a rotina ou o ócio? Seja como for, tenho a convicção de que escrever sempre é prazeroso, mesmo em se tratando de trabalho. Quando a escrita é descompromissada e atrevida, tal como faço aqui, é melhor ainda. Um verdadeiro gozo.[92]

Outra situação que deve ser destacada na relação entre literatura e Administração Pública diz respeito à influência que o meio administrativo (a repartição pública) gera no texto. Nesse sentido, escritores como Lima Barreto, Graciliano Ramos, Lygia Fagundes Telles, Machado de Assis, Guimarães Rosa, Cecília Meireles, Euclides da Cunha, José de Alencar, Itamar Vieira Júnior e Lilia Guerra "têm uma ligação para além do mundo literário. Todos ingressaram no serviço público e suas obras, frequentemente, retrataram a pluralidade do Brasil a partir do que os escritores vivenciaram também em suas áreas de atuação".[93]

Também merece registro a temática que, não raras vezes, gera críticas à participação de escritores e demais intelectuais na Administração Pública: a questão do alinhamento político-ideológico. Principalmente em relação aos chamados cargos de confiança, é possível perceber uma tensão contínua entre o estar a serviço de um governo e, ao mesmo tempo, ter a necessidade de manter certa autonomia mental que o próprio exercício da intelectualidade exige. "Essa situação não se manifesta num contato antitético puramente, mas por um movimento contínuo que se alterna entre afirmação e negação do político e socialmente estabelecido".[94]

Graciliano Ramos foi um exemplo de escritor que, mesmo tendo sido um preso político do regime ditatorial de Getúlio Vargas

---

[92] BARBATO JÚNIOR, Roberto. Entre a rotina e o ócio. Texto publicado em 21 de janeiro de 2012 no *blog* Lápis impreciso. Disponível em: https://lapisimpreciso.blogspot.com/2012/01/entre-rotina-e-o-ocio.html#. Acesso em: 11 jan. 2024.

[93] ASCENÇÃO, Andréa. Servidores públicos, escritores da nação: eles retratam a diversidade do Brasil em suas obras. *Folha do Servidor*, 27 out. 2023. Disponível em: https://www.afpesp.org.br/folha-do-servidor/servidor-publico/servidores-publicos-escritores-da-nacao-eles-retratam-a-diversidade-do-brasil-em-suas-obras. Acesso em: 09 dez. 2023.

[94] RIBEIRO, Celso Diniz. Escritores diplomatas: a trajetória do trabalho intelectual brasileiro no século XIX. *Ipotesi*, Juiz de Fora, v. 21, n. 2, p. 84-96, jul./dez. 2017, p. 86.

em 1936, no ano seguinte, por necessidade (tinha que sustentar uma família com esposa e oito filhos), aceitou fazer parte da Administração Pública Federal, controlada pelo Estado Novo,[95] exercendo o cargo de Inspetor Federal de Ensino Secundário. Todavia, registre-se que se tratava de um cargo técnico-administrativo, que foi exercido com o maior nível de qualidade e compromisso possível, tendo o Velho Graça nele permanecido, até sua morte em 1953, sem faltar a um único dia de trabalho.[96]

Mas como surgiu a relação entre escritores e serviço público no Brasil? Mesmo antes da Independência do país, grandes escritores do período colonial atuavam no Estado português. Eram os casos dos poetas Gregório de Matos, que, como jurista, representou a Bahia nas Cortes de Lisboa e atuou como Procurador (século XVII) e Tomás Antônio Gonzaga, que foi juiz em Minas Gerais e desembargador na Bahia (século XVIII).

Nos primórdios do Império brasileiro, de José Bonifácio de Andrade e Silva a Múcio Teixeira, "houve uma atuação profícua de escritores-funcionários públicos em diferentes áreas do saber, justamente num contexto em que o Brasil precisava constituir-se não apenas como nação independente, mas também como um novo ator no cenário das relações internacionais".[97] No século XIX, a Administração Imperial precisava de nomes qualificados para integrar seus quadros (como visto no item sobre a era dos cavalheiros):

> Podem ser citados aqui os casos de intelectuais como Joaquim Manuel de Macedo e José de Alencar, que exerceram a literatura enquanto ofício remunerado, embora esta não representasse suas únicas formas de sustento financeiro. Macedo foi médico e político; Alencar, jurista, chegando a exercer o cargo de ministro do império. O ofício de escritor, no entanto, exigia dos autores uma produção específica e em série: capítulos semanais de romances, além das crônicas que faziam parte dos folhetins da época. Um outro caso foi o de Machado de Assis, cujos direitos autorais recebidos com a publicação de *Ressurreição* (1872), seu

---

[95] A propósito, Vargas gostava de colocar na sua gestão intelectuais consagrados, como aconteceu com um do grupo denominado Constelação Capanema (em alusão ao ministro da Educação Gustavo Capanema), que reuniu nomes como Carlos Drummond de Andrade, Murilo Mendes, Manuel Bandeira e Henriqueta Lisboa.
[96] CARVALHO, Fábio Lins de Lessa. *Graciliano Ramos e a administração pública*. Comentários aos seus relatórios de gestão à luz do direito administrativo moderno. Belo Horizonte: Fórum, 2017, p. 44.
[97] RIBEIRO, Celso Diniz. Escritores diplomatas: a trajetória do trabalho intelectual brasileiro no século XIX. *Ipotesi*, Juiz de Fora, v. 21, n. 2, p. 84-96, jul./dez. 2017, p. 84.

primeiro romance, mal davam para pagar alguns meses de aluguel na rua dos Andradas, no centro do Rio. Contudo, a literatura não deixou de ser uma de suas atuações profissionais. Para complementar sua renda, teve de assumir a função de redator da Semana Ilustrada e do Diário do Rio de Janeiro, além de colaborar com outras publicações como o Jornal das Famílias e com o Diário Oficial. A estabilidade financeira seria alcançada apenas quando ele foi nomeado para o cargo de primeiro oficial da 2ª Seção da Secretaria de Estado do Ministério da Agricultura, Comércio e Obras Públicas, em 1873.[98]

Um relatório da Secretaria de Estado da Agricultura de 1872 assinalava que "a mocidade brasileira, em geral, ou consagrava-se à carreira literária e ao funcionalismo, ou abraçava a profissão agrícola, mas não se preparava com estudo e tirocínio, não se habilitava para melhorar o trabalho e a cultura da terra".[99]

José de Alencar foi Lente de Direito Mercantil, do Instituto Mercantil da Côrte, sendo nomeado, quase ao mesmo tempo, diretor da Seção da Secretaria da Justiça e passando logo a consultor; confiado à pasta dos Negócios da Justiça.

Décadas depois, os tempos começam a mudar: Lima Barreto, que foi escriturário do Ministro da Guerra, ingressou por concurso em 1903 (era do mérito). Em 1915, publicou *Triste fim de Policarpo Quaresma*, que narra a história de um funcionário público nacionalista e idealista, que tenta defender as tradições e a cultura brasileira, mas acaba sendo perseguido e ridicularizado. "Ambientada no Rio de Janeiro, sua obra mais célebre, uma sátira à República Velha e ao positivismo, revela o estigma social imposto tanto ao protagonista quanto ao próprio autor".[100]

Graciliano Ramos iniciou sua vida pública na Administração Pública Municipal, como Presidente da Junta Escolar de Palmeira dos Índios, em 03 de novembro de 1926, espécie de cargo assemelhado ao atual Secretário Municipal de Educação, e foi prefeito do citado município entre 07 de janeiro de 1928 e 10 de abril de 1930, quando

---

[98] RIBEIRO, Celso Diniz. Escritores diplomatas: a trajetória do trabalho intelectual brasileiro no século XIX. *Ipotesi*, Juiz de Fora, v. 21, n. 2, p. 84-96, jul./dez. 2017, p. 88.

[99] GUEDES, Paulo; HAZIN, Elizabeth. *Machado de Assis e a administração pública federal*. Brasília: Senado Federal, 2006, p. 33.

[100] ASCENÇÃO, Andréa. Servidores públicos, escritores da nação: eles retratam a diversidade do Brasil em suas obras. *Folha do Servidor*, 27 out. 2023. Disponível em: https://www.afpesp.org.br/folha-do-servidor/servidor-publico/servidores-publicos-escritores-da-nacao-eles-retratam-a-diversidade-do-brasil-em-suas-obras. Acesso em: 09 dez. 2023.

renunciou ao cargo. Em seguida, passa a ocupar cargos no âmbito da Administração Pública Estadual, onde exerceu a função de Diretor da Imprensa Oficial de Alagoas (instituição que hoje leva o seu nome), entre 31 de maio de 1930 e 29 de dezembro de 1931, e ocupou o cargo de Diretor da Instrução Pública Estadual (correspondente ao cargo de Secretário Estadual da Educação), entre 18 de janeiro de 1933 até a data em que foi preso (supostamente por suas convicções políticas), em 03 de março de 1936. Conforme já destacado, após deixar o Estado de Alagoas (preso pela ditadura Vargas), também integrou os quadros da Administração Pública Federal, em que exerceu o cargo de Inspetor Federal de Ensino Secundário do Rio de Janeiro, tendo sido nomeado em agosto de 1939, e permanecido no cargo até sua morte, em 26 de janeiro de 1953.

Carlos Drummond de Andrade trabalhou na Imprensa Oficial mineira, foi Oficial de Gabinete do então secretário de Interior e Justiça de Minas Gerais, foi Chefe de Gabinete do ministro da Educação, e chefe de seção da DPHAN (Diretoria do Patrimônio Histórico e Artístico Nacional).

Murilo Rubião também atuou como servidor público, tendo exercido, entre outras funções, a de chefe de gabinete de Juscelino Kubitschek e adido cultural na Espanha. Moacyr Scliar trabalhou como médico especialista em saúde pública e professor universitário (curso de medicina da Universidade Federal de Ciências da Saúde de Porto Alegre – UFCSPA). O poeta pernambucano João Cabral de Melo Neto foi diplomata. O compositor Cartola trabalhou como copeiro no Ministério da Indústria e Comércio, servindo cafezinho em repartição pública, na década de 1960. Lygia Fagundes Telles trabalhou na Secretaria de Agricultura, foi procuradora do Instituto de Previdência do Estado de São Paulo e presidiu a Cinemateca Brasileira.

Guimarães Rosa prestou concurso público e se tornou capitão médico da Força Pública do Estado de Minas Gerais. Também foi diplomata, cônsul em Hamburgo (Alemanha), secretário de embaixada em Bogotá (Colômbia), chefe de gabinete do ministro João Neves da Fontoura, primeiro-secretário e conselheiro de embaixada em Paris (França), secretário da Delegação do Brasil à Conferência da Paz, em Paris, representante do Brasil na Sessão Extraordinária da Conferência da Organização das Nações Unidas para a Educação e Cultura (Unesco), em Paris, delegado do Brasil à IV Sessão da Conferência Geral da Unesco, chefe da Divisão de Orçamento, ministro de primeira classe e chefe do Serviço de Demarcação de Fronteiras. Cecília Meireles foi professora de literatura da Universidade do Distrito Federal do Rio de Janeiro.

Da literatura brasileira contemporânea, há alguns nomes importantes no serviço público, como Itamar Vieira Júnior, geógrafo do Incra (Instituto Nacional de Colonização e Reforma Agrária). O autor de *Torto arado* desenvolve suas atividades funcionais no Serviço de Regularização de Territórios Quilombolas desde 2006, de onde retirou parte de sua inspiração literária. Outro exemplo dos dias atuais é Lilia Guerra, que atua como Auxiliar de enfermagem do SUS. Da nova geração de escritores, merecem registro Marcos Peres, premiado autor que exerce o cargo de Técnico judiciário do Tribunal de Justiça do Paraná, a escritora Paulliny Tort, autora de *Erva brava*, eleito melhor livro de contos pela Associação Paulista dos Críticos de Artes, que é servidora da Empresa Brasileira de Comunicação; e Mariana Salomão Carrara, Defensora Pública do Estado de São Paulo, autora do livro *Se Deus me chamar não vou*.

Também chama a atenção o fato de que a relação de estudiosos da Administração Pública e do Direito Administrativo com a literatura é antiga:

> Mesmo no Departamento mais ligado ao funcionalismo público – o DASP – vamos encontrar alguns escritores conhecidos. A. Fonseca Pimentel, hoje numa Subchefia do Gabinete Civil da Presidência da República, ex-Diretor-Geral daquela instituição, é um estudioso especializado em Machado de Assis, com livro publicado a respeito, além de intérprete da mensagem do teatro de Nelson Rodrigues. Ainda no DASP vamos encontrar um ensaísta de mérito, que é Araújo Cavalcanti, um crítico literário como José Medeiros, um poeta e tratadista de Direito Administrativo como Corsíndio Monteiro da Silva. Waldyr Santos e Clenício Duarte da Silva são dois outros renomados autores de livros sobre Direito Administrativo daquele importante Departamento, que conta, realmente, com uma plêiade de funcionários intelectuais, como João Luiz Ney, para não esquecer nome tão importante.[101]

Outro espaço bastante fértil para o surgimento de escritores de talento é a diplomacia brasileira, que teve, ao longo de sua história, vários diplomatas literatos:

---

[101] FISCHER, Almeida. Escritores no serviço público. *Revista do Serviço Público*, Rio de Janeiro, v. 105, n. 3, p. 309-312, 1970, p. 311.

O Itamarati está cheio de escritores funcionários públicos e todos muito bons no desempenho de suas funções. A começar por João Cabral de Melo Neto, o excelente poeta da geração de 45. Antes eram João Guimarães Rosa, excelente recriador de histórias e de linguagem; Ribeiro Couto, o criador do penumbrismo, e Vinícius de Morais, o grande poeta, compositor e boêmio, que deixou o cargo no Ministério das Relações Exteriores. Agora, João Cabral, Da Costa e Silva, Lauro Escorei, Bezerra de Meneses, Flávio Macedo Soares, Marcos Konder Reis e mais alguns. Todos servidores ótimos.[102]

A tradição brasileira de servidores públicos que resolvem se dedicar à literatura (ou de escritores públicos que vão para o serviço público) se justifica por diversas razões. A primeira e mais óbvia diz respeito às dificuldades que geralmente encontram os escritores em manter uma condição de estabilidade financeira apenas com a literatura ou mesmo no setor privado. Mas não é só isto. O serviço público sempre conseguiu atrair pessoas de um bom nível intelectual e cultural. Para a Administração Pública, sempre foi importante possuir pessoas talentosas, que sabiam fazer uso da língua (algo que não é facilmente encontrado na população):

> Por trás dos grandes dirigentes, em todos os setores do serviço público, seja no Executivo, no Legislativo ou no Judiciário, vamos encontrar o escritor que sabe dizer as coisas convenientemente, que conhece os elementos de comunicação de massa, que redige os discursos e as plataformas, que encontra sempre a linguagem própria para transmitir as mensagens. São os diretores, os assessores, os assistentes, os secretários. Saber usar convenientemente o idioma, para transmitir com correção um pensamento, não está mesmo ao alcance de todos.[103]

Outro fator que não pode ser esquecido é que tais pessoas, em boa parte, também tinham interesse em trabalhar com questões que envolviam a coletividade: são médicos, diplomatas, professores, advogados, juízes, etc., que achavam que a vida não se resumia à literatura.

---

[102] FISCHER, Almeida. Escritores no serviço público. *Revista do Serviço Público*, Rio de Janeiro, v. 105, n. 3, p. 309-312, 1970, p. 311
[103] FISCHER, Almeida. Escritores no serviço público. *Revista do Serviço Público*, Rio de Janeiro, v. 105, n. 3, p. 309-312, 1970, p. 312.

1.4 A Administração Pública e o Direito Administrativo no Segundo Reinado e na Primeira República

Para conhecer Machado de Assis servidor público, é imprescindível uma aproximação ao seu tempo de vida, contextualizando sua atuação no serviço público às circunstâncias históricas, sociais, políticas e administrativas que marcaram as últimas quatro décadas de século XIX e a primeira do século XX.

Se Machado de Assis serviu "com invulgar dedicação e competência aos governos do Império e da República", se ele "nos deu o modelo do servidor exemplar", se "foi sua vida, na administração, honra e glória para o serviço público brasileiro",[104] é necessário proporcionar ao leitor uma viagem no tempo e no espaço, que tem como destino o Rio de Janeiro a partir de 1850.

Enquanto as demais nações sul-americanas (ex-colônias espanholas), ao se tornarem independentes, passaram a adotar a forma de governo republicana, o Brasil, a partir de 1822, preferiu a monarquia. Considerando todas as Américas, tal modelo foi utilizado apenas por Brasil, México e Haiti. Todavia, enquanto estes últimos dois passaram por experiências monárquicas mais efêmeras, o Império do Brasil se estendeu por sessenta e sete anos (1822-1889), dos quais cinquenta e oito anos tiveram Dom Pedro II como Imperador (1831-1889) e quarenta e nove sob seu reinado (1840-1889).

Na realidade, os historiadores costumam dividir o Brasil Império em três períodos: o Primeiro Reinado (1822-1831), o Período Regencial (1831-1840) e o Segundo Reinado (1840-1889).

A Constituição Imperial de 1824 foi a mais duradora de nossa história, sendo substituída pela Constituição republicana de 1891. Esta estabilidade jurídica foi uma das razões de uma relativa estabilidade política: embora o Brasil Imperial tenha passado por algumas turbulências internas em seus primeiros tempos (com revoltas como a Cabanagem, Farroupilha, Malês, Balaiada e Sabinada), uma das demonstrações da dita relativa estabilidade política foi o fato de o Brasil ter permanecido unificado, ao contrário da fragmentação territorial da América espanhola.

Nesse sentido, "excetuando-se o conflito armado com o Paraguai, o Segundo Império caminhou dentro de uma normalidade político-

---

[104] Editorial "Machado de Assis, funcionário público". *Revista do Serviço Público*, Rio de Janeiro, p. 217, set. 1958.

institucional. A alternância de poder entre liberais e conservadores na chefia dos 39 gabinetes, mediada pelo Imperador nos seus 49 anos de reinado, garantia a estabilidade política do regime".[105]

Em relação à organização política do Estado brasileiro, de acordo com a Constituição Imperial de 1824, existiam algumas peculiaridades, como o Poder Moderador exercido pelo Imperador, a competência que este tinha de nomear autoridades eclesiásticas e o uso da expressão "pública Administração":

> Art. 10. Os Poderes Políticos reconhecidos pela Constituição do Império do Brazil são quatro: o Poder Legislativo, o Poder Moderador, o Poder Executivo, e o Poder Judicial. [...]
>
> Art. 102. O Imperador é o Chefe do Poder Executivo, e o exercita pelos seus Ministros de Estado. São suas principais atribuições: [...]
>
> II. Nomear Bispos, e prover os Benefícios Eclesiásticos.
>
> III. Nomear Magistrados.
>
> IV. Prover os mais Empregos Civis, e Políticos.
>
> V. Nomear os Comandantes da Força de Terra, e Mar, e removê-los, quando assim o pedir o Serviço da Nação.
>
> VI. Nomear Embaixadores, e mais Agentes Diplomáticos, e Comerciais. [...]
>
> XII. Expedir os Decretos, Instruções, e Regulamentos adequados à boa execução das Leis.
>
> XIII. Decretar a aplicação dos rendimentos destinados pela Assembleia aos vários ramos da pública Administração.

No tocante à organização administrativa, a Constituição do Império brasileiro determinava a criação de Secretarias de Estado, embora seus titulares fossem chamados de Ministros, e previa um órgão chamado de Conselho de Estado:

> Art. 131. Haverá diferentes Secretarias de Estado. A Lei designará os negócios pertencentes a cada uma, e seu número; as reunirá, ou separará, como mais convier.
>
> Art. 132. Os Ministros de Estado referendarão, ou assignarão todos os Atos do Poder Executivo, sem o que não poderão ter execução. [...]
>
> Art. 137. Haverá um Conselho de Estado, composto de Conselheiros vitalícios, nomeados pelo Imperador.

---

[105] GUEDES, Paulo; HAZIN, Elizabeth. *Machado de Assis e a administração pública federal.* Brasília: Senado Federal, 2006, p. 33.

Art. 138. O seu número não excederá a dez. [...]

Art. 142. Os Conselheiros serão ouvidos em todos os negócios graves, e medidas gerais da pública Administração; principalmente sobre a declaração da Guerra, ajustes de paz, negociações com as Nações Estrangeiras, assim como em todas as ocasiões, em que o Imperador se proponha exercer qualquer das atribuições próprias do Poder Moderador, indicadas no Art. 101, à excepção da VI.

Em relação ao Conselho de Estado, tal órgão, que nos primeiros tempos atuou de forma abusiva, foi remodelado pela Lei nº 234, de 23 de novembro de 1841, passando a ser presidido pelo Imperador e composto por doze conselheiros ordinários e até doze extraordinários, além dos ministros de Estado. Quanto às atribuições deste órgão crucial para a Administração Imperial:

> As atribuições do conselho, muito mais amplas que as definidas em 1824, seriam exercidas por meio de consultas e pareceres emitidos ao imperador, aos secretários de Estado e às autoridades provinciais. Para tanto, sua estrutura foi organizada em quatro seções: Justiça e Estrangeiros, Império, Fazenda e Marinha e Guerra. Cada seção seria composta por três conselheiros, convocada e presidida pelo secretário da pasta encarregado de deliberar sobre assuntos de sua alçada. Havia ainda o Conselho Pleno, constituído quando o colegiado reunia-se por convocação do imperador para tratar de assuntos de maior complexidade, que demandavam um parecer especializado. No entanto, enquanto a Constituição de 1824 estabeleceu que os conselheiros fossem ouvidos em todos os negócios graves e medidas gerais da Administração Pública, a lei de 1841 dispôs que as consultas se dessem quando o imperador houvesse por bem ouvi-lo, inclusive no que constituía exceção, como a nomeação e demissão dos ministros de Estado. O conselho assumiu, ao longo do Segundo Reinado (1840-1889), o papel que lhe fora atribuído pela elite política, de constituir-se como mantenedor do regime constitucional, fiador da ordem e da integridade do Império. Ao órgão coube a função de propor e interpretar as leis do Estado, bem como assegurar o seu cumprimento. Assim, podemos observar uma característica do Conselho de Estado que permeou em todo o período imperial: o de ser "a inteligência da lei" (MARTINS, 2007). O Conselho conduziu ainda o processo de estruturação do Estado monárquico e sua organização administrativa, dirimindo dúvidas sobre conflitos de competências ou sobreposição de funções de autoridades e órgãos públicos, bem como reformas em sua estrutura e funcionamento. Por suas seções tramitaram consultas, pareceres, projetos de lei e grande parte da regulamentação do aparato legal que forjou os princípios político-administrativos do Estado imperial. Como instância mediadora

do exercício do Poder Moderador, a atuação do órgão se estendeu pelos outros poderes – Executivo, Legislativo e Judiciário – e, em especial, na administração provincial. Profundamente adequada aos interesses do Estado, a atuação do Conselho permitiu-lhe fazer ingerências em diferentes áreas de governo, o que acabou por torná-lo, ao lado do Poder Moderador, objeto de duras críticas à centralização e controle exercido pelo governo imperial, especialmente sobre os governos locais. A crise da monarquia brasileira, desencadeada pela queda do Gabinete Zacarias em 1868 e pela criação do Partido Republicano, marcou também o ocaso do Conselho de Estado e do Poder Moderador, extintos com o advento da República.[106]

No que diz respeito ao Judiciário, na Constituição Imperial, tal poder do Estado ainda não possuía garantias que lhe assegurassem independência (embora houvesse menção a esta). Nesse sentido, os magistrados não tinham inamovibilidade e poderiam ser suspensos por decisão do Imperador:

> Art. 153. Os Juízes de Direito serão perpétuos, o que, todavia, se não entende que não possam ser mudados de uns para outros lugares pelo tempo, e maneira, que a Lei determinar.
> Art. 154. O Imperador poderá suspendê-los por queixas contra eles feitas, precedendo audiência dos mesmos Juízes, informação necessária, e ouvido o Conselho de Estado. Os papéis, que lhes são concernentes, serão remetidos à Relação do respectivo Distrito, para proceder na forma da Lei. [...]
> Art. 179. XII. Será mantida a independência do Poder Judicial. Nenhuma Autoridade poderá avocar as Causas pendentes, sustá-las, ou fazer reviver os Processos findos.

Adotando a forma centralizada de Estado Unitário, o Brasil Imperial era dividido territorial e administrativamente em províncias, que, todavia, não possuíam autonomia política. Eram administradas pelo Presidente da Província, cada qual nomeado pelo Imperador. Por sua vez, os municípios eram ainda mais limitados, eram geridos pelas Câmaras, compostas por vereadores eleitos, sendo o mais votado o Presidente:

---

[106] CONSELHO de Estado. *Memória da Administração Pública Brasileira*, 11 nov. 2016. Disponível em: http://mapa.an.gov.br/index.php/menu-de-categorias-2/290-conselho-de-estado. Acesso em: 09 fev. 2024.

Art. 1. O Império do Brazil é a associação Política de todos os Cidadãos Brazileiros. Elles formam uma Nação livre, e independente, que não admitte com qualquer outra laço algum de união, ou federação, que se opponha à sua Independência.

Art. 2. O seu territorio é dividido em Províncias na fórma em que actualmente se acha, as quaes poderão ser subdivididas, como pedir o bem do Estado. [...]

Art. 165. Haverá em cada Província um Presidente, nomeado pelo Imperador, que o poderá remover, quando entender que assim convém ao bom serviço do Estado.

Art. 166. A Lei designará as suas atribuições, competência, e autoridade, e quanto convier no melhor desempenho desta Administração.

Art. 167. Em todas as Cidades e Villas ora existentes, e nas mais que para o futuro se criarem, haverá Câmaras, às quais compete o Governo econômico, e municipal das mesmas Cidades e Villas.

Art. 168. As Câmaras serão eletivas e compostas do número de Vereadores, que a Lei designar, e o que obtiver maior número de votos será Presidente.

Art. 169. O exercício de suas funções municipais, formação das suas Posturas policiais, aplicação das suas rendas e todas as suas particulares e úteis atribuições serão decretadas por uma Lei regulamentar.

Além da centralização política e dependência do poder central, as províncias e municípios, ao contrário do governo do Império, caracterizaram-se pela grande instabilidade política. Ademais, poucas pessoas tecnicamente qualificadas atuavam nas administrações provinciais e municipais:

> A vida provincial e municipal gravitava, assim, em tôrno dos presidentes de Província que, por sua vez, existiam em função do govêrno central, mudando de quando em quando, consoante os vaivéns da política ministerial. É bastante sintomático, por exemplo, o caso do Maranhão que, de 1824 a 1869, contou, como nos diz Tavares Bastos, em sua sempre relembrada *A Província*, trazida a lume em 1870, 73 administrações, exercidas por 53 cidadãos. Abandonadas as províncias às mãos dos homens menos capazes e experientes, já que o escol se dirigia à Côrte, pouco pôde realizar a vida local brasileira no Império, quando o govêrno central enfeixara, de fato, a inteira e completa direção dos negócios de ordem pública. Se compararmos as funções que até a Independência exerciam as Câmaras locais com as funções municipais outorgadas pela Carta de 1824, veremos que estas foram de muito minimalizadas.[107]

---

[107] PAUPÉRIO, A. Machado. O governo municipal na monarquia. *Revista do Serviço Público*, p. 63, abr. 1958.

Em relação às questões financeiras e tributárias, um importante órgão da Administração do Império era o Tesouro Nacional, previsto na Constituição de 1824 nos seguintes termos:

Art. 170. A Receita e despesa da Fazenda Nacional será encarregada a um Tribunal, debaixo de nome de "Tesouro Nacional" aonde em diversas Estações, devidamente estabelecidas por Lei, se regulará a sua administração, arrecadação e contabilidade, em recíproca correspondência com as Tesourarias e Autoridades das Províncias do Império.

Art. 171. Todas as contribuições diretas, à excepção daquelas que estiverem aplicadas aos juros, e amortização da Dívida Pública, serão anualmente estabelecidas pela Assembleia Geral, mas continuarão, até que se publique a sua derrogação, ou sejam substituídas por outras.

Art. 172. O Ministro de Estado da Fazenda, havendo recebido dos outros Ministros os orçamentos relativos às despesas das suas Repartições, apresentará na Câmara dos Deputados anualmente, logo que esta estiver reunida, um Balanço geral da receita e despesa do Tesouro Nacional do ano antecedente, e igualmente o orçamento geral de todas as despesas públicas do ano futuro e da importância de todas as contribuições e rendas públicas.

Quanto à cidadania, convém lembrar que a Carta de 1824, de cunho liberal, somente previa direitos civis e políticos. No art. 179 (o que correspondia ao atual art. 5º da Constituição de 1988), já estavam lá presentes os seguintes direitos: no *caput*, a regra geral da inviolabilidade ("A inviolabilidade dos direitos civis, e políticos dos cidadãos brazileiros, que tem por base a liberdade, a segurança individual, e a propriedade, é garantida pela Constituição do Império, pela maneira seguinte"); o princípio da legalidade ("I. Nenhum cidadão pode ser obrigado a fazer, ou deixar de fazer alguma cousa, senão em virtude da Lei"); a necessidade de a lei ter utilidade pública (inciso III); a liberdade de comunicação e informação ("IV. Todos podem comunicar os seus pensamentos, por palavras, escritos, e publicá-los pela Imprensa, sem dependência de censura; contanto que hajam de responder pelos abusos que cometerem no exercício deste direito, nos casos e pela forma que a Lei determinar"); a liberdade religiosa, embora a religião oficial fosse o catolicismo ("V - Ninguém pode ser perseguido por motivo de religião, uma vez que respeite a do Estado, e não ofenda a moral pública"); a liberdade de locomoção ("VI. Qualquer pode conservar-se ou sair do Império, como lhe convenha, levando consigo os seus bens, guardados os Regulamentos policiais, e salvo o prejuízo de terceiro"); a regra geral da igualdade perante a lei ("XIII. A Lei será igual para todos, quer proteja, quer castigue, o recompensará em proporção dos merecimentos de cada um"), e, com grande relevância para o presente estudo, a ideia de mérito no acesso aos cargos públicos ("XIV. Todo o cidadão pode ser admitido aos cargos públicos civis, políticos ou militares, sem outra diferença que não seja a dos seus talentos e virtudes"), embora não houvesse qualquer previsão constitucional da figura do concurso público para concretizar tal preceito.

Ainda em relação ao Direito Administrativo, a Constituição Imperial previa, no art. 179, a abolição de privilégios nos cargos públicos ("XVI. Ficam abolidos todos os privilégios que não forem essenciais e inteiramente ligados aos cargos, por utilidade pública"); a intervenção estatal na propriedade privada ("XXII. É garantido o direito de propriedade em toda a sua plenitude. Se o bem público legalmente verificado exigir o uso e emprego da propriedade do cidadão, será ele previamente indenizado do valor dela. A Lei marcará os casos, em que terá lugar esta única excepção, e dará as regras para se determinar a indenização"); o pagamento por serviços prestados ao Estado ("XXVIII. Ficam garantidas as recompensas conferidas pelos serviços feitos ao Estado, quer civis, quer militares; assim como o direito adquirido a elas na forma das Leis"); a responsabilidade civil imposta aos servidores públicos, e não ao Estado ("XXIX. Os empregados públicos são estritamente responsáveis pelos abusos e omissões praticadas no exercício das suas funções, e por não fazerem efetivamente responsáveis aos seus subalternos"); e os direitos de reclamação, queixa e petição ("XXX. Todo cidadão poderá apresentar por escrito ao Poder Legislativo e ao Executivo reclamações, queixas ou petições, e até expor qualquer infracção da Constituição, requerendo perante a competente autoridade a efetiva responsabilidade dos infratores").

Em relação à realidade da Administração Pública brasileira no século XIX, convém registrar que, pouco antes da Independência do país, as naus que trouxeram D. João VI ao Brasil, em 1808, "transmudaram também cerca de 15 mil portugueses aderentes à Corte portuguesa. O caminho natural de sustento dos recém-chegados, na sua maioria de passagem, num país de escassa urbanização, foi o emprego público. A administração do Reino viu o seu contingente de pessoal crescer rapidamente".[108] Ainda sobre esta transição da Administração colonial para a imperial:

---

[108] GUEDES, Paulo; HAZIN, Elizabeth. *Machado de Assis e a administração pública federal*. Brasília: Senado Federal, 2006, p. 32.

> Toda a burocracia administrativa do Estado português é remontada no Brasil. Para fazer frente às novas despesas é criado, em 1808, o primeiro Banco do Brasil. Sua função é obter fundos para cobrir os gastos suntuosos da Corte, pagar os soldados e promover transações comerciais. Muitas instituições públicas são criadas: instala-se o Erário Régio, depois transformado em Ministério da Fazenda; o Conselho de Estado; a Junta de Comércio; a Intendência Geral da Polícia; o Desembargo do Paço; a Mesa de Consciência e Ordens (ou tribunal) e a Junta Real de Agricultura e Navegação. E, com a abertura dos portos às nações amigas, foi se abolindo o monopólio comercial luso [...]. Ainda no ano de 1808, são criados importantes centros culturais no Rio de Janeiro: a primeira escola superior, a Médico-Cirúrgica, em Salvador, a Academia da Marinha e a Academia Militar. A primeira Biblioteca Pública (atual Biblioteca Nacional), também no Rio de Janeiro, é criada em 1811. A cultura e as ciências são ainda estimuladas com a criação do Jardim Botânico e da Escola Real de Ciências, Artes e Ofícios (depois Academia de Belas Artes), em 1810.[109]

Ainda no tocante às atividades desenvolvidas pela Administração Pública no Império, "no início do Primeiro Reinado, ao Estado brasileiro cumpria realizar as funções mínimas preconizadas pelo liberalismo: justiça, segurança interna e externa, arrecadação e diplomacia. As pastas governamentais eram apenas cinco: Império e Estrangeiros, Justiça, Fazenda, Guerra e Marinha". Ademais, existiam reduzidas intersecções do Estado com a economia e, de igual modo, com a educação e a saúde. Nesse sentido, registre-se que, "no período colonial, as funções sociais eram desenvolvidas essencialmente por instituições religiosas e privadas, permanecendo elas, no Império, com pouca presença do Estado. Os registros civis eram competência da Igreja, cujos párocos eram também agentes remunerados do governo".[110]

Alguns pesquisadores da história da Administração Pública brasileira ressaltam dois aspectos que, não raramente, são esquecidos ou menosprezados pela maioria dos estudiosos: primeiramente, que a burocracia brasileira é um produto exclusivo do século XX (na segunda parte do livro, veremos que Machado de Assis já critica a burocracia); em segundo lugar, que não houve na Administração Pública brasileira, mesmo nos primeiros momentos, uma reprodução integral da Administração Pública portuguesa. Nesse contexto:

---

[109] Universidade do Sul de Santa Catarina. *História da administração pública brasileira*. 4. ed. rev. e atual. Palhoça, 2008, p. 56.
[110] GUEDES, Paulo; HAZIN, Elizabeth. *Machado de Assis e a administração pública federal*. Brasília: Senado Federal, 2006, p. 34.

Do ponto de vista histórico, cumpre registrar que, não obstante tenha se modernizado e burocratizado a partir de então, o moderno Estado brasileiro não nasceu nos anos 1930, de uma hora para outra. Sua história tem antecedentes na colônia e seu marco inaugural é a chegada da família real portuguesa ao Brasil, em 1808. Marco que a moderna historiografia convencionou chamar de "inversão metropolitana", ou seja, quando o aparelho de Estado português, passando a operar a partir do Brasil, assume de fato as funções de metrópole e, por conseguinte, de Estado nacional. Por outro lado, o Estado brasileiro não é e, provavelmente, nunca foi mero espelho do Estado português, embora a Corte tenha trazido para o Rio de Janeiro a estrutura dos ministérios e o repertório de cargos do Almanaque de Lisboa. Uma realidade nunca pode, de fato, ser inteiramente transplantada. As diferentes condições objetivas contribuem para o surgimento de novas formas institucionais, engendradas na fusão da imposição de um modelo importado e a realidade de um país nascente (CABRAL, 2011, p. 12-14). Logo, instâncias que intermediavam as relações entre a Corte em Lisboa e a administração colonial no Rio de Janeiro se revelaram despiciendas. Por outro lado, havia aqui novas necessidades que demandavam a criação de organismos inexistentes na antiga metrópole.[111]

Da mesma forma que não se pode afirmar que ainda não havia burocracia na Administração Imperial, também não se pode considerar que tudo estava entregue ao patrimonialismo:

> Para muitos estudiosos da Administração Pública, o patrimonialismo expressaria a perfeita antítese do ideal de impessoalidade presente no conceito do moderno Estado nacional. Infelizmente, o tema tem sido tratado de forma superficial e acrítica, sobretudo entre aqueles que se dedicam à história da Administração Pública. Há uma enorme simplificação quando se considera sob o rótulo do patrimonialismo a Administração Pública que se criou e desenvolveu nas diversas fases da Colônia, nos dois reinados e nas regências do Império e na República Velha[112]

---

[111] COSTA, Frederico Lustosa da; COSTA, Elza Marinho Lustosa da. Nova história da administração pública brasileira: pressupostos teóricos e fontes alternativas. *Revista da Administração Pública*, v. 50, n. 2, mar./abr. 2016. Disponível em: https://www.scielo.br/j/rap/a/YtGvHZkhxfPvpBSXfSxp45x/#. Acesso em: 23 dez. 2023.

[112] COSTA, Frederico Lustosa da; COSTA, Elza Marinho Lustosa da. Nova história da administração pública brasileira: pressupostos teóricos e fontes alternativas. *Revista da Administração Pública*, v. 50, n. 2, mar./abr. 2016. Disponível em: https://www.scielo.br/j/rap/a/YtGvHZkhxfPvpBSXfSxp45x/#. Acesso em: 23 dez. 2023.

Assim, apesar de presentes as características patrimonialistas (clientelismo, nepotismo, fisiologismo, etc.), é inegável a existência de uma organização administrativa do Império brasileiro. Por exemplo, a maior parte do funcionalismo do Império radicava-se na capital do Império, o Rio de Janeiro (aproximadamente 15 mil pessoas), um quantitativo que, para os padrões atuais, seria tido como baixo, mais que que representava uma cifra considerável, especialmente quando comparada com o número de homens livres ocupados no país (de acordo com o censo de 1872, 85 mil pessoas).[113] Ademais, no Império brasileiro, a Administração Pública começa a realizar uma série de medidas relacionadas à prestação de serviços à coletividade:

> Os primeiros lampiões a gás foram instalados no Rio de Janeiro em 1854, por iniciativa do Barão de Mauá, inaugurando no Império o regime de concessões, prenúncio das atuais parcerias público-privadas. Em 1860, foi a vez da implementação do primeiro gasômetro, mas a luz elétrica só foi implantada em 1887. O primeiro bonde com tração elétrica, com a linha Centro-Largo do Machado, começou a rodar em 1892, substituindo os velhos bondes de tração animal [...]. A primeira ferrovia brasileira – a Estação de Ferro D. Pedro II – tornou-se operacional em 1858, ligando a Estação Central a Queimados, com uma extensão aproximada de 50km. Antes, em 1852, uma linha de telégrafo foi instalada entre o Paço de São Cristóvão e o Quartel-General do Exército. Somente a partir de 1874, com a instalação de cabos submarinos, foi possível comunicar-se com outros pontos nacionais e estrangeiros. Até então o paquete a vapor era o único meio de tráfego de notícias com o além-mar.[114]

Por sua vez, no que diz respeito aos órgãos da Administração Pública Imperial, somente havia o que hoje seria chamado de Administração Direta. No caso, as Secretarias de Estado e alguns Conselhos (como o de Estado). Durante o Império, existiram as seguintes Secretarias: de Negócios do Império e Estrangeiros (depois divididas em Secretaria dos Negócios do Império e Secretaria dos Negócios dos Estrangeiros); dos Negócios da Marinha; dos Negócios da Fazenda; dos Negócios da Guerra; dos Negócios da Justiça; dos Negócios da Agricultura, Comércio e Obras Públicas.

---

[113] GUEDES, Paulo; HAZIN, Elizabeth. *Machado de Assis e a administração pública federal*. Brasília: Senado Federal, 2006, p. 12.
[114] GUEDES, Paulo; HAZIN, Elizabeth. *Machado de Assis e a administração pública federal*. Brasília: Senado Federal, 2006, p. 16.

Conforme se verá, Machado de Assis trabalhou muitos anos na Secretaria de Estado dos Negócios da Agricultura, Comércio e Obras Públicas:

> Criada pelo Decreto nº 1.067, de 28 de julho de 1860, recebeu parte das atribuições antes pertencentes às secretarias de Estado dos Negócios do Império e da Justiça. Coube à pasta os negócios relativos ao comércio, salvo aqueles a cargo das secretarias da Justiça e da Fazenda; ao desenvolvimento dos diversos ramos da indústria e ao seu ensino profissional; aos estabelecimentos industriais e agrícolas; à introdução e melhoramento de raças de animais e as escolas veterinárias; aos jardins botânicos e passeios públicos; aos institutos agrícolas, à Sociedade Auxiliadora da Indústria Nacional e quaisquer outras com finalidades congêneres; à mineração, excetuada a dos terrenos diamantinos; à autorização para incorporação de companhias ou sociedades relativas aos ramos de indústria; à concessão de patentes pela invenção e melhoramento de indústria útil e de prêmios pela introdução de indústria estrangeira; aos negócios relativos ao registro das terras; à colonização; à catequese e civilização dos índios, as missões e aldeamento dos indígenas; às obras públicas gerais no município da Corte e nas províncias, ou quaisquer outras feitas por conta do Estado ou por ele auxiliadas, e as repartições encarregadas de sua execução e inspeção; às estradas de ferro, de rodagem e quaisquer outras e as companhias ou empresas encarregadas de sua construção, conservação e custeio; à navegação fluvial e os paquetes; aos correios terrestres e marítimos; à iluminação pública da Corte; aos telégrafos; ao serviço da extinção dos incêndios e às companhias de bombeiros. Recebeu regulamentos pelos Decretos nº 2.747 e nº 2.748, ambos de 16 de fevereiro de 1861, nº 4.167, de 29 de abril de 1868; e nº 5.512, de 31 de dezembro de 1873.[115]

Por sua vez, com o advento da República em 1889 e a promulgação da Constituição de 1891, foram promovidas alterações na organização da Administração Pública Federal. As antigas Secretarias seriam transformadas em Ministérios. Veremos que Machado de Assis permaneceu na Administração Pública, após a proclamação da República (embora tivesse grande admiração por Dom Pedro II), tendo atuado em vários cargos, na mesma estrutura administrativa da qual já fazia parte há muito tempo, mas que passou a ter nomes que variaram ao longo dos anos. O Ministério da Agricultura, Indústria e Comércio:

---

[115] ADMINISTRAÇÃO Central e Secretarias de Estado (1822-1889). *Glossário do Arquivo Nacional Memória da Administração Pública Brasileira*, 15 dez. 2017. Disponível em: http://mapa.an.gov.br/index.php/producao?layout=&id=497. Acesso em: 09 fev. 2024.

Foi estabelecido pelo Decreto nº 1.606, de 29 de dezembro de 1906, reunindo parte das competências do antigo Ministério da Indústria, Viação e Obras Públicas, que também teve parcela absorvida pelo Ministério da Viação e Obras e Públicas, além das atribuições ligadas à catequese dos índios, antes pertencentes ao Ministério da Justiça e Negócios Interiores. Coube à pasta os assuntos relativos à agricultura e à indústria animal, como ensino agrícola, estações agronômicas, campos de experimentação e institutos de biologia agrícola; imigração e colonização, catequese e civilização dos índios; escolas veterinárias, postos zootécnicos, proteção contra as epizootias; registro dos animais, regulamentos sanitários, sementes e plantas; estatísticas; jardins botânicos, hortos, museus, laboratórios; legislação rural e agrícola, sociedades de agricultura, sindicatos, cooperativas, bancos, caixas de crédito agrícola e companhias para explorações agrícolas no país; observatórios astronômicos, estações meteorológicas e carta geográfica; hidráulica agrícola, irrigação e drenagem; terras públicas, registro de terras possuídas, legitimação ou revalidação das posses e concessões feitas, medição, demarcação, descrição, distribuição e venda das terras pertencentes à União; mineração e legislação respectiva, explorações e serviços geológicos, estabelecimentos metalúrgicos e escolas de minas; indústria em geral e ensino profissional; patentes de invenção, marcas de fábrica e de comércio; conservação e reconstituição das florestas e matas; museu e biblioteca; tratados do comércio e navegação; câmaras de comércio, associações, juntas comerciais e bolsa de corretores; exposições agrícolas, industriais e comerciais; ensino profissional, academias de comércio e museu comercial; regime dos pesos e medidas; estudo econômico das vias férreas e estradas de rodagem, bem como custo dos transportes. Recebeu regulamento pelos Decretos nº 7.501, de 12 de agosto de 1909, nº 7.727, de 09 de dezembro de 1909, nº 7.839, de 27 de janeiro de 1910, nº 7.958, de 14 de abril de 1910, nº 8.899, de 11 de agosto de 1911, nº 11.436, de 13 de janeiro de 1915, nº 13.543, de 09 de abril de 1919, nº 16.009, de 11 de abril de 1923, nº 16.027, de 30 de abril de 1923. Em 1930, o Decreto nº 19.402, de 14 de novembro, transferiu parte de suas competências relacionadas ao ensino para o Ministério da Educação e Saúde Pública. Ainda nesse ano, o Decreto nº 19.433, de 26 de novembro, criou o Ministério do Trabalho, Indústria e Comércio a partir do desmembramento da pasta, que passou a se denominar apenas Ministério da Agricultura, pelo Decreto nº 19.448, de 03 de dezembro de 1930.[116]

---

[116] ADMINISTRAÇÃO Central e Secretarias de Estado (1889-1930). *Glossário do Arquivo Nacional Memória da Administração Pública Brasileira*, 15 dez. 2017. Disponível em: http://mapa.an.gov.br/index.php/producao/82-assuntos/producao/glossario/498-administracao-central-e-secretarias-de-estado-1822-1890. Acesso em: 09 fev. 2024.

Sobre a Administração Pública no período da Primeira República (Machado de Assis permaneceu no serviço público até sua morte, em 1908), convém mencionar que a Constituição de 1891 adotou o modelo federativo, dando autonomia política aos Estados (antigas províncias): "Art. 1º A Nação brasileira adota como forma de Governo, sob o regime representativo, a República Federativa, proclamada a 15 de novembro de 1889, e constitui-se, por união perpétua e indissolúvel das suas antigas Províncias, em Estados Unidos do Brasil".

Nesse modelo descentralizado, segundo o art. 5º da Constituição de 1891, os Estados passam a "prover, a expensas próprias, as necessidades de seu Governo e administração; a União, porém, prestará socorros ao Estado que, em caso de calamidade pública, os solicitar".

Em relação à organização administrativa da União, a citada Constituição estabelece que "Art. 49. O Presidente da República é auxiliado pelos Ministros de Estado, agentes de sua confiança que lhe subscrevem os atos, e cada um deles presidirá a um dos Ministérios em que se dividir a Administração federal".

No que diz respeito ao provimento dos cargos públicos, a novel Constituição prevê, no art. 73, que "Os cargos públicos civis ou militares são acessíveis a todos os brasileiros, observadas as condições de capacidade especial que a lei estatuir, sendo, porém, vedadas as acumulações remuneradas", mas não fez qualquer menção à figura do concurso público.

Em relação à proteção contra abusos do poder, a Constituição de 1891 previa inicialmente que: "Art. 72 §22. Dar-se-á o *habeas corpus* sempre que o indivíduo sofrer ou se achar em iminente perigo de sofrer violência ou coação por ilegalidade ou abuso de poder". Todavia, a Emenda Constitucional de 3 de setembro de 1926 restringiu o *habeas corpus* à proteção da liberdade de locomoção. Pontes de Miranda foi o principal crítico a esta restrição: "como dar remédio àquelas coações e ameaças provindas dos poderes públicos quando a liberdade de locomoção não fosse o direito condição?"[117] Tal omissão foi corrigida na Constituição de 1934.

Apesar de alguns avanços no plano jurídico-administrativo, a primeira Constituição ainda definia que a responsabilidade civil pelos atos praticados pela Administração Pública era dos funcionários públicos:

---

[117] MIRANDA, Francisco Cavalcanti Pontes de. *História e prática do habeas corpus*. 7. ed. t. 1. Rio de Janeiro: Borsoi, 1972, p. 235.

Art. 82. Os funcionários públicos são estritamente responsáveis pelos abusos e omissões em que incorrerem no exercício de seus cargos, assim como pela indulgência ou negligência em não responsabilizarem efetivamente os seus subalternos.

Parágrafo único. O funcionário público obrigar-se-á por compromisso formal, no ato da posse, ao desempenho dos seus deveres legais.

Por fim, em relação ao estudo do Direito Administrativo no Brasil nos tempos de Machado de Assis, convém registrar que foi a partir do Decreto nº 608 (de 16 de agosto de 1851) que foi criada a cadeira em comento e incluída no currículo acadêmico dos cursos de Direito. Em relação à citada previsão, "quanto à disciplina de Direito Administrativo, sugere uma nova forma de se enxergar o direito público, muito mais focada na estrutura e nas ações do Estado que nos ideais de preservação do poder e proteção de direitos naturais de origem divina". Também acerca destes primeiros momentos do Direito Administrativo no Brasil, percebe-se que o seu ensino tinha um cunho mais político e pragmático que normativo e teórico. "O foco principal do ensino do Direito Administrativo parece ser legitimar o poder do Imperador com base em sua atuação política, ao mesmo tempo transmitindo aos estudantes algum conhecimento sobre a organização da estrutura estatal e o funcionamento prático do aparelho do Estado".[118]

Carlos Ari Sundfeld explica este momento histórico que marcou a instalação do Direito Administrativo em terras brasileiras:

> O Direito Administrativo foi um dos alicerces da obra de construção institucional do Estado brasileiro e do país. O Império do Brasil surgiu formalmente com a Independência em 1822, mas tomaria tempo para, por meio do Estado e do direito, reunir em um só país as regiões e os grupos que no passado tinham tido escasso vínculo entre si. A tarefa consumiu mais de cem anos: atravessou todo o período do Império brasileiro (até 1889) e a Primeira República (até 1930) e se completou na década de 1930, quando se tornou irreversível a nacionalização, com uma estrutura federal abrangente e forte. Também ficou sepultada, a partir daí, uma visão liberal, menos estatista, que tentara influir na organização econômica e política do Brasil nas décadas anteriores, quando da passagem do Império para a República. O estabelecimento do Direito Administrativo brasileiro, no decorrer desse período, não foi uma reação ao Estado, seus poderes e excessos, mas um esforço desse Estado

---

[118] GUANDALINI JÚNIOR, Walter. *História do direito administrativo brasileiro*: formação (1821-1895). Curitiba: Juruá, 2016, p. 191.

por se estabelecer e impor. Nos primeiros tempos, era preciso inventar juridicamente a Administração Pública, em bases constitucionais e como parte fundamental de um novo Estado soberano. Natural, então, que a atenção dos juristas se voltasse para os problemas da estrutura e das relações internas das instituições públicas, de modo a definir para a Administração um espaço próprio no interior da máquina estatal e um conjunto de poderes no confronto com os particulares.[119]

Todavia, com o desenvolvimento da doutrina brasileira, começam a surgir os primeiros estudos sistemáticos do Direito Administrativo,[120] como os realizados por Antônio Joaquim Ribas (Rio de Janeiro, 1818-1890), mais conhecido como Conselheiro Ribas; José Antônio Pimenta Bueno (Santos, 1803-1878), o Marquês de São Vicente; e Paulino José Soares de Souza (Paris, 1807-1866), o Visconde do Uruguai, autor de *Ensaio sobre o direito administrativo* (1862) e *Estudos práticos sobre a administração das províncias no Brasil* (1865).

Em seu clássico *Direito administrativo brasileiro* (1866), Ribas já apontava uma questão que desenvolvemos nas notas introdutórias do presente estudo: a da extensão do objeto de estudo por aqueles que realizam investigações na seara administrativista. Nesse sentido:

> Para nós também o Direito Administrativo se apresenta sob dois aspectos diversos, segundo o estudamos em sentidos restrito ou amplo. Considerado no sentido restrito, isto é, como verdadeira disciplina jurídica, não pode abranger mais do que o estudo de direitos e deveres, e estes não podem ser outros senão os que emanam das relações da administração para com os indivíduos sobre quem exerce a sua ação. No sentido amplo, deve ele compreender também o conhecimento sintético dos elementos; assim colocados em face um do outro, na sua íntima natureza e mútua ação ou nas relações que os liga. Assim, no sentido restrito, o Direito Administrativo é a ciência dos direitos e deveres recíprocos da Administração e dos administrados, e no sentido amplo é a ciência que ensina a organização administrativa, tanto nos seus elementos fundamentais e universais, como no seu desenvolvimento prático em um povo dado; o modo pelo qual atua sobre a massa geral da

---

[119] SUNDFELD, Carlos Ari. *Direito administrativo no Brasil*. Círculo de Derecho Administrativo, p. 204. Disponível em: file:///C:/Users/Fabio/Downloads/Dialnet-DireitoAdministrativoN oBrasil-7810846.pdf. Acesso em: 14 fev. 2024.

[120] Segundo o professor Caio Tácito, teria sido Vicente Pereira Rego, catedrático na Faculdade de Direito do Recife, que publicou em 1856 o seu "Compêndio ou repetições escritas sôbre os elementos de Direito Administrativo, o autor do primeiro livro de direito administrativo na América Latina (TÁCITO, Caio. Evolução histórica do direito administrativo. *Revista do Serviço Público*, p. 539, mar. 1955).

população, ou os seus centros parciais, isto é, os serviços incumbidos aos seus agentes gerais ou locais; as formas de que os seus atos se revestem e as modificações jurídicas que em face deles e sob sua influência sofrem os administrados em seus direitos e obrigações.[121]

Por sua vez, Pimenta Bueno escreveu *Direito público brasileiro* e *Análise da Constituição do Império* (1857), cuja principal preocupação era a análise da organização do Estado, que, em sua visão, deve promover os interesses sociais, removendo os perigos internos, encaminhado a sociedade às suas finalidades por força da ação social, e ser forte sem ameaçar a liberdade. Ao tratar do Poder Executivo, Pimenta Bueno escreve palavras memoráveis, até hoje insuperáveis:

> A sociedade em nenhum de seus passos pode subtrair-se à sua inspeção constante, à sua intervenção permanente; ele tem mil meios de secundar ou obstar os desejos os atos, os votos individuais ou populares. É ele quem encaminha a marcha do Estado, o pensamento e o espírito nacionais para as ideias mais ou menos liberais, para uma organização administrativa mais ou menos protetora, quem reprime ou deixa impune os abusos dos funcionários públicos na ordem política, quem poupa ou desperdiça os recursos nacionais, enfim, quem favorece ou retarda os elementos da civilização e prosperidade sociais; e por isso, sobre ele repousam as esperanças ou os desgostos populares.[122]

Merece ainda registro que o Direito Administrativo brasileiro durante o século XIX teve profunda influência do sistema francês (assim como aconteceu em diversos países latino-americanos), como destaca Carlos Ari Sundfeld, ao enfatizar o papel do Visconde do Uruguai na doutrina da época:

> Nessa longa fase de construção, a influência francesa foi decisiva, especialmente na absorção da ideia de estado e de direito administrativo "à francesa" como melhor solução para um país novo, sem tradição de liberdade. Aliás, é simbólico que o Visconde do Uruguai (Murilo de Carvalho, 2002, p. 472 e 502), pai fundador, tivesse nascido na França (em 1807), escrito seu famoso livro com bibliografia francesa e defendido com ênfase a aplicação entre nós do que chamou de "sistema francês".

---

[121] RIBAS, Antônio Joaquim. *Direito administrativo brasileiro*. Brasília: Ministério da Justiça, Serviço de Documentação, 1968, p. 29.

[122] PIMENTA BUENO, José Antônio. *Direito público brasileiro e análise da Constituição do Império*. Apud GUANDALINI JÚNIOR, Walter. *História do direito administrativo brasileiro*: formação (1821-1895). Curitiba: Juruá, 2016, p. 202.

A partir de então, a mentalidade jurídica brasileira pareceu se acomodar à ideia de que seria necessário um estado administrativo como centro do país (disse o Visconde do Uruguai (Murilo de Carvalho, 2002, p. 86): "as necessidades comuns... o poder público deve satisfazer"), com seu direito próprio, especial, viabilizando essa missão essencial (mais uma vez Uruguai (Murilo de Carvalho, 2002, p. 110): "O exercício da administração, o direito administrativo, é portanto uma condição essencial de toda a existência coletiva."). A influência francesa na adoção, desde as primeiras décadas do século XIX, dessa ideia de estado administrativo no Brasil não foi destruída pela Constituição da República, de 1891, de espírito norte-americano. É verdade que, nesse momento, o Brasil deu uma guinada para o modelo jurisdicional à americana, de Justiça comum, abandonando o Conselho de Estado, que tinha sido inspirado na França. Também incorporou o presidencialismo e o federalismo. Ademais, surgiram no debate jurídico teses mais liberais em matéria econômica e de liberdade pessoal (teses para limitar as medidas de autoridade administrativa). Mas, no caminhar dos anos, a base "à francesa" – o estatismo, a superioridade do estado administrativo e a especialidade de seu direito – iria permanecer como predominante na ideologia do direito administrativo substantivo do Brasil. Já quanto ao direito administrativo contencioso, à organização da Justiça, aos tipos processuais, prevaleceu a base norte-americana, acrescida da noção de direito público subjetivo de inspiração alemã.[123]

E foi exatamente neste contexto de um Poder Executivo forte, mas de uma Administração Pública ainda pouco atuante que Machado de Assis viria a fazer parte durante mais da metade de sua vida, tendo servido à coletividade ao ocupar mais de uma dezena de postos de trabalho, no Império e na República, do século XIX ao século XX.

Entretanto, antes de conhecermos o Machado servidor público, convém que sejam feitas algumas observações gerais sobre nosso escritor maior, o que servirá para demonstrar qual o papel e a influência do serviço público na vida e na obra machadiana.

1.5 Machado de Assis: vida, caráter, ideologia, obra e reconhecimento

Por mais surpreendente que seja a atuação de Machado de Assis no serviço público (conforme se verá) e por mais reveladoras que

---

[123] SUNDFELD, Carlos Ari. *Direito administrativo no Brasil*. Círculo de Derecho Administrativo, p. 204. Disponível em: file:///C:/Users/Fabio/Downloads/Dialnet-DireitoAdministrativoNoBrasil-7810846.pdf. Acesso em: 14 fev. 2024.

sejam suas opiniões, expressadas por intermédio de crônicas acerca de matérias relacionadas à Administração Pública (o que também será apresentado), nada chegará perto da grandeza de Joaquim Maria Machado de Assis enquanto escritor no campo ficcional.

Muito já foi dito sobre a extraordinária ascensão de um homem cujas circunstâncias de vida reuniam todos os ingredientes para conduzi-lo a uma trajetória marcada pela exclusão e invisibilidade social, destino tão comum a seus contemporâneos e conterrâneos que, vivendo em um país tão desequilibrado do ponto de vista social e em um tempo em que a sociedade era ainda mais hierarquizada e preconceituosa, relegava aos pobres e pretos as piores perspectivas.

A vida de Machado de Assis também foi marcada por sofrimentos: filho de Francisco José de Assis, um mulato brasileiro que trabalhava como pintor de paredes, e de Maria Leopoldina Machado da Câmara, uma portuguesa[124] que emigrou dos Açores para o Brasil em 1815, nasceu no Rio de Janeiro, em 21 de junho de 1839, e teve uma infância pobre, sendo seus pais agregados de Dona Maria José de Mendonça Barroso Pereira, esposa do falecido senador Bento Barroso Pereira, que os abrigou em sua imensa chácara no Morro do Livramento. Um aspecto positivo para Machado era o fato de que seus pais, contrariando as estatísticas da época, eram alfabetizados.

Logo Joaquim Maria perderia sua irmã (falecida com quatro anos de idade) e sua mãe (que morreu quando ele tinha apenas dez anos). Ao se tornar viúvo, seu pai resolve se mudar para o bairro de São Cristóvão, tendo se casado mais uma vez, alguns anos depois, com Maria Inês da Silva, uma mulata lavadeira que passou a cuidar de Machado. Este, desde muito cedo, teve que se dividir entre os estudos e o trabalho.

No tocante à personalidade do escritor e a seus traços psicológicos mais característicos, adota-se aqui a ideia de ser "impossível estudar a obra de Machado sem estudar-lhe a vida, sem procurar entender-lhe o caráter".[125]

Seus biógrafos revelam que Machado de Assis sempre foi movido por uma grande curiosidade intelectual, que o levou a ser um

---

[124] "A mãe de Machado de Assis era negra, e isso nos dá notícia Mário de Alencar, em carta a Alfredo Pujol, louvado no depoimento do barão de Vasconcelos, que a conhecera" (MOTELLO, Josué. *Os inimigos de Machado de Assis*. Rio de Janeiro: Nova Fronteira, 1998, p. 20).

[125] PEREIRA, Lúcia Miguel. *Machado de Assis*. Estudo crítico e biográfico. 6. ed. São Paulo: Ed. USP, 1988, p. 13.

autodidata. Durante toda a vida, Machado teve sede de conhecimento, sendo um devorador de livros, frequentador de ambientes literários e de teatro, interessado por línguas estrangeiras.[126] Tudo isso se vê no seguinte episódio, que aconteceu em período próximo à morte do escritor:

> Mas não saberia viver sem trabalhar quem outra cousa não fizera a vida toda. A curiosidade intelectual continuava a mesma; prova autêntica de vitalidade é o fato de ter por esse tempo, já se abeirando dos setenta anos, começado a aprender grego: existe na Academia de Letras, tocante pelo capricho com que é feito, pelo apego que revela às coisas do espírito, um caderno com exercícios rudimentares de grego da mão do grande escritor. Nada mostra melhor o que foi em Machado de Assis a paixão de saber, a força da inteligência, do que esse caderno de colegial aplicado, começado à beira do túmulo.[127]

Além da curiosidade intelectual, outra característica marcante de sua personalidade era a ambição. A vontade de crescer, de ser reconhecido, de ter uma vida melhor, tudo isto lhe movia e impulsionava. Na realidade, Machado de Assis sempre procurou reagir às adversidades que enfrentou:

> Nem outra cousa foi a sua vida, senão uma constante reação; reagiu contra o destino, que o fizera nascer fora do seu lugar; reagiu contra si mesmo, vencendo a timidez, os pendores mórbidos; reagiu contra o meio literário, nunca se deixando contaminar nem pela declamação dos românticos nem pelo alcandoramento do fim do século; reagiu contra a burocratização intelectual, ele que foi burocrata perfeito por mais de quarenta anos; reagiu contra o emburguesamento do espírito apesar dos hábitos burgueses; reagiu contra a tentação da política, embora começasse a vida num jornal de combate. Havia nele, na sua fraqueza aparente, uma grande força.[128]

---

[126] Sobre 1883: "Nesse mesmo ano, o grande escritor, o homem que, pela pureza da língua e finura intelectual, chegava a uma situação eminente, tomava aos quarenta e quatro anos, o primeiro professor pago de toda a sua vida: um mestre de alemão, língua que se meteu a estudar com afinco, e veio a ler e escrever corretamente" (PEREIRA, Lúcia Miguel. *Machado de Assis*. Estudo crítico e biográfico. 6. ed. São Paulo: Ed. USP, 1988, p. 206).

[127] PEREIRA, Lúcia Miguel. *Machado de Assis*. Estudo crítico e biográfico. 6. ed. São Paulo: Ed. USP, 1988, p. 307.

[128] PEREIRA, Lúcia Miguel. *Machado de Assis*. Estudo crítico e biográfico. 6. ed. São Paulo: Ed. USP, 1988, p. 301.

Ainda em relação às dificuldades encontradas por Machado de Assis durante toda sua vida, estas podem explicadas a partir dos diversos preconceitos (racial, social, intelectual) que experimentou:

> Ele enfrentou muitos preconceitos de sua época: o preconceito racial, como um mulato que viveu 49 dos 69 anos num Brasil escravocrata; o preconceito social, como um epiléptico de origem muito pobre que tinha grandes ambições literárias; e o preconceito intelectual, como escritor que adotou linguagem concisa e cristalina, rejeitou o otimismo e a religião e jamais aderiu a modas estéticas. Por outro lado, realizou com dignidade rara uma ascensão estável naquela sociedade paternalista: foi "apadrinhado" sucessivamente por escritores, editores e membros da aristocracia; desde cedo adquiriu excelente reputação como autor e como pessoa; viveu intensamente o mundo cultural que a Corte promovia, dominando vários idiomas, assistindo a inúmeros espetáculos de ópera e teatro, tendo acesso a jornais e livros estrangeiros; galgou todos os degraus do serviço público, chegando até assessor de ministro; e morreu consagrado como o maior escritor do período, com obras-primas reconhecidas como *Memórias póstumas de Brás Cubas* e *Dom Casmurro*. Tudo isso revela uma sociedade complexa, a qual Machado levou para seus livros.[129]

Um aspecto sempre retratado pelos biógrafos de Machado diz respeito à sua frágil condição física. Sobre o quadro de saúde do autor de Dom Casmurro:

> Além da retinite, uma inflamação crônica da retina, Machado era gago e sofria de epilepsia, cujas crises – em que a língua do doente fica rígida, se recolhe num espasmo e corre o risco de fechar a glote, enquanto o corpo se bate em convulsão – lhe deixavam aftas na boca. Também lhe causavam alucinações, delírios que não poucos de seus personagens apresentam. Machado, que ainda tinha asma, chegou a chamar sua epilepsia de "pecado original" em carta ao amigo Mário de Alencar, que sofria da mesma doença. Nos vinte e quatro anos que viveu no Cosme Velho, vinte deles com Carolina, o escritor sofreu poucos ataques epilépticos, desses que o envergonhavam tantas vezes em público. Depois da morte da amada, ressurgiu sem dó o mal, para muitos, naqueles tempos, era sinal de insanidade. Uma úlcera cancerosa na boca viria fazer companhia à epilepsia.[130]

---

[129] PIZA, Daniel. *Machado de Assim*: um gênio brasileiro. São Paulo: Imprensa Oficial de São Paulo, p. 12.

[130] PIZA, Daniel. *Machado de Assim*: um gênio brasileiro. São Paulo: Imprensa Oficial de São Paulo, p. 24.

Apesar dessa fragilidade física, isso não impediu que Machado de Assis se dedicasse a três profissões durante sua vida: escritor, jornalista e servidor público. Como escritor, destaque-se que a extensa obra machadiana se constitui de dez romances, duzentos e cinco contos, dez peças teatrais, cinco coletâneas de poemas e sonetos. Também produziu críticas literárias e traduções.[131] Como jornalista, escreveu mais de seiscentas crônicas, publicadas por várias décadas em diversos jornais do Rio de Janeiro (*vide* a segunda parte deste livro). No serviço público, veremos em seguida que Machado de Assis exerceu doze diferentes funções públicas, das mais subalternas e que envolviam atividades manuais (como Tipógrafo) às mais relevantes e que demandavam poder decisório (como Secretário de Ministro ou Diretor de Contabilidade).

O curioso é que essas três atividades foram desenvolvidas simultaneamente e durante muito tempo: o Machado escritor vai das primeiras poesias publicadas em 1854 até o romance *Memorial de Aires*, de 1908, ano de sua morte; o Machado jornalista vai da primeira crônica publicada em 1859 até a última, que saiu em 1990; e o Machado servidor público alcança os períodos de 1856/1858, 1862/1864 e 1867/1908. Sobre esta capacidade de conciliar a arte e a burocracia, já se disse que, "com um equilíbrio raro, Machado de Assis soube se repartir entre o ideal e a rotina. E nesse equilíbrio estava a marca de uma grande alma, a força de uma vocação de pensador e de homem honesto".[132]

Em relação ao temperamento, "Machado era um homem reservado e discreto na maior parte do tempo, para a maioria das pessoas, mas quem o conhecia um pouco melhor sabia de seu gosto por debates e sua espirituosidade".[133] Esta última característica é deliciosa e facilmente encontrada em toda sua obra (dos romances às crônicas), marcada por uma fina ironia, o que faz com que, até hoje, muitos não consigam alcançar plenamente seu pensamento.

A verdade é que esta era uma opção deliberada do escritor que, ao contrário do que se acreditava durante as primeiras décadas do século XX, nunca foi social ou politicamente omisso ou adepto do conservadorismo, já que sempre fez denúncias e críticas à sociedade e ao Estado, preferindo, todavia, não as escancarar de forma panfletária.

---

[131] Toda a produção literária de Machado de Assis se encontra em domínio público (*vide* https://machado.mec.gov.br/).
[132] PEREIRA, Lúcia Miguel. *Machado de Assis*. Estudo crítico e biográfico. 6. ed. São Paulo: Ed. USP, 1988, p. 327.
[133] PIZA, Daniel. *Machado de Assis*: um gênio brasileiro. São Paulo: Imprensa Oficial do Estado de São Paulo, p. 112.

Machado fez exatamente o oposto, adotando uma linguagem sutil e inteligente, marcada ora pelo sarcasmo, ora pela ironia, chegando até mesmo a fazer uso do humor e do deboche. Dessa forma, seus leitores (especialmente os conservadores) não percebiam de imediato seus posicionamentos ideológicos, mas recebiam com bom grado suas mensagens, o que lhe permitiu ser reconhecido por todos e conviver nos mais diversos e privilegiados espaços públicos (como nas repartições em que trabalhou) e privados (como nos jornais em que escreveu).

Segundo Antonio Candido, Machado expunha a burguesia e o verniz de seu exibicionismo filosófico, mas não fazendo críticas abertas. Ao contrário, chegava ao ponto de usar do expediente do falso elogio: "poder-se-ia dizer que ele (Machado de Assis) lisonjeava o público mediano, inclusive os críticos, dando-lhes o sentimento de que eram inteligentes a preço módico".[134]

Ainda que as mensagens críticas de Machado de Assis fossem captadas por algum leitor, este, de forma arrogante, suporia que tal mazela de personalidade ou denúncia social aplicar-se-ia aos demais, nunca a si mesmo. Como diria Sartre, "o inferno são os outros". A seguir, algumas amostras dos posicionamentos políticos do escritor:

> Machado de Assis é um dos principais autores do Realismo no Brasil, e suas obras criticavam a sociedade escravocrata da época. Em *Memórias Póstumas de Brás Cubas*, é possível perceber isso no capítulo LXVIII, "O Vergalho". O autor retrata a submissão de Prudêncio, ex-escravo de Brás Cubas, que, ao ser flagrado agredindo outro homem negro, acata as ordens de seu antigo senhor. A intenção de Machado de Assis é mostrar como os reflexos da escravidão perduraram na vida dos negros. Lançada após a promulgação da Lei Áurea e sob um pseudônimo, a crônica "Abolição e Liberdade" foi publicada na coluna Bons Dias!, de Machado de Assis. Na obra, o autor apresenta de forma sarcástica sua opinião sobre a abolição da escravidão no Brasil. Segundo o escritor, a carta de alforria foi ilusória, uma vez que os negros continuaram em condições de exploração e miséria. O conto "Pai contra Mãe", presente na obra *Relíquias de Casa Velha*, retrata a perseguição de escravos foragidos, em que pessoas eram pagas para capturá-los. A trama se baseia na história de Cândido Neves, que se vê desempregado e prestes a perder a guarda de seu filho. Para arrumar dinheiro, começa a trabalhar capturando escravos. Nesta obra, o autor critica a forma como a sociedade trata os negros e a desigualdade social. Considerado um romance de caráter

---

[134] CANDIDO, Antonio. Esquema de Machado de Assis. *In: Vários escritos*. São Paulo: Duas Cidades, 1970, p. 19.

psicológico, o livro *Memorial de Aires* aborda temas polêmicos, como a sociedade racista e as conflituosas relações amorosas. Com caráter autobiográfico, a obra apresenta, ainda, a vida de um diplomata idoso e das pessoas que conheceu ao longo de sua trajetória. *Quincas Borba* critica os costumes e a filosofia da época, além de ser uma paródia do cientificismo e evolucionismo. O romance, assim como os outros, aborda questões sociais da época, a partir das fictícias teorias humanitistas do personagem principal, o filósofo Quincas Borba.[135]

No romance *Memórias póstumas de Brás Cubas* (publicado em 1881), por muitos considerado a maior obra de sua produção literária, Machado de Assis dá sucessivos e incontáveis tapas com luva de pelica na aristocracia brasileira, forjada em uma sociedade fraudulenta e mesquinha, a que Machado possuía verdadeira repulsa. Nesse livro, o personagem que empresta seu nome ao título é apresentado como representante da elite política e econômica brasileira, circunstância que faz com que Machado recorra ao uso da sátira, do humor, da ironia e do sarcasmo para escrachá-lo:

> Brás Cubas, segundo Roberto Schwarz, é a encarnação da elite dominante brasileira, uma elite frívola, exibicionista, cínica, "respeitável" e cheia de conhecimentos superficiais. Uma classe solidária entre si, mas insensível com a classe inferior. Uma classe que discute ideias liberais europeias, as ideias francesas mais especificamente, porque essas ideias representavam a modernidade, mas na prática vive o contrário do que prega. Brás Cubas, o símbolo dessa classe, mistura compaixão e crueldade, frase sentenciosa com deboche, recorre às mais variadas teorias para debochar de todas. Brás é marcado pela ideia fixa da fama, possui mania genealógica, filosofa a respeito de tudo e não tem filosofia nenhuma. Brás é um charlatão, só quer ganhar fama com a invenção do emplasto e apresenta-se, então, como o salvador da humanidade. A narrativa faz passar diante de nós as estações da vida de um brasileiro rico e desocupado. Temos o nascimento, a infância, os estudos de Direito em Coimbra, os amores diversos, as veleidades de todo tipo e, por fim, a morte. Estão ausentes o trabalho e qualquer forma de projeto consistente. Tudo o que Brás tem é devido a um privilégio de classe. As finalidades mestras da vida burguesa tomam feições barateadas; no lugar do estudo tem alguns anos de folia em Portugal; no lugar da Política, um discurso

---

[135] GEARINI, Victória. 5 obras de Machado de Assis que denunciavam a sociedade escravista. *Aventuras da História*, 28 jan. 2020. Disponível em: https://aventurasnahistoria.uol.com.br/noticias/vitrine/historia-5-obras-de-machado-de-assis-que-denunciavam-sociedade-escravista.phtml. Acesso em: 16 fev. 2024.

parlamentar sobre a conveniência em diminuir em duas polegadas as barretinas da Guarda Nacional; a filosofia é apresentada por meio de reflexões sociais inspiradas em brigas de cachorros e o emplasto faz as vezes da ciência e da Livre Empresa. O acento satírico sugere que a Ciência, a Política e a Filosofia não passam de afetação, nesses casos, mas nem por isso deixam de ser presenças atuantes, indispensáveis à fisionomia da personagem, que não seria ele mesmo se não ambicionasse a glória. A igualdade de apetites diante de primazias tão diversas, bem como a disposição de alcançá-las sem esforço, desmerece todas. Brás aspirava a uma supremacia qualquer que fosse. Isso faz parte da volubilidade do contexto que ele representa. O volúvel Brás Cubas senta no banco dos réus para rir de todos e de tudo e, principalmente, para evidenciar e gozar sua impunidade. Brás tem a escravaria a seu dispor. Os escravos eram propícios às brutalidades e caprichos de Brasinho, que atinge, também, as visitas da casa, mas todos reagem complacentemente. Ele afronta o leitor invadindo e perturbando o curso do romance; isso representa uma conduta própria da classe dominante brasileira: a intromissão. Toda intenção seria mostrar a superioridade do narrador e da classe que ele simboliza. Há uma intenção de sintetizar um tipo representativo dessa classe dominante. Para dar vida ao protagonista foi preciso trazer à cena um elenco de personagens que, em certo plano, resumisse a sociedade nacional.[136]

Mencionado na citação acima, Roberto Schwarz realizou estudo sobre as mensagens camufladas deste "mestre na periferia do capitalismo". Para o pesquisador, Machado depositou em Brás Cubas as características da ambivalente aristocracia brasileira, que queria ser associada ao progresso das conquistas civilizatórias oitocentistas, mas não se constrangia em conviver com a escravidão herdada do período colonial. Sobre as elites brasileiras:

Estas se queriam parte do Ocidente progressista e culto, naquela altura já francamente burguês (a norma), sem prejuízo de serem, na prática, e com igual autenticidade, membro beneficiário do último ou penúltimo grande sistema escravocrata do Ocidente (a infração). Ora, haveria problema em figurar simultaneamente como escravista e sujeito esclarecido? Para quem cuidasse de coerência moral, a contradição seria embaraçosa. Contudo, uma vez que a realidade não obrigava a optar, por que abrir mão de vantagens evidentes? Coerência moral não seria outro nome para a incompreensão do movimento efetivo da vida? Valorização

---

[136] FIGUEIREDO, Roseana Nunes Baracat de Souza. A crítica social em *Memórias póstumas de Brás Cubas*, *Scripta*, Belo Horizonte, v. 3, n. 6, p. 183-186, 1º sem. 2000, p. 183.

da norma e desprezo pela mesma eram da natureza do caso... Assim, a vida brasileira impunha à consciência burguesa uma série de acrobacias que escandalizam e irritam o senso crítico.[137]

Em um trecho de *Memórias póstumas de Brás Cubas*, escancara-se, a partir da biografia do narrador defunto, como se daria a formação da conservadora elite jurídica brasileira, que era enviada a Coimbra, mas nem sempre se dedicava com afinco aos estudos ou se preocupava com questões de ordem mais prática:

> E foi assim que desembarquei em Lisboa e segui para Coimbra. A Universidade esperava-me com as suas matérias árduas; estudei-as muito mediocremente, e nem por isso perdi o grau de bacharel; deram-mo com a solenidade do estilo, após os anos da lei, uma bela festa que me encheu de orgulho e de saudades, – principalmente de saudades. Tinha eu conquistado em Coimbra uma grande nomeada de folião; era um acadêmico estróina, superficial, tumultuário e petulante, dado às aventuras, fazendo romantismo prático e liberalismo teórico, vivendo na pura fé dos olhos pretos e das constituições escritas. No dia em que a Universidade me atestou, em pergaminho, uma ciência que eu estava longe de trazer arraigada no cérebro, confesso que me achei de algum modo logrado, ainda que orgulhoso. Explico-me: o diploma era uma carta de alforria; se me dava a liberdade, dava-me a responsabilidade. Guardei-o, deixei as margens do Mondego, e vim por ali fora assaz desconsolado, mas sentindo já uns ímpetos, uma curiosidade, um desejo de acotovelar os outros, de influir, de gozar, de viver, – de prolongar a Universidade pela vida adiante...[138]

Por sua vez, no conto "Teoria do medalhão", também de 1881, Machado volta a debochar da aristocracia brasileira, apontando-lhe características negativas, como o uso inescrupuloso de medidas de alpinismo social. Nesse conto, vê-se um pai sem escrúpulos que procura dar conselhos a seu filho, no dia em que este adquire a maioridade (aniversário de vinte e um anos). Tal aconselhamento, recebido pelo filho com entusiasmo, tem como principal objetivo preparar o jovem para um dia se tornar um homem de prestígio na sociedade (medalhão), algo que, caso viesse a ocorrer, traria um imenso orgulho ao pai.

---

[137] SCHWARZ, Roberto. *Um mestre na periferia do capitalismo*: Machado de Assis. São Paulo: Duas Cidades, 1990, p. 41.
[138] ASSIS, Machado de. *Memórias póstumas de Brás Cubas*. In: *Obra Completa*. Rio de Janeiro: Nova Aguilar, 1994. Publicado originalmente em folhetins, a partir de março de 1880, na *Revista Brasileira*, capítulo XX. Disponível em: https://machado.mec.gov.br/obra-completa-lista/itemlist/category/23-romance.

Em outra oportunidade, destacamos que, no citado conto, "Machado de Assis trata de um contexto sociocultural em que a aparência vale mais que a essência e onde as elites econômicas, sem qualquer preocupação com os demais segmentos sociais (egoísmo, umbiguismo, eumismo), farão de tudo para manter suas posições privilegiadas, consolidadas historicamente (conservadorismo)".[139]

Por sua vez, quando escrevia crônicas, ele tinha plena consciência de que o jornalismo tinha um papel revolucionário, pois impulsionava a transformação da sociedade, dando-lhe voz. Machado de Assis considerava que:

> O jornal é a verdadeira forma da república do pensamento. É a locomotiva intelectual em viagem para mundos desconhecidos, é a literatura comum, universal, altamente democrática, reproduzida todos os dias, levando em si a frescura das ideias e o fogo das convicções. O jornal apareceu, trazendo em si o gérmen de uma revolução. Essa revolução não é só literária, é também social, é econômica, porque é um movimento da humanidade abalando todas as suas eminências, a reação do espírito humano sobre as fórmulas existentes do mundo literário, do mundo econômico e do mundo social. Quem poderá marcar todas as consequências desta revolução? Completa-se a emancipação da inteligência e começa a dos povos.[140]

Apesar de suas visões críticas, Machado de Assis era muito bem aceito pelas elites, tendo com elas convivido pacificamente, inclusive na Administração Pública, tendo sido apadrinhado em várias oportunidades, o que lhe permitiu alcançar a tão almejada ascensão social. Nesse contexto, tendo vivido na era dos cavalheiros, teve que contar com a amizade e o reconhecimento de pessoas influentes para ser nomeado para diversos cargos públicos:

> A característica do apadrinhamento é o favoritismo indiferente à competência ou não do apadrinhado, principalmente numa sociedade fechada e de pouca mobilidade social que foi a época que Machado de Assis viveu. Não se pode negar, contudo, que o servidor público Machado de Assis, mais maduro, viesse a se constituir em trabalhador exemplar, cumpridor de suas obrigações, cônscio de seus deveres,

---

[139] CARVALHO, Fábio Lins de Lessa. *Autoritarismo e patrimonialismo no Brasil. 40 visões da academia e da literatura (1500-2021)*. Curitiba: Juruá, 2022, p. 85.
[140] ASSIS, Machado de. Crônica "O jornal e o livro", 10 jan. 1859, publicada no jornal *Correio Mercantil*.

pontual e metódico, o que certamente confirma que o apadrinhamento serviu apenas ao impulso inicial ao qual o apadrinhado correspondeu com sua proficiência.[141]

Embora alguns o considerem vaidoso, não gostava de bajulação. Uma de suas principais biógrafas, Lúcia Miguel Pereira, comenta que não só os ditos desagradáveis, mas também os elogios à queima-roupa o irritavam. De uma feita, estando de visita com a mulher em casa de umas amigas desta, comentava com entusiasmo não sei que grande poeta francês. "Um rapaz da roda, julgando sem dúvida ser amável, interrompeu-o dizendo: 'Não precisamos invejá-lo, porque termos o nosso Machado de Assis'. Machado olhou de soslaio para o admirador exuberante, fechou a cara e não deu mais uma só palavra até o fim da visita".[142]

Evidentemente, Machado de Assis tinha suas limitações, inclusive como escritor, cuja obra foi melhorando consideravelmente com o passar dos anos. "Que pensar do imenso desnível entre as *Memórias póstumas de Brás Cubas* e a nossa ficção anterior, incluídas aí as obras iniciais do mesmo Machado de Assis?"[143]

Em relação ao caráter, como não poderia ser diferente, Machado de Assis também tinha seus defeitos. Em determinadas ocasiões, perdia a calma (mas jamais a ironia e o sarcasmo), como neste episódio tão peculiar:

> Quando estava mais nervoso, quase não podia falar porque lhe saía muito tropeçada a palavra. Como prova da influência que tinha sobre a gagueira o seu estado de espírito, basta recordar o seguinte episódio. Um amigo comum apresentou-o uma noite a atriz Ismênia dos Santos. Machado, que estava em boa veia, começou a conversar fluentemente. Espantou-se a interlocutora, e, sem o menor tato, manifestou o seu espanto.
> – "Ora veja, Seu Machado, tinham-me dito que o Sr. era tão gago, e, entretanto, fala muito bem!".

---

[141] FERNANDES, Ronaldo Costa. Machado de Assis: servidor público. Apresentação do livro. GUEDES, Paulo; HAZIN, Elizabeth. *Machado de Assis e a administração pública federal*. Brasília: Senado Federal, 2006, p. XIII.
[142] PEREIRA, Lúcia Miguel. *Machado de Assis*. Estudo crítico e biográfico. 6. ed. São Paulo: Ed. USP, 1988, p. 215.
[143] SCHWARZ, Roberto. *Um mestre na periferia do capitalismo*: Machado de Assis. São Paulo: Duas Cidades, 1990, p. 9.

E ele, gaguejando terrivelmente:

— "Calúnias, minha senhora, calúnias. A mim também me avisaram que a Senhora era muito estúpida, e vejo que não é tanto!"[144]

O escritor de Dom Casmurro também tinha seus inimigos (ou, pelo menos, pessoas que não o suportavam ou não suportavam seu talento). O escritor Josué Montello (1917-2006) escreveu o livro *Os inimigos de Machado de Assis*, que narra as hostilidades e incompreensões radicais que sofreu Machado no meio literário, o qual, evidentemente, sempre teve suas panelinhas.[145] [146]

Provavelmente, a situação mais famosa ocorreu a partir de uma crítica literária que Machado fez em 1879 ao intelectual (e famoso polemista) Sílvio Romero (1851-1914) quando do lançamento dos seus "Cantos do fim do século". Como resposta, o escritor sergipano, passou a manifestar opiniões bastante depreciativas sobre Machado. Para se ter uma clara noção do despeito, "Romero excluíra Machado de Assis da sua História da Literatura Brasileira, publicada em 1888".[147] O polemista chegou a ser preconceituoso e racista, apontando as origens de Machado como um grave problema:

> É no plano pessoal que o crítico centra fogo. Por exemplo, chamará a atenção para o fato de Machado de Assis não possuir diploma, ter instrução limitada, "de princípio demasiado parca", numa referência à origem pobre do escritor, o que teria feito dele um funcionário mediano, para não dizer medíocre. Mas o grande problema de Sílvio Romero, para quem as questões de raça e miscigenação eram centrais na definição e na singularização da nacionalidade e, portanto, da literatura brasileira, está no fato de Machado, "genuíno representante da sub-raça brasileira cruzada", não se entregar "à sua condição de meridional e mestiço".

---

[144] PEREIRA, Lúcia Miguel. *Machado de Assis. Estudo crítico e biográfico*. 6. ed. São Paulo: Ed. USP, 1988, p. 214.

[145] MONTELLO, Josué. *Os inimigos de Machado de Assis*. Rio de Janeiro: Nova Fronteira, 1998.

[146] Na realidade, a expressão "panelinha", que hoje significa pejorativamente um grupo com privilégios, foi criada por Machado de Assis, quando este era Presidente da Academia Brasileira de Letras. Em 1901, ele criou a "Panelinha" para a realização de festivos ágapes e encontros de escritores e artistas. Nesses encontros, os convidados eram servidos em uma panela de prata, motivo pelo qual o grupo passou a ser conhecido como "panelinha de prata".

[147] GUIMARÃES, Hélio de Seixas. Romero, Araripe, Veríssimo e a recepção crítica do romance machadiano. *Leitores de Machado de Assis, Estudos Avançados*, v. 18, n. 51, ago. 2004. Disponível em: https://www.scielo.br/j/ea/a/TDtsk8DkFn8rJWYWrc793Jj/. Acesso em: 17 fev. 2024.

Para Romero, isso é um tipo de afetação, quase uma impostura, com repercussões na obra, marcado pelo artificialismo, pelo isolamento e indiferença em relação ao meio, pelas costas voltadas à paisagem e ao povo brasileiro. As categorias centrais de raça e miscigenação deslizam com facilidade para os argumentos da animosidade com Machado, que não se enquadrava no papel previsto e, ato contínuo, era logo encaixado em outro estereótipo, o do mulato pernóstico, de modos afetados, afrancesados, incapaz de reconhecer sua condição de verdadeiro meridional e mestiço. Em alguns momentos, Romero parece não se conformar mesmo é com o fato de Machado ter escrito o que escreveu sendo mulato, sem se perder no que chama de "moléstia da cor", "nostalgia da alvura", "despeito contra os que gozam da superioridade da branquidade".[148]

Mas afinal, o que disse Sílvio Romero, que chegou a escrever um livro em 1897 ("Machado de Assis. Estudo comparativo de literatura brasileira") para detratar seu desafeto? Em 1879, escreveu:

> Esse pequeno representante do pensamento retórico e velho no Brasil é hoje o mais pernicioso enganador que vai pervertendo a mocidade. Essa sereia matreira deve ser abandonada [...]. O Sr. Machado de Assis simboliza hoje o nosso romantismo velho, caquético, opilado, sem idéias, sem vistas, lantejoulado de pequeninas frases, ensebadas fitas para efeito. Ele não tem um romance, não tem um volume de poesias que fizesse época, que assinalasse uma tendência. É um tipo morto antes do tempo na orientação nacional [...]. Não tendo, por circunstâncias da juventude, uma educação científica indispensável a quem quer ocupar-se hoje com certas questões, e aparecendo no mundo literário há cerca de vinte e cinco anos, o sr. Machado de Assis é um desses tipos de transição, criaturas infelizes, pouco ajudadas pela natureza, entes problemáticos, que não representam, que não podem representar um papel mais ou menos saliente no desenvolvimento intelectual de um povo. [...] As condições de sua educação, o meio falso em que há vivido explicam o seu acanhamento. Pôde iludir e ilude ainda a alguns ignorantes pela palavrosidade de seus períodos ocos, vazios, retortilhados e nada mais.[149]

---

[148] GUIMARÃES, Hélio de Seixas. Romero, Araripe, Veríssimo e a recepção crítica do romance machadiano. *Leitores de Machado de Assis, Estudos Avançados*, v. 18, n. 51, ago. 2004. Disponível em: https://www.scielo.br/j/ea/a/TDtsk8DkFn8rJWYWrc793Jj/. Acesso em: 17 fev. 2024.

[149] ROMERO, Silvio apud BUENO, Alexei; ERMAKOFF, George. *Duelos no serpentário*: uma antologia da polêmica intelectual no Brasil, 1850-1950. Rio de Janeiro: G. Ermakoff, 2005, p. 368.

Apesar de alguns inimigos, Machado era idolatrado, inclusive pela aristocracia. Esta mesma elite que lhe adorava em vida, após sua morte, tentou retratá-lo como um de seus membros. Para tanto, durante quase todo o século XX, houve um verdadeiro processo de embranquecimento de Machado de Assis, e até mesmo acusações de que seria indiferente à escravidão.

Em episódio após a morte de Machado, quando o escritor José Veríssimo aludiu à sua condição de mulato, Joaquim Nabuco protestou. Segundo Josué Montello, "não para atenuar-lhe a cor nem para inseri-lo entre os brancos, mas para alertar o amigo com a advertência que a palavra, por sua condição pejorativa, que lhe vinha de origem chula, ou seja, mula, era inadequada ao gênio do companheiro morto".[150]

De toda forma, somente nos últimos tempos é que começa a haver o reconhecimento de Machado como afrodescendente e como crítico ao regime escravocrata. Sobre a questão do racismo, o professor Eduardo de Assis Duarte escreveu o livro *Machado de Assis afrodescendente* (editora Malê). Vale a pena saber que:

> Apesar da vitalidade de sua obra para escancarar a escravidão e o racismo e das feições afrodescendentes delineadas por sua máscara mortuária, em seu atestado de óbito vai constar que ele era branco. Assim, começa a construção de uma farsa. Branco, elitista, um "europeu heleno". E mais ainda: na visão de seus críticos, indiferente à escravidão em sua vida e em sua obra. Durante um século, esse será o perfil de Machado de Assis imposto por uma elite branca à cultura brasileira. Afinal, como o maior escritor brasileiro poderia ser afrodescendente num país com racismo estrutural?, indaga o professor Eduardo de Assis Duarte, do Programa de Pós-graduação em Letras: Estudos Literários, da UFMG. Para afastar de vez essa falácia biográfica e resgatar o Machado verdadeiro, Assis Duarte acaba de lançar a terceira edição, revista e ampliada, do livro *Machado de Assis afrodescendente*. Durante cinco anos, ele se debruçou sobre a obra do escritor carioca para escrever uma antologia completa sobre a afrodescendência machadiana, reunindo crônicas, contos, críticas de teatro publicadas em jornais, poemas e trechos de romances sobre o tema. Compõem a obra também detalhadas análises críticas dos textos de Machado relativos à questão étnica. O resultado é uma obra brilhante, perene e singular, digna de consulta para o meio acadêmico e essencial também para o leitor comum sobre a extensa e profunda crítica de Machado à elite branca, à escravidão e a outras injustiças do

---

[150] MONTELLO, Josué. *Os inimigos de Machado de Assis*. Rio de Janeiro: Nova Fronteira, 1998, p. 24.

seu tempo. Com análises concisas e exemplos contundentes, o professor Assis Duarte desconstrói o perfil branco e europeu de Machado e, mais ainda, o propalado absenteísmo em relação à escravidão, ao racismo e ao sistema produtivo reinante. [...] Ao longo do século 20, foram cometidos muitos equívocos sobre a descendência e a obra de Machado, lembra o professor, principalmente devido ao estilo dissimulado em tratar temas como a escravidão em sua obra. "De fato, nada mais adverso à escrita de autor-caramujo, especialista em disfarces de toda ordem, do que o projeto de uma literatura missionária e panfletária", ressalta. Afrodescendente em pleno período escravista, escrevendo em jornais lidos pela elite, trabalhando em empregos públicos e vivendo de aluguel, era natural que Machado não tivesse uma atuação militante e panfletária, ressalta Assis Duarte. Caso contrário, certamente, seria perseguido. A opção, então, veio na fina ironia e na dissimulação como "autor-caramujo" em suas obras para denunciar a escravidão.[151]

Quanto ao reconhecimento da obra de Machado de Assis, este já acontecia mesmo durante sua vida, já que "até o êxito de livraria, tão raro no Brasil, os seus livros tiveram". Assim, Machado "foi lido e apreciado", e, principalmente, "não só os homens de letras, mas o público se interessava por ele. É enorme a quantidade de pedidos de autógrafos que existe na sua correspondência". Assim, "Machado de Assis não foi, como em regra se afirma, apenas um escritor para letrados, para espíritos requintados. Nem foi tampouco ignorado da gente de seu tempo".[152] E qual seria a sua relação com os jovens?

A melhor prova da sua constante atividade espiritual é o lugar que ocupou na nova geração. Embora "pouco íntimo com os íntimos", embora buscando dar uma impressão de serenidade indiferente que não correspondia à realidade interior, ele soube conquistar não só a admiração, mas o afeto dos moços. A graça maliciosa da sua palestra não basta para explicar a atração que exerceu sobre muitos jovens. Sob a aparência fria, havia em Machado uma grande capacidade de simpatia. Sob o gesto medido, e comedido, a generosidade palpitava. Onde mais se torna evidente essa escondida nobreza é na sua completa ausência de inveja e de vaidade. "Se em algum indivíduo da raça humana encarnou-se

---

[151] NOGUEIRA, Paulo. Conheça o verdadeiro Machado de Assis: negro e crítico da escravidão. *Estado de Minas Gerais*, 26 jun. 2020. Disponível em: https://www.em.com.br/app/noticia/pensar/2020/06/26/interna_pensar,1159969/conheca-o-verdadeiro-machado-de-assis-negro-e-critico-da-escravidao.shtml. Acesso em: 11 fev. 2024.

[152] PEREIRA, Lúcia Miguel. *Machado de Assis*. Estudo crítico e biográfico. 6. ed. São Paulo: Ed. USP, 1988, p. 215.

a modéstia, foi de certo em Machado de Assis", dizia em 1867 um dos seus críticos, Amaral Tavares. O escritor célebre não desmentiu o estreante. Não há, em toda a sua vida, um traço de vaidade, como não há um travo de inveja. Não o ofuscavam as glórias nascentes, antes as saudava sem alvoroço, mas com a alegria que lhe comunicava sempre o espetáculo da beleza intelectual. E talvez tenha sido graças a sua convivência com a gente moça que nunca haja esmorecido nele a fé na inteligência, nem o prazer do trabalho intelectual. Aliás, esse homem débil, de nervos doentes, teve uma rara resistência de espírito. A não ser de setembro de 1878 a outubro de 1879, quando esteve doente, nunca, dos dezesseis aos cinquenta e oito anos, de 1855 a 1897, dos versos da Marmota à Semana da Gazeta de Notícias, deixou de colaborar regularmente na imprensa. E, em regra, escrevia para vários lugares ao mesmo tempo. Essa produção, constante, regular faz supor que não deveriam ser muito repetidos, ou que não o abalariam muito, os acessos da epilepsia. Mas nem por isso lhe davam sossego.[153]

Quando da morte de Machado de Assis (29 de setembro de 1908), este já vinha passando por momentos difíceis, de modo que o quadro de saúde e a depressão foram agravados a partir do falecimento de sua amada Carolina (1904), esposa com quem teve uma vida conjugal extraordinária durante trinta e cinco anos. O *Jornal do Brasil*, na edição do dia seguinte, reconhecia que "tal era sua superioridade mental, a sua ilustração, a beleza do seu estilo fulgurante, que não tardou muito a ser considerado como o mestre no meio literário brasileiro. A sua morte foi uma perda nacional".

Nos dias que se sucederam à morte de Machado, foram muitos os depoimentos sobre o escritor. A título de ilustração, o poeta Olavo Bilac afirmou: "Perdendo o mestre, não perdemos o exemplo constante [...]. Aqui vimos e viremos e aqui virão, quando tivermos desaparecido, aqueles que nos sucederem".[154]

No sepultamento do escritor, uma multidão esteve presente em sua despedida. Antes, no velório, Rui Barbosa foi designado para escrever o elogio fúnebre, discurso de despedida na Academia Brasileira de Letras:

---

[153] PEREIRA, Lúcia Miguel. *Machado de Assis*. Estudo crítico e biográfico. 6. ed. São Paulo: Ed. USP, 1988, p. 239.

[154] *Vide* FILGUEIRAS, Mariana. O adeus ao primeiro e único imortal. *Jornal do Brasil*, Rio de Janeiro, 13 abr. 2008. Disponível em: https://www.academia.org.br/noticias/o-adeus-ao-primeiro-e-unico-imortal. Acesso em: 18 fev. 2024.

Não é o clássico da língua; não é o mestre da frase; não é o árbitro das letras; não é o filósofo do romance; não é o mágico do conto; não é o joalheiro do verso, o exemplar sem rival entre os contemporâneos da elegância e da graça, do aticismo e da singeleza no conceber, e no dizer; é o que soube viver intensamente da arte, sem deixar de ser bom. Nascido com uma dessas predestinações sem remédio ao sofrimento, a amargura do seu quinhão nas expiações da nossa herança o não mergulhou no pessimismo dos sombrios, dos mordazes, dos invejosos, dos revoltados. A dor lhe aflorava ligeiramente aos lábios, lhe roçava de leve a pena, lhe ressumava sem azedume das obras, num ceticismo entremeio de timidez e desconfiança, de indulgência e receio, com os seus toques de malícia a sorrirem, de quando em quando, sem maldade, por entre as dúvidas e tristezas do artista. A ironia mesma se desponta, se embebe de suavidade no íntimo desse temperamento, cuja compleição, sem desigualdades, sem espinhos, sem asperezas, refratária aos antagonismos e aos conflitos, dir-seia emersa das mãos da própria Harmonia, tal qual essas criações da Hélade, que se lavraram para a imortalidade num mármore cujas linhas parecem relevos do ambiente e projeções do céu no meio do cenário que as circunda. [...] Modelo foi de pureza e correção, temperança e doçura; na família, que a unidade e devoção do seu amor converteu em santuário; na carreira pública, onde se extremou pela fidelidade e pela honra; no sentimento da língua pátria, em que prosava como Luís de Sousa, e cantava como Luís de Camões; na convivência dos seus colegas, dos seus amigos, em que nunca deslizou da modéstia, do recato, da tolerância, da gentileza. Era sua alma um vaso de amenidade e melancolia. Mas a missão da sua existência, repartida entre o ideal e a rotina, não se lhe cumpriu sem rudeza e sem fel. Contudo, o mesmo cálice da morte, carregado de amargura, lhe não alterou a brandura da têmpera e a serenidade da atitude.[155]

Em 2013, o jornal *Correio Braziliense* promoveu uma pesquisa para descobrir quais seriam, para cinquenta intelectuais de vários estados e instituições ligadas à literatura, como universidades, revistas especializadas, cadernos de cultura de grandes jornais, centros de pesquisa e projetos literários e de incentivo à leitura, os melhores livros e os escritores da literatura brasileira em todos os tempos. *Memórias póstumas de Brás Cubas* (1880) e Dom Casmurro (1899) ficaram em segundo e terceiro lugares, respectivamente. Registre-se ainda que

---

[155] Discurso de Rui Barbosa pronunciado na Academia Brasileira, junto do ataúde de Machado de Assis, aos 29 de setembro de 1908, minutos antes de partir o féretro para o cemitério de S. João Batista. In: *Obras Completas de Rui Barbosa*. Discursos Parlamentares. volume XXXV. tomo 1. 1908.

Memorial de Aires (1908) ficou na vigésima quarta posição e *Esaú e Jacó* (1904) ficou em vigésimo oitavo lugar. Por sua vez, entre os maiores escritores brasileiros, conseguem adivinhar quem ficou na primeira colocação? Sim, foi Machado de Assis.[156]

Ainda quanto ao reconhecimento, registre-se, mais uma vez, que, no campo acadêmico, Machado de Assis é o escritor mais estudado nos trabalhos de doutores em literatura brasileira no país. "A pesquisa teve como base os currículos disponibilizados na plataforma Lattes, banco de dados mantido pelo CNPq (Conselho Nacional de Desenvolvimento Científico e Tecnológico), de 2.176 pesquisadores. [...] Machado de Assis lidera a lista com 122 citações". Ainda sobre essa questão, na UERJ, foi realizada uma pesquisa semelhante, "só que realizada com 224 pesquisadores que vivem no exterior. Também neste grupo Machado lidera, com 135 menções".[157]

Todo este reconhecimento não veio à toa: ele é resultado de uma vida dedicada ao trabalho, sendo este fato um dos principais responsáveis pelo êxito de Machado de Assis. E não dá para falar deste grande personagem da história e da cultura brasileira sem aprofundar um importante aspecto de sua vida: a atuação no serviço público, o que se verá a seguir.

1.6 A trajetória de Machado de Assis no serviço público

A vida profissional de Machado de Assis foi tudo, menos monótona. Autodidata, esforçou-se desde muito cedo para ter uma formação educacional elevada, o que lhe permitiu se tornar uma referência intelectual. Seu altíssimo nível cultural foi essencial para garantir a ascensão social que tanto desejava ter.

Vindo das camadas mais baixas da sociedade, ele logo iniciou sua carreira literária, que tanto almejava seguir, e suas atividades laborais, necessárias à sua subsistência. Nesse contexto, se aos quinze anos de

---

[156] LOPES, Carlos Herculano. Enquete com especialistas elegeu os melhores livros e autores do país. *Correio Braziliense*, 14 abr. 2013. Disponível em: https://www.correiobraziliense. com.br/app/noticia/diversao-e-arte/2013/04/14/interna_diversao_arte,360305/enquete-com-especialistas-elegeu-os-melhores-livros-e-autores-do-pais.shtml. Acesso em: 18 fev. 2024.

[157] ALMEIDA, Marco Rodrigo. Pesquisas apontam Machado de Assis como o autor brasileiro mais estudado. *Folha de São Paulo*, 03 jul. 2013. Disponível em: https://m.folha.uol.com.br/ilustrada/2013/07/1305864-pesquisam-apontam-machado-de-assis-como-o-autor-brasileiro-mais-estudado.shtml. Acesso em: 06 fev. 2024.

idade (1854) já publicava seu primeiro soneto, pouco tempo depois fora contratado como aprendiz de Tipógrafo e revisor de provas na Imprensa Nacional (1855).

Também merece registro que, com apenas vinte anos de idade (1859), já publicava suas primeiras crônicas nos jornais fluminenses, onde também trabalhava como jornalista político, cobrindo as sessões do Senado.

A partir deste começo precoce, vê-se que Machado de Assis nunca mais parou de trabalhar, uma vez que, ao falecer em 29 de setembro de 1908 (com sessenta e nove anos de idade), ainda produzia suas obras literárias (o romance *Memorial de Aires* fora publicado no ano de sua morte) e ocupava relevante cargo na Administração Pública Federal (Diretor-Geral de Contabilidade do Ministério da Indústria, Viação e Obras Públicas). Isso tudo sem falar que ele presidia a Academia Brasileira de Letras, o que lhe exigia uma grande dedicação: entre 1897 (ano da criação da ABL) e 1908, ocorreram noventa e seis sessões sob a presidência de Machado de Assis, que faltou somente a duas.

> Escritor polígrafo, atuando nas áreas de dramaturgia, poesia, crítica literária, contos e romances, além de cronista de costumes e jornalista político que cobria o Senado Federal, Machado de Assis teve atuação na vida nacional. Não falamos apenas do seu papel de escritor. Se Machado não era engajado explicitamente, pelo menos pode ser lida a sociedade de sua época, obliquamente – como os olhos de Capitu –, nas páginas de sua ficção. Mas Machado também era homem de sua época ao inserir-se na máquina estatal, por participar como servidor público, estar na criação da Academia Brasileira de Letras e em função do papel de jornalista que, como a profissão exige, pulsa ao ritmo do seu tempo. As acusações de idealista e fora da realidade há muito foram desfeitas.[158]

Existem alguns poucos, mas importantes estudos sobre Machado de Assis no serviço público, como o livro de Raimundo Magalhães Júnior, escrito em 1958. Neste, o autor chega ao ponto de afirmar que "o funcionário não será menos importante que o escritor" e que a "evocação, mesmo descolorida, de sua existência afanosa, de seus valiosos serviços à nação, de sua honradez, sendo de responsabilidade e estrita

---

[158] FERNANDES, Ronaldo Costa. Machado de Assis: servidor público. Apresentação do livro. GUEDES, Paulo; HAZIN, Elizabeth. *Machado de Assis e a administração pública federal*. Brasília: Senado Federal, 2006, p. XIV.

adesão às tarefas que por dever lhe cabiam, valerá por um exemplo edificante às novas gerações e aos servidores públicos em geral".[159]

A busca por informações sobre Machado de Assis na Administração Pública fez com que fosse instituída, por Decreto presidencial de 07 de julho de 2003, uma comissão[160] para elaborar estudos sobre a atuação de Machado de Assis como servidor público e preparar publicação da resenha sobre o tema. Tais estudos geraram o livro *Machado de Assis e a administração pública federal*.[161]

Antes, já havia sido instituída a Portaria IN nº 90, de 21 de junho de 1995, da Imprensa Nacional (órgão público em que Machado havia atuado 139 anos antes), para elaborar estudos sobre a atuação do escritor como servidor público. Tais estudos permitiram a apresentação da resenha *Machado de Assis servidor público*,[162] lançada em 28 de outubro (dia do servidor público) daquele mesmo ano.

Quais atividades teriam o nosso maior escritor exercido na Administração Pública? Em relação a este tópico, alguns autores somente fazem menção às funções administrativas burocráticas e remuneradas, exercidas a partir de 1867. Nesse contexto, "durante quarenta e um anos, prestou Machado de Assis concurso à administração do país, – no Império de 1867 a 1889, e na República de 1889 a 1908. E trinta e cinco anos de sua atividade foram inteiramente consagrados ao Ministério da Viação e Obras Públicas".[163] Todavia, convém recordar que, desde 1856,

---

[159] MAGALHÃES JÚNIOR, Raimundo. *Machado de Assis funcionário público*. 2. ed. Ministério dos Transportes, Serviço de Documentação, 1970, p. 8.

[160] Nos termos do citado decreto, assinado pelo Presidente Luís Inácio Lula da Silva, a comissão era composta por José Sarney (Presidente do Senado Federal e membro da Academia Brasileira de Letras, que a coordenou), Fernando Tolentino de Sousa Vieira (Diretor-Geral da Imprensa Nacional), Florian Augusto Coutinho Madruga (Diretor-Executivo do Instituto Legislativo Brasileiro do Senado Federal), Júlio Werner Pedrosa (Diretor da Secretaria Especial de Ação e Publicação do Senado Federal), Fernando de Albuquerque Lima (Assistente do Diretor-Geral da Imprensa Nacional), Maria Aparecida Vieira Bedaqui (servidora da Imprensa Nacional), Lenira Fernandes Cavalcante (servidora da Imprensa Nacional) e Rubens Cavalcante Junior (servidor da Imprensa Nacional).

[161] GUEDES, Paulo; HAZIN, Elizabeth. *Machado de Assis e a administração pública federal*. Brasília: Senado Federal, 2006.

[162] *Machado de Assis servidor público*. Brasília: Imprensa Nacional, 1995. A comissão foi "composta pelos seguintes servidores da Imprensa Nacional: Lenira Fernandes Cavalcante, Maria Aparecida Vieira Bedaqui, Rubens Cavalcante Júnior, Silvânia Cristina de Andrade e também por A. Fonseca Pimentel, da Academia Brasiliense de Letras, cujo então presidente, Antonio Carlos Osório, assinou a apresentação da resenha" (Fonte: http://biblioteca.in.gov.br/web/dicionario-eletronico/-/resenha-machado-de-assis-servidor-p%25c3%25bablico. Acesso em: 23 fev. 2024).

[163] MAGALHÃES JÚNIOR, Raimundo. *Machado de Assis funcionário público*. 2. ed. Ministério dos Transportes, Serviço de Documentação, 1970, p. 7.

o então jovem Machado (com menos de 18 anos) já trabalhava em um órgão público (no caso, na Imprensa Nacional), onde realizava funções manuais (como Tipógrafo, no período de 1856/1858). Também deve ser registrado que Machado atuou como Censor Teatral no Conservatório Dramático Brasileiro (1862-1864), que, se não era propriamente um órgão público, fazia as vezes de um. E, para a surpresa de muitos, esta atividade desenvolvida por Machado de Assim não era remunerada.

Isso demonstra que o que movia Machado no serviço público não era necessariamente a questão financeira, ainda que isso tivesse também um peso importante. Provavelmente, o que lhe movia mais era sua vontade de ascender socialmente:

> Entre as antinomias do caráter de Machado de Assis, uma das mais características é a de ter sido, a um tempo, muito ambicioso e muito modesto. Jovem, tendo a conquistar o seu lugar ao sol, mostrou-se ambicioso, lutou sem tréguas para subir. Depois, alcançada a posição que lhe parecera sempre dever ser a sua, aquietou-se nela, sem buscar honras, sem cortejar a popularidade, sem almejar riquezas. Podendo, com o seu valor, ter aspirado a tudo, contentou-se com uma austera simplicidade.[164]

Essa ascensão foi alcançada graças a dois fatores: primeiramente, às indicações políticas que deram a Machado de Assis oportunidades de ocupar cargos públicos, sendo muitos deles de destaque. Assim, o escritor também foi beneficiário do sistema de favorecimentos relatado neste livro, quando se tratou da era dos cavalheiros.

"Amigos escritores e/ou políticos como Manuel Antônio de Almeida, Salvador de Mendonça, Casimiro de Abreu, Quintino Bocaiúva, Pedro Luís de Sousa, José de Alencar, Joaquim Nabuco e outros tantos tiveram um papel muito importante na ascensão de Machado, tanto como escritor quanto como servidor público".[165] Todavia, não se pode esquecer o segundo fator da ascensão social de Machado: ele era um excelente servidor público. Sem querer antecipar tanto o que logo se verá, já se pode aduzir que "a carreira funcional de Machado de Assis no serviço público conta inclusive com uma

---

[164] PEREIRA, Lúcia Miguel. *Machado de Assis*. Estudo crítico e biográfico. 6. ed. São Paulo: Ed. USP, 1988, p. 162.
[165] GUEDES, Paulo; HAZIN, Elizabeth. *Machado de Assis e a administração pública federal*. Senado Federal, Brasília, 2006, p. 80.

atuação de fato de subministro, em 1881, fazendo as vezes do próprio ministro, minutando, sugerindo, aconselhando, despachando e sendo acatado pelo ministro que ainda não tinha os pés firmes no ministério por acumular duas pastas".[166]

E qual teria sido o impacto da atuação de Machado no serviço público em sua vida e obra? Já foi destacado que o servidor público Machado de Assis foi apenas "uma de suas inserções na sociedade que, contudo, o influenciou. Se ele imprimiu seu perfil ao trabalho, o trabalho contribuiu para que ele pudesse ter uma visão mais aprofundada do homem público", sendo determinante para que ele pudesse "observar seus semelhantes em sua faina cotidiana e entender-lhes as ambições de cargos e de poder como estão em vários de seus textos".[167] "A atividade intelectual desse grande trabalhador não esmorecera, o burguês não conseguira sufocar o artista".[168]

Ademais, "é impossível não notar, também, que a função pública exercida por ele deu à sua prosa uma circunstancial dimensão jurídica".[169] Nesse contexto, embora não tivesse formação superior em Direito, Machado de Assis conhecia bem a legislação sobre as matérias administrativas, pois com elas tinha que lidar em sua atuação funcional:

> Em meados dos anos 1990, incomodado com a carência de informações mais diretas sobre as ideias políticas e sociais do romancista, passei a investigar com cuidado a vida do funcionário público Joaquim Maria Machado de Assis. Conhecedor dos meandros da administração imperial, ciente da possibilidade de encontrar tesouros insuspeitados naqueles maços e maços de rotina burocrática, li tudo que pude encontrar sobre o trabalho na segunda seção da Diretoria da Agricultura do Ministério da Agricultura durante o período no qual Machado chefiou tal repartição – de meados dos anos 1870 até o final da década de 1880. Descobri logo que os principais assuntos da seção eram políticas de terras e escravidão – neste caso, mais precisamente, estava encarregada de acompanhar a aplicação da lei de 28 de setembro de 1871, depois apelidada de Lei do Ventre Livre. [...] Encontrei desde o início um

---

[166] FERNANDES, Ronaldo Costa. Machado de Assis: servidor público. Apresentação do livro. GUEDES, Paulo; HAZIN, Elizabeth. *Machado de Assis e a administração pública federal*. Brasília: Senado Federal, 2006, p. XIII.
[167] FERNANDES, Ronaldo Costa. Machado de Assis: servidor público. Apresentação do livro. GUEDES, Paulo; HAZIN, Elizabeth. *Machado de Assis e a administração pública federal*. Brasília: Senado Federal, 2006, p. XIV.
[168] PEREIRA, Lúcia Miguel. *Machado de Assis*. Estudo crítico e biográfico. 6. ed. São Paulo: Ed. USP, 1988, p. 172.
[169] MATOS, Miguel. *Código de Machado de Assis*. São Paulo: Migalhas Jurídicas, 2021, p. 48.

volume impressionante sobe invasão de terras devolutas, demarcação e medição de terras, posses, sesmarias, terras de aldeamento, corte de madeiras e outras questões fundiárias.[170]

Em seguida, serão analisadas as circunstâncias históricas, sociais, jurídicas e administrativas relativas ao exercício dos diversos postos de trabalho ocupados por Machado de Assis ao longo de sua vida funcional.

1.6.1 Na Imprensa Nacional (1856/1858; 1867/1873)

A primeira experiência de Machado de Assis na Administração Pública do Império não poderia ter ocorrido em um órgão tão representativo para o escritor. Nesse contexto, a Imprensa Nacional reúne, em um só lugar, as três atividades que marcaram a vida de Machado: as letras, o jornalismo e o serviço público.

Hoje em dia, a Imprensa Nacional é o órgão da Administração Direta Federal, subordinada à Casa Civil da Presidência da República e responsável pela publicação, preservação e divulgação dos atos oficiais da Administração Pública federal; execução de trabalhos gráficos destinados a órgãos e entidades da Administração Pública federal e coordenação e execução das atividades relacionadas ao Museu e à Biblioteca da Imprensa Nacional.[171] Registre-se que esse museu foi inaugurado em 13 de maio de 1982, ocupando uma área dos jardins da Imprensa Nacional, localizado no Setor de Indústrias Gráficas em Brasília.

Todavia, sua história tem mais de dois séculos, já que sua origem remonta à época da transferência da Corte Portuguesa para o Brasil. Pouco tempo após o citado fato histórico, em 13 de maio de 1808, o Príncipe Regente D. João assinou o decreto que criou a Impressão Régia no Rio de Janeiro, para imprimir, com exclusividade, todos os atos normativos e administrativos oficiais do governo. Sobre os primeiros tempos da Imprensa Nacional (Régia):

> A oficina foi constituída, originalmente, por um pesado material tipográfico, destinado à Secretaria de Estrangeiros e da Guerra, recém-chegado da Inglaterra, junto com Antônio de Araújo e Azevedo, titular

---

[170] CHALHOUB, Sidney. *Machado de Assis, historiador*. São Paulo: Companhia das Letras, 2003, p. 10.
[171] *Vide* Decreto Federal nº 11.329, de 1º de janeiro de 2023.

da mesma Secretaria e futuro conde da Barca, em cuja residência, na Rua do Passeio, foi instalada de início. A Impressão Régia, única tipografia existente no Rio de Janeiro até a independência, além de imprimir a legislação produzida, fabricar livros em branco para escrituração, encadernar impressos e prover todas as necessidades do ofício de livreiro, também editava livros. Era administrada por uma junta diretora, à qual competia, além de gerenciar, examinar o conteúdo de todos os textos para publicação, vetando temas que atentassem contra a religião, o governo e os costumes da época. Os livros impressos por ordem de sua alteza real eram distribuídos gratuitamente e os que não tinham a chancela da Coroa recorriam à subscrição para enfrentar os custos.[172]

Após mais de trezentos anos, o Brasil finalmente passaria a ter imprensa e tudo aquilo que isto representa em termos de circulação de ideias. "A ausência de tipografia e de imprensa no Brasil colonial, durante três séculos, está ligado ao fato de que Portugal, assim como proibira a instalação de indústrias, de universidades, de um correio interno, também não queria que o Brasil tivesse imprensa".

Desde 1997, por meio do decreto presidencial de 13 de janeiro de 1997, Machado de Assis, que foi funcionário do órgão, foi oficializado como patrono da Imprensa Nacional. Todavia, ao contrário do que costuma ocorrer no Brasil, desta vez foi homenageado um servidor público de baixo escalão, conforme se verá a seguir.

1.6.1.1 Como Tipógrafo

O primeiro contato de Machado de Assis com o serviço público foi bastante precoce e em uma função operária. Em 1856, antes mesmo de ter completado dezoito anos de idade, o jovem Joaquim Francisco já era aprendiz de Tipógrafo na Imprensa Nacional. O biógrafo Daniel Piza, ao ressaltar que, "a partir da Imprensa Nacional, Machado daria rumo a suas duas carreiras: a de cronista (ou jornalista, o que na época era a mesma coisa) e a de funcionário público",[173] é um dos poucos que, ao tratar do Machado de Assis no serviço público, faz referência expressa ao período em que atuou na Imprensa Oficial como Tipógrafo, embora não fosse em uma atividade burocrática.

---

[172] BETTAMIO, Rafaella. Imprensa no período joanino. Disponível em: https://bndigital.bn.br/projetos/expo/djoaovi/imprensajoanino.html. Acesso em: 24 fev. 2024.

[173] PIZA, Daniel. *Machado de Assis*: um gênio brasileiro. São Paulo: Imprensa Oficial do Estado de São Paulo, p. 78.

Durante esse período, duas pessoas foram essenciais para Machado: Francisco de Paula Brito (1809-1861) e Manuel Antônio de Almeida (1830-1861). Nesse sentido, "na oficina de Paula Brito, Machadinho aprendeu o ofício de Tipógrafo e, por indicação daquele, conseguiu emprego, em 1856, na Tipografia Nacional, sob a direção de Manuel Antônio de Almeida, autor do clássico *Memórias de um sargento de milícias*".[174]

Assim, enquanto Paula Brito foi essencial para que Machado de Assis aprendesse o ofício de Tipógrafo e ingressasse na Imprensa Nacional em 1856, Manuel Antônio de Almeida, que passou a exercer o cargo de Diretor do órgão em 1857, foi uma importante inspiração para o jovem escritor.

Paula Brito foi um destacado ativista brasileiro do século XIX, pioneiro no debate das questões raciais no país, e que atuava profissionalmente no ramo da tipografia. Brito era mulato e jornalista, tendo dado a Machado de Assis uma importante contribuição em sua carreira literária, jornalística e no serviço público. Na realidade, o Brasil deve muito a Francisco de Paula Brito:

> Urge destacar o papel desempenhado por Paula Brito na promoção da leitura no Brasil. Com a sua loja, no largo do Rocio, ele contribuiu para a expansão comercial do livro, que, antes, era estigmatizado como "coisa diabólica", conforme destaca Nelson Werneck Sodré (1966, p. 46). As ações comerciais e literárias do escritor romperam com a clandestinidade que marcava o universo livresco no país, em consequência dos longos séculos de passado colonial marcados pela censura à atividade impressa, que só foi permitida por aqui em 1808. De atividade perigosa, a leitura ganha o *status* de produto de extrema necessidade. Sodré (*idem*) destaca que os "agitadores culturais", a exemplo de Paula Brito, acreditavam sem titubear que "ler, aprender, eram atividades que continham, em si mesmas, como sempre, um sentido anticolonialista – representavam um esforço de libertação". Da gráfica de Paula Brito foram impressos valiosos exemplares da cultura brasileira. Podemos elencar algumas obras, tais como: *Antônio José ou o Poeta e a Inquisição* (1839), de Gonçalves de Magalhães, que serviu de mote introdutório para a criação de um teatro brasileiro. O dramaturgo Martins Pena também teve suas primeiras obras editadas por Paula Brito. Foram elas: *O juiz de paz na roça* (1838) e *A festa e a família na roça* (1840), na categoria comédia. O poema "Ela" (1855), a tradução *Queda que as mulheres têm para os tolos* (1861) e

---

[174] PAULA Brito. *Literafro: o portal da literatura afro-brasileira*, 29 set. 2020. Disponível em: http://www.letras.ufmg.br/literafro/autores/374-paula-brito. Acesso em: 25 fev. 2024.

a peça *Desencantos* (1861) foram os primeiros trabalhos de Machado de Assis e que contaram como o decisivo apoio de Paula Brito para as suas publicações. Também foi marcante o desempenho dele em defesa da causa dos afrodescendentes. Sendo mulato e jornalista, buscou expressar, através da imprensa, enquanto instrumento de promoção da cidadania e da liberdade de manifestação, as ambições do negro enquanto sujeito, agindo, assim, na contramão da mentalidade escravocrata, que insistia em coisificá-lo. Paula Brito foi o editor-responsável pelo periódico *O Homem de Cor* – que depois passou a ser chamado *O Mulato ou o Homem de Cor* – cuja circulação se deu entre 14 de setembro e 04 de novembro de 1833. Portanto, data-se deste período o início da Imprensa Negra no Brasil.[175]

Quando da morte de Paula Brito, o jovem Machado de Assis dedicou emocionadas palavras a seu amigo, que foram publicadas em crônica no dia 24 de dezembro de 1861:

> é um homem que, pelas suas virtudes sociais e políticas, por sua inteligência e amor ao trabalho, havia conseguido a estima geral. Começou como impressor, como impressor morreu. Nesta modesta posição tinha em roda de si todas as simpatias. Paula Brito foi um exemplo raro e bom. Tinha fé nas suas crenças políticas, acreditava sinceramente nos resultados da aplicação delas; tolerante, não fazia injustiça aos seus adversários; sincero, nunca transigiu com eles. Era também amigo, era, sobretudo, amigo. Amava a mocidade, porque sabia que ela é a esperança da pátria, e, porque a amava, estendia-lhe quanto podia a sua proteção. Em vez de morrer deixando uma fortuna, que o podia, morreu pobre como vivera, graças ao largo emprego que dava às suas rendas e ao sentimento generoso que o levava na divisão do que auferia do seu trabalho. Nestes tempos de egoísmo e cálculo, deve-se chorar a perda de homens que, como Paula Brito, sobressaem na massa comum dos homens.[176]

Por sua vez, Manoel Antônio de Almeida, um dos principais nomes do romantismo brasileiro, dirigiu Machado de Assis na Imprensa Nacional. Há relatos de que o jovem Tipógrafo se distraía com facilidade, tendo sido aconselhado por seu chefe:

---

[175] PAULA Brito. *Literafro: o portal da literatura afro-brasileira*, 29 set. 2020. Disponível em: http://www.letras.ufmg.br/literafro/autores/374-paula-brito. Acesso em: 25 fev. 2024.
[176] ASSIS, Machado de. Crônica publicada em 24.12.1861, no jornal *Diário do Rio de Janeiro*.

Em 1856 entrava como aprendiz tipógrafo para a Imprensa Nacional cujo diretor era o romancista Manoel Antônio de Almeida. Ganhava um pataco por dia esse jovem operário de quem o chefe das oficinas se queixava porque a todo o momento se descuidava do serviço para ler pelos cantos. Chamou-o o diretor, para repreendê-lo. Veio o moço, tímido, gaguejante, entrou certamente amedrontado no gabinete. Mas Manoel Antônio de Almeida, o Maneco de Almeida como o chamavam os amigos, não era somente um romancista vivo; era uma alma generosa. Conversou com o aprendiz, pô-lo à vontade e da entrevista resultou uma melhoria de situação para o operário, e uma grande amizade que se manteve inalterada até a morte de Almeida, num naufrágio, em 1861. Dois anos esteve Machado na Imprensa Nacional, até 1858.[177]

A influência de Manuel Antônio de Almeida foi marcante na vida e na obra de Machado. Nesse contexto, perceba-se que o romance *Memórias de um sargento de milícias* (1852) "se detém nas classes populares, traçando um perfil preciso e descontraído do Rio de Janeiro no tempo do rei D. João VI" e foi escrita com grande "senso de humor que lhe era próprio", o que lhe permitiu "criar uma das obras mais originais do romance de costumes, porém algumas das suas características, entre elas a crítica social e a objetividade da narrativa, anteciparam o Realismo".[178] Se o leitor percebeu alguma semelhança do citado livro com o romance machadiano *Memórias póstumas de Brás Cubas* (1881), isso não é por acaso. Nesse contexto, existe até mesmo uma dissertação de mestrado em que o pesquisador traça um paralelo entre os citados livros, os quais são "obras de cunho memorialista" em que os autores "fogem aos preceitos em voga naquele momento".[179]

Da mesma forma que Machado de Assis, o escritor Graciliano Ramos e o poeta Carlos Drummond de Andrade também trabalharam em órgão de Imprensa Oficial (alagoana e mineira, respectivamente). Todavia, enquanto Graciliano e Drummond ocuparam cargos de destaque nos referidos órgãos,[180] Machado de Assis foi apenas um simples

---

[177] PEREIRA, Lúcia Miguel. *Machado de Assis*. Estudo crítico e biográfico. 6. ed. São Paulo: Ed. USP, 1988, p. 52.

[178] FRAZÃO, Dilva. Manuel Antônio de Almeida. *E-biografia*, 06 mar. 2019. Disponível em: https://www.ebiografia.com/manuel_almeida/. Acesso em: 25 fev. 2024.

[179] SIQUEIRA, Lea Rodrigues. *O herói das memórias*: análise em *Memórias póstumas de Brás Cubas* e *Memórias de um sargento de milícias*. Dissertação (Mestrado em Letras) – Programa de Pós-Graduação em Letras, da Universidade Federal do Rio Grande do Sul, Porto Alegre, 2010. Disponível em: https://lume.ufrgs.br/handle/10183/24017. Acesso em: 25 fev. 2024.

[180] Graciliano Ramos dirigiu a Imprensa Oficial de Alagoas, hoje chamada Imprensa Oficial Graciliano Ramos (IOGRAM), no período de 31 de maio de 1930 e 29 dez. 1931. Por sua

trabalhador subalterno. Registre-se que isso aconteceu, inclusive, porque, ao contrário dos citados escritores que já viviam uma fase adulta da vida quando foram trabalhar na Imprensa Oficial (Graciliano tinha trinta e sete anos e Drummond tinha vinte e sete), Machado de Assis, como já destacado, iniciou seus trabalhos na Imprensa Nacional com menos de dezoito anos.

Mas em que consistia a função de Tipógrafo? Desde logo, registre-se que o mundo não mais seria o mesmo, desde que o alemão Johann Gutemberg desenvolveu sua invenção, por muitos considerada a mais importante do segundo milênio, ao criar sua "fábrica de livros" (*Das Werk der Buchei*) e publicar o primeiro livro impresso em 1455 (a Bíblia, com cada página de quarenta e duas linhas, em duas colunas).

A partir daí, a impressão de documentos evoluiu de forma marcante, sendo o livro o mais importante deles. Todavia, com a chegada do século XIX, tudo muda drasticamente, com a chegada dos jornais, com repercussões comerciais e políticas. "A tipografia vai tornar-se uma arma poderosa não só no meio comercial, mas também no meio político através da proliferação de jornais que aumentarão a circulação da informação. Com os jornais, surge também uma nova profissão, a publicidade, que vai ter um papel importante nos novos caminhos que a tipografia vai percorrer".[181]

Segundo o dicionário Oxford, cabe ao Tipógrafo realizar "procedimentos artísticos e técnicos que abrangem as diversas etapas da produção gráfica (desde a criação dos caracteres até a impressão e acabamento)".

Quando Machado de Assis foi admitido como aprendiz de Tipógrafo na Imprensa Nacional, a atividade tipográfica tinha pouco mais de quarenta anos de desenvolvimento no Brasil. Embora se tratasse de um ofício bastante útil para a sociedade da época, muitos dos biógrafos de Machado de Assis não escondem seu preconceito com esse trabalho, por não ser de natureza intelectual:

> O prelo em que Joaquim Maria Machado de Assis começou a aprender a profissão era uma prensa manual, importada da Inglaterra em 1833, de fabricação da Clymer & Dixon Manufacturers. Nessa máquina, o jovem

---

vez, em 1929, Carlos Drummond de Andrade inicialmente ocupou o cargo de auxiliar de redação no jornal *Minas Gerais*, órgão oficial do estado, sob a direção de Abílio Machado e José Maria Alkmin, mas logo foi promovido a redator-chefe.

[181] CARDOSO, Nuno Vale. Tipografia: personagens, tecnologia e história. Faculdade de Belas Artes, Universidade de Lisboa, 2008. Disponível em: https://repositorio.ul.pt/bitstream/10451/39574/3/ULFBA_TES302_2.pdf. Acesso em: 25 fev. 2024.

aprendiz de operário ajudou a imprimir os jornais que circulavam na Corte. O tipógrafo é o encarregado da composição gráfica, utilizando-se dos tipos que ficam alojados numa caixa. Dispondo os tipos numa régua, ou componedor, sua função é intercalar as palavras com espaços lacunares. Na caixa baixa, são colocadas as letras minúsculas e outros tipos que funcionam como pontuação ou sinalizadores. Na caixa alta, estão dispostas as letras maiúsculas e outros tipos poucos utilizados. [...] Como aprendiz de tipógrafo, Machado ganhava um pataco por dia. Para Sílvio Romero, "esta profissão teve a vantagem de despertar-lhe o gosto literário e pô-lo em relação com os escritores do tempo", concluindo que "para alguma coisa serve a desfortuna econômica" (ROMERO, 1980, p. 1499). Segundo o biógrafo Alfredo Pujol, "o chefe das oficinas queixava-se frequentemente de Machado de Assis. O serviço do rapaz não rendia... De quando em vez abria um livro e punha-se a ler pelos cantos..." (PUJOL, 1934, p. 10). O aprendiz foi encaminhado para uma conversa com o então diretor, que o apadrinhara. Em 1858, segundo Lúcia Miguel Pereira, Machado de Assis "era revisor de provas na casa de seu amigo Paula Brito, começando, um ano depois, a exercer as mesmas funções no Correio Mercantil, graças à proteção de Pedro Luís e Francisco Otaviano, de quem o aproximara Manuel Antônio de Almeida" (PEREIRA, 1988, p. 60). As provas são a primeira composição do tipógrafo, as quais precisam de uma revisão, a fim de apontar possíveis equívocos tipográficos. Além de revisor de provas, seria também caixeiro na tipografia e livraria de Paula Brito. Alfredo Pujol considera que, "ao que parece, não chegou a aprender grande coisa na arte em que Paula Brito foi mestre insigne" (PUJOL, 1934, p. 10). Será? Parece-me que há um recorrente preconceito social, presente na maioria dos seus biógrafos, com relação à atividade manual realizada por Machado de Assis. Lúcia Miguel Pereira se refere a esse período da seguinte forma: "Sem dúvida, não passava de um tipógrafo aprendiz" (PEREIRA, 1988, p. 56). Raimundo Magalhães Júnior, falando de 1858, quando Machado de Assis deixa de ser um aprendiz de tipógrafo, acentua que "já era Machado de Assis muito mais que um simples e bisonho tipógrafo" (MAGALHÃES JR., 1981, p. 41). Também Lúcia Miguel Pereira segue a mesma linha para festejar a "ascensão social" de Joaquim Maria Machado de Assis: "Não era mais o coroinha desvalido, ou o tipógrafo desajeitado, era alguém, era Machado de Assis, um nome que os meios literários começaram a pronunciar com acatamento, senão com admiração" (PEREIRA, 1988, p. 67). Para esses autores, a atividade manual e a atividade intelectual estariam separadas, com Machado de Assis ascendendo gradualmente quando começa a trabalhar como revisor de provas na tipografia de Paula Brito.[182]

---

[182] SENA, Tatiana. *Machado de Assis, tipógrafo*. Dossiê "Editar Machado de Assis". Artigos Machado Assis, Linha 13 (29), jan./abr. 2020. Disponível em: https://doi.org/10.1590/1983-6821202013293. Disponível em: https://www.scielo.br/j/mael/a/Zb9qGks8Q69sYmfcwpqGRVM/?lang=pt#. Acesso em: 28 dez. 2023.

Apesar dessa visão crítica e do desdém de alguns de seus biógrafos, a realidade é que o primeiro contato de Machado de Assis com o serviço público aconteceu nessa função operária, o que gerou duas grandes consequências para os próximos capítulos da vida do escritor fluminense: primeiramente, ao lidar com livros, jornais, escritores e jornalistas, Machado de Assis deixaria a Imprensa Nacional cada vez mais próxima do meio literário do qual tanto queria fazer parte. Ademais, ao ocupar uma função subalterna, Machado, que tanto queria ascender, deu-se conta de que muito ainda precisa realizar para alcançar seus objetivos.

1.6.1.2 Como Ajudante do Diretor do Diário Oficial

Após o primeiro posto de trabalho ocupado na Administração Pública do Império, na condição de Tipógrafo, Machado de Assis passou alguns anos dedicando-se ao jornalismo e à literatura.

Entre 1858 e 1867, acontecem fatos marcantes na vida de Machado: em 1858, escreve em *O Paraíba* (de Petrópolis) e no *Correio Mercantil*; em 1859, estreia como crítico teatral na revista *O Espelho*; em 1860, é convidado para ser redator do *Diário do Rio de Janeiro* e de *A Semana Ilustrada*; em 1861, publica *Desencantos* (comédia) e *Queda que as mulheres tem para os tolos* (sátira em prosa); em 1862, é admitido no Conservatório Dramático Brasileiro, onde exerce as funções de Censor Teatral (o que se verá no próximo item deste livro) e escreve para a revista *O Futuro*; em 1863, publica duas comédias – *O protocolo* e *O caminho da porta* – e colabora no *Jornal das Famílias*; em 1864, publica seu primeiro livro de versos, *Crisálidas*; em 1866, publica *Os deuses de casaca* (comédia) e a sua tradução do romance *Os trabalhadores do mar*, de Victor Hugo; e em 1867, é agraciado com a Ordem da Rosa, no grau de cavaleiro.[183]

No campo pessoal, foi em 1866 que a portuguesa Carolina Augusta Xavier de Novais chega ao Brasil. Dois anos depois, ela conheceria seu futuro marido, Machado de Assis, com que se casou em 1869.

Nove anos após ter deixado a Imprensa Nacional para se dedicar a outros ofícios (jornalismo e literatura), Machado de Assis retorna ao órgão, desta vez, como Ajudante do Diretor de Publicação do Diário

---

[183] Cronologia da vida de Machado de Assis. *Senado Notícias*, 26 set. 2008. Disponível em: https://www12.senado.leg.br/noticias/materias/2008/09/26/cronologia-da-vida-de-machado-de-assis. Acesso em: 26 fev. 2024.

Oficial, cargo para o qual foi nomeado em 08 de abril de 1867, e no qual permanece até 06 de janeiro de 1874.

Evidentemente, seu prestígio no campo intelectual já se fazia notar, o que justifica sua nomeação para "o emprego público para o qual foi apadrinhado por Zacarias de Góis e a partir do qual faria carreira gradual nos escalões do poder público".[184]

O citado padrinho, Zacarias de Góis e Vasconcelos (1815-1877), quando nomeou Machado de Assis para uma nova função na Imprensa Nacional, era nada menos que o Ministro da Fazenda e o Presidente do Conselho de Ministros do Império. Curiosamente, Machado de Assis já havia promovido alguns "ataques" ao citado Ministro em suas crônicas:

> Machado de Assis várias vezes atacara Zacarias de Góis e Vasconcelos, que ainda não se desligara inteiramente de seus antigos vínculos com o Partido Conservador. Mas, quando Zacarias adotou a posição liberal, mudou de atitude, o que não lhe foi difícil, pois seus ataques não tinham sido extremados ou agressivos. Foi o próprio gabinete de Zacarias que, a 16 de março de 1867, fez condecorar Machado de Assis com a insígnia de cavaleiro da Ordem da Rosa, destinada a premiar o mérito literário e artístico. E, vinte e dois dias depois, assinava, como Ministro da Fazenda, o ato que lhe assegurava o ingresso no serviço público.[185]

Em crônica de 28 de agosto de 1864, Machado de Assis, ao criticar despacho do Ministro Zacarias de Novais, que não dispensou contratados do pagamento de multas, vê-se a língua ferina do comentarista da política nacional:

> Ah! Que despacho! Despachou S. Excia.: "À vista das circunstâncias dos cofres públicos não tem lugar serem aliviados das multas. Cumprissem as condições do contrato se as não queriam pagar". Do que resulta: 1º, que não se dispensam multas quando os cofres públicos estão em penúria; 2º, que, quando nos cofres há dinheiro em abundância, o Estado distribui o caldo à portaria e perdoa todas as dívidas por sua conta e risco; 3º, que, se os fornecedores tivessem cumprido as condições, não pagariam as multas, o que equivale a dizer que *Mr. de la Palisse Un quart d'heure avant samort Il était encore envie*. Oh! Manes do cônego Felipe! Não é verdade que este despacho vos está vingando das boas risadas que temos dado à vossa custa? Ora, eu pergunto se, à vista deste despacho,

---

[184] PIZA, Daniel. *Machado de Assis*: um gênio brasileiro. São Paulo: Imprensa Oficial do Estado de São Paulo, p. 120.
[185] MAGALHÃES JR., Raymundo. Machado de Assis funcionário público. *Revista do Serviço Público Brasília*, v. 56, n. 2, p. 237-248, abr./jun. 2005, p. 238.

à vista da nota "Ad referendum" do Sr. Dias Vieira, à vista do artigo do código ressuscitado pelo Sr. Zacarias, pergunto se, à vista de tudo isto, pode o atual ministério ter a pretensão de dirigir seriamente os negócios do Estado? Diz a isto o Sr. Zacarias que as pastas ministeriais são as suas Termópilas, e que S. Excia. é o novo Leônidas, – de modo que ninguém lá há de entrar enquanto viver um espartano que seja. Esta resolução do Sr. Zacarias e uma opinião do Sr. Senador Fonseca foram as duas coisas que mais me divertiram na semana passada.[186]

Sobre este período, há inclusive quem aponte que Machado de Assis estava em "plena articulação política com Afonso Celso de Assis Figueiredo (1836-1912) para alcançar junto ao presidente do gabinete, ministro Zacarias de Góes e Vasconcelos (1815-1877), a desejada posição na burocracia oficial que lhe permitisse mais estabilidade, a fim de poder dedicar-se com tranquilidade a escrever".[187]

Assim, crítico e criticado se reconciliaram e as posições liberais assumidas por Machado de Assis naquele momento lhe (re)abriram as portas do serviço público. "Dominando a política liberal, não lhe devia ter sido difícil conseguir um emprego: logo a 08 de abril de 1867, Zacharias de Goes o nomeava Ajudante do Diretor de publicação do Diário Oficial, cargo que conservou até janeiro de 1874".[188]

Alcançada a tão desejada posição no serviço público (ainda que não fosse destacada), Machado de Assis casar-se-ia em 12 de novembro de 1869. Foi ainda no período em que trabalhava como Ajudante do Diretor de Publicações do Diário Oficial que publicou seu primeiro romance, *Ressurreição*, que saiu em 1872.

1.6.2 No Conservatório Dramático Brasileiro (1862-1864)
1.6.2.1 Como Censor Teatral

Aquele que viria a ser o Patrono da Imprensa Nacional permaneceu no órgão encarregado de publicar o *Diário Oficial* até o início de janeiro de 1874, quando passou a exercer o cargo de Amanuense na

---

[186] ASSIS, Machado de. Crônica de 28 de agosto de 1864, publicada no jornal *Diário do Rio de Janeiro*.
[187] ROUANET, Sergio Paulo (Coord.). *Correspondência de Machado de Assis*. tomo I (1860-1869). Organizada e comentada por Irene Moutinho e Sílvia Eleutério. Rio de Janeiro, 2008, p. 203, nota de rodapé 4.
[188] PEREIRA, Lúcia Miguel. *Machado de Assis*. Estudo crítico e biográfico. 6. ed. São Paulo: Ed. USP, 1988, p. 123.

Secretaria da Agricultura, Comércio e Obras Públicas. Todavia, antes de analisarmos as circunstâncias que o conduziram a esse cargo, assim como seu desempenho nessa nova função, convém que sejam realizadas algumas observações sobre um período polêmico de Machado de Assis no serviço público, mais precisamente, como Censor Teatral do Conservatório Dramático Brasileiro.

Tal polemicidade se deve a dois fatores principais: primeiramente, quanto ao enquadramento da atividade em questão como relativa à "Administração Pública", diante da natureza jurídica peculiar da citada instituição, o que faz com que muitos biógrafos não abordem tal período como no serviço público.

Em segundo lugar, a polêmica ocorre devido à própria atividade então exercida por Machado de Assis, não raramente associada de forma pejorativa à censura. Alguns leitores indagarão: "mas Censor não faz censura?". Sim, evidentemente. Mas é importante que não haja uma análise anacrônica, tornando equivalente a atividade de censura do Conservatório Dramático Brasileiro do século XIX às censuras artísticas de caráter repressivo, realizadas por razões político-ideológicas, como as que aconteceram durante a ditadura militar brasileira a partir do golpe de 1964. As duas questões destacadas podem ser assim resumidas:

> A função não remunerada de censor teatral exercida por Machado no Conservatório Dramático é pouco difundida entre os seus principais biógrafos, possivelmente por se tratar de uma função de natureza policial, restritiva à liberdade de criação. Os seus pareceres às obras teatrais explicitavam uma grande preocupação com a moralidade e os bons costumes. Ele acreditava na função pedagógica do teatro no sentido de contribuir para a formação de cidadãos de sua cidade.[189]

Sobre esse período, algumas questões devem ser logo analisadas. A primeira delas é a seguinte: por que Machado de Assis teria sido indicado para exercer função que demanda conhecimento de teatro? No caso, a dúvida é se ele possuía tal *expertise*.

Em momentos anteriores deste livro, já destacamos que Machado foi um autodidata, movido por uma grande curiosidade intelectual, o que fez com que ele tivesse aprofundado seus conhecimentos em várias áreas, especialmente no que diz respeito às artes.

---

[189] GUEDES, Paulo; HAZIN, Elizabeth. *Machado de Assis e a administração pública federal.* Brasília: Senado Federal, 2006, p. 81.

Neste tocante, as artes cênicas consistiram em importante aspecto da vida jovem fluminense. Durante sua vida, Machado não apenas era um entusiasta e frequentador de peças teatrais, como também foi crítico teatral e até mesmo dramaturgo, tendo escrito dez peças. Em 1862, suas duas primeiras peças foram encenadas no Ateneu Dramático (*O caminho da porta*, em setembro; e *O protocolo*, em novembro). Ao todo, escreveria dez peças teatrais. Ademais, em sua atividade de cronista, fazia questão de analisar os espetáculos que seriam encenados no Rio de Janeiro:

> Antes de se dedicar mais intensamente à atividade literária que o consagrou, Machado tornou-se conhecido como folhetinista, crítico teatral, crítico literário, comediógrafo, poeta, tradutor – de poemas, peças teatrais e romances – e até mesmo como censor do Conservatório Dramático. Os amigos admiravam a inteligência e o brilho do rapaz pobre que começara como tipógrafo e, já na casa dos vinte anos de idade, era uma peça-chave no debate cultural do seu tempo, com intervenções corajosas e por vezes contundentes nos textos críticos e nos folhetins que publicava em vários jornais do Rio de Janeiro. Foram esses escritos que lhe deram nome e que o transformaram no nosso principal crítico literário e teatral da década de 1860.[190]

De acordo com os estudiosos da relação de Machado de Assim com as artes cênicas, "a implantação de um teatro nacional de alto nível fazia parte de um projeto político que a geração de Machado abraçou, qual seja, o de modernização da sociedade brasileira, cujo modelo, embora inspirado no europeu, tinha um fundo nacionalista". Nesse contexto, nosso biografado escreveu seu primeiro ensaio importante, "O passado, o presente e o futuro da literatura", de 1858. "Nele, Machado delega ao teatro a responsabilidade pelo futuro da nossa literatura".[191]

Como se vê nas pesquisas de especialistas na matéria, a maior parte dos estudiosos da obra de Machado de Assis ressalta as suas qualidades de crítico. Nesse sentido, "Tristão de Athayde chega a afirmar que, ao traçar, em 1865, o ideal do crítico, Machado de Assis marcou um conceito modelar de crítica literária, não só para si como para os seus contemporâneos. Com relação à crítica teatral, parece

---

[190] FARIA, José Roberto. Machado de Assis, leitor e crítico de teatro. *Estudos Avançados*, v. 18, n. 51, 2004, p. 299.
[191] MELLO, Franceli Aparecida da Silva. A crítica teatral de Machado de Assis. *Revista do GELNE*, ano 1, n. 2, 1999, p. 111. Disponível em: https://periodicos.ufrn.br/gelne/article/view/9270/6624. Acesso em: 18 dez. 2023.

haver unanimidade quanto à superioridade de Machado em relação aos seus pares".¹⁹²

Para que o leitor tenha uma percepção mais precisa da autoridade intelectual que o jovem Machado já representava, em carta escrita em 1868, o consagrado escritor José de Alencar lhe pede sua opinião sobre alguns poemas e sobre o drama *Gonzaga ou a revolução de Minas*, de Castro Alves. Dizia Alencar:

> O senhor foi o único de nossos modernos escritores que se dedicou sinceramente à cultura dessa difícil ciência que se chama crítica. Uma porção de talento que recebeu da natureza, em vez de aproveitá-lo em criações próprias, teve a abnegação de aplicá-lo a formar o gosto e desenvolver a literatura pátria. Do senhor, pois, do primeiro crítico brasileiro, confio a brilhante vocação literária, que se revelou com tanto vigor.¹⁹³

Em crônicas publicadas nos jornais do Rio de Janeiro, Machado de Assis já fazia críticas ao Conservatório Dramático Brasileiro no início da década de 1860:

> o Conservatório Dramático, a princípio concebido tendo-se em vista o aperfeiçoamento da literatura dramática brasileira, apresentava-se, em fins da década de 1850, sob considerável desprestígio. Fica, portanto, mais fácil compreendermos, voltando ao artigo "O Conservatório Dramático", os motivos que levaram Machado de Assis a afirmar não saber "que razão se pode alegar em defesa da organização atual do nosso Conservatório" (*A Marmota*, n. 1.142, p. 2, 13 mar. 1860). Machado considerava que "julgar de uma composição pelo que toca às ofensas feitas à moral, às leis, e à religião" não era suficiente, pois não colocava em pauta "o mérito puramente literário". E para julgar apropriadamente o mérito literário de uma composição – o que, de acordo com o autor, consistia em observá-la "no pensamento criador, na construção cênica, no desenho dos caracteres, na disposição das figuras, no jogo da língua" – "há mister de conhecimentos mais amplos", ou seja, apenas "homens de literatura" seriam habilitados a desempenhar e "habilitar uma magistratura intelectual". Desse modo, nosso autor, demonstrando mais uma vez comprometimento com a transformação social por meio dos palcos, defendia que "julgar do valor literário de

---

[192] MELLO, Franceli Aparecida da Silva. A crítica teatral de Machado de Assis, *Revista do GELNE*, ano 1, n. 2, 1999, p. 110. Disponível em: https://periodicos.ufrn.br/gelne/article/view/9270/6624. Acesso em: 18 dez. 2023.

[193] FARIA, José Roberto. Machado de Assis, leitor e crítico de teatro. *Estudos Avançados*, v. 18, n. 51, 2004, p. 299.

uma composição é exercer uma função civilizadora, ao mesmo tempo que praticar um direito do espírito é tomar um caráter menos vassalo, e de mais iniciativa e deliberação" (*A Marmota*, n. 1.142, p. 2, 13 mar. 1860). Porém, o Conservatório Dramático, em vez de um "tribunal de censura", convertera-se, para indignação de Machado de Assis, em "uma sacristia de igreja".[194]

Assim, pelo interesse no tema, e diante do reconhecimento e prestígio que gozava perante a intelectualidade da época, "em 03 de janeiro de 1862, Machado de Assis foi admitido como membro do Conservatório Dramático Brasileiro, juntando-se a outros vinte censores de peças teatrais. Tratava-se de uma função pública não remunerada que, em compensação, permitia-lhe o acesso livre aos teatros".[195]

Conforme se verifica, não há dúvidas de que o ingresso de Machado no Conservatório "relacionava-se estreitamente à sua militância, como cronista e crítico, em prol do desenvolvimento do teatro nacional brasileiro na imprensa fluminense".[196]

De fato, a atividade desempenhada era uma função pública, ainda que a citada instituição não fizesse parte da estrutura administrativa do Império. Mas, afinal, como surgiu e qual era a competência do Conservatório Dramático Brasileiro?

Em um primeiro momento, a tarefa de censurar o teatro cabia à polícia, cujo grande critério era (ou deveria ser) a segurança, proibindo cenas fortes que pudessem ocasionar perturbações, histeria ou violência na plateia. Entretanto, um aviso de 1841 também dava a polícia o poder de censurar peças por ofenderem "a moral, a religião, a decência pública". Em 1843, essas últimas atribuições são (teoricamente) transferidas para o recém-criado Conservatório Dramático Brasileiro, cuja função era realizar a censura prévia das peças que se encenariam no Teatro São Pedro e, depois, em todos os teatros públicos da Corte (Martins de Sousa). Em teoria, a polícia deveria deixar a censura moral e literária nas mãos do Conservatório, mas as duas instituições acabavam entrando em frequentes conflitos. No caso mais célebre, a polícia proibiu a

---

[194] GODOI, Rodrigo Camargo de. "Altamente literário" e "Altamente moral": Machado de Assis e o Conservatório Dramático Brasileiro (1859-1864). *Olho d'água*, São José do Rio Preto, v. 1, n. 2, p. 109-124, 2009, p. 112.

[195] GUEDES, Paulo; HAZIN, Elizabeth. *Machado de Assis e a administração pública federal*. Brasília: Senado Federal, 2006, p. 26.

[196] GODOI, Rodrigo Camargo de. "Altamente literário" e "Altamente moral": Machado de Assis e o Conservatório Dramático Brasileiro (1859-1864). *Olho d'água*, São José do Rio Preto, v. 1, n. 2, p. 109-124, 2009, p. 110.

apresentação da peça *As asas de um anjo*, de José de Alencar, depois de ela já ter sido não apenas aprovada pelo Conservatório como encenada três vezes no Teatro Ginásio Dramático. Nesses casos de conflito, o vencedor era sempre o mesmo: afinal, a polícia era a polícia, mas o que era o Conservatório? Por um lado, o Conservatório era uma instituição privada, fundada por alguns dos mais famosos intelectuais e artistas do país, nos moldes do Conservatoire, de Paris, e do Real Conservatório Dramático, de Lisboa, com o objetivo de incentivar a arte teatral, estimular os autores nacionais, fundar uma escola dramática, criar um jornal, etc.[197]

Assim, o Conservatório Dramático Brasileiro se somava ao Instituto Histórico e Geográfico Brasileiro e à Academia Imperial de Belas Artes, todas elas instituições voltadas ao desenvolvimento cultural brasileiro. "Contudo, diferentemente dessas duas importantes instituições, o Conservatório Dramático jamais teve à disposição subsídios governamentais estáveis e suficientes para seu custeio".[198]

Diante da explanação acerca da origem, natureza e finalidades do Conservatório Dramático Brasileiro, convém esclarecer se, de fato, tal instituição conseguiu atender mínima ou plenamente as atribuições que justificavam sua existência. Como resposta:

> Por outro lado, ao receber do governo a atribuição de censurar as peças da Corte, acabou funcionando na prática como um órgão repressivo do Estado – mas duplamente impotente, por não ter nem fundos nem poder punitivo. A atividade censora gerava despesas que o pequeno subsídio governamental não cobria e a instituição, que nunca teve sede fixa, mas se reunia alternadamente nas casas dos membros, mantinha-se pelas taxas que cobrava destes mesmos abnegados – que pagavam pelo privilégio de serem censores teatrais. E quando a polícia os desdizia, ou uma companhia teatral os ignorava, simplesmente não havia nada que pudessem fazer. Sobrecarregado pela atividade censora que lhe consumia todas as forças, o Conservatório nunca pode se dedicar às suas atividades mais, digamos, sublimes e literárias e manteve-se sempre nesse vazio meio-termo: nem público nem privado, um órgão repressivo sem poder repressor, um censor moral sem moral alguma, uma "simples repartição decorativa", na expressão de Galante de Sousa (1960, I,

---

[197] O ESCRAVO que Machado de Assis censurou. *Revista Fórum*, 19 ago. 2014. Disponível em: https://revistaforum.com.br/blogs/outrofobia/2014/8/19/escravo-que-machado-de-assis-censurou-27076.html. Acesso em: 17 dez. 2023.

[198] GODOI, Rodrigo Camargo de. "Altamente literário" e "Altamente moral": Machado de Assis e o Conservatório Dramático Brasileiro (1859-1864). *Olho d'água*, São José do Rio Preto, v. 1, n. 2, p. 109-124, 2009, p. 111.

p. 320). Por fim, quando se autodissolveu em 1864, em resposta a sua já total irrelevância, o Conservatório recebeu o seguinte obituário de um de seus mais antigos membros, o escritor e dramaturgo Joaquim Manuel de Macedo: "O Conservatório Dramático Brasileiro não pôde fazer pelas letras e pela arte dramática o que por certo estaria na mente e no empenho do seu principal fundador. O trabalho foi estéril; a dedicação perdida; os resultados nulos. Não tinha sido uma instituição prematura; nasceu, porém, e foi deixada incompleta: nunca mostrou ser o que seu título dizia; nunca passou de uma simples auxiliar da censura policial dos teatros, ou antes das obras dramáticas".[199]

Outra questão que deve ser esclarecida diz respeito à atuação de Machado de Assis nesta função de Censor Teatral. Primeiramente, convém destacar que cabia ao citado Censor emitir parecer pela permissão ou proibição das encenações das peças. De acordo com o folheto que continha as instruções para os Censores, os pareceres deviam se basear em duas disposições:

- Não devem aparecer na cena assuntos, nem expressões menos conformes com o decoro, os costumes, e as atenções que em todas as ocasiões se devem guardar, maiormente naquelas em que a Imperial Família honrar com a Sua Presença o espetáculo (Aviso de 10 de Novembro de 1843);
- O julgamento do Conservatório é obrigatório quando as obras censuradas pecarem contra a veneração à Nossa Santa Religião, contra o respeito devido aos Poderes Políticos da Nação e às Autoridades constituídas, e contra a guarda da moral e decência pública. Nos casos, porém, em que as obras pecarem contra a castidade da língua, e aquela parte que é relativa à Ortoépia, deve-se notar os defeitos, mas não negar a licença. (Resolução Imperial de 28 de agosto de 1845)[200]

Assim, com base nas referidas disposições, Machado de Assis teria produzido dezesseis pareceres sobre peças teatrais, sendo o primeiro de 16.03.1862 (peça "Clermont ou a mulher do artista") e o último em 12.03.1864 (comédia "Ao entrar na sociedade"). Destes dezesseis pareceres, foram encontrados quinze: "em documento localizado no setor de manuscritos da Biblioteca Nacional (cofre 49, 07, 17), foi possível verificar quinze pareceres exarados por Machado de

---

[199] O ESCRAVO que Machado de Assis censurou. *Revista Fórum*, 19 ago. 2014. Disponível em: https://revistaforum.com.br/blogs/outrofobia/2014/8/19/escravo-que-machado-de-assis-censurou-27076.html. Acesso em: 17 dez. 2023.

[200] FARIA, José Roberto. Machado de Assis, leitor e crítico de teatro. *Estudos Avançados*, v. 18, n. 51, 2004, p. 319.

Assis, sendo dez favoráveis, quatro indeferidos e um com alteração a ser processada".[201] Por sua vez, José Roberto Faria aponta que:

> o censor rigoroso negou a licença a três peças, que considerou imorais. Não perdeu tempo com duas delas, resumindo em poucas linhas as condenações: a comédia *A mulher que o mundo respeita*, do português Veridiano Henrique dos Santos Carvalho, não passava de "baboseira", e o drama *As conveniências*, original brasileiro de Quintino Francisco da Costa, era apenas "um feixe de incongruências". Já o parecer sobre o drama *Os espinhos de uma flor*, de José Ricardo Pires de Almeida, é mais longo. Machado faz uma análise detida do enredo, aponta os aspectos que considera imorais e louva o esforço do jovem dramaturgo. Em relação às demais peças aprovadas, há algumas que mereceram restrições e outras que foram francamente elogiadas.[202]

Em seu primeiro parecer, em que aprovou a contragosto o drama "Clermont, ou a Mulher do Artista", Machado de Assis assim aduziu:

> Sinto deveras ter de dar o meu assenso a esta composição porque entendo que contribuo para a perversão do gosto público e para a supressão daquelas regras que devem presidir o teatro de um país de modo a torná-lo uma força de civilização. Mas como ela não peca contra os preceitos da nossa lei, não embaraçarei a exibição cênica de *Clermont ou a Mulher do Artista*, lavrando-lhe, todavia condenação literária e obrigando pelas custas autor e tradutor.[203]

1.6.3 Na Secretaria da Agricultura, Comércio e Obras Públicas e no Ministério da Indústria, Viação e Obras Públicas (1873-1908)

Durante o Império brasileiro, eram poucos os órgãos da Administração Pública central. No caso, existiram as seguintes Secretarias (Ministérios): de Negócios do Império e Estrangeiros (depois divididas

---

[201] GUEDES, Paulo; HAZIN, Elizabeth. *Machado de Assis e a administração pública federal.* Brasília: Senado Federal, 2006, p. 27.

[202] FARIA, José Roberto. Machado de Assis, leitor e crítico de teatro. *Estudos Avançados*, v. 18, n. 51, 2004, p. 322.

[203] O ESCRAVO que Machado de Assis censurou. *Revista Fórum*, 19 ago. 2014. Disponível em: https://revistaforum.com.br/blogs/outrofobia/2014/8/19/escravo-que-machado-de-assis-censurou-27076.html. Acesso em: 17 dez. 2023.

em Secretaria dos Negócios do Império e Secretaria dos Negócios dos Estrangeiros); dos Negócios da Marinha; dos Negócios da Fazenda; dos Negócios da Guerra; dos Negócios da Justiça; dos Negócios da Agricultura, Comércio e Obras Públicas. Foi neste último órgão público que Machado de Assis ocuparia diversos cargos a partir de 1873.

Criado pelo Decreto nº 1.067, de 28 de julho de 1860, o Ministério da Agricultura, Comércio e Obras Públicas recebeu atribuições que antes estavam a cargo do Ministério do Império e do Ministério da Justiça. A sua primeira organização foi dada pelo Decreto nº 2.748, de 16 de fevereiro de 1861.

Segundo o Decreto nº 2.747, de 16 de fevereiro de 1861, cabia ao "Ministerio dos Negocios da Agricultura, Commercio e Obras Publicas", as seguintes atribuições:

> 1º Os negocios relativos ao Commercio, com excepção dos que estão actualmente a cargo dos Ministerios da Justiça e da Fazenda.
>
> 2º O que he concernente ao desenvolvimento dos diversos ramos da industria e ao seu ensino profissional.
>
> 3º Os estabelecimentos industriaes e agricolas.
>
> 4º A introducção e melhoramento de raças de animaes e as escolas veterinarias.
>
> 5º A collecção e exposição de produtos industriaes e agricolas.
>
> 6º A acquisição e distribuição de plantas e sementes.
>
> 7º Os Jardins Botanicos e Passeios Publicos.
>
> 8º Os Institutos Agricolas, a Sociedade Auxiliadora da Industria Nacional, e quaesquer outras que se proponhão aos mesmos fins.
>
> 9º A mineração, exceptuada a dos terrenos diamantinos, cuja administração e inspecção contínua a cargo do Ministerio da Fazenda.
>
> 10. A autorisação para incorporação de Companhias ou Sociedades relativas aos ramos de industria acima mencionados, e a approvação dos respectivos Estatutos.
>
> 11. A concessão de patentes pela invenção e melhoramento de indústria util, e de premios pela introducção de industria estrangeira.
>
> 12. Os negocios concernentes ao registro das terras possuidas, á legitimação ou revalidação das posses, sesmarias ou outras concessões do Governo Geral ou dos Provinciaes, á concessão, medição, demarcação, descripção, distribuição e venda das terras pertencentes ao Estado, e á sua separação das que pertencem ao dominio particular, nos termos da Lei nº 601, de 18 de setembro de 1850, e do Decreto nº 1.318, de 30 de janeiro de 1854.

13. A colonisação, menos na parte relativa ás colônias militares, que ficão a cargo do Ministerio da Guerra, e ás penaes, que são da competencia da Justiça.

14. A catechese e civilisação dos Indios, e as missões e aldeamentos dos indigenas.

15. As Obras Públicas Geraes no Municipio da Côrte e nas Províncias, ou quaesquer outras feitas por conta do Estado ou por elle auxiliadas, e as Repartições encarregadas de sua execução e inspecção. Exceptuão-se as obras militares e as relativas a serviços especiaes pertencentes a cada um dos Ministerios, as quaes serão executadas por conta de cada um delles.

16. As Estradas de ferro, de rodagem e quaesquer outras, e as Companhias ou Emprezas encarregadas de sua construcção, conservação e custeio.

17. A navegação fluvial e os paquetes.

18. Os Correios Terrestres e Maritimos.

Art. 2º Ficão tambem a cargo do Ministerio dos Negocios da Agricultura, Commercio e Obras Públicas, os seguintes objectos, que, em virtude da legislação anterior, erão da competencia do Ministerio da Justiça:

1º A Illuminação Pública da Côrte.

2º Os Telegraphos.

3º O que he relativo ao serviço da extincção dos incendios e ás Companhias de bombeiros.

Apesar da grande variedade de matérias a cargo do citado órgão, segundo o Decreto nº 2.748, de 16 de fevereiro de 1861, que "Organiza a Secretaria de Estado dos Negócios da Agricultura, Comércio e Obras Públicas", sua estrutura administrativa era bastante reduzida, se levado em consideração o padrão dos dias de hoje. Abaixo, pode-se ver o organograma da Secretaria e a previsão de cargos de uma Diretoria:

Art. 1º A Secretaria de Estado dos Negocios da Agricultura, Commercio e Obras Públicas compôr-se-ha das seguintes Repartições:

1ª Directoria Central e dos Negocios da Agricultura, Commercio e Industria;

2ª Directoria das Obras Públicas e Navegação;

3ª Directoria das Terras Públicas e Colonisação;

4ª Directoria dos Correios;

Art. 2º A 1ª Directoria se comporá de:

Um Director;

Dous Chefes de Secção;

Tres primeiros Officiaes;

Dous segundos Officiaes;
Tres Amanuenses;
Um Porteiro;
Um ajudante do Porteiro;
Um Continuo;
Tres Correios.

Conforme se verá, em relação aos citados postos de trabalho, Machado de Assis começou como Amanuense, e foi percorrendo os caminhos que o levariam ao topo, tendo sido Primeiro Oficial, Chefe de Seção e Diretor. Ressalte-se ainda que Machado também foi Oficial de Gabinete do Ministro.

No final de 1873, foi publicado o Decreto nº 5.512, de 31 de dezembro, que reformou a Secretaria de Estado dos Negócios da Agricultura, Comércio e Obras Públicas, passando a prever as seguintes Diretorias: Central, Agricultura, Comércio e Obras Públicas.

Registre-se que, com o advento da República, por intermédio da Lei nº 23, de 30 de outubro de 1891, que reorganizou os serviços da Administração federal, este Ministério passou a denominar-se Ministério da Indústria, Viação e Obras Públicas.

1.6.3.1 Como Amanuense

Apesar de já ter atuado na Imprensa Nacional (como Tipógrafo e como Ajudante do Diretor do Diário Oficial) e no Conservatório Dramático Brasileiro (como Censor Teatral), a maior parte dos biógrafos de Machado de Assis consideram que o primeiro momento de sua carreira no serviço público foi como Amanuense.

Nesse contexto, "Machado de Assis inicia sua carreira de funcionário público em 1873 (com 33 anos de idade), quando ingressa na Secretaria de Estado da Agricultura, Comércio e Obras Públicas, na função de Amanuense (cuja função era copiar textos à mão). Já era escritor de certo renome".[204]

Segundo o Decreto nº 2.748, de 16 de fevereiro de 1861, que "Organiza a Secretaria de Estado dos Negócios da Agricultura, Comércio e Obras Públicas":

---

[204] SARTORELLI, Isabel Cristina; MARTINS, Eliseu. Machado de Assis, guarda-livros?. *Estudos Avançados*. v. 88, 2016, p. 273.

Art. 25. Serão nomeados por Decreto Imperial e por livre escolha, não só o Consultor, mas tambem os Directores, os Chefes de Secção, e os primeiros e segundos Officiaes; e por Portaria do Ministro os Amanuenses, o Porteiro, o Ajudante do Porteiro, os Continuos e os Correios. O Ministro deferirá juramento ao Consultor e aos Directores.

Art. 26. Os Amanuenses serão nomeados com precedencia de exame ou concurso, do qual serão sómente dispensados os Bachareis em letras, os formados em qualquer Faculdade, e os que tiverem o curso completo do Instituto Commercial.

Assim, se a norma em questão foi observada, Machado de Assis teria realizado algum "exame ou concurso" para atuar como Amanuense e sido nomeado por portaria do Ministro José Fernandes da Costa Pereira Júnior (então titular da Pasta).

Todavia, nesta pesquisa, não se localizou qualquer confirmação quanto ao fato de que Machado de Assis teria participado de algum processo seletivo. Ademais, como se sabe, ele não possuía qualquer formação de nível superior em Letras ou em outra área (embora fosse considerado um mestre da literatura). Nesse sentido, vale destacar que "não era incomum a seleção de poetas e escritores artísticos para ocuparem funções públicas. Rozendo Muniz, outro poeta, também exercera função remunerada na mesma diretoria. O próprio Ministro José Fernandes da Costa Pereira Júnior ocupou a cadeira número 7 da Academia Espírito-Santense de Letras".[205]

Apesar de ser de baixo escalão, o cargo de Amanuense já representava uma função que exigia conhecimentos intelectuais. "Para o cargo de Amanuense, era requisitado: bom proceder; 18 anos completos; perfeito conhecimento de gramática e língua nacional; bem como aritmética e proporções". Quanto à remuneração, "enquanto os amanuenses recebiam um total de 2:000$000 (incluindo ordenado e gratificação), um 1º Oficial tinha o provento de 4:000$000".[206]

Mas, afinal, o que fazia o Amanuense? Também chamado de copista, no âmbito da Administração Pública do século XIX, que ainda

---

[205] RODRIGUES, Pedro Parga. *A Diretoria de Agricultura em que Machado de Assis atuou*: um esboço de uma pesquisa em andamento. ANPUH – Brasil. 30º Simpósio Nacional de História, Recife, 2019, p. 10. Disponível em: https://www.snh2019.anpuh.org/resources/anais/8/1547735800_ARQUIVO_anpuh2019_revisto.pdf. Acesso em: 05 dez. 2023.

[206] RODRIGUES, Pedro Parga. *A Diretoria de Agricultura em que Machado de Assis atuou*: um esboço de uma pesquisa em andamento. ANPUH – Brasil. 30º Simpósio Nacional de História, Recife, 2019, p. 10. Disponível em: https://www.snh2019.anpuh.org/resources/anais/8/1547735800_ARQUIVO_anpuh2019_revisto.pdf. Acesso em: 05 dez. 2023.

não dispunha de computadores ou mesmo de máquina de escrever ou de copiar, ele atuava como o escriturário da repartição, registrando manualmente todas as informações sobre o serviço a cargo do órgão e fazendo tramitar documentos e processos. No conto "Um coração fraco", de Dostoiévski, o personagem Vássia também tinha esta função:

> O personagem Vássia trabalha no serviço público do império russo, cargo de grande honra e vitalício. Para ser servidor público no império russo, tem de ter boa letra, conhecimento de gramática e ser rápido nas cópias que devem ser perfeitas, sem borrão no papel, já que na época se escrevia com tinta e pena de animais, daí a importância da forma sobre o conteúdo. São os copistas, os amanuenses, e já que o serviço público remonta a Roma, esse serviço burocrático continua sendo a base do controle do Estado sobre cidadãos, consolidando um ordenamento jurídico, comercial e administrativo, que vale para todo o império russo, daí a importância do documento (processo físico). Por isso a cópia tem de ser perfeita, sem erros e o trabalho tem de ser célere. Parece bem atual: celeridade no trabalho e sem erros.[207]

Vale o registro de que o próprio Machado de Assis, no conto "O caso Barreto", publicado em 1892, retrata um personagem que era Amanuense, mas, ao contrário de Machado, não cumpria com zelo as atribuições de seu cargo:

> Havia já oito anos que era amanuense; alguns chamavam-lhe o marca-passo. Acrescente-se que, além de falhar muitas vezes, saía cedo da repartição ou com licença ou sem ela, às escondidas. Como é que lhe davam trabalhos e trabalhos longos? Porque tinha bonita letra e era expedito; era também inteligente e de compreensão fácil. O pai podia tê-lo feito bacharel e deputado; mas era tão estróina o rapaz, e de tal modo fugia a quaisquer estudos sérios, que um dia acordou amanuense. Não pôde dar crédito aos olhos; foi preciso que o pai confirmasse a notícia.
>
> – Entras de amanuense, porque houve reforma na Secretaria, com aumento de pessoal. Se houvesse concurso, é provável que fugisses. Agora a carreira depende de ti. Sabes que perdi o que possuía; tua mãe está por pouco, eu não vou longe, os outros parentes conservam a posição que tinham, mas não creio que estejam dispostos a sustentar malandros. Aguenta-te.[208]

---

[207] LOBATO, Arthur. O esgotamento profissional: o *burn-out* segundo Dostoiévski. Sindicato dos Trabalhadores do Poder Judiciário Federal no Estado de Minas Gerais, 23 maio 2017. Disponível em: https://www.sitraemg.org.br/post_type_artigo/o-esgotamento-profissional-o-burn-out-segundo-dostoiewisk/. Acesso em: 1º mar. 2024.

[208] ASSIS, Machado de. O caso Barreto. In: *Relíquias de casa velha*. Rio de Janeiro: W. M. Jackson, 1938. Publicado originalmente em *A Estação*, 15 mar. 1892.

1.6.3.2 Como Primeiro Oficial

Machado de Assis não passou muito tempo como Amanuense, uma vez que, em 31 de dezembro de 1873, foi nomeado como Primeiro Oficial, o que demonstra o reconhecimento de seu trabalho. Tal posto, embora fosse de livre escolha do ministro (nos termos do art. 25 do Decreto nº 5.512, de 31.12.1873), devia dar prioridade aos funcionários ocupantes dos iniciais cargos administrativos de Amanuense e Praticante, cujas admissões só podiam se dar através de concurso público. Isso de fato aconteceu. Todavia, conforme já destacado, como não há notícias de que Machado se submetera a concurso, sua nomeação para o cargo de primeiro oficial "não podia ser considerada ilegal, mas certamente contrariava o espírito da lei que pretendia estabelecer um sistema interno de promoção e acesso funcional".[209]

Com a nomeação para um cargo de melhor remuneração, Machado de Assis deixa dias depois (em 06.01.1874) sua atividade no Diário Oficial. "O sossego material estava assegurado, entrava para um cargo estável, e de acesso; ganhava então Machado de Assis 4:000$000 anuais, o que representava bons vencimentos para a época".[210]

Sobre o contexto histórico e político que envolveu a admissão de Machado de Assis no cargo de Primeiro Oficial, cabe ressaltar:

> A entrada de Machado de Assis no ministério como Primeiro Oficial não é incoerente com a dinâmica das escolhas de cargos no Segundo Reinado após 1870. Segundo Ângela Alonso, a "reforma conservadora" do Gabinete Rio Branco e as divisões surgidas entre os conservadores por ocasião da discussão da Lei do Ventre Livre "abriu novas vias de acesso ao universo político para agentes sociais até então alijados". Para ela, "[...] a cisão da elite política imperial e a incompletude da modernização conservadora tinham fragilizado o *status* saquarema", permitindo a entrada de outros grupos nos cargos públicos. Nesse contexto, mais especificamente em 31 de dezembro de 1873, Machado de Assis foi nomeado 1º Oficial na Diretoria da Agricultura pelo Ministro José Fernandes da Costa Pereira Júnior. O titular da pasta pertencia ao partido conservador e, desde janeiro daquele ano, passara a compor o Gabinete Rio Branco. Raimundo Magalhães cogita a possibilidade do Visconde de Taunay, a esta altura amigo de Machado, ter exercido

---

[209] GUEDES, Paulo; HAZIN, Elizabeth. *Machado de Assis e a administração pública federal*. Brasília: Senado Federal, 2006, p. 81.

[210] PEREIRA, Lúcia Miguel. *Machado de Assis*. Estudo crítico e biográfico. 6. ed. São Paulo: Ed. USP, 1988, p. 132.

alguma influência na nomeação do Bruxo do Cosme Velho. Esta hipótese também parece estar de acordo com a dinâmica da política de favores daquele período. Naquele momento, Machado de Assis possuía boas relações com pessoas de certa influência. Mesmo antes de sua nomeação já trocava cartas com Joaquim Nabuco, Salvador Mendonça, Visconde do Bom Retiro, Araújo Porto Alegre e outros figurões do império. A política de favores e o contato com pessoas influentes era ingrediente crucial neste período para se ter acesso aos cargos públicos. Este também não era o primeiro cargo exercido pelo literato, pois em 1867 já trabalhava no Diário Oficial.[211]

Se, como Tipógrafo ou Amanuense, Machado de Assis ainda exercia funções mais subalternas, agora, como Primeiro Oficial, teria uma posição mais destacada. Ademais, tal cargo dar-lhe-ia uma maior estabilidade no serviço público, algo tão almejado pelo escritor. Nesse contexto, a legislação em vigor à época (Decreto nº 2.748, de 16 de fevereiro de 1861) estabelecia:

> Art. 27. Os Directores, os Chefes de Secção e os primeiros e segundos Officiaes que tiverem mais de dez annos de effectivo serviço na Secretaria, só poderão ser demittidos no caso de perpetração de qualquer crime grave, de revelação de segredo, de traição, abuso de confiança, insubordinação grave ou repetida, e constante irregularidade de procedimento. [...]
>
> Art. 34. Serão substituidos em suas faltas ou impedimentos:
>
> 1º Os Directores por um dos Chefes de Secção da respectiva Directoria, designado pelo Ministro, servindo no impedimento do designado o Chefe de Secção mais antigo que estiver presente.
>
> 2º Os Chefes de Secção pelas das outras Secções da mesma Directoria, ou por primeiros e segundos Officiaes designados pelo respectivo Director, não podendo, porém, uma Secção ter por Chefe um segundo Official, ainda que interinamente, quando nella haja um primeiro Official.

1.6.3.3 Como Chefe de Seção

Conforme analisado no item anterior, a partir de 31 de dezembro de 1873, Machado de Assis atuou como Primeiro Oficial da Secretaria

---

[211] RODRIGUES, Pedro Parga. *A Diretoria de Agricultura em que Machado de Assis atuou*: um esboço de uma pesquisa em andamento. ANPUH – Brasil. 30º Simpósio Nacional de História, Recife, 2019, p. 9. Disponível em: https://www.snh2019.anpuh.org/resources/anais/8/1547735800_ARQUIVO_anpuh2019_revisto.pdf. Acesso em: 05 dez. 2023.

de Agricultura, Comércio e Obras Públicas. Seu bom desempenho foi valorizado e, em 07 de dezembro de 1876, foi nomeado para Chefe de Seção.

Nesse sentido, a biógrafa Lúcia Miguel Pereira destacou que o escritor se revelou logo funcionário exemplar e de tal modo se distinguiu que, ainda não decorridos inteiramente três anos da sua entrada, já seria, "por decreto da Princesa Imperial, datado de 7 de dezembro de 1876, promovido a chefe de seção, com 5:400$000 anuais, quase os vencimentos dos desembargadores, que, nos últimos anos do Império, recebiam 6:000$000".[212]

Machado de Assis foi Chefe de 2ª Seção na Diretoria de Agricultura, que, nos termos do Decreto nº 5.512, de 31 de dezembro de 1873, tinha a seguinte competência:

> Art. 9º A Directoria da Agricultura é dividida em tres Secções: [...]
> À 2ª Secção incumbe:
> §1º A execução da Lei nº 2.040, de 28 de setembro de 1871, e tudo quanto em relação ao objecto da mesma Lei pertença ao Ministerio da Agricultura.
> §2º A medição e demarcação das terras públicas, o registro das terras possuidas, a legitimação e revalidação das posses, sesmarias e outras concessões do Governo ou da Administração Provincial, e a concessão, descripção, distribuição e venda das terras pertencentes ao Estado.

Assim, ao exercer o citado cargo, passou a lidar com questões relacionadas à demarcação de terras, tanto que, em 1878, já fazia parte da Comissão de Reforma da Legislação das terras, cujos trabalhos resultaram na publicação, em 1886, no volume intitulado "Terras, compilação para estudo da Secretaria de Agricultura", que, ao que parece, teria sido "inteiramente redigido por Machado de Assis".[213]

Dentro da competência da Diretoria de Agricultura, também estavam inseridas as questões relacionadas à escravidão. O funcionário Machado de Assis expediu vários pareceres técnicos sobre a matéria:

> Dessas questões, Machado participava não só como jornalista e escritor, mas também como funcionário público. Desde a Lei do Ventre Livre, em

---

[212] PEREIRA, Lúcia Miguel. *Machado de Assis*. Estudo crítico e biográfico. 6. ed. São Paulo: Ed. USP, 1988, p. 160.
[213] PEREIRA, Lúcia Miguel. *Machado de Assis*. Estudo crítico e biográfico. 6. ed. São Paulo: Ed. USP, 1988, p. 188.

1871, vinha redigindo pareceres em favor dos escravos libertos. Em 21 de julho de 1876, o chefe da segunda seção do Ministério da Agricultura examinou o caso de dono de escravos no município de Resende que não os havia matriculado a tempo, mas conseguido sentença favorável à sua propriedade, em ação ordinária; e escreveu que aquela era "uma lei de liberdade, cujo interesse ampara em todas as partes e disposições", e, logo, os libertos não podiam ser restituídos à escravidão.[214]

Ainda sobre a atuação de Machado de Assis como Chefe da 2ª Seção da Diretoria de Agricultura em relação à temática que envolvia o registro de escravos, houve um caso em que seu superior hierárquico lhe despachou um processo com o seguinte recado: "Recomendo-lhe que o faça em prazo curto, como costuma fazer, pois trata-se de negócio pendente há quase um ano (15 de julho de 1876, Gusmão Lobo". Apenas seis dias depois, Machado de Assis daria seu parecer, que, pela relevância (por revelar a alta qualidade do funcionário), será aqui transcrito:

> 2ª Seção. Obedecendo ao despacho da Diretoria, examinei detidamente estes papéis e, à vista deles e das disposições legais, direi resumidamente o que me parece. No art. 7º, §2º da lei de 28 de setembro de 1871 se diz que das decisões contrárias à liberdade, nas causas em favor desta, haverá apelação ex-officio. Pelo artigo 18 do regulamento de 1º de dezembro do mesmo ano, os escravos que não forem dados à matrícula por culpa ou omissão dos senhores serão considerados libertos, salvo aos mesmos senhores o meio de provar, em ação ordinária, o domínio que têm sobre eles, e não ter havido culpa, ou omissão sua, na falta da matrícula. Pergunta-se: Das sentenças que, na hipótese do artigo 19, forem contrárias à liberdade, cabe apelação ex-ofício? Minha resposta é afirmativa. Para responder de outro modo, fora preciso fazer entre os dois casos uma distinção que não existe, e que, a meu juízo, repugna ao espírito da lei. [...] O argumento principal que acho nestes papéis, favorável à negativa, é que as causas de que trata o artigo 19 do regulamento não são a favor da liberdade, isto é, não são propostas pelo escravo, mas pelo senhor, a favor da escravidão, entenda-se a favor da propriedade. Esta diferença não é radical, mas aparente e acessória. As causas do artigo 19 é certo que não as propõe o escravo, mas o senhor; não têm por objeto a libertação, mas a prova da propriedade do senhor e da força maior que deu lugar à falta de matrícula. Mas em que tal diversidade de origem pode eliminar o objeto essencial e superior

---

[214] PIZA, Daniel. *Machado de Assis*: um gênio brasileiro. São Paulo: Imprensa Oficial do Estado de São Paulo, p. 175.

do pleito, isto é, a liberdade do escravo? Importa pouco ou nada que o recurso à justiça parta do escravo ou do senhor, desde que o resultado do pleito é dar ou retirar a condição livre ao indivíduo nascido na escravidão. Acresce que, na hipótese do artigo 19, a decisão contraria a liberdade, é contrária à liberdade adquirida, anula um efeito da lei, restitui à escravidão o indivíduo já chamado à sociedade livre; neste, como no caso do artigo 7º da lei, é a liberdade que perece; em favor dela deve prevalecer a mesma disposição. [...] Na diferença entre ação sumária (artigo 7º da lei) e ação ordinária (artigo 19 do regulamento), não estará, presumo eu, a razão da diferença para a aplicação do recurso de que se trata. Ser sumário ou ordinário o processo, suponho que apenas lhe diminui ou multiplica os trâmites, circunstância alheia ao ponto litigioso. Outrossim, convém não esquecer o espírito da lei. Cautelosa, equitativa, correta, em relação à propriedade dos Senhores, ela é, não obstante, uma lei de liberdade, cujo interesse ampara em todas as suas partes e disposições. É ocioso apontar o que está no ânimo de quantos a têm folheado; desde o direito e facilidades da alforria até à disposição máxima, sua alma e fundamento. Sendo este o espírito da lei, é para mim manifesto que, num caso como o do artigo 19 do regulamento, em que, como ficou dito, o objeto superior e essencial é a liberdade do escravo, não podia o legislador consentir que esta perecesse sem aplicar em seu favor a preciosa garantia indicada no artigo 7º da lei.

Tal é o meu parecer, que sujeito à esclarecida competência da Diretoria.

Em 21 de julho de 1876.

Machado de Assis.[215]

O leitor deve ter percebido que o parecer acima tinha um conteúdo jurídico de altíssimo nível. O biógrafo Raymundo Magalhães Júnior ficou absolutamente maravilhado, ao tomar conhecimento deste documento, que o submeteu ao jurisconsulto brasileiro Levi Carneiro, que foi um dos constituintes de 1934 e membro da Academia Brasileira de Letras. "Disse ele que, embora não sendo formado em direito – nem em qualquer outra coisa – Machado de Assis demonstrara 'uma clara consciência jurídica, um verdadeiro sentimento de justiça, uma perfeita compreensão do espírito da Lei'".[216]

Ademais, conforme se verifica a partir da análise dos pareceres técnicos de Machado de Assis, é inegável "a simpatia pela causa dos

---

[215] MAGALHÃES JR., Raymundo. Machado de Assis funcionário público. *Revista do Serviço Público*, Brasília, v. 56, n. 2, p. 237-248, abr./jun. 2005, p. 242.

[216] MAGALHÃES JR., Raymundo. Machado de Assis funcionário público. *Revista do Serviço Público*, Brasília, v. 56, n. 2, p. 237-248, abr./jun. 2005, p. 243.

escravos. Essa simpatia existia não só no escritor: existia também no funcionário".[217]

O pesquisador Pedro Parga Rodrigues encontrou trinta e três processos que tramitaram na diretoria e foram analisados por Machado nas décadas de 1870 e 1880:

> Vinte e dois (66,7%) deles tratavam de requisição de terras, sendo que dois deles ainda pediam outros favores. Sete (18,2%) tratavam de questões mais diretamente ligadas aos funcionários, como titulação de agrimensores, bem como solicitação de vencimentos, de gastos realizados na prática do ofício e de aumentos. Houve dois (6%) casos de solicitação de adiamento do prazo de medição e demarcação de terras. Outros três (9,1%) tratavam de assuntos díspares: requeria dinheiro indevidamente pago aos juízes comissários; questionava a redução de uma terra concedida ao requerente; questionava uma medição de terras realizada; oferecia serviço de medição. Nestes processos, o funcionário Machado de Assis escreveu 32 vezes a palavra "concordo". Em 17 casos, estas palavras vieram sozinhas, indicando pleno acordo com seus colegas Paula de Barros e J. C. Amaral. Em quatro destes processos, Machado de Assis não indicou quaisquer posicionamentos, apenas sinalizando com "visto" ou meramente anunciando os pareceres de outra instância sobre a questão. Em 8 casos, ele concordou com acréscimos. Em 2 autos, aderiu apenas parcialmente ao parecer de seus colegas, discordando em alguma questão. Em 4 processos, ele apresenta mais diretamente os seus posicionamentos. Nesse sentido, na maioria dos autos processuais, ele apenas se comunica laconicamente e/ou burocraticamente, aderindo aos pareceres de seus colegas. Entretanto, é possível perceber acontrapelo alguns posicionamentos do Bruxo do Cosme Velho nos processos em que concordou parcialmente. Os autos nos quais ele anuncia diretamente o seu posicionamento também podem nos ajudar a perceber um pouco das suas concepções sobre a questão fundiária brasileira, resguardando as possíveis interferências de seu campo institucional em seus discursos. Há que se lembrar que os funcionários do Ministério da Agricultura, Comércio e Obras Públicas não eram concursados, mas, ao contrário, dependiam de manter boas interações políticas com seus colegas e superiores.[218]

---

[217] MAGALHÃES JUNIOR, R. *Machado de Assis*: funcionário público. 2. ed. Ministério dos Transportes, Serviço de Documentação, 1970, p. 17.

[218] RODRIGUES, Pedro Parga. *A Diretoria de Agricultura em que Machado de Assis atuou*: um esboço de uma pesquisa em andamento. ANPUH – Brasil. 30º Simpósio Nacional de História, Recife, 2019, p. 11. Disponível em: https://www.snh2019.anpuh.org/resources/anais/8/1547735800_ARQUIVO_anpuh2019_revisto.pdf. Acesso em: 05 dez. 2023.

O excesso de trabalho (não apenas na Administração Pública, mas na literatura e no jornalismo também) fragilizou a já precária saúde de Machado de Assis. No depoimento abaixo, vê-se que o funcionário em questão, até aquele momento de sua vida funcional, ainda sequer havia tirado férias:

> Não aguentou o excesso de atividade. Sua saúde, sempre débil, passou nesse momento por uma crise mais grave. Além dos incômodos nervosos, sofria então de uma afecção intestinal, que o abateu e impressionou ao ponto de dizer a um companheiro de trabalho: "Vou caminhando a passos largos para uma tísica mesentérica". Obrigou-o a moléstia a interromper igualmente os seus trabalhos na Secretaria, tendo o Ministro Rodrigo Augusto da Silva permitido que se tratasse sem licença. Mas não melhorando, Machado viu-se obrigado a pedir em dezembro três meses de licença. Saíram então do Rio, ele e Carolina, indo para Nova Friburgo, o lugar que sempre escolheram para descansar. Era a primeira vez em toda a sua vida que Machado de Assis gozava de férias.[219]

1.6.3.4 Como Oficial de Gabinete do Ministro

O trabalho desenvolvido por Machado de Assis na Secretaria de Agricultura, Comércio e Obras Públicas continuou a ser reconhecido. Em 1880, quando exercia o cargo de Chefe de Seção, foi designado para a função de Oficial de Gabinete do Ministro da pasta.

Em um primeiro momento, tal indicação ocorreu por iniciativa do Ministro Manuel Buarque de Macedo, que assumiu o comando do órgão em 08 de março de 1880. "Machado de Assis foi por ele chamado para servir em seu gabinete. Mas pouco durou a gestão do ilustre engenheiro. Ele morreu repentinamente a 21 de agosto de 1881, quando acompanhava o imperador D. Pedro II a Minas, na viagem destinada a inaugurar o ramal ferroviário de São João del Rei".[220]

Diante da inesperada morte do ministro, o deputado fluminense Pedro Luís Pereira de Sousa foi então designado para responder temporariamente pela pasta vaga. Acontece que ele já era Ministro dos Estrangeiros. Quem poderia então assessorar o novel Ministro em uma área que ele pouco conhecia? Imagino que o leitor já saiba quem foi convocado:

---

[219] PEREIRA, Lúcia Miguel. *Machado de Assis*. Estudo crítico e biográfico. 6. ed. São Paulo: Ed. USP, 1988, p. 188.
[220] MAGALHÃES JR., Raymundo. Machado de Assis funcionário público. *Revista do Serviço Público*, Brasília, v. 56, n. 2, p. 237-248, abr./jun. 2005, p. 244.

Assoberbado com o trabalho de duas pastas – a segunda ainda mais trabalhosa que a primeira –, Pedro Luís Pereira de Sousa confiou a Machado de Assis grande parte de suas tarefas na última. Durante os meses que se seguiram, Machado de Assis foi praticamente um vice-ministro. Era quem recebia, em nome do ministro, as pessoas brasileiras e estrangeiras que tinham interesse a tratar no seu Ministério.[221]

O novel Ministro Pedro Luís Pereira de Sousa "era amigo de Machado de Assis desde a mocidade, seu companheiro de jornalismo. Não só lhe conservou as funções no gabinete, como o cercou do prestígio da sua amizade".[222] Isso justifica não só a permanência de Machado na função de Oficial de Gabinete, como também a confiança em lhe delegar as atribuições de comando da pasta.

Pedro Luís Pereira de Sousa, tão logo foi convidado para ser Ministro da Agricultura, Comércio e Obras Públicas, da sala do Ministro da Justiça Sousa Dantas, escreveu um bilhete ao amigo Machado de Assis: "Gabinete do Ministro da Justiça. 29 de agosto de 81. 7 e 20 m. da noite. Assis, peço-te que venha conversar comigo aqui em casa de Dantas. É urgente. Estou tonto, meu amigo. Que fatalidade! Teu amigo, Pedro Luís". Neste bilhete, vê-se a tamanha confiança que tinha na pessoa de Machado.

Por sua vez, tempos depois, ao escrever sobre o Ministro em questão e sobre o período em que trabalharam juntos, Machado de Assis diria:

> Conheci Pedro Luís na imprensa. Íamos ao Senado tomar nota dos debates [...]. No ministério da agricultura, que ele regeu duas vezes, e a segunda por morte do Conselheiro Buarque de Macedo, encontramo-nos os dois, trabalhando juntos, mas ele agora ministro de Estado, e eu tão-somente oficial de gabinete. Cito esta circunstância para afirmar, com o meu testemunho pessoal, que esse moço, suposto sibarita e indolente, era nada menos que um trabalhador ativo, zeloso do cargo e da pessoa. Deixou o seu nome ligado a muitos atos de administração e de natureza diplomática.[223]

---

[221] MAGALHÃES JR., Raymundo. *Machado de Assis funcionário público*. Revista do Serviço Público, Brasília, v. 56, n. 2, p. 237-248, abr./jun. 2005, p. 244.
[222] PEREIRA, Lúcia Miguel. *Machado de Assis*. Estudo crítico e biográfico. 6. ed. São Paulo: Ed. USP, 1988, p. 202.
[223] ASSIS, Machado de. Crônica "Pedro Luís", publicada em 05.10.1884, em *A Ilustração*, Rio de Janeiro.

Assim, pode-se afirmar que, entre 31 de agosto e 03 de novembro de 1881, período em que Pedro Luís Pereira de Sousa permaneceu respondendo provisoriamente pela Secretaria de Estado dos Negócios da Agricultura, Comércio e Obras Públicas, Machado de Assis, ocupando a função de Oficial de Gabinete, praticamente representou o Ministro na maior parte das funções diretivas do órgão.

Curiosamente, Machado de Assis, que havia escrito uma peça teatral (sátira política) denominada "Quase Ministro"[224] (1863), quinze anos depois, estaria de fato exercendo o papel de um Ministro.

Sobre essa circunstância, destaque-se que, "nessa época, foi Machado de Assis, na verdade, quase ministro. Era, muitas vezes, quem dava audiência às partes, quem discutia com os contratantes de obras públicas, quem minutava contratos, quem redigia circulares aos presidentes de províncias – evidentemente submetendo tudo isso à consideração do ministro".[225] Ademais:

> Na Secretaria da Agricultura, estava Machado de Assis constantemente intimado a dar parecer sobre a execução das leis relativas à situação dos escravos e a dirimir questões referentes às matrículas dos cativos, pecúlios, educação e guarda de menores. E sempre escrupulosamente, como oficial de gabinete, redigia Machado de Assis os avisos ministeriais, endereçados aos Presidentes das Províncias, dirimindo dúvidas, destrinchando o emaranhado dos textos legais, oferecendo normas e decisões para solução dos casos, que chegavam à mesa dos diferentes ministros a quem serviu. Amante da liberdade, Machado de Assis mostrou-se sempre, nos seus pareceres, um defensor dos interesses dos escravos, cujos dramas e misérias pôde observar diretamente do seu posto.[226]

Mais uma vez, o excesso de trabalho na Administração Pública e a dedicação às demais atividades profissionais fizeram com que Machado de Assis tivesse uma piora em seu quadro de saúde. "Mas, se a situação de Machado era a melhor possível, a saúde continuava incerta. Em

---

[224] Sobre esta obra: "Na peça, diversos tipos de aduladores rodeiam o deputado que aguarda sua nomeação para o ministério. A relação entre os personagens e os costumes políticos no Brasil daquele período conferem à comédia o caráter de sátira política" (PINTO, Nilton de Paiva. Quase Ministro: era uma vez um cavalo. *Machado de Assis em linha*, São Paulo, v. 14, p. 1-16, 2021).

[225] MAGALHÃES JUNIOR, R. *Machado de Assis*: funcionário público. 2. ed. Ministério dos Transportes, Serviço de Documentação, 1970, p. 17.

[226] Editorial "Machado de Assis, funcionário público". *Revista do Serviço Público*, Rio de Janeiro, set. 1958, p. 217.

janeiro de 82, vemo-lo de novo em Nova Friburgo, com licença de três meses, 'a fim de restaurar as forças perdidas no trabalho extraordinário que teve em 1880 e 1881', como escrevia a Joaquim Nabuco".[227]

Além dos benefícios prestados à coletividade a partir da dedicada atuação funcional, todo este esforço daria um fruto inestimável à literatura brasileira e universal: em 1881, Machado de Assis publicaria seu romance *Memórias póstumas de Brás Cubas*, que o colocaria definitivamente entre os maiores escritores deste país.

1.6.3.5 Como Diretor da Diretoria do Comércio

Após ter atuado como Oficial de Gabinete, função de confiança, "quando o senador José Antônio Saraiva passou a ocupar a pasta, em caráter efetivo, Machado retornou a seu posto de chefe de seção".[228]

Assim, a partir de 03 de novembro de 1881, o escritor voltaria a chefiar a segunda seção da Diretoria de Agricultura. Todavia, "em março de 1889, atingia o último degrau da sua carreira de funcionário com a nomeação para diretor da Diretoria de Comércio. Ganhava então oito contos anuais que, com câmbio a 27, e libra 8$300, representavam para esse casal sem filhos quase a riqueza".[229]

Antes, porém, o Machado servidor público enfrentara dificuldades diante da atuação do Machado cronista, especialmente diante das crônicas denominadas Balas de Estalo (1883/1886), em que ele usava o pseudônimo de Lélio para fazer, com o humor, críticas políticas. Quando a identidade do autor das crônicas foi descoberta, a presença de Machado na Administração Pública passou a sofrer ameaças:

> E o que aconteceu, então? Um pasquineiro que se tornou famoso e morreria assassinado, Apulco de Castro, move campanha contra o funcionário Machado de Assis, chegando a convidar Afonso Pena a demiti-lo! O ataque, que, aliás, envolvia a própria vida íntima de Machado, revelando-lhe amores encobertos, terminava com estas palavras: "O Machado ex-oficial de gabinete de um ex-ministro, escreve balas de estalo! Ora, o Machado de Assis! Sr. Ministro da Agricultura:

---

[227] PEREIRA, Lúcia Miguel. *Machado de Assis*. Estudo crítico e biográfico. 6. ed. São Paulo: Ed. USP, 1988, p. 205.
[228] MAGALHÃES JR., Raymundo. Machado de Assis funcionário público. *Revista do Serviço Público*, Brasília, v. 56, n. 2, p. 237-248, abr./jun. 2005, p. 244.
[229] PEREIRA, Lúcia Miguel. *Machado de Assis*. Estudo crítico e biográfico. 6. ed. São Paulo: Ed. USP, 1988, p. 212.

Vossa Excelência deve demitir o Machado, porque este empregado público desmoraliza-o, desmoralizando o governo de que Vossa Excelência faz parte, escrevendo balas de estalo". Chegava a tal ponto a intolerância da época! O conselheiro Afonso Pena não reprovou – nem havia razão para que o fizesse –, as atividades de Machado de Assis, como cronista jocoso [...] Quanto ao conselheiro Lafaiete, era um admirador de Machado [...] E, em 1898, tomaria da pena para, também sob um pseudônimo, o de Labieno, defendê-lo das clamorosas injustiças do apaixonado Silvio Romero.[230]

Para que o leitor tenha uma ideia da abrangência de matérias sob a supervisão da Diretoria de Comércio da época de Machado de Assis em seu comando, as citadas competências hoje em dia são desempenhadas por diversos órgãos e entidades federais, como o Ministério do Desenvolvimento, Indústria, Comércio e Serviços, a Secretaria de Educação Profissional e Tecnológica (SETEC/MEC), o Instituto Nacional de Metrologia, Qualidade e Tecnologia (Inmetro), a Empresa Brasileira de Correios e Telégrafos (ECT), a Capitania dos Portos, a Agência Nacional de Mineração (ANM), o Instituto Nacional da Propriedade Industrial (INPI) e o Museu Nacional. Nesse contexto, registre-se que o que previa o Decreto nº 5.512, de 31 de dezembro de 1873:

Art. 10. A Directoria do Commercio é dividida em duas Secções:

À 1ª Secção incumbe:

§1º Os negocios concernentes ao Commercio, salvos os da competencia dos Ministerios da Justiça e Fazenda.

§2º As providencias relativas ao systema de pesos e medidas.

§3º Os correios terrestres e maritimos.

§4º A navegação subvencionada ou auxiliada pelo Estado.

§5º Os telegraphos.

E à 2ª Secção incumbe:

§1º Os diversos ramos de industria e o seu ensino profissional.

§2º Os estabelecimentos industriaes mantidos ou auxiliados pelo Estado.

§3º A collecção e exposição dos productos industriaes.

§4º O Museu Nacional.

§5º A Sociedade Auxiliadora da Industria Nacional e outras da mesma natureza.

---

[230] MAGALHÃES JUNIOR, R. *Machado de Assis*: funcionário público. 2. ed. Ministério dos Transportes, Serviço de Documentação, 1970, p. 32.

§6º A mineração, exceptuada a dos terrenos diamantinos.

§7º O exame dos estatutos das companhias ou sociedades relativas a qualquer ramo de industria sobre os quaes tiver de ser ouvido o Conselho de Estado.

§8º O exame das invenções ou melhoramentos industriaes, cujo privilegio fôr impetrado e dos requerimentos a respeito de premios por introducção de industria estrangeira.

Foi exercendo o cargo de Diretor de Comércio que Machado de Assis, que tantos anos serviu ao Império brasileiro, começaria a prestar seus serviços para a República. E o que fez Machado enquanto Diretor de Comércio?

Algumas informações veiculadas em jornais da época dão uma ideia das responsabilidades de Machado de Assis enquanto Diretor de Comércio, das quais destacamos: a) licitação sobre serviços de navegação para a Região Norte, assinado por Machado quando era diretor geral de viação, e que estabelecia a condição das barcas, preço das passagens, entre outros detalhes (notícia veiculada no periódico *O Paiz* (Rio de Janeiro), de 28.03.1893, página 3 – fonte: Arquivo do ano de 1893, Edição 03978, Hemeroteca Digital); b) definições sobre passes permanentes da estrada de ferro (publicado no jornal *A Gazeta de Notícias* (RJ), em 07.02.1897, edição 38, primeira página – Hemeroteca Digital) (Figura 3).[231]

1.6.3.6 Como Diretor da Diretoria Geral da Viação

Com o advento da República, foram realizadas reformas na estrutura administrativa. A Secretaria de Estado dos Negócios da Agricultura, Comércio e Obras Públicas passaria por várias modificações, conforme se vê:

Em 1891, a Lei nº 23, de 30 de outubro, que promoveu a primeira organização da Administração Pública no período republicano, determinou a mudança de nome para Ministério da Indústria, Viação e Obras Públicas. Essa lei também redefiniu as atribuições da pasta, que ficaram circunscritas aos serviços concernentes a agricultura, comércio e indústrias, incluindo a administração das indústrias geridas pela União; à conservação das florestas e à execução das leis e regulamentos relativos à pesca nos mares territoriais; à navegação dos mares e rios pertencentes

---

[231] SARTORELLI, Isabel Cristina; MARTINS, Eliseu. Machado de Assis, guarda-livros?. *Estudos Avançados*, v. 30, p. 88, 2016, p. 275.

à esfera federal; à administração e ao custeio das vias férreas da União; às obras públicas; ao expediente e despacho nos processos relativos às patentes de invenção e marcas de fábricas e de comércio; aos trabalhos dos telégrafos e correios, entre outros objetos (BRASIL, 1892, p. 42-45). No ano seguinte, foi aprovado, pelo Decreto nº 1.142, de 22 de novembro, um regulamento específico para a pasta, que fez modificações em sua estrutura central, que ficou formada pelo gabinete do ministro e pelas diretorias-gerais de Contabilidade, da Indústria, de Viação e de Obras Públicas. A Diretoria-Geral da Indústria agrupou os negócios da indústria, da agricultura, do comércio, dos correios e da colonização; a de Viação, os assuntos ligados às vias férreas e à navegação subvencionada; e a de Obras Públicas, as matérias ligadas às obras governamentais, aos telégrafos, telefones, às estatísticas, ao registro de títulos e aos diplomas científicos (BRASIL, 1893, p. 924-939). Em 1897, novas mudanças foram determinadas pelo Decreto nº 2.766, de 27 de dezembro, que diminuiu sua estrutura central, fundindo as diretorias-gerais de Viação e de Obras Públicas em uma única, além de transferir os negócios relacionados à navegação subvencionada e à estatística para a Diretoria-Geral da Indústria (BRASIL, 1897, p. 947-966).

Sobre o Ministério da Indústria, Viação e Obras, "o Relatório de Despesas da União referente ao exercício de 1893 (embora publicado somente em 1897) coloca o referido ministério como o segundo maior em termos de movimentação financeira, responsável por 29% de toda a despesa fixada para o ano de 1893".[232]

Com as mudanças promovidas, em 1893, "o cargo de diretor da Diretoria-Geral de Comércio, ocupado por Machado de Assis desde 1889 passou a ser de diretor-geral da Viação". Ademais, "em dezembro de 1897, ao final do governo de Prudente de Morais, tendo como ministro Sebastião Lacerda, foi alterada a designação da Secretaria da Indústria, Viação e Obras Públicas para Ministério".[233]

Machado de Assis permaneceria como Diretor-Geral da Viação até o dia 1º de janeiro de 1898. Isso porque, ainda no final do ano de 1897, via Decreto nº 2.766, de 27 de dezembro, as Diretorias-Gerais de Viação e de Obras Públicas foram fundidas. Tal situação traria uma grave repercussão na vida funcional de Machado de Assis: no dia 1º de janeiro de 1898, o Governo Federal editou um decreto colocando

---

[232] SARTORELLI, Isabel Cristina; MARTINS, Eliseu. Machado de Assis, guarda-livros?. *Estudos Avançados*, v. 30, p. 88, 2016, p. 274.
[233] GUEDES, Paulo; HAZIN, Elizabeth. *Machado de Assis e a administração pública federal*. Senado Federal, Brasília, 2006, p. 58.

o escritor em disponibilidade, já que ele não possuía formação em engenharia, o que passou a ser exigido para o cargo de Diretor. Eis um trecho do texto do citado ato administrativo:

> [...] considerando que o citado decreto converteu a nova Diretoria-Geral em repartição técnica, devendo a sua direção passar a ser exercida por um profissional; considerando que por essa razão não podem ser nela aproveitados os serviços do atual diretor-geral Joaquim Maria Machado de Assis [...]; considerando, porém, que esse funcionário tem mais de 10 anos de serviços públicos, com direito à aposentadoria – Resolve, nos termos do artigo 19 da Lei nº 490, de 16 de dezembro de 1897, adi-lo à referida Secretaria de Estado, percebendo os vencimentos que lhe competirem.[234]

Sobre esse episódio, a biógrafa Lúcia Miguel Pereira destaca que, com a junção das diretorias gerais de Viação e Obras Públicas, o governo, considerando que o lugar cabia a um técnico, resolveu mandar considerar adido o diretor geral Machado de Assis, com os vencimentos que lhe competiam, e que eram, desde 1891, de nove contos anuais, assim se tendo conservado até a sua morte. "O decreto saiu no dia de Ano-Bom de 1898, firmado por Prudente de Moraes e pelo Ministro da Viação, Sebastião de Lacerda. Caetano Cesar era o nome do substituto de Machado de Assis".[235]

Ao tomar conhecimento deste ato administrativo, Mário de Alencar (filho do escritor José de Alencar) escreveu uma carta a Machado de Assis, manifestando toda a sua indignação e solidariedade:

> Dizer-lhe o meu espanto indignado, assegurar-lhe que sinto profundamente isso, fora supérfluo, porque deve saber de antemão quanto é desagradável e revoltante para todos que o conhecem e estimam esse ato iníquo do Governo. O que eu venho trazer-lhe é o meu abraço amigo, no momento em que um Poder Público do nosso país se mostra tão ingrato aos seus grandes serviços e esquece o seu extraordinário valor para atender a interesses pequeninos de outros. Deve-lhe ser consolo lembrar-se que a sina dos grandes homens é sofrer a injustiça dos contemporâneos. Faltava-lhe isso, para o que o senhor não fizesse exceção à lei das compensações humanas.[236]

---

[234] GUEDES, Paulo; HAZIN, Elizabeth. *Machado de Assis e a administração pública federal.* Senado Federal, Brasília, 2006, p. 58.
[235] PEREIRA, Lúcia Miguel. *Machado de Assis.* Estudo crítico e biográfico. 6. ed. São Paulo: Ed. USP, 1988, p. 245.
[236] MAGALHÃES JUNIOR, R. *Machado de Assis*: funcionário público. 2. ed. Ministério dos Transportes, Serviço de Documentação, 1970, p. 74.

No mesmo dia, desolado, escreveria Machado de Assis, em resposta a seu amigo Mário de Alencar, uma carta que revelava como a medida administrativa que o colocava no ostracismo o entristecera e magoara:

> Rio, 1º de janeiro de 1898.
> Meu querido Mário,
> Obrigado pela sua carta amiga e boa. Já há dias tinha notícia do que ora me sucede; a última vez que nos vimos, de passagem, já eu sabia que ia ser adido. Assim, tinha-me acostumado à ideia e ao fato, e agora que este foi consumado não me resta mais que me conformar com a fortuna, e encarar os acontecimentos com o preciso rosto. A sua carta é ainda uma voz de seu pai, e foi bom citar-me o exemplo dele; é modelo que serve e fortifica. Obrigado pelo seu abraço, meu querido Mário. É a primeira carta que dato deste ano; folgo que lhe seja escrita, e em troca de expressões tão amigas. Creia-me.
> Velho amigo e obrigado,
> Machado de Assis

O descontentamento de Machado revelado a Mário de Alencar vem desmentir uma das versões que corriam sobre o fato, qual seja, que a medida veio para beneficiá-lo, liberando-o do serviço público para se dedicar integralmente à literatura. Na realidade, também há quem sustente que:

> resta a outra explicação, mais aceitável, e muito honrosa para Machado de Assis, segundo a qual, justamente pelo seu zelo meticuloso, ele se incompatibilizará com o Ministro [...]. Muito aferrado à lei, intransigente na sua execução, ele não devia, na verdade, ser um funcionário cômodo. Mas as dificuldades que porventura haja criado à administração só podem ter vindo d'aquela sua escrupulosa e timorata honestidade. Por não querer nunca transigir foi sacrificado. E a medida o feriu porque não se julgava nem inválido, nem incapaz, e queria continuar a trabalhar.[237]

Sob o ponto de vista jurídico, a norma que determinou que o cargo de Diretor teria que passar a ser ocupado por um profissional com formação técnica até representou um avanço no setor público.

---

[237] PEREIRA, Lúcia Miguel. *Machado de Assis*. Estudo crítico e biográfico. 6. ed. São Paulo: Ed. USP, 1988, p. 246.

Todavia, Machado se sentia injustiçado, pois já ocupava a função de Diretor há vários anos, tanto que Mário de Alencar chegou a afirmar que: "A lei era um embaraço; mas as leis fazem-nas os homens para as ocasiões, quase sempre com pretexto de servirem aos outros, e com o fim secreto do proveito próprio. E assim foi que com a lei tiraram-lhe o que a lei lhe garantia!".[238]

Ainda sobre essa questão, essencial para definir o caráter do homem público sob análise neste estudo:

> Machado não via razoabilidade na medida em que o colocou em disponibilidade remunerada, como ele assinalou em outra correspondência remetida a Magalhães de Azevedo, escrita a 10 de maio de 1898: "[...] Pelo que me toca pessoal e administrativamente, agradeço-lhe as palavras de simpatia que me mandou acerca da última reforma da Secretaria e da posição em que fiquei. Ouso crer que não houve justiça, mas as injustiças, meu querido amigo, se não fossem deste mundo, donde seriam?"[239]

Teria sido este o fim da carreira de Machado de Assis na Administração Pública? Para logo tranquilizar o leitor, a resposta é não. A seguir, daremos continuidade ao relato da trajetória do maior escritor brasileiro no serviço público.

1.6.3.7 Como Secretário do Ministro

Posto como adido (disponibilidade remunerada) em 1º de janeiro de 1898, Machado de Assis não ficou um ano sequer sem trabalhar no serviço público. Isso porque, "em 16 de novembro de 1898, Severino Vieira, que substituíra Sebastião de Lacerda na pasta da Viação, o nomeou seu secretário. Nesse posto serviu também com Epitácio Pessoa, Ministro interino, e com Alfredo Maia".[240]

Durante esses períodos em que atuou como Secretário de três diferentes Ministros da Indústria, Viação e Obras Públicas, há um episódio que os biógrafos de Machado de Assis destacam: o comentário não muito abonador feito por Epitácio Pessoa (que alguns anos depois,

---

[238] PEREIRA, Lúcia Miguel. *Machado de Assis*. Estudo crítico e biográfico. 6. ed. São Paulo: Ed. USP, 1988, p. 245.

[239] GUEDES, Paulo; HAZIN, Elizabeth. *Machado de Assis e a administração pública federal*. Senado Federal, Brasília, 2006, p. 59.

[240] PEREIRA, Lúcia Miguel. *Machado de Assis*. Estudo crítico e biográfico. 6. ed. São Paulo: Ed. USP, 1988, p. 247.

seria Presidente da República, entre 1919 e 1922). Pessoa disse de Machado: "Um grande escritor e um péssimo secretário".[241]

Registre-se que Epitácio Pessoa era o Ministro da Justiça e dos Negócios Interiores desde 15 de novembro de 1898, mas, a partir de dezembro de 1900, também passou a responder pelo Ministério da Indústria, Viação e Obras Públicas, após o titular, Alfredo Maia, sair de licença. Sobre este período:

> Ao chegar no Ministério da Indústria, Viação e Obras Públicas, Epitácio encontrou, como secretário ministerial, ninguém menos do que Joaquim Maria Machado de Assis. O Bruxo do Cosme Velho já era um intelectual sexagenário que trazia no currículo os êxitos literários de *Memórias Póstumas de Brás Cubas* (1881), *Quincas Borba* (1891) e *Dom Casmurro* (1899). A Academia Brasileira de Letras havia sido fundada anos antes, em 1896, e Machado acumulava o secretariado com a presidência da ABL, eleito que fora por aclamação dos confrades. Aluísio Azevedo, autor de *O Cortiço*, também trabalhava no mesmo Ministério. A nova rotina era puxada: Epitácio costumava, pela manhã, dar expediente no Ministério da Justiça, onde dava conta de pautas como o projeto de novo código civil, a reforma do ensino e o combate à peste bubônica. À tarde, seguia para o Ministério da Indústria, onde o secretário Machado de Assis lhe fazia minuciosas exposições sobre cada tema da pasta, apresentando-lhe, em seguida, minutas literárias dos despachos. O hiperativo paraibano, veraneando em Petrópolis para fugir do infernal calor carioca, desde logo não se deu muito bem com o temperamento de Machado de Assis, demasiado meticuloso, reservado e cerimonioso. Enfadado, Epitácio queria sempre apressar e abreviar as exposições machadianas daquela interinidade, a fim de adiantar o serviço e não perder a barca que o levaria até a estação ferroviária de onde pegaria o comboio para Petrópolis. Algumas vezes perdeu a segunda barca, só tomando a terceira e chegando à residência pretropolitana já tarde da noite. Num dia de mais calor e menos paciência, disse de Machado: "Grande escritor, mas péssimo secretário!"[242]

Sobre este episódio, vale a pena transcrever a carta que o próprio Epitácio Pessoa escreveu ao Dr. José Vieira, datada de abril de 1939, em que justificava a frase proferida muitas décadas antes:

---

[241] PEREIRA, Lúcia Miguel. *Machado de Assis*. Estudo crítico e biográfico. 6. ed. São Paulo: Ed. USP, 1988, p. 247.

[242] FRANCA FILHO, Marcílio Toscano. Quando Machado de Assis encontrou Epitácio Pessoa no Rio de Janeiro. *Jota*, 19 abr. 2020. Disponível em: https://www.jota.info/opiniao-e-analise/artigos/quando-machado-de-assis-encontrou-epitacio-pessoa-no-rio-de-janeiro-19042020. Acesso em: 02 mar. 2024.

> Via-me obrigado a descer todos os dias pelo trem das sete e meia e, às vezes, pelo das seis horas da manhã. Despachados os papéis do Ministério da Justiça, encaminhava-me eu, depois do almoço, para o da Viação, de cujo titular Machado era o secretário. Reunido com certa morosidade o volumoso e variado expediente, levava Machado de Assis a peito trazer-me uma exposição verbal de cada assunto e ler-me em seguida todas as informações e pareceres da Secretaria. Isto me desfalcava sensivelmente o tempo reservado à Viação, tanto mais quanto o secretário, com certa dificuldade natural de expressão, acompanhava não raro a sua leitura de observações, comentários e argumentos próprios. Sugeri-lhe o alvitre de ler eu mesmo os papéis mais importantes e levar comigo os demais, que eu examinaria nas quatro horas diárias de viagem a que estava obrigado. Não aquiesceu: era o sistema do ministro efetivo e a sua função de secretário. Pareceu-me mesmo que se sentiu um tanto melindrado, o que foi bastante para que não insistisse, preferindo a fadiga a que ia expor-me, ao risco de desgostar quem me inspirava tanta simpatia, respeito e consideração e criar uma situação de ressentimento entre mim e o ministro efetivo, meu colega e amigo. Durante o tempo que substituí o Dr. Alfredo Maia, nunca pude voltar a Petrópolis pela barca das quatro horas. Mal podia alcançar a das cinco e meia, para chegar ali às oito horas da noite, verdadeiramente extenuado. O resultado foi que não pude imprimir ao expediente do Ministério da Viação a mesma rápida marcha do Ministério da Justiça. É verdade que uma vez, em conversa, qualifiquei Machado de Assis, não de péssimo funcionário, mas de péssimo secretário. Esta qualificação, talvez um tanto severa demais, fundava-a eu na falta de método e na demora e confusão de que se ressentia a sua ação no preparo, exposição e despacho no expediente do Ministério da Viação, pelo menos durante os três meses que ali serviu como meu secretário. Desnecessário é dizer que nesse juízo nenhuma intenção houve de envolver de qualquer sorte a reputação ou o caráter de Machado de Assis, por quem, como disse, sempre tive a maior simpatia, consideração e apreço, antes, durante e depois do período em que trabalhamos juntos.[243]

Conforme se verifica a partir do próprio relato de Epitácio Pessoa, parecia que era o Ministro, e não seu secretário, que não tinha muito tempo (ou interesse, ou disposição) para se dedicar às questões da pasta, o que, de certa forma, justifica-se diante do fato de ele já estar à frente do Ministério da Justiça e Negócios Interiores, mais afeto à sua

---

[243] FRANCA FILHO, Marcílio Toscano. Quando Machado de Assis encontrou Epitácio Pessoa no Rio de Janeiro. *Jota*, 19 abr. 2020. Disponível em: https://www.jota.info/opiniao-e-analise/artigos/quando-machado-de-assis-encontrou-epitacio-pessoa-no-rio-de-janeiro-19042020. Acesso em: 02 mar. 2024.

formação jurídica. Machado de Assis, mesmo já sendo a esta altura Presidente da Academia Brasileira de Letras, entregava-se de corpo e alma à função de secretário do Ministro.

1.6.3.8 Como Diretor-Geral da Secretaria da Indústria

Embora Machado de Assis tenha atuado como Secretário de três Ministros da Indústria, Viação e Obras Públicas (tal função era de confiança), neste período, ainda se encontrava na condição de adido.

Somente em 18 de novembro de 1902, ele conseguiria reverter tal situação, quando foi nomeado como Diretor da Secretaria da Indústria, no Ministério da Indústria, Viação e Obras Públicas. "A 15 de novembro de 1902, tomou posse na presidência da República o conselheiro Rodrigues Alves, que escolheu para Ministro da Viação o engenheiro militar Lauro Müller, um dos tenentes que havia feito a República, ao lado de Deodoro. Um de seus primeiros atos foi o de reparar a injustiça feita a Machado de Assis".[244] Sobre o retorno de Machado de Assim, vale a pena transcrever sua história:

> Tendo vagado, no fim do governo de Campos Sales, uma diretoria geral, Arthur Azevedo, antigo funcionário do Ministério de Viação e Obras Públicas, pleiteara o seu aproveitamento na mesma. Era a vaga de Diretor-Geral de Contabilidade, resultante da aposentadoria de José de Nápoles Teles de Meneses. Lauro Müller teria objetivado que havia um diretor geral adido, que poderia ser aproveitado: Machado de Assis. Ao que responde Arthur Azevedo:
>
> – Se é para Machado de Assis, não sou mais candidato. Ou melhor, sou candidato apenas a ser o amanuense que lavrará o decreto de sua reintegração...
>
> Lauro Müller – informa Medeiros e Albuquerque –, mandar sondar Machado de Assis, por seu secretário, para saber se queria voltar à atividade. Comovíssimo, respondera com uma pergunta:
>
> – Então o ministro acha que não sou incapaz, um inútil?
>
> Medeiros e Albuquerque declara que fora o próprio ministro Lauro Müller quem lhe transmitira essas informações. Recebeu Machado de Assis a reintegração no pleno exercício do cargo de diretor geral com uma reabilitação. O funcionário exemplar voltava satisfeito ao seu lugar.

---

[244] MAGALHÃES JUNIOR, R. *Machado de Assis*: funcionário público. 2. ed. Ministério dos Transportes, Serviço de Documentação, 1970, p. 78.

Tinha sessenta e três anos de idade, padecia de um mal incurável, mas não queria ser pesado ao Estado, percebendo sem trabalhar![245]

O cargo de Diretor da Secretaria da Indústria pouco foi lembrado pelos biógrafos. "Em 1902, ao assumir a presidência Rodrigues Alves, sendo ministro da Viação Lauro Müller, Machado de Assis teve quem lhe fizesse justiça. Um dos primeiros atos do novo Governo, datado de 18 de novembro, foi mandá-lo reverter à atividade como Diretor-Geral de Contabilidade do Ministério da Viação, cargo que exerceu até morrer".[246] Provavelmente, tal esquecimento se deu porque Machado de Assis permaneceria apenas um mês no cargo de Diretor da Secretaria da Indústria, pois, em 18 de dezembro de 1902, seria nomeado Diretor-Geral de Contabilidade do citado ministério.

Dos que fazem registro expresso do exercício deste cargo, destaque-se: "reverte à atividade, em 18 de novembro de 1902, como Diretor da Secretaria da Indústria, no Ministério da Viação. Transferido, a 18 de dezembro, para Diretor-Geral de Contabilidade do mesmo Ministério".[247]

Ademais, "a vida burocrática de Machado de Assis sofreria um hiato, no período em que o escritor ficou em disponibilidade, contra seu gosto e desejo, em 1898. Mas já ao fim desse ano voltava a trabalhar, agora no gabinete do ministro da Viação, até reverter à atividade, como diretor da Secretaria da Indústria, em novembro de 1902".[248]

No *site* do Senado Federal, essa informação também é confirmada na linha do tempo (cronologia) da vida do escritor: "1902 – Reverte à atividade, em 18 de novembro, como diretor da Secretaria da Indústria, no Ministério da Viação. É transferido, a 18 de dezembro, para Diretor-Geral de Contabilidade do mesmo Ministério".[249]

---

[245] MAGALHÃES JUNIOR, R. *Machado de Assis*: funcionário público. 2. ed. Ministério dos Transportes, Serviço de Documentação, 1970, p. 78.

[246] PEREIRA, Lúcia Miguel. *Machado de Assis*. Estudo crítico e biográfico. 6. ed. São Paulo: Ed. USP, 1988, p. 247.

[247] MATOS, Miguel. *Código de Machado de Assis*. São Paulo: Migalhas Jurídicas, 2021, p. 51.

[248] MONTELLO, Josué. A liderança de Machado de Assis. Texto publicado no *site* da Academia Brasileira de Letras. Disponível em: https://www.academia.org.br/a-historia-da-abl/a-lideranca-de-machado-de-assis. Acesso em: 02 mar. 2024.

[249] Cronologia da vida de Machado de Assis. *Senado Notícias*, 26 set. 2008. Disponível em: https://www12.senado.leg.br/noticias/materias/2008/09/26/cronologia-da-vida-de-machado-de-assis. Acesso em: 02 mar. 2024.

1.6.3.9 Como Diretor-Geral de Contabilidade

O último cargo ocupado por Machado de Assis na Administração Pública Federal foi o de Diretor-Geral de Contabilidade do Ministério de Viação e Obras Públicas, cargo no qual permaneceu entre 18 de dezembro de 1902 até 29 de setembro de 1908, dia em que morreu. Registre-se que o retorno de Machado de Assis ao cargo de Diretor-Geral foi possível porque, para a Direção-Geral de Contabilidade do Ministério, não era exigida formação em Engenharia. Todavia, o leitor poderá se perguntar: mas conseguiria Machado de Assis exercer uma função técnica, que demanda conhecimentos de contabilidade?

> O fato de ter ocupado o cargo de Diretor-Geral de Contabilidade pode representar para alguns o reconhecimento pela longa carreira atuando em áreas que exigiam conhecimentos de contabilidade; para outros pode ser alvo de questionamentos, afinal, a justificativa para tal pode ter sido meramente política. Mas em relação a esse último argumento, há que considerar que o ministério em questão movimentava grandes quantias em dinheiro, o que certamente exigia alto grau de responsabilidade do dirigente responsável, além de conhecimentos na área. Outra observação é a respeito da sua atuação como diretor de contabilidade: analisando-se suas atribuições com o que era atribuído a contadores, economistas e administradores, percebe-se maior similaridade com a função de contador.[250]

De fato, Machado de Assis não exercia a função de Diretor-Geral de Contabilidade apenas como forma de seus contemporâneos lhe demonstrarem admiração e respeito. O Machado servidor público era efetivamente muito capaz. Nesse contexto, perceba-se que as atribuições do Diretor-Geral de Contabilidade eram bastante complexas, e não conseguiriam ser exercidas por alguém que não tivesse conhecimento técnico aprofundado. Nesse sentido, nos termos do Decreto nº 2.766, de 1897:

> Art. 8º A Directoria Geral de Contabilidade terá duas secções:
> I. A 1ª secção terá a seu cargo:
> §1º A organização do orçamento geral do Ministerio e da tabella explicativa da distribuição dos creditos para os differentes serviços.

---

[250] SARTORELLI, Isabel Cristina; MARTINS, Eliseu. Machado de Assis, guarda-livros?. *Estudos Avançados*, v. 30, p. 88, 2016, p. 287.

§2º A abertura de créditos extraordinarios e supplementares.

§3º A escripturação e classificação de todas as despesas autorisadas e effectuadas.

§4º A demonstração do estado das verbas orçamentarias.

§5º O exame e processo de todas as contas e folhas, quer relativas á Secretaria de Estado, quer ás repartições subordinadas ao Ministerio; outrosim o preparo, a redacção e a expedição de todas as ordens de pagamento, adeantamento, restituição ou recebimento, no Thesouro, de quaesquer quantias.

II. A 2ª secção terá a seu cargo:

§1º O expediente sobre aposentadorias e montepio dos funccionarios do Ministerio e a respectiva escripturação.

§2º O assentamento do pessoal da Secretaria de Estado com as observações relativas ao tempo de serviço e referencia dos factos occorridos no interesse da fé de officio de cada um dos funccionarios, á vista dos documentos pelos mesmos apresentados.

§3º A redacção dos contractos que forem celebrados pelo Ministerio.

§4º O archivo geral da Secretaria de Estado e as certidões de papeis findos.

§5º A organisação e conservação da bibliotheca.

§6º O assentamento dos próprios nacionaes a cargo do Ministerio.

§7º A guarda, conservação e arrecadação dos instrumentos de engenharia.

Sobre a atuação de Machado de Assis na Direção-Geral de Contabilidade, registre-se que existem estudos de especialistas na área das Ciências Contábeis que ressaltam a grande complexidade e relevância das tarefas desenvolvidas pelo escritor funcionário. Nesse sentido:

> Na época, a Diretoria Geral de Contabilidade tinha duas seções, a primeira mais voltada ao acompanhamento de contratos firmados pelo Ministério e aos montepios dos funcionários, e a segunda mais voltada às questões orçamentárias (organizar o orçamento geral, proposição de créditos suplementares, dentre outras questões). [...] Magalhães Jr. (1958, p.112), procurando dar uma ideia da envergadura da função desempenhada por Machado, cita o depoimento de Lindolfo Xavier, que em 1907 ocupava o cargo de oficial de gabinete do referido ministério: "Adivinha-se facilmente o que era esse serviço. Toda essa massa de expediente passava pela Secretaria de Estado, que informava, despachava e expedia os atos, todos da maior responsabilidade, jogando com somas que absorviam grande parte do orçamento geral

da República. Conclui-se, em seguida, qual o papel do Diretor-Geral de Contabilidade, por cujas mãos transitava quase todo o expediente. Referindo-se a Machado, Xavier (*apud* Magalhães Jr., 1958, p.112) completa: [...] desdobrava-se em vertiginoso expediente, lia e estudava os processos, opinava com clareza e segurança de pontos de vista. [...] Impugnava contas, requisitava esclarecimentos, reclamava provas e documentação das despesas. Meticuloso no confronto das colunas dos gastos com as verbas orçamentárias, exigia que se produzisse intensa luz sobre os assuntos em foco. E só dava o parecer aprobatório quando não lhe restava mais dúvida sobre o processo. [...] Todo o latejar das artérias do progresso vinha repercutir no Ministério da Viação. Eram as verbas mais gordas, as concorrências polpudas, as tarefas e os fornecimentos mais cobiçados, que deslizavam pela Secretaria de Estado. Era a política do país, de olhos acesos, em cima das somas que corriam por aquele orçamento. Eram solicitações de todo o lado, que deviam ser atendidas. E tudo refluía sobre um homem, uma cabeça: o chefe da Contabilidade. Ali, tudo terminava. Para ali, tudo convergia. E o cérebro que elaborava esse esforço controlador era Machado de Assis. [...] Contas e relatórios, abertura de créditos e aplicação de verbas orçamentárias aos serviços públicos nacionais, tudo merecia dele minudente estudo.[251]

Ademais, nesse período, o agravamento de seus problemas de saúde e a perda de sua amada esposa Carolina (que faleceu em 1904), ao invés de fazerem com que Machado de Assis reduzisse seu ritmo do trabalho, na realidade, produziram o efeito inverso. Assim, pode-se afirmar que se é verdade que a atuação no cargo de Diretor-Geral de Contabilidade gerou o incremento qualitativo das atividades desempenhadas por Machado (conforme demonstrado anteriormente), também é possível aduzir que o então Presidente da Academia Brasileira de Letras passou a se dedicar ainda mais ao serviço público, o que gerou um incremento quantitativo. Nesse contexto:

> Por esse tempo ocupavam-no muito os trabalhos no Ministério pois, além das suas funções de Diretor de Contabilidade, fora nomeado para a Comissão Fiscal e Administrativa das obras do Cais do Porto. O ministro era então Miguel Calmon, que tudo faz para prestigiar Machado de Assis, talvez querendo se fazer perdoar a grande mocidade pelo respeito com que tratava os velhos funcionários. No discurso de posse, procurou demonstrar toda a sua admiração pelo grande escritor que ia ter como seu subordinado; enalteceu-o como artista e funcionário, pedindo-lhe

---

[251] SARTORELLI, Isabel Cristina; MARTINS, Eliseu. Machado de Assis, guarda-livros?. *Estudos Avançados*, v. 30, p. 88, 2016, p. 281.

que o assistisse com a sua experiência e o seu saber. Machado ouviu, encolhido e cabisbaixo todo o discurso e quando muito terá engrolado um "muito obrigado" ao cumprimentar o novo ministro.[252]

Além das atividades burocráticas do cargo, passava horas com o Ministro, prestando-lhe orientações. O excesso de dedicação ao serviço público fez com que seu amigo Mário de Alencar, em carta, pedisse a Machado que poupasse sua energia para a literatura e agisse com moderação em relação "ao trabalho oficial, que faz por dever apenas. Deste é que não deve abusar, porque lhe é penoso e, repito, não há negócio ou interesse político que valha o menor sacrifício da sua saúde"[253]. Obviamente, Machado não atendeu ao pedido de seu amigo.

Apesar da dedicação ao serviço e do alto grau de estima e reconhecimento que tinha de seus colegas, Machado de Assis não foi poupado de dissabores durante o período em que foi Diretor-Geral de Contabilidade. Um destes momentos foi narrado por Lúcia Miguel Pereira:

Chamou-o Miguel Calmon e repetiu-lhe que queria se pôr sob a sua proteção, valer-se dos seus conselhos, ter dele indicações de como devia agir. Mas o caramujo continuou do mesmo modo encolhido dentro de um exagerado respeito hierárquico. Nem todos, porém, tratavam-no com a mesma consideração. Por esse tempo, ou pouco antes, sucedeu-lhe no Ministério um desagradabilíssimo incidente. Tendo tido necessidade de chamar à ordem um funcionário de categoria inferior à sua, valentão e desabusado, este se revoltou e começou a descompô-lo, aos berros, chamando-o negro escravocrata. Amigos intervieram, defendendo Machado, mas não impediram que o choque de se ver assim insultado provocasse um ataque no pobre grande homem.[254]

Devido aos problemas de saúde (diante das crises de epilepsia, mordia frequentemente a língua, o que pode ter gerado uma gangrena),[255] Machado de Assis, contra sua vontade, sai de licença para tratamento da saúde em 1º de junho de 1908.

---

[252] PEREIRA, Lúcia Miguel. *Machado de Assis*. Estudo crítico e biográfico. 6. ed. São Paulo: Ed. USP, 1988, p. 305.
[253] MAGALHÃES JUNIOR, R. *Machado de Assis*: funcionário público. 2. ed. Ministério dos Transportes, Serviço de Documentação, 1970, p. 96.
[254] PEREIRA, Lúcia Miguel. *Machado de Assis*. Estudo crítico e biográfico. 6. ed. São Paulo: Ed. USP, 1988, p. 304.
[255] MAGALHÃES JUNIOR, R. *Machado de Assis*: funcionário público. 2. ed. Ministério dos Transportes, Serviço de Documentação, 1970, p. 96.

A longa e movimentada trajetória de Machado de Assis na Administração Pública somente seria interrompida na madrugada do dia 29 de setembro de 1908, data em que o maior escritor do Brasil falece, no Cosme Velho (Rio de Janeiro), vitimado por um câncer na língua. "Era um homem de 69 anos de idade (completá-los-ia a 21 de junho) e com quarenta anos de serviço, consumido por duas enfermidades graves, ambas incuráveis, – e nem assim pensar em aposentar-se! Que extraordinário exemplo de tenacidade e de devoção à Administração Pública!".[256]

1.7 Avaliação de desempenho de Machado de Assis no serviço público

Após apresentadas e contextualizadas (histórica e juridicamente) as atividades desempenhadas por Machado de Assis em doze diferentes funções públicas, das mais subalternas (como Tipógrafo, iniciada em 1856) às mais destacadas (como Diretor-Geral, exercida até 1908), agora se propõe uma apreciação crítica das características do citado servidor público.

Para tanto, será adotada uma metodologia inspirada nas avaliações de desempenho que a Administração Pública realiza (ou deveria realizar) na atualidade. Ou seja, um servidor público que atuou no século XIX e início do século XX, passará a ter sua atuação analisada a partir de instrumento jurídico-administrativo previsto para os dias de hoje.

Nesse contexto, registre-se que a Constituição Federal, com as alterações promovidas pela Emenda Constitucional nº 19/98, passou a prever que:

> Art. 41. São estáveis após três anos de efetivo exercício os servidores nomeados para cargo de provimento efetivo em virtude de concurso público.
> §1º O servidor público estável só perderá o cargo: [...]
> III - mediante procedimento de avaliação periódica de desempenho, na forma de lei complementar, assegurada ampla defesa. [...]
> §4º Como condição para a aquisição da estabilidade, é obrigatória a avaliação especial de desempenho por comissão instituída para essa finalidade.

---

[256] MAGALHÃES JUNIOR, R. *Machado de Assis*: funcionário público. 2. ed. Ministério dos Transportes, Serviço de Documentação, 1970, p. 96.

Assim, a Administração Pública deveria realizar não apenas a avaliação de desempenho durante o estágio probatório do servidor, mas também aquela de forma periódica, necessária, inclusive, para manutenção do servidor no cargo.

Infelizmente, mais de duas décadas após a previsão constitucional de "avaliação periódica de desempenho", a mencionada lei complementar ainda não foi editada. Até o momento, no âmbito federal, há o Projeto de Lei nº 51/2019, que, segundo o *site* da Câmara dos Deputados, está "aguardando Parecer do Relator na Comissão de Administração e Serviço Público (Casp)". De acordo com o citado projeto de lei:

> Art. 2º A avaliação periódica de desempenho deverá promover o princípio da eficiência nos órgãos e entidades públicas e será aplicada, anualmente, a todos os servidores públicos estáveis, com as seguintes finalidades:
>
> I - aferir se o profissional tem desempenho satisfatório para a continuidade no cargo público;
>
> II - promover o alinhamento das metas individuais de cada profissional com as metas institucionais do seu respectivo órgão ou entidade pública;
>
> III - possibilitar a valorização e o reconhecimento dos profissionais que tenham desempenho eficiente, identificando ações que possam contribuir para o seu desenvolvimento profissional;
>
> IV - instrumentalizar a perda de cargo público dos servidores que não tiverem desempenho satisfatório.
>
> Parágrafo único. Sempre que possível, os órgãos e entidades públicos proverão funções de confiança e cargos em comissão por critérios meritocráticos, levando em consideração as avaliações periódicas de desempenho dos servidores públicos estáveis.

Quanto aos critérios de avaliação que deverão nortear a Administração Pública, propõe o projeto de lei em comento que:

> Art. 3º A avaliação periódica de desempenho deverá contemplar os seguintes critérios de avaliação:
>
> I - assiduidade e pontualidade: avaliará o comparecimento regular ao local trabalho, a observância do horário de trabalho e o cumprimento da respectiva carga horária;
>
> II - presteza e iniciativa: avaliará a disposição de agir prontamente no cumprimento das demandas recebidas do público em geral ou estabelecidas pela chefia e a proatividade no alcance das metas individuais estabelecidas e na melhoria dos processos de trabalho;

III - qualidade e tempestividade do trabalho: avaliará o grau de exatidão, correção e clareza dos trabalhos executados e a capacidade de cumprir os prazos estabelecidos; e

V - produtividade no trabalho: avaliará o volume de trabalho executado em determinado período.

§1º Em sua avaliação de desempenho, a pontuação máxima que o servidor público poderá alcançar é cem pontos, que serão assim distribuídos:

I - o critério assiduidade e pontualidade valerá dez pontos;

II - o critério presteza e iniciativa valerá dez pontos;

III - o critério qualidade e tempestividade do trabalho valerá quarenta pontos;

IV - o critério produtividade no trabalho valerá quarenta pontos.

§2º Considerar-se-á insatisfatório o desempenho que não obtiver, no mínimo, 70% (setenta por cento) do total da nota da avaliação periódica anual.

Por sua vez, na Lei Federal nº 8.112/90 (Estatuto dos Servidores Públicos Federais), há a previsão de que:

Art. 20. Ao entrar em exercício, o servidor nomeado para cargo de provimento efetivo ficará sujeito a estágio probatório por período de 24 (vinte e quatro) meses, durante o qual a sua aptidão e capacidade serão objeto de avaliação para o desempenho do cargo, observados os seguintes fatores:

I - assiduidade;

II - disciplina;

III - capacidade de iniciativa;

IV - produtividade;

V - responsabilidade.

Assim, baseando-se na legislação estatutária federal (Machado de Assis era um servidor público federal) e no PL nº 51/2019, que procura regulamentar a avaliação periódica de desempenho, passaremos a adotar os seguintes critérios de avaliação:

a) capacidade, que abrangeria as ideias de qualidade, produtividade e tempestividade do trabalho;

b) dedicação, que abarcaria a análise da assiduidade, pontualidade e lealdade no exercício do cargo;

c) zelo, que teria como preocupação a responsabilidade, o rigor e a honestidade no cumprimento das tarefas;

d) iniciativa, que focaria as questões da presteza, produtividade e da proatividade no cumprimento das obrigações funcionais; e

e) como bônus, a espirituosidade, que passaria a destacar um aspecto pouco difundido da atuação de Machado de Assis enquanto servidor público: a vivacidade, motivação e o bom humor enquanto exercia seu ofício na Administração Pública.

1.7.1 Capacidade (qualidade, produtividade e tempestividade)

A primeira impressão de Machado de Assis trabalhando na Administração Pública não foi das melhores, dizem seus biógrafos. Quando ainda sequer tinha dezoito anos, o tímido rapaz já era aprendiz de Tipógrafo, atividade que, embora tivesse relação com o mundo da palavra, não era condizente com sua personalidade e intelectualidade. Se Machado "se descuidava do serviço para ler pelos cantos",[257] a partir de uma conversa com o então Diretor da Imprensa Oficial, o escritor Manoel Antônio de Almeida, melhorou consideravelmente seu desempenho.

Nos cargos seguintes, em que o componente intelectual das funções era mais destacado, a situação mudou completamente: Machado de Assis foi amplamente reconhecido pelos gestores públicos como um servidor eficiente, tanto que foi indicado por vários ministros para assessorá-los. Ademais, comandou quatro diferentes Diretorias do Ministério de Viação e Obras Públicas, algumas delas vitais para o funcionamento do órgão, como a de Contabilidade.

Machado de Assis era capaz de realizar diversas tarefas administrativas de grande complexidade, tanto que foi nomeado para Comissão Fiscal e Administrativa das Obras do Cais do Porto e "presidiu uma Comissão formada para selecionar candidatos ao cargo de Amanuense, da Secretaria de Estado dos Negócios da Indústria, Viação e Obras Públicas".[258] Acerca do reconhecimento de Machado de Assis como funcionário capaz, destaque para:

---

[257] PEREIRA, Lúcia Miguel. *Machado de Assis*. Estudo crítico e biográfico. 6. ed. São Paulo: Ed. USP, 1988, p. 52.

[258] GUEDES, Paulo; HAZIN, Elizabeth. *Machado de Assis e a administração pública federal*. Senado Federal, Brasília, 2006, p. 60.

a carta de agradecimento que o general Sérgio Bibiano da Fonseca Costallat – o último ministro da Agricultura, Comércio e Obras Públicas do governo do marechal Floriano Peixoto – enviou a Machado de Assis na data em que deixou o poder. Nessa carta, louvou ele a capacidade e a diligência do funcionário Machado de Assis, dizendo que, sem o seu esclarecido auxílio e sem o seu profundo conhecimento dos negócios daquela pasta, com os quais, como militar, pela primeira vez lidava, não teria conseguido desempenhar-se a contento do cargo de ministro, a que fora levado pela confiança de Floriano.[259]

Também o Ministro Miguel Calmon, em seu discurso de posse no Ministério, "procurou demonstrar toda a sua admiração pelo grande escritor que ia ter como seu subordinado; enalteceu-o como artista e funcionário, pedindo-lhe que o assistisse com a sua experiência e o seu saber". Dias depois, "chamou-o Miguel Calmon, e repetiu-lhe que queria se pôr sob a sua proteção, valer-se dos seus conselhos, ter dele indicações de como devia agir".[260] Ora, nenhum Ministro confessaria, em duas oportunidades, que confiava plenamente no apoio imprescindível que seria dado por seu principal assessor se realmente o servidor não fosse altamente capaz.

Em relação à produtividade do servidor Machado de Assis, há elementos encontrados por pesquisadores que apontam que o escritor efetivamente exercia as atribuições administrativas inerentes às funções que lhe eram confiadas. Nesse sentido, mesmo sem qualquer remuneração, ao atuar como Censor Teatral no Conservatório Dramático Brasileiro, elaborou diversos pareceres. Já na Secretaria de Agricultura, Comércio e Obras Públicas, o pesquisador Pedro Parga Rodrigues encontrou trinta e três processos que foram analisados por Machado nas décadas de 1870 e 1880 na Diretoria de Agricultura.[261] Evidentemente, esta é apenas uma pequena amostra, já que a Administração Pública brasileira nem sempre se preocupou com a gestão documental e a guarda e conservação dos processos administrativos.

---

[259] MAGALHÃES JR., Raymundo. Machado de Assis funcionário público. *Revista do Serviço Público*, Brasília, v. 56, n. 2, p. 237-248, abr./jun. 2005, p. 246.
[260] PEREIRA, Lúcia Miguel. *Machado de Assis*. Estudo crítico e biográfico. 6. ed. São Paulo: Ed. Universidade de São Paulo, 1988, p. 304.
[261] RODRIGUES, Pedro Parga. *A Diretoria de Agricultura em que Machado de Assis atuou*: um esboço de uma pesquisa em andamento. ANPUH – Brasil. 30º Simpósio Nacional de História, Recife, 2019, p. 11. Disponível em: https://www.snh2019.anpuh.org/resources/anais/8/1547735800_ARQUIVO_anpuh2019_revisto.pdf. Acesso em: 05 mar. 2024.

Por sua vez, no que diz respeito à tempestividade (capacidade de cumprir prazos), cabe relembrar o episódio de quando ele era Chefe da 2ª Seção da Diretoria de Agricultura e recebeu uma incumbência que somente um servidor que cumpria rigorosamente seus prazos seria capaz de atender: em um caso polêmico que se arrastava no Ministério sem solução e que envolvia a questão do registro de escravos, Machado foi escolhido por seu superior hierárquico para resolver o complexo processo. Junto com os autos, veio o seguinte bilhete: "Recomendo-lhe que o faça em prazo curto, como costuma fazer, pois trata-se de negócio pendente há quase um ano. 15 de julho de 1876. Gusmão Lobo". De fato, ele resolveu a questão em apenas seis dias.

1.7.2 Dedicação (assiduidade, pontualidade e lealdade)

Neste ponto, alguns críticos poderão dizer que Machado de Assis não poderia ser considerado um servidor dedicado, pois ele não exercia a função pública com exclusividade, já que também sempre atuou como cronista nos jornais cariocas e tinha uma destacada carreira literária.

Para demonstrar que essas outras atividades nunca comprometeram a atuação funcional de Machado de Assis, destaque-se que:

> se por um lado foi profícua e enriquecedora a atividade pública de Machado, por outro fez diminuir, durante algum tempo, sua produção literária. O motivo seria a tenacidade com que praticava seu ofício, já que suas obrigações eram exercidas com exemplar atenção. Em certo período, o trabalho tornou-se tão estafante que, já muito esgotado, o escritor teve que pedir licença por dois meses, a partir de janeiro de 1882, para tratamento de saúde em Nova Friburgo.[262]

Machado de Assis fazia parte do seleto grupo de pessoas que conseguem se dedicar, com igual e alta qualidade, a várias atividades. Ele mesmo dizia que "não é meu costume perder o tempo que posso empregar em cousas de obrigação".[263]

Mas como ele conseguia conciliar o ofício de escritor e de cronista com os cargos que exerceu no serviço público? Como resposta, ele tinha uma rotina que seguia religiosamente. Ademais, o companheirismo de sua esposa Carolina foi essencial. Afinal, como era um dia na vida de Machado de Assis?

---

[262] MATOS, Miguel. *Código de Machado de Assis*. São Paulo: Migalhas Jurídicas, 2021, p. 48.
[263] ASSIS, Machado de. Crônica de 03.11.1894, publicada em *A Semana*, p. 229.

Grande madrugador, Machado escrevia de manhã, antes de ir para o trabalho; apenas saía, vinha Carolina ler as novas páginas, anotando as distrações, as frases que lhe pareciam menos felizes, indo até a modificar uma ou outra expressão. E à noite, na perfeita comunhão de espírito que era a sua, discutiam os dois, longamente, a obra em preparo, Carolina muito compreensiva, muito integrada no livro, como uma segunda eu do autor.[264]

Levantando com o sol, aproveitava para escrever as primeiras horas da manhã; depois, quando Carolina se erguia, tomavam juntos o café, e juntos passeavam pelo jardim. "É meu costume levantar-me cedo e ir ver as belas rosas, frescas murtas e as borboletas que de todas as partes correm a amar o meu jardim. Tenho particular amor às borboletas". Em seguida, até a hora do almoço, era a leitura dos jornais, coisa muito importante para esse atento espectador da vida humana, que se deliciava com os anúncios e os flagrantes dos fatos diversos. À tarde, depois da Secretaria e da habitual conversa com os literatos – no Lombaerts, pelas alturas de 1880, em seguida na Semana ou na Revista Brasileira, e por último no Garnier – voltava para casa a tempo de jantar sem luz, sem sol, e sem moscas, como sempre recomendava. Ao descer do bonde, já avistava a figura de Carolina, que o esperava lendo por detrás da vidraça fechada. Um pequeno passeio a pé, com a mulher, e depois a conversa em casa do Barão Schmidt Vasconcelos, ou algum outro vizinho, as partidas de gamão e de xadrez, nas quais frequentemente se irritava e discutia. Chegavam invariavelmente ao soar das oito horas, Carolina risonha e expansiva, Machado com o seu ar embuçado. E às dez se despediam. Mas não dormiam logo. Tomavam chá, bebida predileta de Machado, e ficavam os dois, de mãos dadas, corações abertos, a conversar até depois das onze, nas "cadeiras de balanço, unidas e trocadas, em forma de conversadeira, onde costumavam passar as horas solitárias".[265]

Ora, alguém que cumpria uma rotina de forma tão espartana certamente era assíduo e pontual. Na realidade, seus biógrafos apontam que Machado teria permanecido vários anos sem tirar férias e que o excesso de trabalho o levou ao esgotamento físico. Nesse sentido:

> Obrigou-o a moléstia a interromper igualmente os seus trabalhos na Secretaria, tendo o Ministro Rodrigo Augusto da Silva permitido que se tratasse sem licença. Mas não melhorando, Machado viu-se obrigado

---

[264] PEREIRA, Lúcia Miguel. *Machado de Assis*. Estudo crítico e biográfico. 6. ed. São Paulo: Ed. USP, 1988, p. 130.
[265] PEREIRA, Lúcia Miguel. *Machado de Assis*. Estudo crítico e biográfico. 6. ed. São Paulo: Ed. USP, 1988, p. 206.

a pedir em dezembro três meses de licença. Saíram então do Rio, ele e Carolina, indo para Nova Friburgo, o lugar que sempre escolheram para descansar. Era a primeira vez em toda a sua vida que Machado de Assis gozava de férias.[266]

Tal dedicação fez com que Machado, ao morrer aos sessenta e nove anos de idade, tenha permanecido "40 anos e cinco meses de serviço público. Morreu sem ter se aposentado, porque teve a preocupação de ser útil à pátria, enquanto teve forças para tanto".[267] Isso em uma época em que a aposentadoria ocorria muito antes.

Além de dedicado, há diversas evidências que comprovam que ele era um servidor público leal. A propósito, Machado de Assis dizia em crônica de 1862: "desprezam-se hoje as posições decorosas pelas lucrativas. Procura-se hoje um homem leal no Rio de Janeiro e só se encontra o major Leandrinho. Os amigos íntimos são quase sempre desleais".[268] A lealdade era muito valorizada por Machado. E esta lealdade se estendia ao Estado brasileiro, seja na forma monárquica ou na republicana:

> Entre o Braz Cubas e o Quincas Borba, a vida nacional passara pelas profundas modificações da Abolição e da República. – Que pensa de tudo isso Machado de Assis? indagava Eça de Queiroz. Machado de Assis não pensava nada. O pensador andava às voltas com o Rubião, com a evolução da loucura; e o burocrata mantinha intangível o seu respeito às leis, aos ofícios, à papelada oficial, só permitindo a retirada da sua Diretoria do retrato do Imperador mediante uma portaria. – Entrou aqui por uma portaria, só sairá por outra portaria, declarou aos republicanos da primeira hora, atônitos com esse acatamento aos atos de um regime findo. Haveria apenas o formalismo do burocrata nessa atitude de Machado de Assis? Talvez o revoltasse o desrespeito a um homem que admirava, ao velho Imperador que se habituara a ver à frente do país. Ao seu feitio devia ser muito simpática a figura desse príncipe amigo das letras, a quem devera, poucos meses antes da Proclamação da República, a nomeação de Diretor. Deve ter sido esse fato que levou um patriota exaltado, Diocleciano Martir, a incluir numa denúncia levada em 1894 ao chefe do Governo, o nome de Machado de Assis entre os funcionários conspiradores contra as instituições.[269]

---

[266] PEREIRA, Lúcia Miguel. *Machado de Assis*. Estudo crítico e biográfico. 6. ed. São Paulo: Ed. USP, 1988, p. 188.
[267] MAGALHÃES JR., Raymundo. Machado de Assis funcionário público. *Revista do Serviço Público*, Brasília, v. 56, n. 2, p. 237-248, abr./jun. 2005, p. 247.
[268] ASSIS, Machado de. Crônica de 27.07.1862, publicada no jornal *Semana Ilustrada*.
[269] PEREIRA, Lúcia Miguel. *Machado de Assis*. Estudo crítico e biográfico. 6. ed. São Paulo: Ed. USP, 1988, p. 236.

1.7.3 Zelo (responsabilidade, rigor e honestidade)

Ainda que um servidor público seja extremamente capaz e dedicado, seu desempenho poderia ser comprometido se fosse desidioso, descuidado, relapso ou mesmo indigno, o que aconteceria se a honestidade não estivesse presente.

Conforme demonstrado na trajetória de Machado de Assis como servidor, este também se destacou pelo zelo com a coisa pública, tendo, inclusive, sido considerado bastante rigoroso no cumprimento de seus deveres funcionais:

> Lindolfo Xavier, ainda jovem servindo como oficial de Gabinete do Ministério da Viação, legou um depoimento sobre o trabalho realizado por Machado de Assis na Diretoria de Contabilidade. Diz ele que Machado "[...] desdobrava-se em vertiginoso expediente, lia e estudava os processos, opinava com clareza e segurança de pontos de vista. Impugnava contas, requisitava esclarecimentos, reclamava provas e documentação das despesas. Meticuloso no confronto das colunas dos gastos com as verbas orçamentárias, exigia que se produzisse intensa luz sobre os assuntos em foco. E só dava parecer aprobatório quando não lhe restava mais dúvidas sobre o processo".[270]

Ainda nessa linha, há quem destaque que "o criterioso funcionário" era um "servidor exemplar, zeloso do cargo e fiel auxiliar, a quem se encomendavam tarefas importantes que logo se viam executadas com dedicação, inteligência e capacidade".[271]

De tão criterioso, rigoroso e meticuloso no exercício de suas atividades públicas, já se disse que "Machado era menos ávido pela agilidade e mais devoto da justiça bem dada",[272] o que demonstra que, embora atuasse de forma tempestiva (sem atrasar o trabalho), dava preferência às análises mais aprofundadas.

Foi exatamente por isso que o ministro Epitácio Pessoa chegou a reclamar de Machado de Assis, afirmando que este seria um "péssimo secretário" (não um péssimo funcionário). Sobre esse episódio:

---

[270] GUEDES, Paulo; HAZIN, Elizabeth. *Machado de Assis e a administração pública federal*. Senado Federal, Brasília, 2006, p. 60.
[271] Editorial "Machado de Assim, funcionário público". *Revista do Serviço Público*, Rio de Janeiro, p. 216, set. 1958.
[272] MATOS, Miguel. *Código de Machado de Assis*. São Paulo: Migalhas Jurídicas, 2021, p. 49.

> O ministro da Justiça Epitácio Pessoa, nomeado para substituir interinamente Severino Vieira, não se deu bem com Machado de Assis. Jovem, irrequieto, Epitácio estava então veraneando em Petrópolis. Pela manhã, atendia ao expediente da pasta da Justiça. À tarde, ia para o outro Ministério, onde Machado de Assis lhe fazia minuciosas exposições sobre cada assunto, apresentando-lhe em seguida as minutas dos despachos. Epitácio queria sempre abreviar as exposições, a fim de não perder a barca que saía da Prainha para Mauá, no fundo da baía, de onde nos fins do século passado partia o trem para Petrópolis. Algumas vezes perdeu a barca, só tomando a segunda e chegando à casa já em plena noite. Por isso disse um dia, de Machado: "Grande escritor, mas péssimo secretário!" Talvez Machado, sem o dizer, pensasse a mesma coisa de Epitácio: "Moço inteligente, mas muito afobado para ser um bom ministro!"[273]

Mestre das letras, Machado de Assis não despejava qualquer coisa nos despachos que apresentava nos processos administrativos. O capricho com que exercia a função pública era de impressionar:

> Não foi uma sinecura esse trabalho para Machado de Assis; o autor de Braz Cubas era tão consciencioso que nunca escrevia uma informação diretamente nos processos, fazia antes um rascunho, consertava-o, polia-o, e depois o copiava. Um seu companheiro de trabalho viu-o de uma feita recomeçar nove vezes a redação de um despacho, quando, já diretor de contabilidade, deveria estar mais que senhor das fórmulas de praxe.[274]

Assim, logo devem ser rechaçadas as opiniões, dissociadas da realidade, que considerassem que o escritor permanecia no serviço público apenas porque era uma pessoa já famosa. E ele não executava tarefas burocráticas repetitivas. A atividade administrativa de Machado demandava raciocínio, decisão, conhecimentos técnicos especializados e variados. Nesse último contexto, "parecia evidente, pelo estudo da rotina do serviço, que Machado examinava, pelo menos superficialmente, tudo que circulava em seu setor".[275]

---

[273] MAGALHÃES JR., Raymundo. Machado de Assis funcionário público. *Revista do Serviço Público*, Brasília, v. 56, n. 2, p. 237-248, abr./jun. 2005.
[274] PEREIRA, Lúcia Miguel. *Machado de Assis*. Estudo crítico e biográfico. 6. ed. São Paulo: Ed. USP, 1988, p. 167.
[275] CHALHOUB, Sidney. *Machado de Assis, historiador*. São Paulo: Companhia das Letras, 2003, p. 10.

Ademais, Machado de Assis tinha um grande senso de justiça e legalidade. Em uma crônica, chegou a afirmar: "Leis internacionais, constituições federais ou estaduais não são comigo. Eu sou, quando muito, homem de regimento interno",[276] demonstrando seu respeito e intimidade com as normas administrativas com as quais trabalhava diariamente. No exercício de suas funções públicas, Machado de Assis atuava com convicção:

> E ele não se deixava demover por argumentos ou súplicas quando estava certo de que decidia com critério e justiça. Foi o que se deu quando um advogado, que formulara um requerimento qualquer, cuja apreciação lhe competia, o procurou, insistindo em seus direitos e hipotéticas razões. Firme em suas convicções, Machado explicou que era contrário às pretensões formuladas e que seu parecer seria desfavorável ao pedido. A insistência dele instalou. Impaciente, Machado convidou o doutor a sentar-se em sua cadeira e lavrar seu próprio parecer. Era essa mesma firmeza, própria de quem estudou o assunto, que mantinha o escritor seguro, mesmo diante de juristas de escola[277]

Ademais, não há dúvidas de que atuava com lisura e honestidade. Apesar de ter conseguido deixar a pobreza de sua infância, Machado de Assis nunca enriqueceu, apesar de ter sido um escrito consagrado em vida, um jornalista atuante e um servidor público que alcançou cargos do alto escalão. Ademais, tinha escrúpulos, e não queria que pudessem ao menos suspeitar de sua honestidade:

> Machado, que já tinha então algumas economias, poderia ter comprado casa. Parece mesmo ter pensado nisso; mas preferiu não o fazer, temendo que, vendo-o próspero, pudessem os outros suspeitar da sua honestidade. Alma escrupulosa, cheia de melindres, a sua. De uma feita, um indivíduo cujas pretensões Machado despachara favoravelmente, julgou dever testemunhar-lhe a sua gratidão mandando-lhe uma joia, um alfinete de gravata de pérolas e brilhantes. Logo, eriçou-se a susceptibilidade doentia. Então o homem pensava que lhe podia pagar um despacho? E resolveu devolver o presente.[278]

---

[276] ASSIS, Machado de. Crônica de 15.03.1896, publicada no jornal *Gazeta de Notícias*.
[277] MATOS, Miguel. *Código de Machado de Assis*. São Paulo: Migalhas Jurídicas, 2021, p. 48.
[278] PEREIRA, Lúcia Miguel. *Machado de Assis*. Estudo crítico e biográfico. 6. ed. São Paulo: Ed. USP, 1988, p. 213.

Acrescente-se ainda que, embora tivesse ambição de subir na vida, tendo se esforçado muito para isso, "depois, alcançada a posição que lhe parecera sempre dever ser a sua, aquietou-se nela, sem buscar honras, sem cortejar a popularidade, sem almejar riquezas. Podendo, com o seu valor, ter aspirado a tudo, contentou-se com uma austera simplicidade".[279] Essa austeridade também lhe caracterizou como Presidente da Academia Brasileira de Letras. Josué Montello relatou o cuidado com que Machado de Assis teve com certa quantia recebida para custear as despesas de um ilustre visitante internacional ao Brasil:

> De sua angústia com esse dinheiro alheio, Machado de Assis nos deixou documento escrito, nas folhas de um diário inédito que ficaram guardadas na pasta relativa à visita do historiador italiano, no Arquivo da Academia Brasileira. Este documento, redigido de afogadilho, transmite-nos a impressão de que o mestre, receando talvez morrer de repente, cuidou de anotar, em seus mínimos detalhes, as providências que foi tomando – depósito em banco, número da caderneta de depósito, importâncias pagas – na linha do mais rigoroso escrúpulo. Por outro lado, compôs todo um elenco de recibos e faturas, para que de tudo ficasse a comprovação respectiva, ressalvando a lisura de seu proceder. E há mais: o velho chefe de contabilidade pôs em ação a sua prática de números e cifras, alinhando as despesas em largas folhas de almaço, de que a fez seguir a soma. Um guarda-livros de profissão haveria de fazer como ele fez.[280]

Outro exemplo do rigor e honestidade de Machado de Assis no exercício da função pública veio do depoimento do ex-ministro Francisco Glicério:

> Um dia, recebeu ele (Machado de Assis) uma carta de um ministro do Governo Provisório recomendando a pretensão de um funcionário do Ministério à aposentadoria com todos os vencimentos sem, contudo, ter o tempo necessário para isso. Ele não anuiu, e isso lhe custou uma agressão brutal por parte do pretendente, dentro mesmo do Gabinete da Diretoria. Machado de Assis pediu demissão da Secretaria de Estado, demissão que eu neguei, sustentando em seguida o seu ato, ou, antes, a sua informação.[281]

---

[279] PEREIRA, Lúcia Miguel. *Machado de Assis*. Estudo crítico e biográfico. 6. ed. São Paulo: Ed. USP, 1988, p. 162.
[280] MONTELLO, Josué. *O presidente Machado de Assis nos papéis e relíquias da Academia Brasileira*. Rio de Janeiro: José Olímpio, 1986, p. 84.
[281] MAGALHÃES JUNIOR, R. *Machado de Assis*: funcionário público. 2. ed. Ministério dos Transportes, Serviço de Documentação, 1970, p. 51.

1.7.4 Iniciativa (presteza, bom relacionamento e proatividade)

Machado de Assis não era um simples burocrata, que realizava tarefas mecanicamente, apenas por força do ofício. Tinha iniciativa, proatividade e espírito público. Nesse sentido, daremos um exemplo inconstestável:

> Em maio de 1892, quando o governo do marechal Floriano Peixoto ainda não havia completado um ano, Machado de Assis vira, no Diário Oficial, a publicação de um "relatório de invenção", firmado por um norte-americano, George Boyngton, que dizia ter descoberto "um processo engenhosíssimo inteiramente novo para a obtenção do capital necessário a um empreendimento qualquer". E acrescentava: "A idéia do inventor é aproveitar o bem conhecido espírito de especulação do povo, a fim de dirigir, a um destino novo e útil, o dinheiro empregado em especulações arriscadas". E adiante explicava que se tratava da "venda de cartões, em tal número e tal preço, que de seu produto, deduzidas as despesas, ficaria como lucro líquido o capital desejado." E ainda: "Exemplificando para maior clareza: dado que se precise, para uma empresa reunir o capital de 550:000$, anunciava-se a venda de 200.000 cartões, a 5$cada um, o que produzirá 1.000:000$. Dessa quantia há a deduzir: o desconto de 10% dos vendedores, 100:000$; as despesas dos anúncios e outras, 20:000$; os prêmios pagos em dinheiro, 330:000$; 450:000$. Restam os desejados 550:000$, que constituem o capital da companhia, dividido em ação de 200$ cada uma, das quais umas serão distribuídas por segundo sorteio e outras ficarão pertencendo ao inventor da distribuição sistemática"... Era uma arapuca, uma dupla loteria – e a patente já havia sido concedida, pelo Ministério da Fazenda, sob o número 1.140. Machado de Assis, por puro espírito público, ainda que se tratasse de assunto de outro ministério, resolveu intervir para promover a cassação de tal patente, aprovada por inadvertência do jovem ministro da Fazenda, Inocêncio Serzedelo Correia. Em caso anterior, quando outra patente fora concedida, para outra loteria dissimulada, a anulação fora promovida por via judicial, pois que fora outorgada pelo Governo Provisório, que tinha poderes não só executivos, mas legislativos. Depois de ouvir o parecer da 2a Seção da Diretoria de Comércio, Machado de Assis submetera o assunto à decisão do ministro da Agricultura, Comércio e Obras Públicas, Antão Gonçalves de Faria, pedindo que fosse promovida a anulação.[282]

---

[282] MAGALHÃES JR., Raymundo. Machado de Assis funcionário público. *Revista do Serviço Público*, Brasília, v. 56, n. 2, p. 237-248, abr./jun. 2005, p. 245.

Apesar de rigoroso, Machado de Assis, profundo conhecedor da alma humana, também era humano, tolerante, prestativo e solidário. Em determinado episódio narrado pelo ex-ministro Francisco Glicério, isso se evidencia:

> Noutra ocasião, ocorreu na Secretaria o caso seguinte: a mulher de um funcionário abandonou o marido e ligou-se a outro que também era funcionário do Ministério, seguindo-se um encontro entre ambos mesmo na seção em que trabalhavam. Sendo-me requerida a punição dos culpados, reuni os diretores, e ouvi muitas razões e muitos alvitres, concluindo todos pela punição. O Machado de Assis, porém, num longo e meditado parecer oral, discorreu de maneira judiciosamente interessante sobre o escândalo público pela abstenção do Ministério na apuração do caso em questão.[283]

1.7.5 Bônus: espirituosidade (vivacidade, motivação e bom humor)

Para fechar esta avaliação de desempenho do servidor público Machado de Assis, convém que sejam feitas algumas considerações sobre a motivação que levou o maior escritor brasileiro a se dedicar por quase meio século à Administração Pública.

Ademais, serão apresentadas algumas características que demonstram que a função pública pode conviver com o bom humor. No caso, a ironia fina, que é uma das principais características de Machado na literatura, também teria que estar presente em sua atuação na Administração Pública.

A respeito da motivação, é importante destacar que Machado não era um funcionário que trabalhava apenas por causa de sua remuneração. Nesse aspecto, o ex-ministro Francisco Glicério, que foi chefe hierárquico de Machado de Assis, ao ser entrevistado por Alfredo Pujol para livro publicado em 1919 sobre a vida do escritor, deu um depoimento valioso sobre a atuação funcional de Machado.

Disse Francisco Glicério que era comum que, após discutirem um processo de maior complexidade, "então lá vinha um parecer magnífico, longo, deduzido com aquela forma e pensamento inexcedíveis.

---

[283] MAGALHÃES JUNIOR, R. *Machado de Assis*: funcionário público. 2. ed. Ministério dos Transportes, Serviço de Documentação, 1970, p. 52.

Outrossim, ele tinha um prazer extraordinário, depois que os diversos informantes se entregavam às mais livres expansões das mais variadas ideias sobre o caso sujeito ao exame ministerial. Essas cenas eram quase diariamente repetidas".[284] Como se vê, Machado de Assis tinha um verdadeiro prazer em servir, em resolver os problemas que lhe eram delegados.

Por sua vez, no que diz respeito à vivacidade e bom humor no desempenho da função pública por Machado, Raymundo Magalhães Júnior catalogou algumas passagens que podem ser históricas ou anedóticas, mas que bem traduzem essas peculiaridades:

> O contínuo Ramiro Magalhães, coxeando de uma perna, apoiado na ponta do pé, meio zarolho também e meio gago, que trazia os papéis para o diretor despachar, observou:
> "– Dr. Machado, esse papel aí não é para a Contabilidade, é para a Diretoria de Obras..."
> Machado levantou-se da cadeira, também gaguejando disse:
> "– Seu Magalhães, sente-se nesta cadeira e venha despachar... Dê-me seu espanador que vou tirar o pó da cadeira e da mesa..."
> O Magalhães sumiu instantaneamente pela porta afora.[285]

> Certo cidadão tinha um papel pendente de informação a ser dada por Machado de Assis. Este, procurado pela parte interessada, declarou, sem subterfúgios, que era contrário à sua pretensão. Mas o postulante não se conformava com o ponto de vista do funcionário. Discorria sobre suas razões, sobre os seus hipotéticos direitos, explicava a Machado como seria possível atendê-lo. Machado, que o ouvia calado e atento, acabou por perder a paciência, levantou-se de sua cadeira, afastou-se um pouco e, com um gesto, convidou o tal sujeito a sentar-se.
> – Senhor diretor – disse então Machado –, tenha a bondade de sentar-se e lavrar o seu parecer...
> Só então o importuno compreendeu que estava sendo impertinente e retirou-se.[286]

---

[284] MAGALHÃES JUNIOR, R. *Machado de Assis*: funcionário público. 2. ed. Ministério dos Transportes, Serviço de Documentação, 1970, p. 49.
[285] MAGALHÃES JUNIOR, R. *Machado de Assis*: funcionário público. 2. ed. Ministério dos Transportes, Serviço de Documentação, 1970, p. 91.
[286] MAGALHÃES JUNIOR, R. *Machado de Assis*: funcionário público. 2. ed. Ministério dos Transportes, Serviço de Documentação, 1970, p. 61.

Certa vez fora Machado de Assis procurado por um senhor muito exaltado, que, tendo dado entrada em requerimento poucos dias antes, reclamava a demora do despacho. Machado ouviu-o e depois começou a descrever-lhe minunciosamente toda a história daquela Secretaria de Estado desde a sua criação, em 1860, em edifício situado noutro local da cidade. E todas as reformas administrativas, toda a organização interna dos serviços, etc. Interrompe-o, insofrido, o reclamante:

– Mas a que vem tudo isso? Que tem tudo isso com o meu papel?

– É que tudo isso foi imaginado desde 1860 e tudo isso foi feito e melhorado até agora apenas por causa do seu requerimentozinho, esperando por ele, para decidi-lo imediatamente sem demora de um dia sequer!

– Mas o meu requerimento é tão simples, tão claro, tão fácil de ser resolvido, que de maneira nenhuma se justifica a menor demora...

– Dou-lhe, então, os meus parabéns, redarguiu Machado de Assis.

– Por quê? Indaga surpresa o reclamante, já mais calmo.

– Porque o senhor conseguiu mais do que Jesus, que pregou uma doutrina tão simples, tão clara, tão fácil e há mil e tantos anos não tem sido compreendido, tem sido controvertido... O senhor, não. Fez uma petição tão clara que sequer precisa ser lida, ou interpretada. Dou-lhe os meus parabéns.[287]

Na capa dos processos, visando a facilmente identificá-los, era então usual colocar-se o nome por extenso do interessado. Entretanto, no processo de habilitação de montepio de senhora de sobrenome Alegre, escreveu Machado apenas: Montepio da Viúva Alegre.[288]

Raymundo Magalhães Júnior encontrou ainda um texto escrito para o teatro em 1908, pelo comediógrafo Arthur Azevedo, que narra um episódio representativo de como o servidor público Machado de Assis se comportava. Verdade ou ficção, ou um pouco dos dois, o que é mais provável, a cena retrata a disposição de servir de Machado, característica do funcionário sob análise que se tornou amplamente conhecida:

(Gabinete do Diretor do diretor geral de Contabilidade na Secretaria da Indústria, Machado de Assis está sentado, a trabalhar. Um sujeito entreabre timidamente a porta).

---

[287] MAGALHÃES JUNIOR, R. *Machado de Assis*: funcionário público. 2. ed. Ministério dos Transportes, Serviço de Documentação, 1970, p. 91.
[288] MATOS, Miguel. *Código de Machado de Assis*. São Paulo: Migalhas Jurídicas, 2021, p. 49.

O SUJEITO – Dá licença?

MACHADO DE ASSIS – Entre (o sujeito entra). Aqui tem uma cadeira, Sente-se e diga o que deseja.

O SUJEITO – Muito obrigado. (senta-se). Sr. Diretor, requeri há dias um pagamento no ministério. O requerimento subiu informado, e está nas mãos de vossa senhoria. (indicando um papel sobre a mesa). Olhe: é este!

MACHADO DE ASSIS – Mas que deseja o senhor?

O SUJEITO – Vim pedir a vossa senhoria que o faça subir hoje mesmo ao gabinete.

MACHADO DE ASSIS – Hoje não pode ser. Ainda não o examinei, e quero examiná-lo com atenção. Só amanhã subirá.

O SUJEITO – Amanhã é domingo.

MACHADO DE ASSIS – Nesse caso, será depois de amanhã. Desculpe. Preciso estar só (estende a mão ao sujeito). Preciso estar só. Tenho ainda muito que fazer.

O SUJEITO – Quero fazer ainda outro pedido a vossa senhoria, mas este em nome de minha filha.

MACHADO DE ASSIS – Diga depressa.

O SUJEITO – Ela ouviu que vossa senhoria é poeta, e manda pedir-lhe que escreva alguma coisa em seu álbum.

MACHADO DE ASSIS – Já não escrevo em álbuns, meu caro senhor, e demais este lugar é impróprio: não se tratam aqui de tais assuntos. (Estende a mão. Entra uma servente com uma bandeja de café. Machado de Assis oferece uma xícara ao sujeito). É servido?

O SUJEITO – Não, senhor, não tomo café, porque é um veneno, e peço-lhe que faça como eu: não o tome também.

MACHADO DE ASSIS (Restituindo a xícara à bandeja) – Pois não! É o terceiro pedido que me faz o senhor desde que está aqui. A este ao menos posso satisfazer. Hoje, não tomo café!

Tal cena do Teatro a vapor saiu a 07 de outubro de 1908, dez dias após a morte de Machado de Assis[289]

1.7.6 Conclusão da avaliação de desempenho

Após analisados todos os indicadores da *performance* do servidor público Joaquim Maria Machado de Assis, conclui-se que ele exerceu as diversas funções públicas que lhe foram atribuídas com elevado

---

[289] MAGALHÃES JUNIOR, R. *Machado de Assis*: funcionário público. 2. ed. Ministério dos Transportes, Serviço de Documentação, 1970, p. 93.

nível técnico, considerável dedicação, extraordinário zelo e grande iniciativa. E tudo isso em uma época em que não havia o nível de exigência, de cobrança e de fiscalização que existe atualmente. Na verdade, a trajetória de Machado de Assis se deu em um período em que a Administração Pública brasileira ainda se encontra mergulhada no modelo patrimonialista.

Desde logo, registre-se que estas conclusões fazem com que alguns lugares comuns possam ser (total ou parcialmente) contestados: em primeiro lugar, que Machado de Assis era um escritor que, apenas por motivos financeiros, permaneceu por décadas no serviço público. Ao que parece, a Administração Pública ocupou um lugar na vida de Machado que ainda não foi devidamente dimensionado.

Outra afirmação equivocada que costuma ser repetida é que, no período anterior à instalação da burocracia (anos 1930), a Administração Pública brasileira, mergulhada no patrimonialismo, não tinha organização. Os diversos relatos apresentados neste livro mostram que, ainda que de forma bastante limitada, já existia um serviço público organizado no país. Ou seja, já existia burocracia antes da instalação do modelo burocrático.

Acrescente-se que outro erro comum residiria na afirmação, com ares de fatalismo, de que todos aqueles que foram alçados aos cargos públicos nas eras da espoliação e dos cavalheiros não tinham compromisso com o interesse público. Essa generalização é inadequada, e tampouco se pode afirmar que Machado de Assis foi um ponto fora da curva. Evidentemente, o nível de dedicação e compromisso de Machado sobressaía, mas não significa que seus colegas de trabalho não fossem, em sua maioria, pessoas que tinham senso de dever e respeito com a coisa pública.

Também há outro preconceito difundido com certa frequência que precisa ser combatido: que o fato de Machado de Assis se dedicar a outras atividades (no caso, literatura e jornalismo) comprometia o cumprimento de seus deveres funcionais. Conforme destacado nesta pesquisa, isso definitivamente não aconteceu. Ao contrário: provavelmente, as atividades se complementavam, no sentido de que umas o qualificavam ainda mais para o desempenho das demais.

Por fim, para evitar (o quase inevitável) anacronismo, para concluir esta avaliação de desempenho, seria mais justo convocar um contemporâneo de Machado de Assis para dar seu parecer final. Assim, com a palavra, o ex-ministro Francisco Glicério, em depoimento dado em 1915 (sete anos após a morte do escritor):

Era (Machado) um polemista admirável nas controvérsias do Ministério, salvo sempre a opinião do governo, traço esse de sua educação política. Pode-se dizer sem temor de exagero que, na sua qualidade de funcionário público, jamais por ninguém foi excedido pela sua probidade, pelas suas maneiras, pela sua assiduidade notável e rara no trabalho da Secretaria de Estado, pela sua alta inteligência e cultura aplicada ao serviço de sua Diretoria. É só o que sei do ilustre M. de Assis, meu amigo e de cuja convivência tantas saudades tenho. Adeus e até sempre.[290]

---

[290] MAGALHÃES JUNIOR, R. *Machado de Assis*: funcionário público. 2. ed. Ministério dos Transportes, Serviço de Documentação, 1970, p. 52.

PARTE II

A ADMINISTRAÇÃO PÚBLICA NA CRÔNICA MACHADIANA

2.1 O cronista Machado de Assis

Não tem sido incomum encontrar escritores que tem se dedicado ao jornalismo no Brasil e no mundo. Tendo a palavra escrita como instrumento de trabalho, nomes consagrados da literatura vêm dividindo suas produções intelectuais entre as páginas dos livros e dos jornais:

> Desde as primeiras publicações de jornais no mundo ocidental, as notícias dividem espaço com a literatura. As redações tornaram-se o lugar (quase) perfeito encontrado pelos escritores para trabalharem de forma remunerada, tanto no Brasil quanto no exterior. Essa relação entre jornalismo e literatura, que foi marcada por grandes escritores-jornalistas, como Ernest Hemingway, Euclides da Cunha, Hunter Thompson, Graciliano Ramos, Honoré de Balzac, Jack London, Jorge Luís Borges e tantos outros, persiste até os dias de hoje, acompanhando o desenvolvimento tecnológico dos meios de comunicação.[291]

Para tais escritores, "os jornais e as revistas sempre foram uma forma de comunicação com o público, por isso o fato de muitos artistas verem na imprensa o caminho para elevar seu nome perante os leitores. O jornalismo, portanto, era uma espécie de carreira que se dava paralelamente à atividade literária".[292]

A missão que vem sido exercida pelo jornal nos últimos séculos é algo extraordinário, em especial, por dar voz à sociedade civil e permitir que as pessoas estejam cada vez mais bem informadas.

---

[291] RITTER, Eduardo. Escritores-jornalistas: uma tribo no campo jornalístico brasileiro. *Revista Pauta Geral – Estudos em Jornalismo*, Ponta Grossa, v. 2, n. 2, p. 88-104, ago./dez. 2014, p. 88.

[292] OLIVEIRA, Thainá Aparecida Ramos de; SILVA, Agnaldo Rodrigues da. Comentários da semana: uma análise das crônicas jornalísticas de Machado de Assis. *Revista de Estudos Acadêmicos de Letras*, v. 8, n. 2, dez. 2015, p. 146.

Machado de Assis foi mais um representante desta grande legião de escritores jornalistas, uma vez que trabalhou, durante várias décadas, em jornais do Rio de Janeiro, onde escrevia crônicas sobre os mais diversos assuntos. Em algumas oportunidades, ele fez questão de manifestar o valor da imprensa escrita. Em 1859, quando tinha apenas vinte anos de idade, escreveu uma crônica magnífica, que é uma verdadeira exortação ao jornal:

> O jornal é a verdadeira forma da república do pensamento. É a locomotiva intelectual em viagem para mundos desconhecidos, é a literatura comum, universal, altamente democrática, reproduzida todos os dias, levando em si a frescura das ideias e o fogo das convicções. O jornal apareceu, trazendo em si o gérmen de uma revolução. Essa revolução não é só literária, é também social, é econômica, porque é um movimento da humanidade abalando todas as suas eminências, a reação do espírito humano sobre as fórmulas existentes do mundo literário, do mundo econômico e do mundo social. Quem poderá marcar todas as consequências desta revolução? Completa-se a emancipação da inteligência e começa a dos povos.[293]

Naquele mesmo ano de 1859, Machado escreveria outra crônica em que já manifestava qual seria sua profissão de fé durante sua longa trajetória no jornalismo brasileiro: fazer tremer as aristocracias e defender os valores democráticos. Nesse sentido, seguem suas palavras:

> Houve uma coisa que fez tremer as aristocracias, mais do que os movimentos populares; foi o jornal. Devia ser curioso vê-las quando um século despertou ao clarão deste *fiat* humano; era a cúpula de seu edifício que se desmoronava. Com o jornal eram incompatíveis esses parasitas da humanidade, essas fofas individualidades de pergaminho alçado e leitos de brasões. O jornal que tende à unidade humana, ao abraço comum, não era um inimigo vulgar, era uma barreira... de papel, não, mas de inteligências, de aspirações. É fácil prever um resultado favorável ao pensamento democrático. A imprensa, que encarnava a ideia no livro, expendi eu em outra parte, sentia-se ainda assim presa por um obstáculo qualquer; sentia-se cerrada naquela esfera larga mas ainda não infinita; abriu, pois, uma represa que a impedia, e lançou-se uma noite aquele oceano ao novo leito aberto: o pergaminho será a Atlântida submergida.[294]

---

[293] ASSIS, Machado de. Crônica "O jornal e o livro", 10 jan. 1859, publicada no jornal *Correio Mercantil*.
[294] ASSIS, Machado de. Crônica "A reforma pelo jornal", 24 out. 1859, publicada no jornal *O Espelho*.

É importante destacar que, até a difusão da imprensa no século XIX, a sociedade brasileira ainda mantinha hábitos culturais formados no âmbito da oralidade, isto é, "o leitor brasileiro foi criado nos liames da palavra-espetáculo. O ornato o seduz, a reflexão o afasta. É preciso reeducá-lo. Para Machado de Assis, o jornal é a mídia adequada para levar essa tarefa a bom termo, conjugando práticas orais e práticas letradas".[295] Ademais, enquanto suporte de informação e cultura, o jornal poderia suprir as necessidades intelectuais do leitor. Mesmo em sua fase inicial, no Brasil do século XIX, "ele poderia ser lido em qualquer lugar, por uma ou por várias pessoas, poderia ser alvo de uma leitura coletiva, alcançando, assim, até mesmo receptores analfabetos – poderia ser, também, emprestado, vencendo limites, imposições e dificuldades financeiras".[296]

Consagrado como maior escritor brasileiro por conta de seus romances, contos e peças teatrais, Machado de Assis foi também um grande cronista do século XIX. "Durante quarenta anos, publicou mais de seiscentas crônicas e, graças ao seu talento, elevou seus textos jornalísticos ao mesmo estatuto de suas outras obras. O que deveria ser efêmero, por causa do veículo em que era publicado, tornou-se perene e fonte riquíssima de estudos literários, sociais e históricos".[297]

E sobre o que tratavam essas crônicas? "Nas crônicas machadianas, visualizamos um grande intérprete e conhecedor do Brasil. Através da ironia, Machado de Assis faz críticas e analisa os episódios ocorridos no país".[298]

Infelizmente, o estudo das crônicas de Machado de Assis tem sido negligenciado. Historiadores, críticos literários, biógrafos, entre outros, não têm dedicado tantas pesquisas às tão valiosas crônicas do escritor, seja por considerá-las um gênero menor da literatura, seja por crerem que se trata de textos sem maior qualidade ou até mesmo seriedade. Nesse contexto:

---

[295] PINA, Patrícia Kátia da Costa. Machado de Assis e o jornal no século XIX: a crônica educando o leitor. Disponível em: https://alb.org.br/arquivo-morto/edicoes_anteriores/anais15/Sem08/patriciapina.htm. Acesso em: 20 jan. 2024.

[296] PINA, Patrícia Kátia da Costa. Machado de Assis e o jornal no século XIX: a crônica educando o leitor. Disponível em: *https://alb.org.br/arquivo-morto/edicoes_anteriores/anais15/Sem08/patriciapina.htm*. Acesso em: 20 jan. 2024.

[297] CALLIPO, Daniela Mantarro. Machado de Assis cronista. A importância do contexto histórico para a análise das crônicas machadianas. *UNESP – FCLAs – CEDAP*, v. 1, n. 1, p. 13-29, 2005, p. 13.

[298] OLIVEIRA, Thainá Aparecida Ramos de; SILVA, Agnaldo Rodrigues da. Comentários da semana: uma análise das crônicas jornalísticas de Machado de Assis. *Revista de Estudos Acadêmicos de Letras*, v. 8, n. 2, p. 146, dez. 2015.

Ao correr os olhos pelo grande número de estudos críticos e biográficos sobre Machado de Assis e sua obra, percebe-se que as crônicas jornalísticas do autor não foram alvo de atenção expressiva da crítica especializada. Pode-se conjecturar que, para além do fato de a crônica ser considerada por parte da crítica como um "gênero literário menor", tal desatenção à atividade de cronista tão intensamente praticada por Machado de Assis – inicia-se ainda na década de 1850, sendo recorrente até o limiar do século XX – deva-se, em primeiro lugar, a certo obstáculo que a leitura desses textos gera: a interlocução com o tempo, afinal, para dizer com Antonio Candido, "essa moderna filha de Cronos [...] não tem pretensões a durar, uma vez que é filha do jornal e da era da máquina, em que tudo acaba tão depressa". Mesmo que nem sempre sejam dependentes do contexto, como bem afirma John Gledson, essas crônicas têm o seu escopo ampliado e iluminado pelo conhecimento de fatos contemporâneos ao cronista e seus leitores imediatos.[299]

O estudo das crônicas machadianas é duplamente importante: primeiro, para revelar o próprio Machado. Nesse sentido, "apesar de não atrair com tanta frequência o olhar mais apurado da crítica, muitas vezes ficando isolada do resto de sua obra, a produção jornalística de Machado de Assis já foi apontada, com justiça, como fundamental para o desenvolvimento da atividade literária do escritor".[300]

Em segundo lugar, o estudo das crônicas machadianas é relevante porque elas nos apresentam o contexto histórico, social, antropológico, cultural, político e administrativo do Brasil durante toda a segunda metade do século XX. Isso se evidencia pela seguinte razão: Machado foi testemunha privilegiada do que aconteceu no Brasil naquele período, já que vivia no Rio de Janeiro (capital do país), frequentava diferentes ambientes, dos mais humildes aos mais requintados, públicos e privados, conviveu com os principais personagens de seu tempo, e tudo isso sem falar de sua profunda capacidade de conhecer a alma humana:

> Testemunhou todas as grandes mudanças políticas do Brasil, no século XIX: passou pelo Império, pela Abolição da Escravatura, pela Proclamação da República. Comentava esses eventos políticos, inclusive utilizando-os como mote para suas obras literárias, como podemos

---

[299] SOARES, Leonardo Francisco. A guerra é uma ópera e uma grande ópera: as crônicas de Machado de Assis e a questão do oriente. *Machado Assis em Linha*, Rio de Janeiro, v. 5, n. 9, p. 155-170, jun. 2012, p. 156.

[300] SOARES, Leonardo Francisco. A guerra é uma ópera e uma grande ópera: as crônicas de Machado de Assis e a questão do oriente. *Machado Assis em Linha*, Rio de Janeiro, v. 5, n. 9, p. 155-170, jun. 2012, p. 157.

perceber em *Esaú e Jacó*, que retrata a disputa de dois irmãos, facilmente identificados como a Monarquia e a República. Circulava em ambientes sociais que entrelaçavam personalidades intelectuais e políticas, e a sua presença marcante foi traduzida pelas palavras de Rui Barbosa, proferidas por conta das homenagens em sua despedida final: modelo foi de pureza e correção, temperança e doçura; na família, que a unidade e devoção do seu amor converteu em santuário; na carreira pública, onde se extremou pela fidelidade e pela honra; no sentimento da língua pátria, em que prosava como Luís de Sousa, e cantava como Luís de Camões; na convivência dos seus colegas, dos seus amigos, em que nunca deslizou da modéstia, do recato, da tolerância, da gentileza. Neste 21 de junho de 2020, contam-se 181 anos da data de seu nascimento. Comemoramos sua herança literária, composta por nada menos que dez romances, mais de duzentos contos, dez peças teatrais, cinco coletâneas de poemas e sonetos, e mais de seiscentas crônicas, obras que foram assinadas como Machado de Assis, M-as, Dr. Semana, entre outros pseudônimos. E celebramos, igualmente, a genialidade de Machado de Assis, como uma das maiores referências da Literatura Brasileira, e também da intelectualidade e identidade nacionais.[301]

Todavia, aquele que se debruçar sobre as crônicas machadianas, deve estar ciente que, para compreendê-las, "é preciso conhecer o contexto em que foram escritas. O texto publicado em jornal, que comentava as notícias da semana, está fortemente vinculado a um determinado momento histórico. Ignorá-lo resulta em uma compreensão limitada – e por vezes errônea – da crônica".[302]

Ademais, o pesquisador interessado nestes textos há de se acostumar com eles, uma vez que "a crônica pode dizer as coisas mais sérias e mais empenhadas por meio do ziguezague de uma aparente conversa fiada. Mas igualmente sérias são as descrições alegres da vida, o relato caprichoso dos fatos, o desenho de certos tipos humanos, o mero registro daquele inesperado que surge de repente".[303]

Outro grande desafio do estudo das crônicas machadianas é sua extensão. Ao longo de sua vida, Machado de Assis trabalhou em

---

[301] FERREIRA, Raquel. O genial Machado de Assis. Fundação Biblioteca Nacional, 19 jun. 2020. Disponível em: https://www.gov.br/bn/pt-br/central-de-conteudos/noticias/o-genial-machado-de-assis. Acesso em: 25 nov. 2023.

[302] CALLIPO, Daniela Mantarro. Machado de Assis cronista. A importância do contexto histórico para a análise das crônicas machadianas. *UNESP – FCLAs – CEDAP*, v. 1, n. 1, p. 13-29, 2005, p. 13.

[303] CANDIDO, Antonio. A Vida ao Rés do Chão. *In*.: CANDIDO, Antonio *et al*. *A crônica*: o gênero, sua fixação e suas transformações no Brasil. Campinas, Rio de Janeiro: Ed. Unicamp, Fundação Casa de Rui Barbosa, 1992, p. 20.

diversos periódicos brasileiros, tendo escrito séries, hoje em dia reunidas em publicações acessíveis aos pesquisadores. Como resumo, segue a lista das referidas séries:

> Várias foram as séries, publicadas em diversos jornais, ao longo de quase quarenta anos: "Comentários da semana" [*Diário do Rio de Janeiro*] (12.10.1861 a 05.05.1862); "Crônicas do Dr. Semana" [*Semana Ilustrada*] (08.12.1861 a 26.06.1864); "Crônicas" [*O futuro*] (15.09.1862 a 1º.07.1863); "Ao acaso" [*Diário do Rio de Janeiro*] (12.07.1864 a 16.05.1865); "Cartas Fluminenses" [*Diário do Rio de Janeiro*] (05.03.1867 e 12.03.1867); "Badaladas" [*Semana Ilustrada*] (22.10.1871 a 1º.07.1873); "História de quinze dias" [*Ilustração Brasileira*] (1º.07.1876 a 1º.01.1878); "História de trinta dias" [*Ilustração Brasileira*] (fevereiro 1878 a março 1878); "Notas semanais" [*O Cruzeiro*] (02.06.1878 a 1º.09.1878); "Balas de estalo" [*Gazeta de Notícias*] (02.07.1883 a 06.11.1885); "Gazeta de Holanda" [*Gazeta de Notícias*] (1.11.1886 a 24.02.1888); "A+B" [*Gazeta de Notícias*] (12.09.1886 a 24.10.1886); "Bons dias!" [*Gazeta de Notícias*] (05.04.1888 a 21.08.1897); "A semana" [*Gazeta de Notícias*] (24.04.1892 a 28.02.1897).[304]

E como era o Machado de Assis cronista? Nos primeiros tempos, ele deu voz aos impulsos da juventude: "aos 25 anos, Machado de Assis é um cronista combativo e mordaz, e suas crônicas não raro são rebatidas na tribuna".[305] Aos poucos, vai passando a fazer mais uso da ironia para criticar. Ele dizia que "o folhetim é como os gatos: acaricia arranhando".[306] Na idade mais adulta, com o amadurecimento pessoal e profissional, ele passou a adotar um tom mais crítico:

> Por onde descobriria o ministério que o dia 25 seria ensanguentado pelos dentes do tigre popular? Onde encontrou sintomas denunciantes? Na imprensa? Não. Nunca ela foi mais moderada, nem mais sóbria no apontar os erros administrativos.[307]

> Eu gosto de catar o mínimo e o escondido. Onde ninguém mete o nariz, aí entra o meu com a curiosidade estreita e aguda que descobre o encoberto.[308]

---

[304] SOARES, Leonardo Francisco. A guerra é uma ópera e uma grande ópera: as crônicas de Machado de Assis e a questão do oriente. *Machado Assis em Linha*, Rio de Janeiro, v. 5, n. 9, p. 155-170, jun. 2012, p. 159.
[305] PIZA, Daniel. *Machado de Assis*: um gênio brasileiro. Imprensa Oficial do Estado de São Paulo, p. 110.
[306] ASSIS, Machado de. Crônica de 05.09.1864, publicada no jornal *Diário do Rio de Janeiro*.
[307] ASSIS, Machado de. Crônica de 25.03.1862, publicada no jornal *Diário do Rio de Janeiro*.
[308] ASSIS, Machado de. Crônica de 11.11.1897, publicada no jornal *A Semana*.

Em 1894, Machado de Assis chegou a escrever que gostaria muito que suas crônicas fossem lidas cinquenta anos depois. Imaginemos sua satisfação se ele descobrisse que suas crônicas estão sendo lidas e comentadas por este compilador do século XXI:

> há de ser agradável aos meus manes saber que um homem de 1944 dá alguma atenção a uma velha crônica de meio século. E se levares a piedade ao ponto de escrever em algum livro ou revista: "Um escritor do século XIX achou um caso de cor local que não nos parece destituído de interesse...", [...]. Sim, meu jovem capitão, ficarei contente, desde já te abençoo, compilador do século XX.[309]

E todas as opiniões de Machado de Assis, apresentadas em suas crônicas, são geniais? É evidente que não. Todos têm seus dias bons e seus dias ruins. Machado de Assis também tinha opiniões que, hoje em dia, seriam consideradas inadequadas ou, ao menos, bem polêmicas. Apesar do risco de anacronismo, segue um exemplo: ele era totalmente contrário à retomada dos Jogos Olímpicos no final do século XIX, chegando a afirmar que os espectadores não teriam nenhuma vantagem em assistir as competições simplesmente "porque não há apostas":

> Também a arqueologia é ciência, mas há de ser com a condição de estudar as coisas mortas, não as ressuscitar. Se quereis ver a diferença de uma e outra ciência, comparai as alegrias vivas do nosso jardim Zoológico com o projeto de ressuscitar em Atenas, após dois mil anos, os jogos olímpicos. Realmente, é preciso ter grande amor a essa ciência de farrapos para ir desenterrar tais jogos. Pois é do que trata agora uma comissão, que já dispõe de fundos e boa vontade. Está marcado o espetáculo para abril de 1896. Não há lá burros nem cavalos; há só homens e homens. Corridas a pé, luta corporal, exercícios ginásticos, corridas náuticas, natação, jogos atléticos, tudo o que possa esfalfar um homem sem nenhuma vantagem dos espectadores, porque não há apostas. Os prêmios são para os vencedores e honoríficos. Toda a metafísica de Aristóteles. Parece que há idéia de repetir tais jogos em Paris, no fim do século, e nos Estados Unidos em 1904. Se tal acontecer, adeus, América! Não valia a pena descobri-la há quatro séculos, para fazê-la recuar vinte.[310]

---

[309] ASSIS, Machado de. Crônica de 19.08.1894, publicada no jornal *Gazeta de Notícias*.
[310] ASSIS, Machado de. Crônica de 17.03.1895, publicada no jornal *Gazeta de Notícias*, seção A Semana.

Outra questão relevante: a imprensa brasileira era livre no século XIX? Na Constituição Imperial de 1824, estava previsto que "todos podem communicar os seus pensamentos, por palavras, escriptos, e publica-los pela Imprensa, sem dependencia de censura; com tanto que hajam de responder pelos abusos, que commetterem no exercicio deste Direito, nos casos, e pela fórma, que a Lei determinar" (art. 179, IV). Todavia, é importante destacar que muitos jornais recebiam subvenções do Império brasileiro. "É uma imprensa relativamente mais livre, ainda que muitas das demais publicações fossem subvencionadas pela Corte".[311]

E Machado de Assis realmente foi um cronista da Administração Pública brasileira? A resposta é sim. Para o escritor, que sempre teve uma grande preocupação social, a qualidade de vida da sociedade civil dependia da boa ou má atuação do Estado, seja na prestação de serviços públicos (como a limpeza urbana, a iluminação pública, o transporte público, o serviço postal), seja na cobrança de tributos. Nesse sentido, basta citar o trecho abaixo, retirado de uma crônica de 1862:

> As ruas do Rio de Janeiro andam imundas, porque os fiscais não se importam com isso. O luxo é extraordinário, porque poucos pagam as suas dívidas. A iluminação a gás não clareia depois de duas horas da noite, porque mandam apagar metade dos lampiões. As chuvas alagam a cidade, porque as valas estão sempre entupidas [...] Tudo entre nós é malfeito. Cada um puxa a brasa para sua sardinha. Quem sabe ler, escrever e contar é uma inteligência. [...] A Companhia dos Ônibus não tem burros gordos. A arborização não é das primeiras necessidades no nosso país. A lavoura não precisa de braços. [...] Daqui a cem anos teremos esgotos no Rio de Janeiro. Em 1999 o Correio há de melhorar o seu sistema de entrega de cartas. [...] Falta de patriotismo. Praticantes nas repartições saídos das escolas. Vagabundos de esquinas. Ratoneiros de galinhas. Cambistas de teatros e de cavalinhos. [...] Autoridades que maltratam as partes. [...] O corpo legislativo marchará de acordo se não houver interesses pessoais. [...] Não há repartição pública que não tenha mexeriqueiros. [...] A Biblioteca Pública só está aberta às horas em que ninguém precisa dela.[312]

Assim, por ter esta preocupação com o interesse público, em praticamente todas as crônicas de Machado de Assis (são mais de

---

[311] PIZA, Daniel. *Machado de Assis*: um gênio brasileiro. Imprensa Oficial do Estado de São Paulo, p. 169.
[312] ASSIS, Machado de. Crônica de 27.07.1862, publicada no jornal *Semana Ilustrada*.

seiscentas!), ele comentava e criticava aspectos relacionados à atuação estatal. Inclusive, na realidade, isto também estava presente em sua produção ficcional, embora de forma menos intensa. Por esta razão, o gênero "crônica" é importante e foi escolhido para o presente estudo:

> Vale a pena assinalar que o serviço público na obra machadiana, na sua segunda fase, principalmente, está ligado à visão disfórica, sofrendo a crítica contumaz e ácida, a ironia ferina e delicada, filtrada pelo humour do autor, que se espraia por todos os personagens. Nos romances machadianos, poucos personagens se salvam desta leitura desencantada de Machado de Assis com a sociedade de seu tempo e dos homens e mulheres que povoam seus romances e circulam pelas cidades brasileiras, preponderantemente, a cidade do Rio de Janeiro, mas também capital do país, e, por conseguinte, capital política e burocrática. Vistos desta forma, a crítica de Machado de Assis ao serviço público é mais uma extensão do que focalização e individualização. É menos uma inserção de personagens da vida pública na colmeia dos personagens de vários ofícios privados ou sem nenhum ofício (como o agregado José Dias), que uma proposital e segmentada atenção a uma atividade humana.[313]

2.2 Opiniões de Machado de Assis sobre questões jurídico-administrativas

Em suas crônicas publicadas nos jornais, geralmente com periodicidade quinzenal, entre os anos de 1859 e 1900, Machado de Assis manifestou opiniões sobre as mais diferentes temáticas que envolvem a atuação da Administração Pública. Tendo trabalhado toda a vida no serviço público, ele possuía um olhar aguçado sobre as questões que envolviam o Estado e suas relações com a sociedade civil.

Embora não se trate de um jurista de formação, pode-se afirmar que o autodidata e polímato Machado de Assis era um profundo conhecedor do Direito Administrativo, e isso se evidencia não apenas em seus pareceres e despachos nas repartições em que trabalhou, mas também em suas crônicas publicadas nos jornais, o que se demonstrará à continuação.

---

[313] FERNANDES, Ronaldo Costa. Machado de Assis: servidor público. Apresentação do livro. GUEDES, Paulo; HAZIN, Elizabeth. *Machado de Assis e a administração pública federal*. Brasília: Senado Federal, 2006, p. XVI.

A propósito, o ex-presidente José Sarney, em prefácio de livro que se dedicou a demonstrar a relação de Machado de Assis com as questões jurídicas, destacou que Machado tinha "conhecimento minucioso de todas as tarefas da Administração Pública", e isso abrangeria "o domínio do instrumento intelectual e sua aplicação com perfeição, envolvendo desde o zelo com a coisa pública – patrimônio ou direito – até o cuidado com o cidadão. O conhecimento do Direito Público fez, assim, parte da tarefa que se impôs: saber para servir".[314]

Por sua vez, na apresentação de livro que analisou a presença dos bacharéis em Direito nos romances de Machado de Assis, Cássio Schubsky e Miguel Matos ressaltaram que "o Direito invade completamente a vida e a obra do grande mestre", e que "a linguagem jurídica aparece em todos os recantos da vasta obra machadiana".[315]

Nas crônicas, como temos destacado, isso se torna ainda mais evidente, já que Machado comentava situações reais, do cotidiano administrativo, apresentando suas opiniões, sempre críticas e recheadas de ironia.

A metodologia a ser empregada a partir deste momento consiste na exposição *ipsis litteris* (de modo literal) das opiniões de Machado de Assis sobre questões que têm relação com a Administração Pública e com o Direito Administrativo, precedidas de alguns comentários jurídicos, históricos, sociológicos ou de outras áreas do conhecimento, que faremos a fim de contextualizar o leitor com a situação à qual a crônica de referia. Todavia, por uma questão de inviabilidade prática, diante do grande número (duas centenas) de citações de opiniões de Machado de Assis (que é o aspecto mais importante desta parte do livro), nem sempre será possível explicar todas as questões que envolveram a elaboração de cada crônica mencionada.

2.2.1 Patrimonialismo

A primeira grande temática escolhida para ilustrar as opiniões de Machado de Assis tem total relação com o momento histórico vivenciado pela Administração Pública brasileira durante o período de vida do escritor (1839-1908).

---

[314] SARNEY, José. Prefácio. *In*: MATOS, Miguel. *Código de Machado de Assis*. São Paulo: Migalhas Jurídicas, p. 8.
[315] SCHUBSKY, Cássio; MATOS, Miguel. *Doutor Machado*. O direito na vida e na obra de Machado de Assis. Ribeirão Preto: Migalhas, 2008, p. 8.

Embora ainda não se falasse em patrimonialismo, conceito criado pelo sociólogo alemão Max Weber no final do século XIX, o citado modelo de Administração Pública, em que espaço público e privado se confundem, vigorava em terras brasileiras.

Para Lilia Schwarcz, o patrimonialismo seria "resultado da relação viciada que se estabelece entre a sociedade e o Estado, quando o bem público é apropriado privadamente. Ou, dito de outra maneira, trata-se do entendimento, equivocado, de que o Estado é bem pessoal, "patrimônio" de quem detém o poder".[316]

Ao tratar do patrimonialismo e de nossa dificuldade histórica de superar práticas antigas, Schwarcz ressalta ainda que "várias formas de compadrio, a moeda de troca dos favores, o recurso a pistolões, o famoso hábito de furar fila, de levar vantagem, ou a utilização de intermediários se enraizaram nesta terra do uso abusivo do Estado para fins privados", e que "não pode haver república sem valores republicanos, e por aqui sempre fez falta o interesse pelo coletivo, a virtude cívica e os princípios próprios ao exercício da vida pública".[317]

Conhecedor das entranhas do Estado e das mazelas da sociedade brasileira, Machado de Assis, ao longo de sua trajetória jornalística, expressou várias opiniões sobre questões relacionadas às repercussões do patrimonialismo na vida do país. Todavia, vale a pena destacar que a maior parte destes pontos de vista foi expressada no início da carreira de Machado no serviço público.

Outra constatação a ser ressaltada é que Machado é tão (ou mais) crítico da sociedade brasileira que propriamente do Estado, o que demonstra que o patrimonialismo é, antes de tudo, um problema cultural. Nesse contexto:

> Como faremos eleições puras, se falsificamos o café, que nos sobra? Espírito da fraude, talento da embaçadela, vocação da mentira, força é engolir-vos também de mistura com a honestidade de taboleta.[318]

> Em nosso país a vulgaridade é um título, a mediocridade um brasão; para os que têm a fortuna de não se alarem além de uma esfera comum é que nos fornos do Estado se coze e tosta o apetitoso pão-de-ló, que é depois repartido por eles, para a glória de Deus e da pátria.[319]

---

[316] SCHWARCZ, Lilia. *Sobre o autoritarismo brasileiro*. São Paulo: Companhia das Letras, 2017, p. 65.
[317] SCHWARCZ, Lilia. *Op. cit.*, p. 64.
[318] ASSIS, Machado de. Crônica de 04.12.1892, publicada no jornal *A Semana*.
[319] ASSIS, Machado de. Crônica de 1º.11.1861, publicada no jornal *Diário do Rio de Janeiro*.

Um dos defeitos mais gerais, entre nós, é achar sério o que é ridículo, e ridículo o que é sério, pois o tato para acertar nestas cousas é também uma virtude do povo.[320]

Sobre a elite política, Machado de Assis não poupava os agentes públicos do alto escalão e sua ganância pelo poder e por atender seus interesses pessoais:

> A vida dos representantes da Nação é a mais agradável de todas as que existem.[321]

> A fome geral vem do pouco caso que se faz do povo, que só é considerado em vésperas de eleições.[322]

> Diz o rifão que quem nunca comeu mel quando come se lambuza. Não quero fazer aplicação do ditado, mas todo mundo está vendo que no banquete político está sentada muita gente com a boca suja.[323]

> O estadista que conta mil histórias sem cunho de verdade, escarra pelos cantos, palita os dentes, mente e sorri com ares de confidência, puxa o colarinho, passa a mão pela calva, endireita os óculos, fala no Peru e na colonização, nas presidências de províncias e nas demissões da alfândega, no déficit e no câmbio, nas flores de seu jardim e nas chuvas de setembro, nos burros do carro e na imprensa, e por fim ronca em um braço de sofá: é um dos maiores carrapatos da nossa sociedade. Há milhares e milhares de outros. Ponham todos a mão na consciência, e digam-me se não têm um tanto ou quanto de carrapatos. A esses carrapatos todos, acima referidos, pode dar-se o nome de – carrapatos políticos – porque são bem criados e atenciosos.[324]

> O meu programa cifra-se na seguinte frase de um grande estadista: – Justiça a todos e favor ao meu moleque.[325]

---

[320] ASSIS, Machado de. Crônica de 28.03.1865, publicada no jornal *Diário do Rio de Janeiro*.
[321] ASSIS, Machado de. Crônica de 27.07.1862. In: *Crônicas (1859-1888)*.
[322] ASSIS, Machado de. Crônica de 28.09.1862. In: *Crônicas (1859-1888)*.
[323] ASSIS, Machado de. Crônica de 15.05.1864. In: *Crônicas (1859-1888)*.
[324] ASSIS, Machado de. Crônica "Carrapatos políticos", de 28.09.1862, publicada no jornal *A Semana*, seção Dr. Semana.
[325] ASSIS, Machado de. Crônica de 06.12.1863, publicada no jornal *Semana Ilustrada*.

Acerca de características patrimonialistas como o favoritismo, o nepotismo, o empreguismo e o fisiologismo, o escritor denunciou tais práticas:

> Para alguma coisa há de servir a amizade política[326]
>
> Todo deputado tem afilhados. Quem não tem dinheiro não tem amigos. O interesse individual é a grande mola dos partidos políticos do mundo.[327]
>
> Ser hoje liberal e amanhã conservador e depois puritano e depois cousa nenhuma[328]
>
> Um empregado inteligente sem proteção, e outro estúpido, afilhado de barão ou de conselheiro, este é o que tem acesso[329]

A tendência da sociedade brasileira de depender do Estado, de não se emancipar, não passou desapercebida por Machado de Assis:

> Pela segunda vez, acabo de ler em Cleveland a palavra paternalismo. Não sei se é uma invenção dele, se de outro americano, se dos ingleses. Sei que temos a cousa, mas não temos o nome, e seria bom tomá-lo, que é bonito e justo. A cousa é aquele vício de fazer depender tudo do governo, seja uma ponte, uma estrada, um aterro, uma carroça, umas botas. Tudo se quer pago por ele com favores do Estado, e, se não paga, que faça à sua custa. O presidente dos Estados Unidos execra esse vício.[330]

Sobre o hábito do brasileiro de descumprir as leis, ainda presente na atualidade, Machado de Assis já destacava em 1878:

> No Brasil, por isso que todos são grandes, ninguém gosta de obedecer.[331]
>
> Duas coisas, entretanto, perduram no meio da instabilidade universal: 1º a constância da polícia, que todos os anos declara editalmente ser proibido queimar fogos, por ocasião das festas de São João e seus

---

[326] ASSIS, Machado de. Crônica de 14.01.1862. In: *Crônicas (1859-1888)*.
[327] ASSIS, Machado de. Crônica de 27.07.1862. In: *Crônicas (1859-1888)*.
[328] ASSIS, Machado de. Crônica de 27.07.1862. In: *Crônicas (1859-1888)*.
[329] ASSIS, Machado de. Crônica de 27.07.1862. In: *Crônicas (1859-1888)*.
[330] ASSIS, Machado de. Crônica de 19.07.1896, publicada no jornal *A Semana*.
[331] ASSIS, Machado de. Crônica de 27.07.1862, publicada no jornal *Semana Ilustrada*.

comensais; 2º a disposição do povo em desobedecer às ordens da polícia. A proibição não é simples vontade do chefe; é uma postura municipal de 1856. Anualmente aparece o mesmo edital, escrito com os mesmos termos; o chefe rubrica essa chapa inofensiva, que é impressa, lida e desrespeitada. Da tenacidade com que a polícia proíbe, e da teimosia com que o povo infringe a proibição, fica um resíduo comum: o trecho impresso e os fogos queimados. Se eu tivesse a honra de falar do alto de uma tribuna, não perdia esta ocasião de expor longa e prudhommescamente o princípio da soberania da nação, cujos delegados são os poderes públicos; diria que, se a nação transmitiu o direito de legislar, de judiciar, de administrar, não é muito que reservasse para si o de atacar uma carta de bichas; diria que, sendo a nação a fonte constitucional da vida política, excede o limite máximo do atrevimento empecer-lhe o uso mais inofensivo do mundo, o uso do busca-pé. Levantando a discussão à altura da grande retórica, diria que o pior busca-pé não é o que verdadeiramente busca o pé, mas o que busca a liberdade, a propriedade, o sossego, todos esses pés morais (se assim me pudesse exprimir), que nem sempre soem caminhar tranquilos na estrada social; diria, enfim, que as girândolas criminosas não são as que ardem em honra de um santo, mas as que se queimam para glorificação dos grandes crimes. Que tal? Infelizmente não disponho de tribuna, sou apenas um pobre-diabo, condenado ao lado prático das coisas; de mais a mais míope, cabeçudo e prosaico. Daí vem que, enquanto um homem de outro porte vê no busca-pé uma simples beleza constitucional, eu vejo nele um argumento mais em favor da minha tese, a saber, que o leitor nasceu com a bossa da ilegalidade. Note que não me refiro aos sobrinhos do leitor, nem a seus compadres, nem a seus amigos; mas tão-somente ao próprio leitor. Todos os demais cidadãos ficam isentos da mácula se a há.[332]

2.2.2 Autoritarismo

No século XIX, a sociedade brasileira não só era patrimonialista, como também autoritária. Para Lilia Schwarcz, consolidou-se no Brasil colonial "uma sociedade marcada pela autoridade do senhor, que a exercia cobrando caro pelos 'favores' feitos e assim naturalizava o seu domínio". Nesse contexto de dominação patriarcal, "capital, autoridade, posse de escravizados, dedicação à política, liderança diante de vasta parentela, controle das populações livres e pobres, postos na Igreja e na Administração Pública constituíram-se em metas fundamentais desse

---

[332] ASSIS, Machado de. Crônica de 16.06.1878, publicada no jornal *O Cruzeiro*.

lustro de nobreza que encobria muita desigualdade e concentração de poderes".[333]

Roberto Da Matta já destacava que "algumas sociedades instituem formas de controle social autoritário e outras conseguem um balanço equilibrado entre o indivíduo e o Estado".[334] Ao longo de sua história, da colônia ao século XXI, o Brasil sempre enveredou pelo primeiro caminho.

Machado de Assis tinha plena consciência de que vivia em uma sociedade desigual, escravocrata, hierarquizada. E que os valores democráticos e a cidadania teriam grande dificuldade de se instalar por estas bandas. Sabia que uma coisa era a democracia formal, outra era a democracia real:

> É uma cousa santa a democracia – não a democracia que faz viver os espertos, a democracia do papel e da palavra –, mas a democracia praticada honestamente, regularmente. Quando ela deixa de ser um sentimento para ser simplesmente forma, quando deixa de ser idéia para ser simplesmente feitio, nunca será democracia – será espertocracia, que é sempre o governo de todos os feitios e de todas as formas.[335]

> A democracia, sinceramente praticada, tem seus Gracos e seus Franklins; quando degenera em outra cousa, tem os seus Quixotes e os seus Panças, Quixotes no sentido da bravata, Panças no sentido do grotesco.[336]

O escritor criticava aqueles que se julgavam superiores e faziam o uso da força e da violência para impor determinadas situações e, especialmente, para oprimir as pessoas mais humildes:

> Nada mais absurdo e aborrecido que as opiniões violentas e despóticas; nem o nome de opiniões merecem: são puramente paixões que, por honra nossa, não alimentaremos nunca.[337]

---

[333] SCHWARCZ, Lilia. *Sobre o autoritarismo brasileiro*. São Paulo: Companhia das Letras, 2017, p. 45.
[334] DAMATTA, Roberto. *Carnavais, malandros e heróis*. Para uma sociologia do dilema brasileiro. 6. ed. Rio de Janeiro: Rocco, 1997, p. 34.
[335] ASSIS, Machado de. Crônica de 24.10.1864, publicada no jornal *Diário do Rio de Janeiro*.
[336] ASSIS, Machado de. Crônica de 24.10.1864, publicada no jornal *Diário do Rio de Janeiro*.
[337] ASSIS, Machado de. Crônica de 21.03.1865. *In*: *Crônicas 1º volume (1859-1863), 2º volume (1864-1867)*.

Dizia não sei que homem de Estado que é de boa política fazer o mal, porque depois toda concessão é considerada um bem de valor real.[338]

Eu sou justo, e não posso ver o fraco esmagado pelo forte. Além disso, nasci com certo orgulho, que já agora há de morrer comigo. Não gosto que os fatos nem os homens se me imponham por si mesmos. Tenho horror a toda superioridade.[339]

2.2.3 Burocracia

Embora tenha escrito suas crônicas no século XIX, Machado de Assis já condenava os excessos burocráticos. Habituado com a rotina administrativa das repartições públicas, ele sabia que a burocracia, embora fosse essencial para organização das tarefas da Administração Pública, também tinhas disfunções, que precisavam ser eliminadas.

Essas constatações demonstram que, mesmo antes da instalação do modelo burocrático na Administração Pública brasileira, nos anos de 1930, no governo de Getúlio Vargas, a máquina administrativa já estava sujeita a procedimentos padronizados, rotinas de trabalho e outras características burocráticas.

Na realidade, o anarquista francês Pierre-Joseph Proudhon, no século XIX, já criticava os abusos da burocracia:

> Ser governado é: ser guardado à vista, inspecionado, espionado, dirigido, legisferado, regulamentado, depositado, doutrinado, instituído, controlado, avaliado, apreciado, censurado, comandado por outros que não têm nem o título, nem a ciência, nem a virtude. Ser governado é: ser em cada operação, em cada transação, em cada movimento, notado, registrado, arrolado, tarifado, timbrado, medido, taxado, patenteado, licenciado, autorizado, apostilado, admoestado, estorvado, emendado, endireitado, corrigido. É, sob pretexto de utilidade pública, e em nome do interesse geral: ser pedido emprestado, adestrado, espoliado, explorado, monopolizado, concussionado, pressionado, mistificado, roubado.
>
> Depois, à menor resistência, à primeira palavra de queixa: reprimido, corrigido, vilipendiado, vexado, perseguido, injuriado, espancado, desarmado, estrangulado, aprisionado, fuzilado, metralhado, julgado, condenado, deportado, sacrificado, vendido, traído e, para não faltar nada, ridicularizado, zombado, ultrajado, desonrado.[340]

---

[338] ASSIS, Machado de. Crônica de 24.12.1861. In: *Crônicas (1859-1888)*.
[339] ASSIS, Machado de. Crônica de 10.07.1892, publicada no jornal *A Semana*.
[340] PROUDHON, Pierre-Joseph. *A propriedade é um roubo*. Porto Alegre: L&PM Pocket, 2001, p. 114-115.

No trecho selecionado de uma crônica de 1893, Machado de Assis dá uma verdadeira aula sobre um dos males do Brasil, o papelório:

> Uma daquelas idéias com que nos criam e nos põem a andar é a do papelório. Julgo não ser preciso dizer o que seja papelório. Papelório exprime o processo do executivo, os seus trâmites e informações; ninguém confunde esta idéia com outra. Quando um homem não tem outra cólera, tem esta bela cólera, contra o papelório. Terra do papelório! costuma dizer um ancião que por falta de meios, amor ao distrito, medo ao mar, doença ou afeições de família, nunca pôs o nariz fora da barra. Terra do papelório! Ele não quer saber se a burocracia francesa é mãe da nossa. Também não lhe importa verificar se a administração inglesa é o que diz dela o filósofo Spencer, complicada, morosa e tardia. Terra do papelório! É uma idéia.[341]

Em outra oportunidade, ele destaca as mazelas da burocracia em um episódio digno de um livro de Kafka:

> Vi publicado o despacho de um juiz mandando que o escrivão numere os autos da Companhia Geral das Estradas de Ferro desde as folhas mil e tantas, em que a numeração havia parado. O despacho não diz quantas são as folhas a numerar, nem a imaginação pode calcular as folhas que terão de ser ainda escritas e ajuntadas a este processo. Duas mil? Três mil? Entendendo pela imaginação todas as folhas possíveis, ao lado das linhas férreas que a companhia chegaria a possuir, creio que o papel venceria o ferro.[342]

Com sua fina ironia, Machado debocha do insulamento burocrático, da autorreferencialidade, da preocupação exclusiva com o meio, com os processos, com os regulamentos:

> o que nos importa saber é que os nossos governos são, salvas as devidas exceções, mais fatalistas que um turco de velha raça. Seria este ministério uma exceção? Não; tudo nele indica a filiação que o liga intimamente aos da boa escola. É um ministério-modelo; vive do expediente e do aviso; pouco se lhe dá do conteúdo do ofício, contanto que tenha observado na confecção dele as fórmulas tabeliosas; dorme à noite com a paz na consciência, uma vez que de manhã tenha assinado o ponto na secretaria.[343]

---

[341] ASSIS, Machado de. Crônica de 12.03.1893, publicada no jornal *A Semana*.
[342] ASSIS, Machado de. Crônica de 14.03.1893, publicada no jornal *Gazeta de Notícias*.
[343] ASSIS, Machado de. Crônica de 1º.11.1861, publicada no jornal *Diário do Rio de Janeiro*.

2.2.4 Interesse público

O tema central do Direito Administrativo não passou incólume pelas crônicas machadianas. Isso não poderia ser diferente, já que Machado tinha uma preocupação que se evidencia em seus textos publicados nos jornais da capital do país: seu ofício não era apenas o de informar a população, mas, principalmente, de interferir na realidade em que vivia, em prol do interesse coletivo.

Desde sua primeira crônica, publicada no dia 11 de setembro de 1859, até a última, que foi apresentada ao público em 11 de novembro de 1900, Machado de Assis atuou na busca pelo "progresso", "manifestando seu olhar crítico sobre o cenário político nacional".[344] Esse progresso nada mais era que a realização do interesse público.

Um aspecto interessante acerca dessa temática é o grande número de diferentes expressões utilizadas para representar o interesse público. Nesse sentido, no primeiro ano de sua atividade jornalística, em 1859, fez referência ao "destino coletivo":

> Eu não creio no destino individual, mas aceito o destino coletivo da humanidade.[345]

Em 1861, o cronista manifestou sua preocupação com a questão da "opinião pública":

> Uma raridade vulgarmente rara: o governo de acordo com a opinião pública.[346]

Acrescente-se que, quando ainda cobria o Senado como jornalista, em crônica de 1864, Machado registrou os inícios dos trabalhos parlamentares naquele ano, oportunidade em que chamou o interesse público de "felicidade pública":

> Começaram já os trabalhos da augusta salinha. Os deputados provinciais preparam-se para afiar a língua na pedra do orçamento provincial, sobre a qual deve ser levantada a igrejinha da felicidade pública.[347]

---

[344] SAMYN, Henrique Marques. Prefácio Machado, o cronista. *Machado de Assis*. Todas as crônicas: v. 1. Aquarelas e outras crônicas (1859-1878). Rio de Janeiro: Nova Fronteira, 2021, p. 12.
[345] ASSIS, Machado de. Crônica "A reforma pelo jornal", de 23.10.1859. *In*: *Crônicas (1859-1888)*.
[346] ASSIS, Machado de. Crônica de 25.11.1861. *In*: *Crônicas (1859-1888)*.
[347] ASSIS, Machado de. Crônica de 24.04.1864, publicada no jornal *A Semana*, seção Dr. Semana.

Em certa ocasião, referiu-se ao interesse público como "os desejos de todos os munícipes":

> Já tive ocasião de manifestar os meus desejos de que a nova câmara realize os desejos de todos os munícipes. Esses desejos limitam-se a que trate do município seriamente, acudindo às suas necessidades mais urgentes, empregando utilmente as suas rendas, melhorando o pessoal do seu serviço, corrigindo ainda, se for preciso, os regulamentos a que está sujeito esse pessoal, de maneira que o clamor público venha a calar-se, e a cidade e seus subúrbios possam viver contentes e felizes.[348]

Expressão que voltou a ser utilizada no século XXI, especialmente a partir do direito comunitário europeu, o "interesse geral" também foi citado por Machado de Assis em crônica de 1876. Destaque para sua opinião acerca do fundo de emancipação dos escravos, o que demonstra seu engajamento na causa da abolição:

> De interesse geral é o fundo de emancipação, pelo qual se acham libertados em alguns municípios 230 escravos. Só em alguns municípios. Esperemos que o número será grande quando a libertação estiver feita em todo o Império.[349]

Por sua vez, em 1886, o termo empregado pelo cronista para se referir àquilo que justifica a existência do Estado foi "bem comum":

> Tristezas não valem razões de Estado; e, se o bem comum o exige, devem converter-se em alegrias.[350]

Democrata convicto, Machado de Assis revelava em 1894 a relevância da "discussão pública":

> A discussão pública dos negócios é o que mais convém às democracias.[351]

Já na fase final de sua carreira jornalística, em 1895, fez uso da expressão "conciliação pública":

---

[348] ASSIS, Machado de. Crônica de 11.09.1864, publicada no jornal *Diário do Rio de Janeiro*.
[349] ASSIS, Machado de. Crônica de 1º.10.1876, publicada na *Revista Illustração Brasileira*, seção História de Quinze Dias.
[350] ASSIS, Machado de. Crônica de 07.06.1896, publicada no jornal *A Semana*.
[351] ASSIS, Machado de. Crônica de 07.10.1894, publicada no jornal *A Semana*.

Se há dinheiro que sobre, há naturalmente conciliação pública. Nas casas de pouco pão é que o adágio acha muito berro e muita sem razão.[352]

Assim, embora tenha adotado diferentes nomes (destino coletivo, opinião pública, felicidade pública, os desejos de todos os munícipes, interesse geral, bem comum, discussão pública, conciliação pública), a ideia era a mesma: prestigiar a vontade da coletividade na atuação estatal. Por sua vez, o não atendimento ao interesse público é chamado por Machado de Assis como "fome geral":

> A fome geral vem do pouco caso que se faz do povo, que só é considerado em vésperas de eleições.[353]

Ademais, é importante registrar que Machado de Assis também sabia que o interesse público se alcança satisfazendo os interesses dos particulares:

> É necessário que doteis o país de leis, que, longe de molestar as algibeiras dos particulares, possam engrandecê-los e torná-los verdadeiros habitantes de uma nação.[354]

Em importante trecho de crônica de 1892, Machado de Assis demonstrou todo seu espírito republicano (ainda que fosse simpático à monarquia, e mais propriamente, a Dom Pedro II):

> A quem prejudico eu, tirando ao Estado? A mim mesmo, porque o tesouro, nos governos modernos, é de todos nós. Verdadeiramente, tiro de um bolso para meter no outro. Luís XIV dizia: "O Estado sou eu!" Cada um de nós é um tronco miúdo de Luís XIV, com a diferença de que nós pagamos os impostos, e Luís XIV recebia-os...[355]

Analisando o momento histórico do final do século XIX, Machado de Assis chegou até mesmo a falar de uma possível chegada do socialismo em terras brasileiras:

---

[352] ASSIS, Machado de. Crônica de 03.03.1895, publicada no jornal *Gazeta de Notícia*, seção A Semana.
[353] ASSIS, Machado de. Crônica de 27.07.1862, publicada no jornal *Semana Ilustrada*.
[354] ASSIS, Machado de. Crônica de 11.10.1863, publicada no jornal *Semana Ilustrada*.
[355] ASSIS, Machado de. Crônica de 03.07.1892, publicada no jornal *Semana Ilustrada*, seção A Semana.

Não nos aflijamos se o socialismo apareceu na China primeiro que no Brasil. Cá virá a seu tempo. Creio até que já há um esboço dele. Houve, pelo menos, um princípio de questão operária, e uma associação de operários, organizada para o fim de não mandar operários à Câmara dos Deputados, ao contrário dos que fazem os seus colegas ingleses e franceses. Questão de meio e tempo. Cá chegará; os livros já aí estão há muito; resta só os traduzir e espalhá-los.[356]

2.2.5 Princípios

Tema fundamental do pós-positivismo (neoconstitucionalismo) das décadas finais do século XX e iniciais do XXI, a principiologia já estava referenciada nas crônicas de Machado de Assis mais de um século antes.

Conforme se verá nas próximas páginas, localizamos passagens em que o escritor jornalista fez comentários sobre princípios gerais da Administração Pública que somente seriam positivados na Constituição de 1988. Evidentemente, nem sempre Machado de Assis utilizou o nome do princípio que hoje em dia foi consagrado, como impessoalidade ou moralidade. Todavia, as ideias que giram em torno dos citados valores jurídicos foram difundidas nas crônicas machadianas.

Por sua vez, em relação aos princípios de uma forma geral, existem algumas opiniões que merecem ser compartilhadas com os leitores. Primeiramente, ele revelou claramente a fundamentalidade dos princípios, ao afirmar que:

> Eu não pediria jamais uma cousa que me aproveitasse em detrimento de um princípio.[357]

Em outra oportunidade, Machado de Assis chega ao ponto de destacar qual é o papel exercido pelos princípios:

> Não há interesse que valha um princípio, e o princípio é dar ao uso o caráter geral que lhe cabe.[358]

---

[356] ASSIS, Machado de. Crônica de 15.04.1894, publicada no jornal *A Semana*.
[357] ASSIS, Machado de. Crônica de 19.07.1896, publicada no jornal *A Semana*.
[358] ASSIS, Machado de. Crônica de 25.10.1896, publicada no jornal *A Semana*.

Em episódio que envolveu o Ministro da Marinha, utilizou a expressão "preceitos da prudência e de justiça" como sinônimo de princípios:

> O ministro da Marinha não se intrometeu em atribuições privativas de outrem nem procurou exercer pressão sobre o espírito dos peritos do arsenal, no intuito de arrancar-lhes opinião favorável ao vapor Princesa de Joinville; sua intervenção neste negócio foi estritamente legal e ditada pelos preceitos da prudência e de justiça.[359]

Em outra crônica, Machado é até mesmo profético, ao destacar que os princípios, por sua baixa densidade normativa, são fonte de polêmica (ou não é isto que se discute em 2024?):

> Como se poderia contar, com verossimilhança, em simples prosa, o caso de Santa Catarina? O governador dissolveu um tribunal; divergem as opiniões no ponto de saber se ele podia ou não o fazer. Compreendo a divergência; são questões legais ou constitucionais, e os princípios fizeram-se para isto mesmo, para dividir os homens, já divididos pelas paixões e pelos interesses.[360]

2.2.6 Legalidade

Para iniciar a análise dos princípios da Administração Pública nas crônicas machadianas, passaremos a apresentar o pensamento do escritor sobre o princípio que foi a gênese do Direito Administrativo: a legalidade.

De pronto, destaquemos que Machado de Assis tinha uma imensa estima pela Constituição:

> A Constituição é ainda uma das melhores cousas que possuímos.[361]

> Quando uma Constituição livre pôs nas mãos de um povo o seu destino, força é que este povo caminhe para o futuro com as bandeiras do progresso desfraldadas. A soberania nacional reside nas Câmaras; as Câmaras são a representação nacional. A opinião pública deste país é o magistrado último, o supremo tribunal dos homens e das coisas.[362]

---

[359] ASSIS, Machado de. Crônica de 08.02.1862, publicada no jornal *Diário do Rio de Janeiro*.
[360] ASSIS, Machado de. Crônica de 1º.04.1893, publicada no jornal *A Semana* (1º Volume – 1892-1893).
[361] ASSIS, Machado de. Crônica de 29.11.1864. In: *Crônicas (1864-1863)*.
[362] ASSIS, Machado de. Crônica de 15.08.1876, publicada na revista *Illustração Brasileira*.

O direito da força, o direito da autoridade bastarda consubstanciada nas individualidades dinásticas vai cair. Os reis já não têm púrpura, envolvem-se nas constituições. As constituições são os tratados de paz celebrados entre a potência popular e a potência monárquica.[363]

Acerca da necessidade de a sociedade civil e os órgãos estatais terem respeito e obediência às leis, ele considerava que:

> Obediência à lei é necessidade máxima.[364]

Todavia, ele tinha uma clara noção de que o sentimento de legalidade não estava arraigado na alma do brasileiro. Em crônica escrita em 1894, de forma lapidar, ele descreve como o respeito às leis, tão necessário à vida nacional, é algo desprezado por cidadãos hipócritas, que não fazem o que pregam:

> Acha-se impresso mais um livro que estes meus olhos nunca hão de ler; é o Código de Posturas. Não por ser código, nem por serem posturas; as leis devem ser lidas e conhecidas. Mas eu conheço tanta postura que se não cumpre, que receio ir dar com outras no mesmo caso e acabar o livro cheio de melancolia. Também não é por serem posturas que muitos não gostam de obedecer-lhes; o nome não faz mal à coisa. É por ser coisa legal. Pessoas há que acham palavras duras contra a inobservância de um decreto federal, e, ao dobrar a primeira esquina, infringem tranquilamente o mais simples estatuto do município. O sentimento da legalidade, vibrante como oposição, não o é tanto como simples dever do indivíduo. A primeira criatura que me falou indignada (há quantos anos!) da postergação das leis era um homem ruivo, que não pagava as décimas da casa.[365]

Em outro momento, ao relatar um episódio de descumprimento a uma lei municipal, destaca o que chama de "respeito fedorento das leis", que produziria o mesmo mal que um "velho sapato que deforma o pé sem melhorar a andadura". Ele ressalta ainda que as leis, por servirem para "conjugar os interesses humanos" (e isto é "a base da harmonia social"), devem ser cumpridas e, se não são boas, devem ser revogadas ou alteradas, mas não desrespeitadas:

---

[363] ASSIS, Machado de. Crônica "O jornal e o livro", de 10.01.1859, publicada no jornal *Correio Mercantil*.
[364] ASSIS, Machado de. Crônica de 1º.09.1878. In: *Crônicas (1878-1888)*.
[365] ASSIS, Machado de. Crônica de 21.01.1894, publicada no jornal *A Semana*.

Li que o pescado que comemos é morto a dinamite, e que há uma lei municipal que veda este processo. Se o processo é bom ou mau, justo é examiná-lo, mas não me argumentem com leis. Já é tempo de acabar com este respeito fedorento das leis, superstição sem poesia, costume sem graça, velho sapato que deforma o pé sem melhorar a andadura. A troça, que tem conseguido tanta coisa, não chegou a matar este vício. O assobio, tão eficaz contra os homens, não tem igual força contra as leis que eles fazem. Ora, que são as leis mais que os homens para que nos afrontem com elas? Não contesto a vantagem de as fazer e guardar. É um ofício, antes de tudo; melhor dito, são dois ofícios. A utilidade das leis escritas está em regular os atos humanos e as relações sociais, uma vez que vão de acordo com eles. Em chegando o desacordo, há dois modos de as revogar ou emendar, a saber, por atos individuais ou por adoção de leis novas. [...] A pesca é livre; regulada embora, não são tais as disposições da lei que exijam a presença de um agente público. O pescador está só; o fiscal, se o há, está em casa; a dinamite lançada ao mar não acha obstáculo, nem no mar nem na terra. Que impedirá o pescador? A lembrança de um decreto municipal – ou postura, como se dizia pela língua do antigo vereador? Francamente, é exigir uma força de abstração excessiva da parte de um homem que tem os cinco sentidos no lucro. Os incorporadores do encilhamento – pescadores de homens – também tinham os sentidos todos no lucro, e daí algumas infrações das leis escritas, que não foram nem deviam ser castigadas. Cabe notar que aí nem se podia alegar o que dizem do peixe, que despovoa as águas; nunca faltou peixe às águas da rua da Alfândega. [...] Eu o que quero é que a lei sirva o necessário para conjugar os interesses humanos, que são a base da harmonia social. Mas isto mesmo exclui a superstição.[366]

Não obstante, cabe registrar aqui que Machado de Assis tinha plena consciência das limitações das leis:

Homens e leis têm a vida limitada – eles por necessidade física, elas por necessidades morais e políticas.[367]

Ademais, com grande poder de reflexão, ele tinha consciência que lei e direito são coisas distintas, conforme destaca em episódio em que narra uma notícia de golpe de Estado ocorrido no exterior:

Por que é que, entre tantas coisas infantis e locais, nunca me esqueceu a notícia do golpe de Estado de Luís Napoleão? Pelo espanto com que a

---

[366] ASSIS, Machado de. Crônica de 25.10.1896, publicada no jornal *A Semana* (1892-1900).
[367] ASSIS, Machado de. Crônica de 15.11.1896, publicada no jornal *A Semana* (1892-1900).

ouvi ler. As famosas palavras "Saí da legalidade para entrar no direito" ficaram-me na lembrança, posto não soubesse o que era direito nem legalidade. Mais tarde, tendo reconhecido que este mundo era uma infância perpétua, concluí que a proclamação de Napoleão III acabava como as histórias de minha meninice: "Entrou por uma porta, saiu por outra, manda el-rei nosso senhor que nos conte outra". Por exemplo, o dia de hoje, 12 de novembro, é o aniversário do golpe de Estado de Pedro I, que também saiu da legalidade para entrar no direito.[368]

2.2.7 Impessoalidade

Nas passagens de suas crônicas em que destaca as características patrimonialistas da sociedade civil e do Estado no Brasil, Machado de Assis já dava algumas amostras claras de como a impessoalidade é um valor que precisa ser incorporado ao cotidiano deste país.

Antes de qualquer coisa, por valorizar a objetividade, ele já declarava de forma peremptória:

Não gosto de questões pessoais.[369]

Como um verdadeiro professor de Teoria Geral do Estado, Machado de Assis ensinava aos leitores do século XIX e, com maestria, já apontava o verdadeiro significado da República:

O Estado não é certa e determinada pessoa. O Estado é uma entidade moral, composta de mim e de mais... 9.938.477 (veja o Relatório da Estatística). Isso posto, quando eu fico com alguma cousa do Estado, fico também com uma parte mínima que me pertence. Rigorosamente devo restituir.[370]

Em um contexto em que a Administração Pública era pródiga tanto em atos de perseguição, como nos de favorecimento, ele declarava:

Não tolero opressão de espécie alguma, ainda que em meu benefício.[371]

---

[368] ASSIS, Machado de. Crônica de 12.11.1893, publicada no jornal *Gazeta de Notícias*.
[369] ASSIS, Machado de. Crônica de 07.08.1892, publicada no jornal *A Semana*.
[370] ASSIS, Machado de. Crônica de 1º.06.1877. In: *Crônicas (1871-1878)*.
[371] ASSIS, Machado de. Crônica de 27.11.1892, publicada no jornal *A Semana*.

Por sua vez, em relação ao costume instalado em nossa sociedade patriarcal de idolatrar os que estão ocupando alguma posição de poder, ele afirmava:

> Não pertenço ao número desses otimistas que têm sempre nos lábios um elogio e nos bicos da pena uma justificação para todo e qualquer ato do poder, somente porque é do poder.[372]

Todavia, ele não desconsiderava que a objetividade absoluta na atuação administrativa era uma utopia:

> Há ânimos generosos que presumem sermos chegados a um tempo em que a política é obra científica e nada mais, eliminando assim as paixões e os interesses, como quem exclui dois peões do tabuleiro do xadrez. Belo sonho e deliciosa quimera.[373]

Também vale a pena ressaltar a opinião que ele tinha sobre a necessidade de estudo científico das questões que envolvem o Estado e a sociedade, permitindo, assim, um exame "alheio aos interesses e às paixões":

> Que haja uma ciência política, sim; que os fenômenos sociais sejam sujeitos a regras certas e complexas, justo. Mas essa parte há de ser sempre a ocupação de um grupo exclusivo, superior ou alheio aos interesses e às paixões. Estes foram, são e hão de ser os elementos da luta quotidiana, porque são os fatores da existência da sociedade.[374]

Ao comentar um episódio que envolvia a Administração municipal, Machado tratou de um tema que ainda é discutido no século XXI e que viola a impessoalidade administrativa, a atribuição de nomes de pessoas vivas a logradouros públicos, o que, na visão do escrito, seria uma "porta aberta aos obséquios particulares":

> A nossa Intendência Municipal acaba de decretar que não se dêem nomes de gente viva às ruas, salvo "quando as pessoas se recomendarem ao reconhecimento e admiração pública por serviços relevantes prestados à pátria ou ao município, na paz ou na guerra". Anchieta está morto

---

[372] ASSIS, Machado de. Crônica de 08.02.1862. In: *Crônicas (1859-1888)*.
[373] ASSIS, Machado de. Crônica de 04.08.1878. In: *Crônicas (1878-1888)*.
[374] ASSIS, Machado de. Crônica de 04.08.1878. In: *Crônicas (1878-1888)*.

e bem morto é caso de lhe dar a homenagem que tão facilmente se distribui a homens que nem sequer estão doentes e mal se podem dizer maduros; tanto mais quando o presidente do Conselho Municipal não é só brasileiro, é também paulista e bom paulista. Certo, nós amamos as celebridades de um dia, que se vão com o sol, e as reputações de uma rua que acabou ao dobrar da esquina. Vá que brilhem; os vaga-lumes não são menos poéticos por serem menos duradouros; com pouco fazem de estrelas. Tudo serve para nos cortejarmos uns aos outros. A própria lei municipal tem uma porta aberta aos obséquios particulares. Nem sempre a vontade do legislador estará presente, e as leis corrompem-se com os anos.[375]

Outra temática que perpassa pela necessidade de respeito à impessoalidade administrativa refere-se às condecorações, muito mais comuns à época de Machado de Assis (especialmente durante a monarquia, quando ainda existiam os títulos nobiliárquicos):

Cada ministro gosta de deixar, entre outros trabalhos, um que especifique o seu nome no catálogo dos administradores. A matéria das condecorações seduziu o Sr. Ministro do Império; datavam de longe os decretos que a regulavam, o Sr. Ministro quis reunir esses retalhos para fazer o seu manto de glória, e organizou um regulamento geral. O primeiro artigo desse regulamento espantou a todos, porque exigiu 20 anos de serviços não remunerados, para concessão de uma condecoração, era murar a grande porta das graças, e fazia admirar que o governo com as próprias mãos quebrasse uma das suas boas armas eleitorais. O art. 9º restabeleceu os ânimos; muravam a grande porta, é verdade, mas abriam um largo corredor, ou antes, reconheciam e legalizavam essa via de comunicação aberta pelo abuso. O governo quis ser esperto, mas o público não se deixou cair no laço armado à sua boa-fé [...]. Entre os atos de nulo valor do governo ocupa esse um lugar distinto.[376]

2.2.8 Moralidade

Em poema escrito pelo poeta Gregório de Matos, o Boca do Inferno, ao retratar a sociedade baiana do século XVII, já se dizia que a ausência de moralidade, inclusive administrativa (e seus valores "verdade, honra, vergonha"), era nosso mais grave problema (junto de seus efeitos devastadores "negócio, ambição, usura").[377]

---

[375] ASSIS, Machado de. Crônica de 04.10.1892, publicada no jornal *A Semana*.
[376] ASSIS, Machado de. Crônica de 1º.11.1861, publicada no jornal *Diário do Rio de Janeiro*.
[377] Juízo anatômico dos achaques que padecia o corpo da República em todos os membros, e inteira definição do que em todos os tempos é a Bahia.

Dois séculos mais tarde, em um contexto social em que a honestidade, a probidade, a lisura e a austeridade nos negócios públicos ainda eram comumente violadas, Machado de Assis foi uma voz ativa no combate às práticas de corrupção.

Os citados valores, hoje em dia reconhecidos como implicações do princípio constitucional da moralidade administrativa, já eram exigidos da atuação da Administração Pública, embora o ordenamento jurídico do Império praticamente nada fez contra os desvios de comportamento dos agentes públicos. No citado período histórico, temos apenas as seguintes previsões normativas:

> É nessa primeira Constituição que serão introduzidos os primeiros dispositivos legais para inibir abusos contra a Administração Pública. O peculato, definido como o desvio de bens e/ou valores por funcionários públicos, e a concussão, que se refere ao uso do cargo para obter ou exigir vantagens, estariam contemplados na Constituição de 1824. O artigo 133 responsabilizava os ministros de Estado pela prática de concussão e o artigo 157 estabelecia que a prática por juízes e tribunais de justiça: "Por suborno, peita, peculato, e concussão haverá contra eles acção popular, que poderá ser intentada dentro de anno, e dia pelo proprio queixoso, ou por qualquer do Povo, guardada a ordem do Processo estabelecida na Lei". Não há menção a qual pena os desvios seriam enquadrados e isso seria ordenado, posteriormente, com a "execução" do Código Criminal de 1830. Esse Código Criminal foi o primeiro Código Penal brasileiro, sancionado poucos meses antes da abdicação de D. Pedro I, em 16 de dezembro de 1830. Ele vigorou de 1831 até 1891, sendo alvo constante de críticas tanto de republicanos quanto de juristas, que o acusavam de ter um caráter autoritário e excessivamente positivista. [...] Dos mecanismos de controle da administração, havia artigos que estabeleciam a punição

---

Que falta nesta cidade?... Verdade.
Que mais por sua desonra?... Honra.
Falta mais que se lhe ponha?... Vergonha.
O demo a viver se exponha,
Por mais que a fama a exalta,
Numa cidade onde falta
Verdade, honra, vergonha.
Quem a pôs neste socrócio?... Negócio.
Quem causa tal perdição?... Ambição.
E no meio desta loucura?... Usura.
Notável desaventura
De um povo néscio e sandeu,
Que não sabe que perdeu
Negócio, ambição, usura.
(MATOS, Gregório de. Seleção de Obras Poéticas. Disponível em: http://www.dominio publico.gov.br/download/texto/bv000119.pdf. Acesso em: 11 mar. 2024).

aos crimes de peculato, concussão e prevaricação. Os artigos 170 ao 172 pela prática de peculato, contidos no Título VI "Dos crimes contra o Thesouro Publico, e propriedade publica", arrolavam penas como perda do emprego, prisão com trabalho de dois meses a quatro anos e multa correspondente pela quantia apropriada, extraviada ou consumida.[378]

Machado de Assis, em sua sempre presente ironia, cunhou diversas frases sobre a questão da moralidade administrativa em suas crônicas:

> Se achares três mil réis, leva-os à polícia; se achares três contos, leva-os a um banco.[379]

> Corrupção escondida vale tanto como pública; a diferença é que não fede.[380]

> A impunidade é o colchão dos tempos, dormem-se aí sonos deleitosos.[381]

> Dinheiro de desfalque nunca chega a comprar um pão para a velhice.[382]

Em crônica de 1864, escrita na juventude do escritor, Machado publica uma espécie de carta dirigida ao Chefe de Polícia, a quem ironicamente chama de "distinto", diz que não lhe falta "bom senso e moralidade", que se trata de um "magistrado morigerado e honesto, cujo principal desejo é bem merecer de seus concidadãos pelos seus atos de virtude e de rigorosa justiça". Depois de tantos elogios, apresenta sua crítica a uma postura tomada pela Polícia e que supostamente não levou em consideração a questão da moralidade:

> Ilmo. Exmo. Sr. Dr. Chefe de Polícia. – Tratado sempre com a maior delicadeza por V. Excia., que se torna distinto pelas suas maneiras atenciosas para com todos os que têm a honra de conversar com V. Excia., deveria ir pessoalmente procurá-lo para pedir-lhe um grande favor a bem da nossa sociedade; mas os contínuos afazeres, a que me

---

[378] BIASON, Rita de Cássia. Os Códigos Penais brasileiros no combate à corrupção. *Revista USP*, São Paulo, n. 134, p. 163-178, jul./set. 2022, p. 169.
[379] ASSIS, Machado de. Crônica de 07.07.1878. In: *Crônicas (1878-1888)*.
[380] ASSIS, Machado de. Crônica de 25.12.1892, publicada no jornal *A Semana* (1892-1893).
[381] ASSIS, Machado de. Crônica de 17.05.1896, publicada no jornal *A Semana* (1892-1900).
[382] ASSIS, Machado de. Crônica de 02.08.1896, publicada no jornal *A Semana* (1892-1900).

> entrego diariamente, privam-me desse prazer, e por isso lancei mão do meio mais fácil, e rápido, de comunicação, dirigindo-lhe esta carta, que, espero, será, cuidadosamente lida por V. Excia., a quem não falta bom senso e moralidade para decidir o que for mais compatível com os nossos usos, costumes e educação. [...] Falo com esta franqueza, porque estou escrevendo a um magistrado morigerado e honesto, cujo principal desejo é bem merecer de seus concidadãos pelos seus atos de virtude e de rigorosa justiça [...]. Enquanto se proibia a todos os teatros de brasileiros representações nas sextas-feiras da quaresma e na véspera e no dia de Ramos, consentia-se que o Alcazar tivesse o salão aberto para moralizar o bom povo, que o frequenta! Se não há injustiça neste procedimento, seja de quem for, há pelo menos falta de equidade.[383]

Vale lembrar que Machado foi Censor Teatral do Conservatório Dramático Brasileiro, e tal ofício tinha como finalidade proteger o teatro nacional, garantindo a prevalência da moralidade e os bons costumes.

Em outro momento, narra um episódio em que um parlamentar, em discurso, teria dito que tentaram lhe subornar para não discutir um determinado projeto. Para o leitor mais desatento, parece que Machado não vê problema nisto: "O conselheiro recusou; eu não sei se recusaria", "há quem veja nisso algo imoral". Na verdade, é apenas sua ironia que ataca de forma sutil:

> Entre as declarações feitas, em discurso, uma houve de algum valor; foi a de um conselheiro que revelou terem-lhe oferecido muitos contos de réis para não discutir certo projeto. Não se lhe pediu defesa, mas abstenção, tão certo é que a palavra é prata e o silêncio é ouro. O conselheiro recusou; eu não sei se recusaria. Certamente, não me falta hombridade, nem me sobra cobiça, mas distingo. Dinheiro para falar, é arriscado; naturalmente (a não ser costume velho), a gente fala com a impressão de que traz o preço do discurso na testa, e depois é fácil cotejar o discurso e o boato, e aí está um homem perdido. Ou meio perdido: um homem não se perde assim com duas razões. Mas dinheiro para calar, para ouvir atacar um projeto sem defendê-lo, dar corda ao relógio, enquanto se discute, concertar as suíças, examinar as unhas, adoecer, ir passar alguns dias fora, não acho que envergonhe ninguém, seja a pessoa que propõe, seja a que aceita. Há quem veja nisso algo imoral; é opinião de espíritos absolutos, e tu, meu bom amigo e leitor, foge de espíritos absolutos. Os casuístas não eram tão maus como nos fizeram crer. Atos há que, aparentemente repreensíveis, não o são na realidade, ou pela pureza da intenção, ou pelo benefício do resultado; e ainda os há

---

[383] ASSIS, Machado de. Crônica de 27.03.1864, publicada no jornal *Semana Ilustrada*.

que não precisam de condição alguma para serem indiferentes. Depois, quando seja imoralidade, convém advertir que esta tem dois gêneros, é ativa ou passiva. Quando alguém, sem nenhum impulso generoso, pede o preço do voto que vai dar, pratica a imoralidade ativa, e ainda assim é preciso que o objeto do voto não seja repreensível em si mesmo. Quando, porém, é procurado para receber o dinheiro, essa outra forma, não só é diversa, mas até contrária, é a passiva, e tanto importa dizer que não existe. Ninguém afirmará que cometi suicídio porque me caiu um raio em casa.[384]

2.2.9 Publicidade

Uma ideia que Machado de Assis sempre defendeu em suas crônicas foi a da necessidade de divulgação da atuação estatal, garantindo a publicidade dos atos da Administração Pública e sua transparência. Para o escritor jornalista:

> A discussão pública dos negócios públicos é o que mais convém às democracias.[385]

> Negar a publicidade, negar a discussão, que são a alma do sistema representativo, equivale a negar a liberdade, a negar a própria mãe.[386]

Informar à sociedade, permitindo seu amadurecimento cívico: esta era a principal preocupação do cronista Machado de Assis, que, para criticar as autoridades públicas pela falta de transparência, chegou ao ponto de dizer que:

> Duvido que um secretário de Estado dê melhores explicações ao parlamento do que eu aos meus leitores.[387]

Ainda sobre a falta de transparência dos negócios públicos, Machado usava o espaço privilegiado de suas colunas nos jornais, acompanhadas por um público de leitores fiéis, para fazer cobranças às autoridades:

---

[384] ASSIS, Machado de. Crônica de 17.06.1894, publicada no jornal *A Semana*.
[385] ASSIS, Machado de. Crônica de 07.10.1894, publicada no jornal *A Semana*.
[386] ASSIS, Machado de. Crônica de 25.11.1861. *In*: *Crônicas (1859-1888)*.
[387] ASSIS, Machado de. Crônica de 17.07.1864, publicada no jornal *Diário do Rio de Janeiro*.

> Quanto custaram as obras do Passeio Público? Por quantos contos de réis se fez o grande depósito de água em Catumbi?! Quem comprará certas firmas que há na praça do Rio de Janeiro?[388]
>
> Já reparei que alguns membros do parlamento costumam várias vezes suprimir os discursos nos jornais e nos anais, substituindo-os por estas palavras: "O Sr. F... fez algumas observações". Qualquer que seja a insignificância das observações e a modéstia dos referidos membros do parlamento, como o parlamento não é uma academia onde se vão recitar períodos arredondados e sonantes, o país tem o direito de saber de tudo o que aí se diz, mesmo as observações insignificantes. Porquanto, o fato da publicação dos discursos por extenso ou em resumo não tem por objeto mostrar que tal ou tal representante fala com elegância e propriedade, mas sim dar à nação o conhecimento da opinião que o dito representante manifestou e o modo por que a manifestou.[389]

Em outros momentos, a preocupação de Machado de Assis era com a falta de clareza e até mesmo com a questão da linguagem utilizada nos atos oficiais. Nesse sentido, seguem dois exemplos:

> É aos outros fiscais, aos que trajam calça e paletó, aos que têm diploma escriturado, assinado e selado. E ainda assim, não é a todos; excluo os bons fiscais que existem e nunca deram que falar à imprensa; minhas referências são à regra geral dos fiscais. A existência desses só é conhecida, de quando em quando, por umas notícias que a imprensa pública, e que são todas por este teor: "O Sr. Fiscal da freguesia de..., acompanhado do respectivo subdelegado, visitou ontem 48 casas de negócio (por exemplo) e multou 22, – 14 por terem pesos falsificados, 8 por terem à venda gêneros deteriorados". Ora, eu compreendia a publicação de uma notícia como esta, se, em vez de ser concebida em termos tão lacônicos, designa-se por extenso as casas multadas, o número e a rua, e o nome dos proprietários. Deste modo de publicação resultavam três vantagens transcendentais: 1ª vantagem: a população da freguesia ficava avisada de que havia um certo número de casas, visitadas e multadas, a que ela daria preferência, à espera que outra turma fosse igualmente visitada e multada, e que oferecesse novas garantias aos compradores, sem prejuízo dos negociantes verdadeiramente honrados. 2ª vantagem: como a multa não é punição, visto que, sobre ser diminuta, é tirada dos acréscimos produzidos pelas falhas dos pesos e pela venda ilícita dos gêneros imprestáveis, aconteceria que a publicação do número, da rua e do proprietário constituía assim o verdadeiro castigo. 3ª vantagem: esta

---

[388] ASSIS, Machado de. Crônica de 27.07.1862, publicada no jornal *Semana Ilustrada*.
[389] ASSIS, Machado de. Crônica de 28.08.1864, publicada no jornal *Diário do Rio de Janeiro*.

é a que resulta da antecedente; poucos afrontariam, a troco de alguns réis mal ganhos, a vista de uma publicação, como esta, distribuída pelos vários mil assinantes das folhas. Sem declinar a honra da lembrança, sinto toda a satisfação em dedicá-la aos fiscais e aos jornais, esperando que deste modo se incluam no mesmo saco a utilidade privada e a utilidade pública. Explicarei estas últimas expressões, antes de passar ao que tenho de dizer a propósito da chuva. Atribuo à publicação daquelas notícias tão lacônicas à idéia de tornar o público ciente de que tal ou tal funcionário cumpre o seu dever. Ora, sem prejudicar esta utilidade privada, podia-se atender igualmente para a utilidade pública, empregando o sistema que eu tive de desenvolver acima.[390]

> Leu S. Exa. o último edital do juiz municipal de Barra Mansa? Chamam-se ali compradores para os bens penhorados a um major; e entre outras vacas, inscreve-se esta: "Uma vaca magra, muito ruim, avaliada em 10$000". Não há procedimento menos científico. Por que é que a lei do particular não será a lei do Estado? Nenhum particular diria tal coisa. Querendo vender a vaca, o particular poria no anúncio qualquer eufemismo delicado; diria que era uma vaca menos que regular, uma vaca com defeito, uma vaca para serviços leves. Jamais confessaria que a vaca era muito ruim. E vendê-la-ia, creiam, não digo pelos dez mil-réis, mas por quinze ou dezoito mil-réis. Se isto não é científico, então não sei o que é científico neste mundo e no outro.[391]

2.2.10 Eficiência

Para quem pensa que as reinvindicações por uma Administração Pública mais produtiva, ágil e qualificada no Brasil tenham nascido com as reformas de Vargas ou com a introdução do modelo gerencial, as crônicas de Machado de Assis estão aí para demonstrar que o ideal de eficiência administrativa já era cobrado no século XIX.

Nesse contexto, ao se referir aos agentes públicos dos tempos do Império, Machado denuncia o baixo nível técnico de boa parte deles:

> Os Comandantes dos batalhões às vezes nem sabem mandar. Nem todos os professores de primeiras letras estão habilitados para ensinar. Há praticantes de repartição que não sabem se o 'c' acompanhado de 'a' 'o' ou 'u' deve ser cedilhado. Os taquígrafos parlamentares veem-se atrapalhados para entender certos oradores.[392]

---
[390] ASSIS, Machado de. Crônica de 17.07.1864, publicada no jornal *Diário do Rio de Janeiro*.
[391] ASSIS, Machado de. Crônica de 06.11.1885, publicada no jornal *Gazeta de Notícias* (1884-1888), seção Balas de Estalo.
[392] ASSIS, Machado de. Crônica de 27.07.1862, publicada no jornal *Semana Ilustrada*.

Inspirado no já citado poema de Gregório de Matos, Machado de Assis indaga:

> Quem tem culpa de estarem às ruas imundas? A Câmara Municipal.
> Quem não dá cabo dos capoeiras? A Polícia.
> Para que servem os pedestres? Para coisa alguma.
> Quem deve evitar os ratoneiros? Cada um em sua casa, fechando bem as portas.
> Quem há de obstar a que se forme um charco de águas servidas por trás do botequim do Passeio Público? Quem Deus quiser.
> Quem são os maiores inimigos dos empregados públicos? Os seus colegas de repartição.
> Qual é a classe mais imoral do Brasil? A que não pode curar.[393]

Machado de Assis denuncia uma das práticas mais nefastas no setor público brasileiro: o desperdício de recursos públicos. Nesse sentido:

> O Tesouro dá muito dinheiro sem saber para o quê. [...] Todas as falas do Trono recomendam a economia, mas... bota-se muito dinheiro fora.[394]

> O telégrafo fica sendo um serviço sem explicação, sem necessidade, mero luxo, e, em matéria de administração, luxo e crime são sinônimos.[395]

Outro grave problema nacional que tomava conta das crônicas machadianas era a má qualidade dos serviços públicos. Em duas diferentes ocasiões, a vítima da vez foi o serviço postal (ou seria a população?):

> Remetem-se cartas pelo correio, que às vezes não chegam ao seu destino.[396]

> O correio é um monumento vivo da injúria. Se disto não resultasse mais do que um serviço negativo, era mau de certo, mas ainda assim o espírito público tinha menos de que andar alvoroçado. Mas o correio

---

[393] ASSIS, Machado de. Crônica de 27.07.1862, publicada no jornal *Semana Ilustrada*.
[394] ASSIS, Machado de. Crônica de 27.07.1862, publicada no jornal *Semana Ilustrada*.
[395] ASSIS, Machado de. Crônica de 10.01.1897, publicada no jornal *A Semana* (1892-1900).
[396] ASSIS, Machado de. Crônica de 27.07.1862, publicada no jornal *Semana Ilustrada*.

é um perigo, um verdadeiro perigo para a honra e para a propriedade. Uma carta que não chega ao destino nem sempre fica inutilizada; some-se muitas vezes, perde-se ou desaparece. E, sem querer fazer aqui nenhuma injúria aos diversos funcionários espalhados pela vasta superfície do império, o espírito do particular não fica tranquilo e tem tudo a temer de uma carta perdida. Esta repartição merece de certo as vistas do novo ministério, e carece de uma urgente reforma, sem a qual ficaremos condenados a ter um correio nominal.[397]

E será que o nosso escritor, funcionário e jornalista se esqueceu do problema da lentidão na execução das obras públicas, que tem dia para começar, mas nem sempre tem para terminar? É claro que ele lembrou:

O muro do Passeio Público começou a ser feito há mais de um século, e ainda não está pronto. [...] Desde que o Brasil é Brasil fala-se em desmoronar a montanha do Castelo.[398]

A língua (ou melhor, pena) afiada de Machado de Assis não poupava gestores públicos que ele considerava ineficientes:

Se apenas tomarmos a primeira metade do mês que corre, como não é farta a lista dos serviços políticos e administrativos prestados pelo ilustre presidente do conselho? Esta lista falará mais claro: correram as águas para o mar; chegou o paquete inglês; choveu alguns bons milímetros; todos os moribundos se acharam com vida, um quarto de hora antes de morrer; nasceram várias crianças; amadureceram algumas goiabas; cessou a geada no interior de S. Paulo; e outros acontecimentos deste gênero, próprios para pulverizar as acusações dos adversários.[399]

Em algumas ocasiões, o cronista também debochava do quadro geral de dormência que muitas vezes entorpecia toda uma repartição pública:

Quem será esta cigarra que me acorda todos os dias neste verão do diabo, – quero dizer, de todos os diabos, que eu nunca vi outro que me matasse tanto. Um amigo meu conta-me coisas terríveis do verão de Cuiabá, onde, a certa hora do dia, chega a parar a Administração Pública. Tudo vai para as redes. Aqui não há rede, não há descanso, não há nada.[400]

---

[397] ASSIS, Machado de. Crônica de 11.09.1864, publicada no jornal *Diário do Rio de Janeiro*.
[398] ASSIS, Machado de. Crônica de 27.07.1862, publicada no jornal *Semana Ilustrada*.
[399] ASSIS, Machado de. Crônica de 14.08.1864, publicada no jornal *Diário do Rio de Janeiro*.
[400] ASSIS, Machado de. Crônica de 07.01.1894, publicada no jornal *A Semana* (2º volume – 1894-1895).

As opiniões de Machado de Assis não eram lugares comuns, mantras repetidos sem maiores reflexões. Como jornalista, ele conhecia os temas sobre os quais comentava. Como Machado fazia questão de criticar, opinar, sugerir, ele precisava saber de todos os detalhes que cercavam os episódios objeto das crônicas, e isto chama a atenção, conforme se vê no exemplo seguinte, em que já falava, inclusive, na venda de ativos do Estado (cem anos antes das privatizações chegarem ao Brasil):

> Um economista apareceu esta semana lastimando a sucessiva queda de câmbio e acusando por ela o Ministro da Fazenda. Não lhe contesta a inteligência, nem probidade, nem zelo, mas nega-lhe tino e, em prova disto, pergunta-lhe à queima-roupa: Por que não vende a estrada Central do Brasil? A pergunta é tal que nem dá tempo ao ministro para responder que tais matérias pendem de estudo, em primeiro lugar, e, em segundo lugar, que ao Congresso Nacional cabe resolver por último. Felizmente, não é esse o único remédio lembrado pelo dito economista. Há outro, e porventura mais certo: é auxiliar a venda da Leopoldina e suas estradas. Desde que auxilie esta venda, o ministro mostrará que não lhe falta tino administrativo. Infelizmente, porém, se o segundo remédio por consertar as finanças federais, não faz a mesma causa às do Estado do Rio de Janeiro, tanto que este, em vez de auxiliar a venda das estradas da Leopoldina, trata de as comprar para si. Cumpre advertir que a eficácia deste outro remédio não está na riqueza da Leopoldina, porquanto sobre esse ponto duas opiniões se manifestaram na assembleia fluminense. Uns dizem que a companhia deve vinte e dois mil contos ao Banco do Brasil e está em demanda com o Hipotecário, que lhe pede seis mil. Outros não dizem nada. Entre essas duas opiniões, a escolha é difícil. Não obstante, vemos estes dois remédios contrários: no Estado do Rio a compra da Leopoldina é necessária para que a administração tome conta das estradas, ao passo que a venda da Central é também necessária para que o governo da União não a administre. *Veritéau-deçà, erreurau-delà*.[401]

Em episódio que analisa a possível mudança do capital do Estado do Rio de Janeiro (de Niterói para Petrópolis), Machado de Assis demonstra seu alto conhecimento sobre organização da Administração Pública e até mesmo sobre geografia – na crônica de 1894, até de Belo Horizonte (1897) e Brasília (1960) já falava Machado:

> Dizem que esta semana será sancionada a lei que transfere provisoriamente para Petrópolis a capital do Estado do Rio de Janeiro. Já

---

[401] ASSIS, Machado de. Crônica de 08.03.1896, publicada no jornal *A Semana* (1892-1900).

se trata da mudança; compram-se ou arrendam-se casas para alojar as repartições públicas. Com poucos dias, estará Niterói restituída às velhas tradições da Praia Grande. A escolha de Petrópolis fez-se sem bula, nem matinada, com pouca e leve oposição. Campos queria a eleição. Vassouras e Nova Friburgo apresentaram-se igualmente; mas Petrópolis é tão cheia de graça que não lhe foi difícil ouvir: Ave, Maria; a assembléia é contigo; bendita és tu entre as cidades. Teresópolis, que tem de ser a capital definitiva, não verá naturalmente essa eleição com os olhos quietos. Conhece os feitiços da outra, e receará que o provisório se perpetue. Bem pode ser que Vassouras, Campos e Nova Friburgo tivessem a mesma idéia, e daí os seus requerimentos. É mui difícil sair donde se está bem. Esperemos, porém, que o medo não passe de medo. Em verdade, Petrópolis ficará sendo uma cidade essencialmente federal e internacional, sem embargo dos aparelhos da administração complexa e numerosa de capital de Estado. Que fazer? Deixemos Pompéia a Diomedes aos seus ócios. O meu voto, se tivesse voto, seria por Niterói, não provisória, mas definitiva. De resto, estamos assistindo a uma florescência de capitais novas. A Bahia trata da sua; turmas de engenheiros andam pelo interior cuidando da zona em que deve ser estabelecida a futura cidade. Sabe-se que Minas já escolheu o território da sua capital, cuja descrição Olavo Bilac está fazendo na *Gazeta*. Chama-se Belo Horizonte. Eu, se fosse Minas, mudava-lhe a denominação. Belo Horizonte parece antes uma exclamação que um nome. Sobram na história mineira nomes honrados e patriotas para designar a capital futura. Quanto à nova capital da República, não é mister lembrar que já está escolhido o território, faltando só a obra da construção e da mudança, que não é pequena.[402]

2.2.11 Legislativo

Em seus primeiros anos atuando como jornalista, Machado de Assis fazia a cobertura do Senado, o que lhe permitiu conhecer com profundidade os bastidores e a dinâmica do Parlamento brasileiro.

A atividade de cronista parlamentar foi marcante para a vida do escritor. "No Senado, Machado viu e conheceu grandes figuras daquele tempo: Zacarias de Góis, o Marquês de Abrantes; José da Silva Paranhos, futuro Visconde do Rio Branco; Eusébio de Queirós; o citado conselheiro Nabuco de Araújo; e muitos outros. Admirava essas figuras, mas para outras não economizava ironia".[403]

---

[402] ASSIS, Machado de. Crônica de 28.01.1894, publicada no jornal *A Semana* (2º volume – 1894-1895).
[403] PIZA, Daniel. *Machado de Assis*: um gênio brasileiro. Imprensa Oficial do Estado de São Paulo, p. 90.

À época, os partidos Conservador (dos proprietários rurais, burocratas e grandes comerciantes) e Liberal (dos profissionais liberais urbanos) disputavam o poder. A partir de 1860, com o processo de urbanização do país, a ascensão da economia do café e surgimento das ferrovias, o segundo grupo começa a ganhar mais força e fundaria o movimento republicano. "Machado foi testemunha ocular dessa transição".[404]

Em 1899, Machado publicou o texto "O Velho Senado", em que se recorda do período em que cobriu os trabalhos daquela casa legislativa. Sobre o citado texto:

> Tendo como companheiros de ofício Bernardo Guimarães, pelo Jornal do Commercio, e Pedro Luís, pelo Correio Mercantil, a partir do dia 25 de março de 1860 o jovem Machado passou a frequentar o Solar do Conde dos Arcos, no antigo campo de Santana, local onde o Senado funcionou entre 1826 a 1925, em demanda das suas novas atribuições como setorista da área. Cerca de 40 anos depois, em 1899, Machado de Assis publicaria "O Velho Senado". Trata-se, como já foi dito, de um texto evocativo no qual faz admirável reconstituição da instituição e dos homens que a integravam, naquele período. Nutrido pelas lembranças de impressões e de conhecimentos adquiridos na época em que suas atribuições o levavam a conviver, diariamente, com os senadores, Machado de Assis, ao escrever "O Velho Senado", tomaria o jovem repórter que ele havia sido, como fonte para o alto escritor no qual se tornara. A memória saiu publicada em uma coletânea intitulada *Páginas Recolhidas*, lançada 1899, que viria a ser seu livro de melhor aceitação pelos leitores de sua época. Pretendendo assinalar o impacto que significou para ele o início da sua experiência como cronista parlamentar, Machado adverte para que, "diante daqueles homens que eu via ali juntos, todos os dias, é preciso não esquecer que não poucos eram contemporâneos da maioridade (1840), algum da Regência, do Primeiro Reinado e da Constituinte (1824). Tinham feito ou visto fazer a história dos tempos iniciais do regímen, e eu era um adolescente espantado e curioso".[405]

No valioso texto "O Velho Senado", Machado de Assis narra o dia a dia daquela Casa Legislativa do Império brasileiro na década de 1860:

---

[404] PIZA, Daniel. *Machado de Assis*: um gênio brasileiro. Imprensa Oficial do Estado de São Paulo, p. 90.

[405] MACHADO de Assis: Trabalho na cobertura jornalística do Senado moldou o grande escritor. *Senado Notícias*, 28 abr. 2006. Disponível em: https://www12.senado.leg.br/noticias/materias/2006/04/28/machado-de-assis-trabalho-na-cobertura-jornalistica-do-senado-moldou-o-grande-escritor. Acesso em: 12 mar. 2024.

Os senadores compareciam regularmente ao trabalho. Era raro não haver sessão por falta de quórum. Uma particularidade do tempo é que muitos vinham em carruagem própria, como Zacarias, Monte Alegre, Abrantes, Caxias e outros, começando pelo mais velho, que era o marquês de Itanhaém. A idade deste fazia-o menos assíduo, mas ainda assim era o mais do que cabia esperar dele. [...] Tinham um ar de família, que se dispersava durante a estação calmosa, para ir às águas e outras diversões, e que se reunia depois, em prazo certo, anos e anos. Alguns não tornavam mais, e outros novos apareciam; mas também nas famílias se morre e nasce. Dissentiam sempre, mas é próprio das famílias numerosas brigarem, fazerem as pazes e tornarem a brigar; parece até que é a melhor prova de estar dentro da humanidade [...] Nenhum tumulto nas sessões. A atenção era grande e constante. Geralmente, as galerias não eram frequentadas, e para o fim da hora, poucos expectadores ficavam, alguns dormiam. Naturalmente a discussão do voto de graças e outras chamavam mais gente. Nabuco e algum outro dos principais da casa gozavam do privilégio de atrair grande auditório, quando se sabia que eles rompiam um debate ou respondiam a um discurso.[406]

Assim, sobre a atuação do Poder Legislativo, o cronista Machado de Assis considerava o citado poder essencial para a democracia, afirmando que:

A soberania nacional reside nas Câmaras, as Câmaras são a representação nacional.[407]

Todavia, em momentos em que o Legislativo tomava alguma medida que o cronista considerava inadequada, aquela opinião positiva passa a ser questionada, surgindo análises em que o deboche e a decepção se misturam. Nesse sentido, foram várias as críticas à atuação legislativa:

As assembleias não se inventaram para conciliar os homens, mas para legalizar o desacordo deles.[408]

O parlamento não é uma academia onde se vão recitar períodos arredondados e sonantes.[409]

---

[406] ASSIS, Machado. O Velho Senado. Brasília: Senado Federal, 2004, p. 29.
[407] ASSIS, Machado de. Crônica de 15.08.1876. In: *Crônicas (1871-1878)*.
[408] ASSIS, Machado de. Crônica de 12.08.1894, publicada no jornal *A Semana* (2º volume – 1894-1895), p. 170.
[409] ASSIS, Machado de. Crônica de 28.08.1864, publicada no *Diário do Rio de Janeiro*. In: *Crônicas (1864-1867)*.

> Se não houvesse Câmaras Municipais, seria uma grande utilidade para o país.[410]
>
> A primeira vez que assisti a uma sessão do parlamento era bem criança. Recordo-me que, ao ver um orador oposicionista, após meia hora de um discurso acerbo, inclinar-se sobre a cadeira do ministro, e rirem ambos, senti uma espécie de desencanto. Esfreguei os olhos; não lhe podia dar crédito. Era tão diferente a noção que eu tinha dos hábitos parlamentares.[411]
>
> Um governo sem equidade só se pode manter em um povo igualmente sem equidade (segundo um mestre), assim também um parlamento remisso só pode medrar em uma sociedade remissa[412]
>
> Creio que há em todo o império cinco ou seis câmaras. É que não há outra classe mais numerosa no Brasil. Divide-se essa classe em diversas secções: políticos por vocação, políticos por interesses, políticos por desfastio.[413]
>
> Tenho sempre medo quando escrevo a palavra parlamento ou a palavra parlamentar. Um descuido tipográfico pode levar-me a um trocadilho involuntário. Sistema parlamentar, composto às pressas, pode ficar um sistema para lamentar.[414]

Como só critica quem ama, Machado de Assis tinha respeito pela atividade parlamentar, que ele acompanhou por alguns anos a partir de 1860 como cronista. A propósito, em duas diferentes oportunidades, ele até mesmo expressou sua vontade de fazer parte do Legislativo:

> E por que tanto barulho? Para ter lugar marcado/ Na casa que é nosso orgulho,/ E a que chamamos Senado./ Que vale a pena, isso vale!/ Ponham-me ali já eleito/ Pela serra ou pelo vale,/ E verão se não aceito./ Aceito, fico e sustento,/ Com alma, com heroísmo,/ Esse forte monumento,/ Flor do parlamentarismo.[415]

---

[410] ASSIS, Machado de. Crônica de 28.09.1862. In: Crônicas (1859-1888).
[411] ASSIS, Machado de. Crônica de 09.06.1878. In: Crônicas (1878-1888).
[412] ASSIS, Machado de. Crônica publicada no jornal Gazeta de Notícias (1884-1888), seção Balas de Estalo, p. 191.
[413] ASSIS, Machado de. Crônica de 05.03.1867, publicada em Cartas Fluminenses (A Opinião Pública).
[414] ASSIS, Machado de. Crônica de 17.07.1864, publicada no jornal Diário do Rio de Janeiro. In: Crônicas (1864-1867).
[415] ASSIS, Machado de. Crônica publicada no jornal Gazeta de Holanda, n. 38, p. 423, 29 nov. 1887.

Efetivamente, vereador era o meu sonho. Quando mudaram o nome para intendente, não gostei a princípio, porque trocaram uma palavra vernácula por outra cosmopolita; mas, como ficava sempre o cargo, ficou a ambição e continuei a namorar a casa da Câmara. Dizem que há lá barulho; tanto melhor, eu nunca amei a concordância. Concórdia e pântano é a mesma fonte de miasmas e de mortes. Um grego dá a guerra como o ovo dá a vida.[416]

Sobre essa predisposição de Machado de Assis, Josué Montello afirmou que "na presidência da Academia, por força da condição do espírito acadêmico, Machado de Assis encontrou a solução ideal de sua vocação política, realizou-se politicamente, sem se afastar da órbita literária". Por sua vez, o ex-presidente da República José Sarney aduziu que:

> Poucos escritores terão acompanhado com tanto interesse e tanta acuidade a vida política brasileira como o maior de todos. Nada lhe escapa. A pena do cronista, ou a pena do romancista e do contista, está sempre vigilante, não propriamente para combater, como os políticos exaltados, mas para esclarecer, para opinar. Direi mesmo: para ser um estadista, só faltou a Machado de Assis o exercício da política, na Câmara, no Senado, no Ministério.[417]

2.2.12 Judiciário

Se é possível afirmar que Machado de Assis era um grande especialista nas atividades administrativas e de governo conduzidas pelo Poder Executivo, no qual trabalhou durante quase cinquenta anos, e um grande apreciador do Poder Legislativo, cujas atividades políticas cobriu enquanto jornalista, também se pode aduzir que a relação do escritor com o Poder Judiciário é marcada, senão por uma absoluta indiferença, mas, no mínimo, por uma menor atenção.

Isso se deve a dois fatores: primeiramente, devido ao pouco contato que Machado teve com as questões judiciárias, já que não era advogado militante, nem serventuário da Justiça, e tampouco trabalhou na cobertura do cotidiano dos fóruns.

---

[416] ASSIS, Machado de. Crônica de 15.05.1892, publicada no jornal *A Semana* (1º Volume – 1892-1893), p. 36.
[417] SARNEY, José. Lições políticas de Machado de Assis. *In*: ASSIS, Machado. O Velho Senado. Brasília: Senado Federal, 2004, p. 15.

A segunda razão do maior desinteresse de Machado de Assis pelo Poder Judiciário diz respeito ao perfil que este tinha no século XIX, já que se tratava de um poder com pouco protagonismo na vida social e política brasileira. No que diz respeito ao controle da Administração Pública, esta influência era ainda menor, praticamente inexistente. Nesse sentido, o jurista Fábio Konder Comparato registrou que:

> Nos séculos XVII e XVIII, fundaram-se, respectivamente na Bahia e no Rio de Janeiro, dois Tribunais da Relação, com competência revisional em última instância, tribunais esses cujo presidente nato era o Governador Geral, depois Vice-Rei. Nenhum desses órgãos judiciários superiores, porém, pôde exercer o necessário controle dos atos das autoridades administrativas. [...] A Constituição de 1824 estabeleceu, solenemente, "a Divisão e harmonia dos Poderes Políticos" como "o princípio conservador dos Direitos dos Cidadãos e o mais seguro meio de fazer efetivas as garantias que a Constituição oferece" (art. 9). De acordo com tal princípio, o Poder Judicial passou a ser um dos quatro Poderes Políticos (art. 10). Na vida real, porém, essa proclamada autonomia dos órgãos judiciários em relação aos demais Poderes foi sempre ilusória. O corpo de magistrados permaneceu estreitamente ligado às famílias dos ricos proprietários no plano local, e subordinado ao Poder Executivo central na Corte.[418]

Assim, além de serem os poucos comentários que Machado de Assis fez sobre o Poder Judiciário em suas crônicas, eles não tiveram relação com uma eventual atividade de controle judicial dos atos da Administração Pública. Para ilustrar algumas situações, segue uma rara crítica aos abusos judiciais:

> Quer o leitor escrever um livro "in-folio", da grossura de um missal, em caracteres microscópicos? Escreva a história dos abusos judiciários e policiais que se dão cada ano neste nosso abençoado país. O assunto dá até para mais.[419]

Em geral, as opiniões de Machado sobre a atuação do Poder Judiciário se centravam na Justiça penal, como em crônica que analisa a atuação dos jurados:

---

[418] COMPARATO, Fábio Konder. O Poder Judiciário no Brasil. *Revista Estudos Institucionais*, v. 2, n. 1, 2016, p. 124.
[419] ASSIS, Machado de. Crônica de 07.08.1864, publicada no jornal *Diário do Rio de Janeiro*.

Posto que inútil, pela ausência de crimes, o júri é ainda uma excelente instituição. Em primeiro lugar, o sacrifício que fazem todos os meses alguns cidadãos em deixarem os seus ofícios e negócios para fingirem de réus é já um grande exemplo de civismo. O mesmo direi dos jurados. Em segundo lugar, o torneio de palavras a que dá lugar entre advogados constitui uma boa escola de eloquência. Os jurados aprendem a responder aos quesitos, para o caso de aparecer algum crime. Às vezes, como sucedeu há dias, enganam-se nas respostas, e mandam um réu para as galés, em vez de o devolverem à família; mas, como são simples ensaios, esse mesmo erro é benefício, para tirar aos homens alguma pontinha de orgulho de sapiência que porventura lhes haja ficado.[420]

Em sua coluna "Dr. Semana", ele fez uma provocação ao mundo jurídico, passando-se por advogado que oferece seus serviços e se propõe a ensinar o ofício aos bacharéis mais jovens e a disponibilizar modelos de peças jurídicas aos leitores:

O Dr. Semana, formado em todas as ciências, membro efetivo, correspondente e honorário de diversas associações literárias, científicas, humanitárias, beneficentes, artísticas e bancárias, participa ao respeitável público, que abriu, no largo de S. Francisco de Paulo, nº 16, um escritório de advocacia, onde poderá ser procurado, a toda e qualquer hora, menos quando estiver dormindo. Encarrega-se de causas cíveis, crimes, comerciais e sem efeitos. Assegura resultado pronto e rápido em todos os negócios de que se encarregar, ainda que não seja favorável aos seus constituintes. Não é exigente, e apenas se contenta com o pagamento adiantado. Recebe no seu escritório os bacharéis que trocam as pernas pela rua do Ouvidor à espera do ano de prática; e prepara procuradores de causas, em menos de oito dias, e bem assim solicitadores e mais agentes dos Juízos. Faz requerimentos para a soltura de pretos fugidos, e para a emancipação de africanos livres. Conhece todas as fórmulas do foro, mesmo as mais extravagantes e absurdas, e tem, engarrafada e em barrilotes de quinto, a mais superior chicana, não afamada pelos apreciadores, etc. Outrossim, desejando o referido Dr. Semana ilustrar o respeitável público e dar-lhe conhecimento perfeito e claro da prática seguida nos auditores desta corte, oferece aos numerosos assinantes deste jornal as seguintes normas de requerimentos, que podem ser apresentados em qualquer Juízo; convencido de que faz um serviço, facilitando os meios de penetrar no sagrado tempo da divina Astréia. [...]

Despachos

Quando o juiz é escrupuloso, despacha o seguinte:

---

[420] ASSIS, Machado de. Crônica de 26.02.1893, publicada no jornal *Gazeta de Notícias*.

"D. e J., proceda-se à inquirição de testemunhas no dia... a... horas, intimadas elas para virem depor na forma da lei, e conduzido o réu para vir assistir a ver-se processar".

Quando não tem papas na língua, diz:

"Não tem lugar, porque não sou médico do Hospício de Pedro II, nem posso chamar a bolos o procurador (ou advogado provisionado), que poucas noções de direito mostra".[421]

Em outra oportunidade, fez crítica ao "silêncio", aqui traduzido por pouca transparência das decisões do Poder Judiciário:

Dizem as crônicas que, na antiga república de Veneza, a ponte dos Suspiros servia para despejar ao canal os condenados de certa ordem. A execução era de noite e no meio do silêncio; apenas a água agitava-se um pouco e nada mais. Pouco mais ou menos é o que acontece aqui no Rio de Janeiro na ponte da Guarda-Velha. A diferença é que, no nosso caso, devemos fazer honra à alta imparcialidade dos juízes, que devem obedecer e obedecem a duas coisas, à consciência e à legalidade. No mais, é o mesmo. A água que se agita é o simples murmúrio, que a imprensa há de repetir. O silêncio é completo. É um sistema que eu não cesso de preconizar, porque dos males o menor, e a mania da palavra está tão desenvolvida entre nós que, a não ser a nova reforma, os litigantes gastariam mais tempo consigo que com o bem público.[422]

A reforma do Judiciário também foi abordada por Machado de Assis em crônica de 1878:

vindo uma noite do teatro, descobri junto às grades do Largo de S. Francisco, um vulto feminino trajado à romana, osculando um gatuno e dando-lhe uma chave falsa. Não pude distinguir as feiçoes; vejo agora que era a reforma judiciária, a quem daqui aconselho que se não entregue a deploráveis exercícios.[423]

2.2.13 Inovação e tecnologia

O cronista Machado de Assis tinha algumas características que o leitor já deve ter percebido: crítico, irônico, erudito, bem informado,

---

[421] ASSIS, Machado de. Crônica de 04.10.1863, publicada no jornal *Semana Illustrada*, seção Crônicas do Dr. Semana.

[422] ASSIS, Machado de. Crônica de 12.05.1864, publicada no jornal *Semana Illustrada*, seção Crônicas do Dr. Semana.

[423] ASSIS, Machado de. Crônica de 14.07.1878, publicada no jornal *O Cruzeiro*.

genuinamente preocupado com os problemas sociais, interessado por questões políticas e administrativas. Apesar de a presença de todos esses predicados ser indiscutível, apresento aqui outro que supera os demais. Trata-se da sabedoria, entendida esta como a capacidade de reflexão.

Ao longo de sua trajetória, pode-se afirmar que se o jovem Machado já impressionava por seu precoce discernimento, com o decorrer dos anos e com o acúmulo de experiências, o escritor se tornou um verdadeiro mestre para seus admiradores, muitos deles leitores de suas crônicas.

Nesse contexto, Machado já tratava de assuntos que somente muitas décadas depois seriam considerados relevantes, como é o caso da inovação. Mesmo vivendo em uma sociedade tradicionalista, ele já criticava a rotina na Administração Pública:

> Nem tudo o que é velho é bom; e não ignoras que mais de um abuso existe enraizado na nossa administração pelo emperrado espírito de rotina.[424]

E com grande compreensão do verdadeiro significado da inovação, que não exige, necessariamente, a adoção de avanços científicos ou tecnológicos, ensinava com simplicidade que:

> O talento está em fazer de assuntos velhos assuntos novos – ou pelas idéias ou pela forma.[425]

Apesar de ser sempre associado à intelectualidade, ele confessa se tratar de uma pessoa de ação, que aprecia medidas empreendedoras:

> Eu sou daquela escola que não deixa secar a tinta de uma idéia no livro propagandista, e já a quer ver aplicada.[426]

Tendo nascido e vivido boa parte de sua vida em um século marcado pela Revolução Industrial, ele considerava o progresso como positivo, apesar da resistência e das opiniões desconfiadas dos mais conservadores. Em algumas de suas crônicas, fez comentários sobre

---

[424] ASSIS, Machado de. Crônica de 08.02.1862, publicada no *Diário do Rio de Janeiro*.
[425] ASSIS, Machado de. Crônica de 12.08.1894, publicada no jornal *A Semana* (2º volume – 1894-1895).
[426] ASSIS, Machado de. Crônica de 25.02.1894, publicada no jornal *A Semana* (2º volume – 1894-1895).

invenções daquele período, que podem ser consideradas as novas tecnologias de seu tempo (ou o leitor acha que este assunto só começou a ser tratado agora?). Sobre o vapor e a eletricidade, manifestou a seguinte opinião:

> Há quem diga com desdém que este século é do vapor e da eletricidade, como se essas duas conquistas do espírito não viessem ao mundo como dois grandes agentes da civilização e da grandeza humana e não merecessem por isto a veneração e admiração universal.[427]

Quase três décadas depois, quando a eletricidade já começava a fazer parte da rotina dos brasileiros, analisou os impactos das tecnologias disruptivas, ao comentar um acidente com um bonde elétrico, que substituiu os bondes à tração animal:

> Em todo caso, não vamos concluir contra a eletricidade. Logicamente, teríamos de condenar todas as máquinas, e, visto que há naufrágios, queimar todos os navios. Não, senhor. A necrologia dos bondes tirados a burros é assaz comprida e lúgubre para mostrar que o governo de tração não tem nada com os desastres. Os jornais de quinta-feira disseram que o carro ia apressado, e um deles explicou a pressa, dizendo que tinha de chegar ao ponto à hora certa, com prazo curto. Bem; poder-se-iam combinar as cousas, espaçando os prazos e aparelhando carros novos, elétricos ou muares, para acudir à necessidade pública. Digamos mais cem, mais duzentos carros. Nem só de pão vive o acionista, mas também da alegria e da integridade dos seus semelhantes[428]

É importante que se perceba que o bonde elétrico está para o século XIX, assim como a inteligência artificial está para os dias atuais. Assim, Machado de Assis, ao comentar com frequência essas novas tecnologias, estava antenado aos avanços da ciência e sua incorporação aos serviços públicos:

> Inauguraram-se os bondes de Santa Teresa, – um sistema de alcatruzes ou de escada de Jacó, – uma imagem das coisas deste mundo. [...] Escusado é dizer que as diligências viram esta inauguração com um olhar extremamente melancólico. Alguns burros, afeitos à subida e descida do outeiro, estavam ontem lastimando este novo passo do progresso. Um deles, filósofo, humanitário e ambicioso, murmurava:

---

[427] ASSIS, Machado de. Crônica de 1º.04.1863. In: *Crônicas (1859-1888)*.
[428] ASSIS, Machado de. Crônica de 23.10.1892, publicada no jornal *A Semana*.

– Dizem: *lesdieuxs'envont*. Que ironia! Não; não são os deuses, somos nós. *Lesâness'envont*, meus colegas, *lesâness'envont*. E esse interessante quadrúpede olhava para o bonde com um olhar cheio de saudade e humilhação. Talvez rememorava a queda lenta do burro, expelido de toda a parte pelo vapor, como o vapor o há de ser pelo balão, e o balão pela eletricidade, a eletricidade por uma força nova, que levará de vez este grande trem do mundo até à estação terminal.[429]

Todas as coisas têm a sua filosofia. Se os dois anciãos que o bonde elétrico atirou para a eternidade esta semana houvessem já feito por si mesmos o que lhes fez o bonde, não teriam entestado com o progresso que os eliminou. É duro dizer; duro e ingênuo, um pouco à La Palisse; mas é verdade. Quando um grande poeta deste século perdeu a filha, confessou, em versos doloridos, que a criação era uma roda que não podia andar sem esmagar alguém. Por que negaremos a mesma fatalidade aos nossos pobres veículos?[430]

No que diz respeito à previsão do que estaria por vir no século XX, nenhuma análise que Machado de Assis fez parece ter sido tão relevadora como a que foi publicada em uma crônica de 1893, oportunidade em que ele profetizou a drástica redução do número de postos de trabalho diante dos avanços da tecnologia, um século antes que o sociólogo italiano Domenico de Mais:[431]

É caso para inventar um fiel mecânico, um velocípede consciente, mais rápido que o homem, e tão honrado. Tu, se tens o costume de inventar, recolhe-te a ti mesmo, e procura, investiga, acha, compõe, desenha, escreve um requerimento e corre a sentar-te à sombra da lei dos privilégios [...] Quando o velocípede assim aperfeiçoado entregar autos e recolher os recibos no protocolo, pode ser aplicado às demais esferas da atividade social, e teremos assim descoberto a chave do grande problema. Dez por cento da humanidade bastarão para os negócios do mundo. Os noventa por cento restantes são bocas inúteis, e, o que é pior, reprodutivas. Vinte guerras formidáveis darão cabo delas; um bom preservativo estabelecerá o equilíbrio para os séculos dos séculos.[432]

---

[429] ASSIS, Machado de. Crônica de 15.03.1877, publicada na revista *Illustração Brasileira*.
[430] ASSIS, Machado de. Crônica de 23.10.1892, publicada no jornal *Gazeta de Notícias*.
[431] Vide MASI, Domenico de. *O trabalho no século XXI*: fadiga, ócio e criatividade na sociedade pós-industrial, 2022; MASI, Domenico de. *Uma simples revolução*: trabalho, ócio e criatividade – Novos rumos para uma sociedade perdida, 2018; MASI, Domenico de. *O ócio criativo*. 1995.
[432] ASSIS, Machado de. Crônica de 19.03.1893, publicada no jornal *Gazeta de Notícias*.

2.2.14 Participação cidadã

No século XIX, o conceito de cidadania no Brasil não era tão extenso como o da atualidade, quando os cidadãos têm assegurado, na Constituição Federal de 1988, o direito de participar da vida pública e almejam exercer um maior protagonismo nos debates e no controle da atividade de estatal.

Durante o Segundo Reinado, mulheres e analfabetos sequer podiam votar, isso sem falar de um grande contingente de pessoas que, em determinados contextos, sequer eram consideradas como seres humanos, os escravos.

Democrata convicto, Machado de Assis valorizava os processos políticos, especialmente, as eleições, que sempre estavam presentes em suas crônicas, e respeitava as instituições públicas, como a Monarquia e o Parlamento.

Nos períodos próximos às eleições, sempre estimulava as pessoas a participarem dos pleitos. E mais que isso, a refletirem sobre suas escolhas:

> O povo precisa fazer anualmente o seu exame de consciência: é o que os jornais nos dão a título de retrospecto.[433]

> Exercer o direito de voto também é celebrar a emancipação política.[434]

Para aqueles muitos que afirmassem "não suporto a política", ele tinha uma opinião definitiva:

> O que é curioso é que nós, que não fazemos política, estejamos ocupados, eu em falar dela, tu em ouvi-la.[435]

O gosto do escritor pelas discussões políticas e pelos "negócios públicos" foi confessado em crônica de 1892:

> Um dos meus velhos hábitos é ir, no tempo das Câmaras, passar as horas nas galerias. Quando não há Câmaras, vou à Municipal ou Intendência,

---

[433] ASSIS, Machado de. Crônica de 1º.01.1893, publicada no jornal *A Semana* (1º Volume – 1892-1893).

[434] ASSIS, Machado de. Crônica de 11.09.1864, publicada no *Diário do Rio de Janeiro*. In: *Crônicas (1864-1867)*.

[435] ASSIS, Machado de. Crônica de 11.10.1896, publicada no jornal *A Semana* (1892-1900).

ao júri, onde quer que possa fartar o meu amor dos negócios públicos, e mais particularmente da eloquência humana.[436]

A cidadania de Machado de Assis era exercida de diversas maneiras, com destaque para sua atuação na Administração Pública e para suas publicações quinzenais nas colunas dos principais jornais da capital do país. De fato, ele valoriza tanto a política, no seu sentido mais amplo, que chegou a afirmar que:

As questões literárias não têm a importância das políticas.[437]

Ele tinha plena consciência de que a democracia se exerce a partir do debate público, seja no Parlamento, seja a partir da imprensa:

A discussão pública dos negócios é o que mais convém às democracias.[438]

Por valorizar tanto a política, Machado de Assis se decepcionava constantemente com a indiferença e apatia da sociedade civil em nosso país.

A tela da atualidade política é uma paisagem uniforme; nada a perturba, nada a modifica. Dissera-se um país onde o povo só sabe que existe politicamente quando ouve o fisco bater-lhe à porta. O que dá razão a este marasmo? Causas gerais e causas especiais. Foi sempre princípio nosso do governo aquele fatalismo que entrega os povos orientais de mãos atadas às eventualidades do destino. O que há de vir, há de vir...[439]

O grande mal das eleições não é o pau, nem talvez a pena, é a abstenção, que dá resultados muita vez ridículos. Urge combatê-la. Cumpre que os eleitores elejam, que se movam, que saiam de suas casas para correr às urnas, que se interessem, finalmente, pelo exercício do direito que a lei lhes deu, ou lhes reconheceu. Não creio, porém, que baste a exortação. A exortação está gasta. A indiferença não se deixa persuadir com palavras nem raciocínios; é preciso estímulo. Creio que uma boa reforma

---

[436] ASSIS, Machado de. Crônica de 27.11.1892, publicada no jornal *A Semana* (1º Volume – 1892-1893).

[437] ASSIS, Machado de. Crônica de 02.07.1893, publicada no jornal *A Semana* (1º Volume – 1892-1893).

[438] ASSIS, Machado de. Crônica de 07.10.1894, publicada no jornal *A Semana* (2º volume – 1894-1895).

[439] ASSIS, Machado de. Crônica de 11.11.1861, publicada no *Diário do Rio de Janeiro*.

eleitoral, em que esta consideração domine, produzirá efeito certo. Tenho uma idéia que reputo eficacíssima.[440]

Entre as causas da citada dormência social, ele destacava o analfabetismo como um dos mais graves problemas do Brasil:

> publicou-se há dias o recenseamento do Império, do qual se colige que 70% da nossa população não sabe ler. [...] 70% dos cidadãos votam do mesmo modo que respiram: sem saber por que nem o quê. Votam como vão à festa da Penha – por divertimento. A Constituição é para eles uma coisa inteiramente desconhecida. Estão prontos para tudo: uma revolução ou um golpe de Estado.[441]

Machado de Assis, tal qual faria Raul Seixas na música "Mosca na sopa", sabia que, embora tivesse suas limitações enquanto cidadão, faria sua parte, fiscalizando e denunciando irregularidades em relação aos "negócios públicos":

> Não pretendo corrigir o voo da águia; sou apenas a mosca do fabulista.[442]

Por fim, merece ser compartilhado com o leitor um trecho de uma crônica histórica, em que Machado fala, com entusiasmo, do dia em que foi assinada a Lei Áurea e o povo saiu em festa às ruas do Rio de Janeiro, para celebrar este momento de "delírio público", inclusive ele, "o mais encolhido dos caramujos":

> É tão bom poder exclamar: "Soldados, é o sol de Austerlitz!". O sol é, na verdade, o sócio natural das alegrias públicas; e ainda as domésticas, sem ele, parecem minguadas. Houve sol, e grande sol, naquele domingo de 1888, em que o Senado votou a lei, que a Regente sancionou, e todos saímos à rua, eu, o mais encolhido dos caramujos, também eu entrei no préstito, em carruagem aberta...; todos respiravam felicidade, tudo era delírio. Verdadeiramente, foi o único dia de delírio público em que me lembra ter visto.[443]

---

[440] ASSIS, Machado de. Crônica de 15.07.1894, publicada no jornal *A Semana* (2º volume – 1894-1895).
[441] ASSIS, Machado de. Crônica de 15.08.1876, publicada na revista *Illustração Brasileira*.
[442] ASSIS, Machado de. Crônica de 09.06.1878, publicada no jornal *O Cruzeiro* (1878), Notas semanais. In: *Crônicas* (1878-1888).
[443] ASSIS, Machado de. Crônica de 02.07.1893, publicada no jornal *A Semana* (1º Volume – 1892-1893).

2.2.15 Agentes públicos

Se na primeira parte deste livro passamos a apresentar o Machado de Assis servidor público, agora é hora de conhecermos suas opiniões sobre seus pares. Ou, em alguns casos, sobre questões que envolvem a função pública.

Provavelmente, essa temática foi uma das mais comentadas por Machado em suas crônicas, especialmente pela sua intimidade em relação ao assunto, já que trabalhou tantos anos como servidor público.

Apesar de ter sido um agente público exemplar (conforme visto na avaliação de desempenho realizado nesta pesquisa), Machado tinha opiniões críticas em relação ao funcionalismo:

> Os empregos públicos são só proveitosos para certa classe de gente.[444]

Mas também as críticas de Machado recaíam sobre o tratamento que a Administração Pública dispensava a tais trabalhadores:

> Soam os clarins da guerra no campo do funcionalismo. Diretores gerais e chefes de secção, primeiros e segundos oficiais, amanuenses e praticantes, porteiros e contínuos, tudo anda num *fervet opus*! Chovem os raios de Júpiter Tonante sobre as cabeças venerandas de todos os direitos adquiridos! O governo, que não é para graças, descarrega sucessivamente golpes tremendos sobre a hidra das sete cabeças e no meio de toda a lufa-lufa do temporal, sentem-se muito ameaçados de um naufrágio completo nas praias inóspitas da miséria![445]

Em suas crônicas, Machado de Assis costumava ser mais crítico com os agentes públicos que ocupavam os postos mais elevados do Estado:

> Está hoje provado que os discursos do Sr. Senador Jobim são o melhor remédio contra o aborrecimento crônico ou agudo, não porque S. Excia. seja dotado de graça, mas por serem os discursos mais desenxabidos, mais incongruentes, mais extravagantes que inda se ouviu. Tive a pachorra de ler o último discurso de S. Excia., de fio a pavio. S. Excia. tratou de várias questões, insistiu em algumas, embrulhou quase todas.[446]

---

[444] ASSIS, Machado de. Crônica de 27.07.1862, publicada no jornal *Semana Ilustrada*.
[445] ASSIS, Machado de. Crônica de 1º.05.1864, publicada no jornal *A Semana*, seção Dr. Semana.
[446] ASSIS, Machado de. Crônica de 14.08.1864, publicada no jornal *Diário do Rio de Janeiro*.

Em que tempo estamos? Que país é este? Pois um funcionário público, elevado às primeiras posições – não para satisfação da vaidade, mas para servir ao país –, responde daquele modo a uma intimação tão grave? [...] O ilustre marquês só tem um meio de resgatar o perdido. É duro, mas é o único meio leal, sério, digno: é pedir franca e humildemente ao senado a remissão da culpa, e confessar que aquelas palavras lhe escaparam por um movimento de despeito; é dizer que naquele momento se esquecera de que era um servidor do país, para lembrar-se de que tinha reputação de boas pilhérias; mas que, perfeitamente arrependido, retira as palavras com que ofendera o decoro do senado e o decoro do país. Se não fizer isto, creio poder afirmar-lhe que as três palavras hão de servir-lhe de epitáfio, qualquer que seja a expressão de saudade que os seus amigos se lembrem de lhe abrir. Na opinião o epitáfio do nobre marquês há de ser por este teor: – Aqui jaz um senador do império que, interpelado a respeito de dinheiros públicos, respondeu tranquilamente ao interpelante: – NÃO CAIO NESSA!"[447]

Por sua vez, em relação aos servidores públicos menos graduados, Machado de Assis tinha uma maior empatia. Nesse sentido, chegou até mesmo a justificar as atividades realizadas pelos tabeliães:

Duas coisas provam que ainda não chegamos ao progresso perfeito; as fechaduras e os tabeliães. Estas duas precauções contra os ratoneiros e os velhacos não existirão de certo no tempo em que uma verdadeira civilização tiver descido a este mundo. Isto não quer dizer que se suprima a fechadura – meio de segurança contra os ladrões corajosos – e o tabelião, garantia contra os ladrões de má fé – como não se pode ainda suprimir a fechadurazinha de vinte mil homens, para guardar a nossa casa americana.[448]

Todavia, se os servidores dos baixos escalões cometessem atos censuráveis, as críticas do cronista logo apareceriam. Em episódio sobre uma greve (parede) dos condutores e cocheiros dos bondes, ele não perdoa o fato de estes trabalharem embriagados:

Mal sabe o leitor o que eu admiro em toda a história da parede que outro dia fizeram os condutores e cocheiros dos bondes? O que mais me admirou foi (declaração da parte oficial) o estarem os chefes da revolta, às 6 horas da manhã... bêbedos! Admira realmente que a empresa tolere beberrões de tal ordem. Bêbedos às 6 horas da manhã!

---

[447] ASSIS, Machado de. Crônica de 14.08.1864, publicada no jornal *Diário do Rio de Janeiro*.
[448] ASSIS, Machado de. Crônica de 22.08.1864, publicada no jornal *Diário do Rio de Janeiro*.

O que não será ao meio-dia? Quem os vê no seu ofício durante o dia mal pensa que cada um deles esta já com duas ou três garrafas no bucho. Isso é por força algum segredo de Ayer. Ou então há criaturas que não se embebedam para todos, mas para alguns, ao contrário do sol, que, como sabemos, *lucetomnibus*. Humildemente peço ao varonil Greenough haja por despedir esses "embriagados de Efraim", não só para evitar outras paredes, mas, sobretudo para resguardar a pele dos contribuintes, seus criados.[449]

Em relação ao concurso público, expediente ainda não utilizado com frequência na Administração Pública brasileira, Machado de Assis destaca que tais processos seletivos nem sempre selecionam os servidores mais aptos:

> ENFIM! Vai entrar em discussão no Conselho Municipal o projeto que ali apresentou o Sr. Dr. Capelli, sobre higiene. Ainda assim, foi preciso que o autor o pedisse, anteontem. Já tenho lido que o Conselho trabalha pouco, mas não aceito em absoluto esta afirmação. Conselho Municipal ou Câmara Municipal, a instituição que dirige os serviços da nossa velha e boa cidade, foi sempre objeto de censuras, às vezes com razão, outras sem ela, como aliás acontece com todas as instituições humanas. Trabalhe pouco ou muito, é de estimar que traga para a discussão o projeto do Sr. Dr. Capelli. Se ele não resolve totalmente a questão higiênica, nem a isso se propõe, pode muito bem resolvê-la em parte. Não entro no exame dos seus diversos artigos; basta-me o primeiro. O primeiro artigo estabelece concurso para a nomeação dos comissários de higiene, que se chamarão de ora avante inspetores sanitários. É discutível a idéia do concurso. Não me parece claro que melhore o serviço, e pode não passar de simples ilusão. O artigo, porém, dispõe, como ficou dito, que os comissários de higiene se chamem de ora avante inspetores sanitários, e essa troca de um nome para outro é meio caminho andado para a solução. Os nomes velhos ou gastos tornam caducas as instituições. Não se melhora verdadeiramente um serviço deixando o mesmo nome aos seus oficiais.[450]

Sobre um debate instalado no Parlamento, comentou vários assuntos que hoje são frequentemente discutidos na Administração Pública brasileira. Nesse sentido, podem ser citadas as temáticas da inassiduidade e da alteração da remuneração dos agentes públicos.

---

[449] ASSIS, Machado de. Crônica de 02.02.1873, publicada no jornal *Semana Ilustrada*.
[450] ASSIS, Machado de. Crônica de 1º.04.1894, publicada no jornal *A Semana*.

Todavia, o que chama a atenção é que Machado de Assis já falava, em 1878, do *home office*, ao afirmar que "em casa pode fazer longos trabalhos e investigações":

> O Sr. Deputado Penido censurou a Câmara por lhe ter rejeitado duas emendas: – uma que mandava fazer desconto aos deputados que não comparecessem às sessões; outra que reduzia a importância do subsídio. Respeito as cãs do distinto mineiro, mas permita-me que lhe diga: a censura recai sobre S. Ex.ª não só uma, como duas censuras. A primeira emenda é descabida. S. Ex.ª naturalmente ouviu dizer que aos deputados franceses são descontados os dias em que não comparecem; e, precipitadamente, pelo vezo de tudo copiarmos do estrangeiro, quis logo introduzir no regimento da nossa Câmara esta cláusula exótica. Não advertiu S. Ex.ª, que esse desconto é lógico e possível num país, onde os jantares para cinco pessoas contam cinco croquetes, cinco figos e cinco fatias de queijo. A França, com todas as suas magnificências, é um país sórdido. A economia ali é mais do que sentimento ou um costume, mais que um vício, é uma espécie de pé torto, que as crianças trazem do útero de suas mães. A livre, jovem e rica América não deve empregar tais processos, que estariam em desacordo com um certo sentimento estético e político. Cá, quando há alguém para jantar, mata-se um porco; e se há intimidade, as pessoas da vizinhança, que não comparecerem, recebem no dia seguinte um pedaço de lombo, uma costeleta, etc. Ora, isso que se faz no dia seguinte, nas casas particulares, sem censura nem emenda, porque é que merecerá emenda e censura na Câmara, onde aliás o lombo e as costeletas são remetidos só no fim do mês? Nem remetidos são: os próprios obsequiados é que hão de ir buscá-los. Demais, subsídio não é vencimento no sentido ordinário: *pro labore*. É um modo de suprir às necessidades do representante, para que ele, durante o tempo em que trata dos negócios públicos, tenha a subsistência afiançada. O fato de não ir à Câmara não quer dizer que não trata dos negócios públicos; em casa pode fazer longos trabalhos e investigações. Será por andar algumas vezes na Rua do Ouvidor, ou algures? Mas quem ignora que o pensamento, obra secreta do cérebro, pode estar em ação em qualquer que seja o lugar do homem? A mais bela freguesa dos nossos armarinhos não pode impedir que eu, olhando para ela, resolva um problema de matemáticas. Arquimedes fez uma descoberta estando no banho. Mas, concedamos tudo; concedamos que a mais bela freguesa dos nossos armarinhos me leva os olhos, as pernas e o coração. Ainda assim estou cumprindo os deveres do cargo. Em primeiro lugar, jurei manter as instituições do país, e o armarinho, por ser a mais recente, não é a menos sólida das nossas instituições. Em segundo lugar, defendo a bolsa do contribuinte, pois, enquanto a acompanho com os olhos, as pernas e o coração, impeço que o contribuinte o faça, é claro que este não o pode fazer, sem emprego de veículo, luvas, gravatas, molhaduras, cheiros, etc. Não é menos curiosa a segunda emenda do Sr. Penido: a redução do

subsídio. Ninguém ignora que a Câmara só pode tratar dessa matéria no último ano de legislatura. Daí a rejeição da emenda. O Sr. Penido não nega a inconstitucionalidade desta, mas argumenta de um modo singularíssimo. O aumento de subsídio fez-se inconstitucionalmente; logo, a redução pode ser feita pela mesma forma inconstitucional. Perdoe-me S. Ex.ª, este seu raciocínio não é sério; lembra o aforismo popular – mordedura de cão cura-se com o pêlo do mesmo cão. O ato da Câmara, aumentando o subsídio, foi inconstitucional? Suponhamos que sim. Por isso mesmo que o foi, a Câmara obrigou-se a não o repetir, imitando, assim, de um modo moderno a palavra daquele general romano, que bradava aos soldados ao iniciar uma empresa difícil: – é preciso ir até ali, não é necessário voltar![451]

Em relação às temáticas da aposentadoria e da acumulação, tão frequentes nas repartições públicas brasileiras, Machado apresentou o seguinte episódio, em que, como verdadeiro cidadão, denuncia irregularidade e pede providências:

> Cai-me agora debaixo dos olhos o expediente do ministério do Império, publicado ontem na folha oficial. Vejo ali que o respectivo ministro oficia ao seu colega da Fazenda, declarando que o conselheiro Candido Borges Monteiro, jubilado em uma das cadeiras da faculdade de medicina desta cidade, tem direito ao ordenado por inteiro, por ter mais de 25 anos de serviço efetivo. Parece estranho isto. A que vem esta declaração? Deve-se supor que se pôs dúvida em fazer efetiva a determinação dos respectivos estatutos. Não consta, porém, que o tesouro caísse em equívoco aritmético. Onde está a chave deste enigma? Uma declaração mais franca e mais sincera teria obstado a propagação de certos boatos que não fazem a apologia do governo. Deus ponha longe de meu espírito a idéia de crer em tais coisas, mas o vulgo quer os pontos nos ii. Não falta quem dê à língua e diga que o lente, a que se refere o ofício do Sr. Ministro do Império, tendo sido aposentado antes da abertura das câmaras, não completou os 25 anos, que só se terminaram depois de fechado o parlamento. Como não podia acumular os dois lugares, lente e senador, é ainda o boato que fala, julgou-se que se satisfazia o direito e a conveniência antecipando-se a jubilação. Vê o governo quanto isto tem de grave? Em resumo o lente acumulou. O boato é um ente invisível e impalpável, que fala como um homem está em toda a parte e em nenhuma, que ninguém vê onde surge, nem onde se esconde, que traz consigo a célebre lanterna dos contos arábicos, a favor da qual se avantaja em poder e prestígio, a tudo o que é prestigioso e poderoso.

---

[451] ASSIS, Machado de. Crônica de 18.08.1878, publicada no jornal *Gazeta de Notícias* (1884-1888), seção Balas de Estalo. *In: Crônicas (1878-1888)*.

Trate o governo de desfazer as suspeitas do boato, restabelecendo a verdade [...] O ato do Sr. Ministro do Império não merece louvor, como bem diz o comunicante, porquanto, proporcionar a gratificação aos dois anos e meio que servira o lente além dos vinte e cinco da jubilação com ordenado somente, quando a lei diz que o que se jubilar aos trinta anos é que tem direito à metade da gratificação, seria um sofisma flagrante e de fazer arrepiar ao mais desiludido deste mundo[452]

Em mais um episódio que envolvia a Administração Pública, Machado de Assis dá uma verdadeira aula sobre a vocação dos agentes públicos, destacando que sua ausência leva a um serviço "deplorável":

O Sr. Ministro da Justiça entende que os tabeliães devem (com perdão da palavra) tabelionar. Entende que arrendar o ofício não é exercê-lo, segundo a intenção da lei. Perdoe-me S. Exa. Essa doutrina é subversiva, não da ordem legal, mas da ordem natural, o que é pior. As leis reformam-se sem risco; mas torcer a natureza não é reformá-la, é deformá-la. Ponhamos de parte o caso de verdadeira doença do serventuário, que o obrigue a pedir licença. Vamos ao princípio geral. S. Exa. confunde nomeação e vocação. Ponhamos o caso em mim. Eu, se amanhã me nomearem bispo, poderia receber com regularidade a côngrua e os emolumentos; mas, por falta de vocação, preferia uma boa rede a todas as câmaras eclesiásticas. S. Exa. dirá, porém, que esta hipótese é absurda; aqui vai outra. Suponhamos que no dia 15 de janeiro, por uma dessas inspirações geniais que o Céu concede aos povos nos momentos supremos da História, elegem-me deputado. Vocação, aquilo que se chama vocação ou aptidão parlamentar, não a tenho; mas tenho respeito à vontade do eleitor, à indicação das urnas, e, para conciliar a ordem soberana com a minha inópia, dividiria o tempo de maneira que fosse algumas vezes à Câmara. Poderia o eleitor, em tal caso, obrigar-me a conhecer as matérias, estudá-las, expô-las, redigir pareceres, fazer discursos? Não; era cair no mesmo erro de deformar a natureza com o intuito de reformá-la. O mais que o eleitor podia e devia fazer, era afirmar o seu direito soberano, elegendo-me outra vez. O caso dos tabeliães é mais grave. Não se trata de um cargo temporário, como o de deputado, nem se lhe pode dar, como a este, um tal ou qual exercício mínimo e aparente, por meio de alguns papéis à Câmara. O ofício é vitalício, e exerce-se ou não. Exercê-lo sem vocação é produzir dois grandes males, em que S. Exa. não advertiu. Constrange-se um espírito apto para outra coisa a definhar nos recessos de um cartório, e arrisca-se a fazenda particular aos descuidos possíveis de quem faz

---

[452] ASSIS, Machado de. Crônica de 07.01.1862, publicada no jornal *Diário do Rio de Janeiro*.

as coisas sem amor. Veia agora o contrário. Dê-me Sua Exa. um desses ofícios. Eu, que não nasci para ele, vou ter com outro, que nasceu, que sabe, que ama a escritura e o traslado, e digo-lhe: – Velho é o adágio que diz que onde come um português, comem dois e três, e nós não podemos desmentir a origem nacional. Você fica aqui, que eu já volto. Não voltava, é claro. E ganhávamos todos, começando pela ciência, porque eu, mineralogista de algum valor, iria viver o resto dos meus dias examinando as pedras de Petrópolis e da Tijuca, e até as da Rua do Ouvidor, que, por estarem à mão, – ninguém sabe o que valem. Não conto a vantagem do Governo, que acomodaria assim duas pessoas na mesma cama. S. Exa. tem uma escapatória que é esta: – recusar o ofício. Mas eu pergunto se era decente fazê-lo; pergunto se, vindo o Estado a mim, e dizendo-me: "Cidadão, partícula de mim mesmo, aqui tens este ofício, exerce-o, segundo as leis e os costumes, escuta a viúva, atende ao herdeiro, ouve o vendedor e o comprador, lavra, traslada, registra", – pergunto se, em tal caso, tinha eu o direito de recusar. Evidentemente, não. Não tenho a menor esperança de fazer revogar o ato de S. Exa. Mas estou certo de que estas idéias hão de frutificar. A questão é mais alta do que pode parecer aos frívolos. Trata-se de pôr nos atos do governo certas considerações de ordem científica; trata-se de mostrar que o Estado pode dar-me um ofício, e até dois, se lhe parecer; mas não pode, sem abuso e perigo, constranger-me a ocupá-lo ou ocupá-los. E quando falo em Estado, refiro-me a todos os seus órgãos, cujo exercício anticientífico entre nós é realmente deplorável.[453]

Até mesmo as questões das nomenclaturas e dos pronomes de tratamento dos ocupantes dos cargos públicos chegaram às colunas jornalísticas de Machado de Assis:

> a notícia que acaba de chegar do Amazonas obriga-me a algumas linhas, três ou quatro. Promulgou-se a Constituição, e, por ela, o governador passa-se a chamar presidente do Estado. Com exceção do Pará e Rio Grande do Sul, creio que não falta nenhum. *Sono tutti fatti marchesi.* Eu, se fosse presidente da República, promovia a reforma da Constituição, para o único fim de chamar-me governador. Ficava assim um governador cercado de presidentes, ao contrário dos Estados Unidos da América, e fazendo lembrar o imperador Napoleão, vestido com a modesta farda lendária, no meio dos seus marechais em grande uniforme.[454]

---

[453] ASSIS, Machado de. Crônica de 06.11.1885, publicada no jornal *Gazeta de Notícias* (1884-1888), seção Balas de Estalo.
[454] ASSIS, Machado de. Crônica de 31.07.1892, publicada no jornal *Gazeta de Notícias* (1884-1888).

Uma só coisa me interessou no debate municipal; foi o tratamento de Excelência. Não que seja coisa rara a boa educação. Também não direi que seja nova. O que não posso é indicar desde quando entrou naquela casa esta natural fineza. Provavelmente, foi a reação do legítimo amor próprio contra desigualdades injustificáveis. De feito, a antiga câmara municipal tinha o título de Senhoria e de Ilustríssima; mas pessoalmente os seus membros não tinham nada. Um decreto de 18 de julho de 1841 concedeu aos membros do senado o tratamento de Excelência, acrescentando: "e por ele (tratamento) se fale e se escreva aos atuais senadores e aos que daqui em diante exercerem o dito lugar". Aos deputados foi dado por decreto da mesma data o tratamento de Senhoria, mas limitado aos que assistiram à coroação do finado imperador. O tratamento era pessoal; embora sobrevivesse ao cargo, não passava dos agraciados. Naturalmente os deputados futuros reagiram contra a diferença que se estabelecia entre eles e os senadores, diferença já acentuada por outros sinais externos, desde a vitaliciedade até o subsídio. Começaram a usar da Excelência. O poder não teve remédio; curvou-se à prática. As assembléias provinciais acanharam-se; mas a antiga salinha de Niterói (provavelmente foi a primeira) declarou por atos que as liberdades locais não eram menos dignificáveis que as liberdades imperiais, e o tratamento de Excelência deu entrada naquela casa. Um dos seus chefes não perdeu nunca, ou quase nunca, o velho costume do tratamento indireto, e dizia: o honrado membro. "Perdoe-me o honrado membro; não é isso o que tenho ouvido ao honrado membro." Já disse que não posso indicar em que tempo a Excelência penetrou na câmara municipal. Não é provável que fosse antes da publicação dos debates. Sem impressão não há estilo. *Verba volant, scriptamanent.* Mas são cronologias estéreis, que nada servem ao fim proposto, a saber, que as maneiras finas são o freio de ouro das paixões, e não prejudicam em nada a liberdade; só a podem ofender pela restrição aos membros de uma câmara. Desde, porém, que se estenda a todos, é a igualdade em ação, mas em ação graciosa e culta.[455]

Um último aspecto que aqui destacamos e que foi abordado por Machado de Assis em relação aos servidores públicos diz respeito aos presentes que estes recebiam e à possível ofensa à ética funcional:

> houve uns presentes de ouro e prata, tinteiros, canetas, penas, ofertados pelos jurados da 7ª sessão ordinária de 1896 do Rio de Janeiro ao juiz e aos promotores em sinal de estima, alta consideração e gratidão pelas maneiras delicadas com que foram tratados durante toda a sessão.

---

[455] ASSIS, Machado de. Crônica de 15.01.1893, publicada no jornal *Gazeta de Notícias*.

O escrivão recebeu por igual motivo uma piteira de âmbar. Este ato em si mesmo é quase vulgar; mas o que ele significa é muito. Significa um imenso progresso nos costumes daquele país. O júri é instituição antiga no Brasil. É serviço gratuito e obrigatório; todos têm que deixar os negócios para ir julgar os seus pares, sob pena de multa de vinte mil-réis por dia. Se fosse só isso, era dever que todo cidadão cumpriria de boa vontade; mas havia mais. As maneiras descorteses, duras e brutais com que eram tratados pelos magistrados e advogados não têm descrição possível. Nos primeiros anos os jurados eram recebidos a pau, à porta do antigo aljube, por um meirinho: as sentenças produziam sempre contra eles alguma coisa, porque, se absolviam o réu ou minoravam a pena, os magistrados quebravam-lhes a cara; se, ao contrário, condenavam o réu, os advogados davam-lhos pontapés e murros. Entre muitos casos que se podiam escrever e são ali conhecidos de toda a gente, figura o que sucedeu em março ou abril de 1877. Havia um jurado que, pelo tamanho, era quase menino. Além de pequeno, magro; além de magro, doente. Pois os promotores, o juiz, o escrivão e os advogados, antes de começar a audiência, divertiram-se em fazer dele peteca. O pobrezinho ia das mãos de uns para as dos outros, no meio de grandes risadas. Os outros jurados, em vez de acudir em defesa do colega, riram também por medo e por adulação. O infeliz saiu deitando sangue pela boca. Pequenas coisas, cacholetas, respostas de desprezo, piparotes eram comuns. Alguns magistrados mais dados à chalaça puxavam-lhe o nariz ou faziam-lhe caretas. Um velho promotor tinha de costume, quando adivinhava o voto de algum deles, apontá-lo com o dedo, no meio do discurso, interrogando: "Será isto entendido por aquela besta de óculos que olha para mim?" Muitas vezes o juiz lia primeiramente para si as respostas do conselho de jurados e, se elas eram favoráveis ao réu, dizia antes de começar a lê-las em voz alta: "Vou ler agora a lista das patadas que deram os Srs. Juízes de fato." No meio da polidez geral do povo, esta exceção do juiz enchia a muita gente de piedade e de indignação; mas ninguém ousava propor uma reforma nos costumes... Fraqueza de ânimo; os maus costumes reformam-se.– Uma era nova começou em 1883; já então os jurados recebiam poucos cascudos e eram chamados apenas camelórios. Anos depois, em 1887, houve certo escândalo por uma tentativa de reação dos costumes antigos. A um dos jurados mandou pôr o juiz uma cabeça de burro. Era muito bem feita a cabeça; dois buracos serviam aos olhos e por um mecanismo engenhoso o homem abanava as orelhas de quando em quando, como se enxotasse moscas. Apesar do escândalo, a cabeça ainda foi empregada nos quatro anos posteriores. No fim de 1892 sentiu-se notável mudança nas maneiras dos juízes e promotores. Já alguns destes tiravam o chapéu aos jurados. Em setembro de 1893 apenas se ouviu a um daqueles dizer a um jurado que lhe perguntava pela saúde: "Passa fora!" Mas, pouco a pouco, as palavras grosseiras e gestos atrevidos foram acabando.

Em 1895, havia apenas indiferença; em 1896, os jurados da 7ª sessão reconheceram que a polidez reinava enfim no tribunal popular. O entusiasmo desta vitória, alcançada por uma longa paciência, explica os presentes de ouro e prata. Eles marcam na civilização judiciária daquele país uma data memorável. Por isso é que me encho de orgulho.[456]

2.2.16 Acesso das mulheres à função e vida públicas

No campo da literatura ficcional, Machado de Assis criou diversos personagens femininos marcantes, como Helena (no romance de mesmo nome), Guiomar (*A mão e a luva*), Sofia (*Quincas Borba*), Virgília (*Memórias póstumas de Brás Cubas*) e, especialmente, Capitu (*Dom Casmurro*), que até hoje rende estudos sobre a mais famosa possível traição da literatura brasileira. Sobre a presença das mulheres da obra do escritor:

> A compreensão das personagens femininas na obra machadiana exige a princípio o conhecimento do personagem narrador e o ponto de vista através do qual o mesmo faz sua narrativa. Afinal, entender "Dom Casmurro", por exemplo, é entender o modo pelo qual Machado de Assis cria o personagem Bento Santiago. Deve-se considerar que tudo está subordinado e tem sua existência ficcional condicionada a um sistema narrativo que se baseia exclusivamente numa visão masculina acerca do universo feminino. As mulheres de Machado jamais se anulam. Se algumas sucumbem, é porque resistem. Aliás, algumas delas até conseguem virar o jogo e impor-se sobre os homens. Mulheres de Machado é a prova da maestria do escritor, que cria textos breves e com personagens imensas e inesquecíveis.[457]

Se no campo da ficção Machado de Assis utilizou todo seu talento para construção de personagens e enredos sofisticados para criticar, de forma indireta ou comedida a sociedade patriarcal, em suas crônicas, seus posicionamentos em defesa da abertura de espaços para as mulheres eram mais explícitos e contundentes. E tudo isso ocorreu em um século em que a posição conferida às mulheres eram ou subalternas, quando se tratava dos contextos familiar e social, ou

---

[456] ASSIS, Machado de. Crônica de 09.08.1896, publicada no jornal *Gazeta de Notícias*.
[457] LEITE, Gisele. O feminino em Machado de Assis. Entre a estória e a história. *Jornal Jurid*, 17 jul. 2023. Disponível em: https://www.jornaljurid.com.br/colunas/gisele-leite/o-feminino-em-machado-de-assis-entre-a-estoria-e-a-historia. Acesso em: 14 mar. 2024.

inexistente, no que diz respeito à ocupação de cargos públicos e ao exercício de direitos políticos.

Nesse contexto, se na atualidade ainda se discute nas administrações públicas e nos tribunais brasileiros em que condições e percentuais as mulheres podem exercer algumas funções públicas,[458] no século XIX, a participação de mulheres na vida pública era totalmente vedada, já que somente os homens possuíam direitos políticos. Registre-se que as mulheres brasileiras somente conquistaram o direito de votar em 24 de fevereiro de 1932, por meio do Decreto nº 21.076, do então presidente Getúlio Vargas, que instituiu o Código Eleitoral. Ademais, até 1962, as mulheres casadas precisavam de autorização formal de seus maridos para que pudessem trabalhar.

Machado de Assis considerava que os tratamentos discriminatórios (de inferiorização) conferidos às mulheres não se justificavam. Nesse contexto, em crônica de 1872, a partir de um singelo episódio ocorrido em Porto Alegre, onde os sinos das igrejas tocavam de forma diferente para anunciar as mortes de homens e mulheres, Machado apresenta seu ponto de vista:

> Diz-se aí que por um homem haverá três badaladas, por uma mulher duas, e por uma criança uma, ou seja, macho ou fêmea. Ora, por que motivo os filhos de Adão terão direito a uma badalada a mais que as filhas de Eva? Um defunto é um defunto.[459]

Para que o leitor não pense que o posicionamento acima foi isolado, ou não tratava de uma queixa sem a menor importância, passemos a uma declaração de Machado de Assis que, de forma incontestável, apresentou seu ponto de vista a favor da participação das mulheres na vida pública, seja em cargos políticos ou administrativos. Ele chega ao ponto de afirmar que gostaria de ver uma Administração Pública formada exclusivamente por mulheres:

---

[458] Sobre esta questão, *vide* as seguintes notícias: "PGR questiona leis de 17 estados que limitam participação feminina em concursos para PM e Bombeiros" (https://portal.stf.jus.br/noticias/verNoticiaDetalhe.asp?idConteudo=515622&ori=1), e "STF afasta limitação de vagas para mulheres em concurso da PM do Amazonas e do Ceará" (https://portal.stf.jus.br/noticias/verNoticiaDetalhe.asp?idConteudo=527009&ori=1#:~:text=A%20PGR%20questionou%20dispositivo%20da,para%20os%20quadros%20da%20PM.). Acesso em: 14 mar. 2024.

[459] ASSIS, Machado de. Crônica de 20.10.1872, publicada em *Semana Illustrada*.

> Eu quisera uma nação, onde a organização política e administrativa parasse nas mãos do sexo amável, onde, desde a chave dos poderes até o último lugar de amanuense, tudo fosse ocupado por esta formosa metade da humanidade.[460]

Assim, se a sociedade brasileira deve ao movimento feminista e a figuras como Nísia Floresta (1810-1885), Leolinda de Figueiredo Daltro (1859-1935), Bertha Lutz (1894-1976) e Almerinda Gama (1899-1999) a conquista de direitos políticos para as mulheres, também deve haver o reconhecimento de homens que também levantaram esta justa bandeira.

Nesse sentido, Machado de Assis já proclamava nos jornais da capital do país no século XIX que a "injusta menoridade" feminina teria que acabar. Em 1877, usou do humor para tratar de assunto que considerava tão sério:

> Venha, venha o voto feminino; eu o desejo, não somente porque é idéia de publicistas notáveis, mas porque é um elemento estético nas eleições, onde não há estética.[461]

Por sua vez, em 1894, o escritor destacou algumas qualidades que considerava que as mulheres teriam (zelo, discrição e desinteresse), mais que os homens, na vida pública:

> Recorramos ao exemplo da Nova Zelândia, onde por uma lei recente as mulheres são eleitoras. Em virtude dessa lei, qualificaram-se cem mil mulheres, das quais, logo na primeira eleição, há cerca de um mês, votaram noventa mil. Elevemos a mulher ao eleitorado; é mais discreta que o homem, mais zelosa, mais desinteressada. Em vez de a conservarmos nessa injusta minoridade, convidemo-la a colaborar com o homem na oficina da política.[462]

2.2.17 Regulamentos administrativos

Para desmitificar a ideia de que a Administração Pública durante o Império e Primeira República ainda não estava burocratizada, este item da presente pesquisa demonstra exatamente o contrário. No caso, a partir das crônicas machadianas, o leitor dar-se-á conta de que as

---

[460] ASSIS, Machado de. Crônica de 21.11.1861. In: *Crônicas (1859-1888)*.
[461] ASSIS, Machado de. Crônica de 1º.04.1877. In: *Crônicas (1871-1878)*.
[462] ASSIS, Machado de. Crônica de 15.07.1894, publicada no jornal *Gazeta de Notícias*.

regulamentações administrativas já estavam presentes na vida brasileira com uma relativa intensidade.

Registre-se que a Constituição Imperial de 1824 determinava (à semelhança do que dispõe o art. 84, IV, da Constituição de 1988) que:

> Art. 102. O Imperador é o Chefe do Poder Executivo, e o exercita pelos seus Ministros de Estado. São suas principaes attribuições: [...]
> XII. Expedir os Decretos, Instrucções, e Regulamentos adequados á boa execução das Leis.

Machado de Assis era um profundo conhecedor dos regulamentos administrativos, especialmente em relação àqueles com os quais trabalhava diariamente na Secretaria de Agricultura, Viação e Obras Públicas. Ele chegou a confessar tal intimidade:

> Leis internacionais, constituições federais ou estaduais não são comigo. Eu sou, quando muito, homem de regimento interno.[463]

A princípio, o escritor tinha uma boa impressão do papel que as normas jurídicas exercem na vida social:

> A caridade posta em regulamento pode ser de grande eficácia, não só doméstica, mas até pública.[464]

Em determinada oportunidade, brindou seus leitores com um episódio histórico, ocorrido na Antiguidade, para destacar a relevância dos regulamentos administrativos na vida da sociedade:

> Conta Plutarco que houve, durante algum tempo, em Mileto, uma cousa que ele chama conjuração, mas que eu, mais moderno, direi epidemia, e era que as moças do lugar entraram a matar-se umas após outras. A autoridade pública, para acudir a tamanho perigo, decretou que os cadáveres das moças que dali em diante se matassem seriam arrastados pelas ruas, inteiramente nus. Cessaram os suicídios. O pudor acabou com o que não puderam conselhos nem lágrimas.[465]

---

[463] ASSIS, Machado de. Crônica de 15.03.1896, publicada no jornal *A Semana* (1892-1900).
[464] ASSIS, Machado de. Crônica de 09.04.1893, publicada no jornal *A Semana* (1º Volume – 1892-1893).
[465] ASSIS, Machado de. Crônica de 09.09.1894, publicada no jornal *A Semana*.

Todavia, por saber que os regulamentos apenas eram um veículo normativo, advertia que o conteúdo de tais normas poderia eventualmente servir para legitimar a prática de arbítrio:

> A inquisição também queimava gente, mas gente viva, e depois de um processo enfadonhamente cumprido, com certos regulamentos, tudo frio e sem alma.[466]

Machado de Assis também destacava em sua crônica os males causados pelo excesso de regulação estatal, assim como pelos problemas hermenêuticos gerados por normas, que não raro, eram difíceis de serem interpretadas e aplicadas:

> A porcaria em que está a cidade de S. Sebastião procede da incúria de muita gente. A febre amarela e a colerina procedem do sono dos eleitos do povo. A falta de dinheiro, que todos sentem, procede dos mil e tantos regulamentos e decretos do tesouro.[467]

> Descascam-se os decretos e seus diferentes artigos; cada um aplica às disposições dos ditos decretos a lente do raciocínio, lente que varia conforme o olho a que é aplicada.[468]

Sobre o decreto editado para regular a concessão de condecorações pelo Império brasileiro, Machado emitiu as seguintes opiniões:

> Dizia um filósofo antigo que as leis eram as coroas das cidades. Para caracterizá-las assim deve supor-se que leis sejam boas e sérias. As leis más ou burlescas não podem ser contadas no número das que tão pitorescamente designa o pensador a que me refiro. A folha oficial deu a público um decreto que reúne as duas condições: de abusivo e de ridículo; é o decreto que regula a concessão de condecorações. A imprensa impugnou o ato governamental, e à folha oficial foram ter algumas respostas, com que se procurou tornar a coisa séria. Mas se a coisa era burlesca e má, má e burlesca ficou; as interpretações dos sacerdotes não trouxeram outra convicção ao espírito do vulgo. Devo, todavia, notar que a má impressão produzida pelo regulamento das condecorações diminuiria se tivesse atendido para o nome do ministro que firmou o

---

[466] ASSIS, Machado de. Crônica de 07.04.1895, publicada no jornal *A Semana* (2º Volume – 1894-1895).
[467] ASSIS, Machado de. Crônica de 27.07.1862, publicada no jornal *Semana Ilustrada*.
[468] ASSIS, Machado de. Crônica de 1º.12.1877, publicada na revista *Illustração Brasileira*.

decreto [...] S. Excia. levou seu tempo a trabalhar naquela obra, não comunicou a ninguém a novidade que ia dar, pelo menos não houve esse zum-zum que precede, as mais das vezes, aos atos do poder, e um belo dia disse consigo: – "Vou causar uma surpresa a estes queridos fluminenses: amanhã pensam ler na folha oficial uma cataplasma árida do expediente dos meus colegas, e eu dou-lhes este acepipe preparado por minhas bentas mãos". E publicou-se o regulamento.[469]

Outra espécie de norma administrativa que já foi objeto de comentário de Machado de Assis foi a circular. Provavelmente, na condição de Diretor, ele deve ter sido responsável pela elaboração de diversas:

As circulares são como as ilusões; verdejam algum tempo, amarelecem e caem logo; depois vêm outras.[470]

Por sua vez, as instruções administrativas também estiveram presentes na crônica machadiana:

As instruções apareceram um pouco sibilinas e indigestas, como salada mal preparada, mas dignas do ministro e do ministério. E imediatamente as ordens se expediram, com uma presteza cuja raridade não posso deixar de comemorar[471]

2.2.18 Estado e Município

Durante sua vida profissional, seja como servidor público ou como cronista, Machado de Assis foi testemunha da centralização do Estado unitário (durante o Império) e da descentralização do Estado federal (a partir da República).

Em 1878, quando o debate sobre o modelo de Estado ocupava as discussões do Parlamento, Machado escreveu uma crônica favorável à centralização política e administrativa no Império brasileiro que, ao contrário dos vizinhos sul-americanos, conseguiu manter a integridade do vasto território nacional:

---

[469] ASSIS, Machado de. Crônica de 16.12.1861, publicada no jornal *Diário do Rio de Janeiro*.
[470] ASSIS, Machado de. Crônica de 27.09.1896, publicada no jornal *A Semana* (1º Volume – 1892-1893).
[471] ASSIS, Machado de. Crônica de 1º.11.1861, publicada no jornal *Diário do Rio de Janeiro*.

Não há muito quem brade contra a centralização política e administrativa? É uma flor de retórica de todo o discurso de estréia; um velho bordão; uma perpétua chapa. Raros vêem que a centralização não se operou ao sabor de alguns iniciadores, mas porque era um efeito inevitável de causas preexistentes. Supõe-se que ela matou a vida local, quando a falta de vida local foi um dos produtores da centralização. Os homens não passaram de simples instrumentos das coisas. É o que acontece com o poder municipal; esvaiu-se-lhe a vida, não por ato de um poder cioso, mas por força de uma lei inelutável, em virtude da qual a vida é frouxa, mórbida ou intensa, segundo as condições do organismo e o meio em que ele se desenvolve. É o que acontece com o direito de voto; a reforma que reduzir a eleição a um grau será um melhoramento no processo e por isso desejável; mas dará todas as vantagens políticas e morais que dela esperamos? Há uma série de fatores, que a lei não substitui, e esses são o estado mental da nação, os seus costumes, a sua infância constitucional...[472]

Muitos anos depois, com a Proclamação da República e a adoção do modelo federativo, Machado de Assis, apesar de reconhecer a necessidade de autonomia política e administrativa dos Estados, ainda sustenta a necessidade de se defender a unidade nacional:

Os moços, que aí cantam a vida, entrarão em flor pelo século adiante, e vê-lo-ão, e serão vistos por ele, continuando na obra desta arte brasileira, que é mister preservar de toda federação. Que os Estados gozem a sua autonomia política e administrativa, mas acompanham a mais forte unidade, quando se tratar da nossa musa nacional.[473]

Ainda sobre o federalismo, comentou em 1892 sobre um levante militar infrutífero, ocorrido em 31 de março, que tentou separar do país o território que hoje corresponderia ao Mato Grosso do Sul, que seria chamado de República Transatlântica de Mato Grosso. Registre-se aqui a riqueza de informações, opiniões, críticas e ironias, contidas nesta crônica:

Mato Grosso foi o assunto principal da semana. Nunca ele esteve menos Mato, nem mais Grosso. Tudo se esperava daquelas paragens, exceto uma república, se são exatas as notícias que o afirmam, porque há outras que o negam; mas neste caso a minha regra é crer, principalmente se há telegrama. Ninguém imagina a fé que tenho em telegramas. Demais,

---

[472] ASSIS, Machado de. Crônica de 1º.09.1878, publicada no jornal *O Cruzeiro*.
[473] ASSIS, Machado de. Crônica de 14.06.1892, publicada no jornal *A Semana*.

folhas européias de 13 a 14 do mês passado, falam da nova república
transatlântica como de coisa feita e acabada. Algumas descrevem
a bandeira. Duas dessas folhas (por sinal que londrinas) chegam a
aconselhar ao governo da União que abandone Mato Grosso, por
lhe dar muito trabalho e ficar longe, sem real proveito. Se eu fosse
governo, aceitava o conselho, e pregava uma boa peça à nova república,
abandonando-a, não à sua sorte, como dizem as duas folhas, mas à
Inglaterra. A Inglaterra também perdia no negócio, porque o novo
território ficava-lhe muito mais longe; mas, sendo sua obrigação não
deixar terra sem amanho, tinha de suar o topete só em extrair minerais,
desbastar, colonizar, pregar, fazer em suma de Mato Grosso um mato
fino. Eu, rigorosamente, não tenho nada com isto. Não perco uma unha
do pé nem da mão, se perdermos Mato Grosso. E não é melhor que me
fique antes a unha que Mato Grosso? Em que é que Mato Grosso é meu?
Não nego que a idéia da pátria deve ser acatada. Mas a nova república
não bradou: abaixo a pátria! como um rapaz que fez a mesma coisa
em França, há três meses, e foi condenado à prisão por um tribunal.
Mato Grosso disse apenas: *Anch'io son pittore*, e pegou dos pincéis. Não
destruiu a oficina ao pé, organizou a sua. Uma vez que pague, além
das décimas, as tintas, pode pintar a seu gosto, e tanto melhor se fizer
obras-primas. Pátria brasileira (esta comparação é melhor) é como se
disséssemos manteiga nacional, a qual pode ser excelente, sem impedir
que outros façam a sua. Se a nova fábrica já está montada (estilo dos
estatutos de companhias e dos anúncios de teatros), faça a sua manteiga,
segundo lhe parecer, e, para falar pela língua argentina, vizinha dela
e nossa: *con su pan se la coma*. Vede bem que a nova república é una
e indivisível. Aqui há dente de coelho; parece que o fim é tolher a
soberania a Corumbá, a Cuiabá, que poderiam fazer as suas constituições
particulares, como os diversos Estados da União fizeram as suas. Eu só
havia notado, em relação a estes, a diferença dos títulos dos chefes, que
uns são governadores, como nos Estados Unidos da América, outros
presidentes, como o presidente da República. A princípio supus que a
fatalidade do nosso nascimento (que é de chefe para cima) obrigava a não
chamar governador um homem que tem de reger uma parte soberana da
União; mas, consultando sobre isso uma pessoa grave do interior, ouvi
que a razão era outra e histórica, isto é, que a preferência de presidente a
governador provinha de ser este título odioso aos povos, por causa dos
antigos governadores coloniais. Não só compreendi a explicação, mas
ainda lhe grudei outra, observando que, por motivo muito mais antigo,
foi acertado não adotar o título de juiz, como usaram algum tempo em
Israel (fedor judaico) – justamente! Entretanto, outra pessoa, sujeita ao
terror político, tem escrito esta semana que alguns Estados, em suas
constituições e legislações, foram além do que lhes cabia; que um deles
admitia a anterioridade do casamento civil, outro já lançou impostos
gerais, etc. Assim será; mas obra feita não é obra por fazer. Se o exemplo
de Mato Grosso tem de pegar, melhor é que cada pintor tenha já as suas

telas prontas, tintas moídas e pincéis lavados: é só pintar, expor e vender. A União, que não tem território, não precisa de soberania; basta ser um simples nome de família, um apelido, meia alcunha.[474]

Sempre atento às discussões travadas no Legislativo, narrou episódio em que os parlamentares discutiam questões relacionadas ao federalismo, recém-instalado em terras brasileiras:

> Nem ainda me esqueceu o dia em que, metendo-se um deputado do norte ou do sul a propor alguma coisa em favor dos operários da Central do Brasil, o chefe do partido emendou a mão ao intruso, redarguindo-lhe que "fosse cuidar dos operários do seu Estado". Para mim, é este o verdadeiro federalismo. Não bastam divisões escritas. Partidos locais, operários estaduais. O problema operário é terrível na Europa, em razão de ser internacional; mas, se nem o consentirmos nacional, e apenas distrital, teremos facilitado a solução, porque a iremos achando por partes, não se ocupando os respectivos chefes senão do que é propriamente seu.[475]

Machado de Assis manifestou em algumas crônicas sua opinião sobre os municípios, e esta costumava ser preocupada com a precariedade e bastante favorável à emancipação de tais entes:

> [...] a municipalidade, instituição que tem sido nula até hoje e que eu quisera ver levantar-se do nada para ser alguma coisa.[476]

> Se o município não está morto, está doente; a indiferença pública não pode ser maior do que é hoje. Se o povo agita e comove na ocasião na eleição política, com igual razão devia comover-se e agitar-se na eleição municipal, porque a municipalidade é o poder que lhe fica mais à vista, aquele que mais direta e frequentemente influi na satisfação de suas primeiras necessidades.[477]

> O município é a base da sociedade.[478]

---

[474] ASSIS, Machado de. Crônica de 08 de maio de 1892, publicada no jornal *Gazeta de Notícias*
[475] ASSIS, Machado de. Crônica de 24.02.1895, publicada no jornal *Gazeta de Notícias*, seção A Semana.
[476] ASSIS, Machado de. Crônica de 11.09.1864, publicada no jornal *Diário do Rio de Janeiro*.
[477] ASSIS, Machado de. Crônica de 28.08.1864, publicada no jornal *Diário do Rio de Janeiro*. In: *Crônicas (1864-1867)*.
[478] ASSIS, Machado de. Crônica de 26.07.1896, publicada no jornal *A Semana* (1892-1900).

A futura câmara, para bem desempenhar os seus deveres e levantar a instituição do abatimento em que jaz, deve observar três preceitos. Esses três preceitos são os seguintes: 1. Cuidar do município. 2. Cuidar do município. 3. Cuidar do município. Se fizer isto, terá cumprido seu dever, sem que daí lhe resulte nenhum direito à menor parcela de louvor, e contribuirá com o exemplo para que as câmaras futuras entrem no verdadeiro caminho de que – tão infelizmente – se hão desviado.[479]

2.2.19 Poder de polícia e proteção ambiental

Um dos temas mais presentes nas crônicas de Machado de Assis era a atuação dos órgãos policiais. Mesmo fazendo uso da ironia e do humor, ele sabia da relevância do poder de polícia do Estado:

> É minha opinião que não se deve dizer mal de ninguém, e ainda menos da polícia. A polícia é uma instituição necessária à ordem e à vida de uma cidade. [...] Não se deve dizer mal da polícia. Ela pode não ser boa, pode não ter sagacidade, nem habilidade, nem método, nem pessoal; mas, com tudo isso, ou sem tudo isso, é instituição necessária.[480]

Durante o Império, o Direito Administrativo brasileiro, de cunho liberal, tinha como principais preocupações a manutenção da ordem pública e a preservação da paz social, demandando a imposição de restrições gerais, o que fazia do poder de polícia uma de principais manifestações do citado ramo jurídico.

Em 1862, Machado de Assis escreveu crônica sobre medidas administrativas de fiscalização dos vapores (navios), estabelecendo restrições, por razões de segurança, ao transporte de passageiros:

> A meu ver, fora melhor ter-se negado à companhia permissão para fazer seguir semelhante vapor aos portos do norte; porém, como foi ela limitada pela proibição de conduzir passageiros, acautelando-se por essa forma a segurança do público, qualquer desastre superveniente apenas alcançará a tripulação e companhias de seguro, que só terão o direito de queixar-se de sua imprudência, visto que perfeitamente conhecem os riscos que vão correr.[481]

---

[479] ASSIS, Machado de. Crônica de 22.08.1864, publicada no jornal *Diário do Rio de Janeiro*.
[480] ASSIS, Machado de. Crônica de 20.12.1896, publicada no jornal *Gazeta de Notícias*, seção A Semana.
[481] ASSIS, Machado de. Crônica de 08.02.1862, publicada no jornal *Diário do Rio de Janeiro*.

Em crônica de 1877, destaca episódio em que foram definidas restrições ao uso de fogos de artifício e de balões:

> Todos os anos, por este tempo, a polícia tem o cuidado de mandar para a imprensa um edital declarando que serão punidos com todo o rigor os que infringirem certa postura da Câmara Municipal, que proíbe queimar fogos de artifício e soltar balões ao ar. O edital aparece: aparecem atrás deste os fogos de artifício; aparecem os balões. A pobre da postura, que já se vê com a idéia de ver-se executada, suspira; mas, não podendo nada, contra os infratores, recolhe-se ao arquivo, onde outras posturas, suas irmãs, dormem o sono da incredulidade.[482]

Por sua vez, no tocante à preservação ambiental, Machado de Assis já manifestava sua preocupação com o tema, algo tão raro naqueles tempos. Isso pode ser constatado na crônica que aborda a tourada no Brasil:

> O certo é que se eu quiser dar uma descrição verídica da tourada de domingo passado, não poderei, porque não a vi. Não sei se já disse alguma vez que prefiro comer o boi a vê-lo na praça. Não sou homem de touradas; e se é preciso dizer tudo, detesto-as. Um amigo costuma dizer-me:
> – Mas já as viste?
> – Nunca!
> – E julgas do que nunca viste?
> Respondo a este amigo, lógico, mas inadvertido, que eu não preciso ver a guerra para detestá-la, que nunca fui ao xilindró, e, todavia, não o estimo. Há coisas que se prejulgam, e as touradas estão nesse caso.[483]

Ainda sobre a proteção ambiental, em outra ocasião, o escritor alertava para a necessidade de preservação das árvores, tão essenciais para as cidades, especialmente aquelas situadas nos trópicos, como a então capital do país:

> No Rio de Janeiro houve sempre horror às árvores. Ninguém pode explicar o fenômeno, mas ele existe. Infelizmente, tanto a população como a municipalidade se acham animadas do mesmo sentimento,

---

[482] ASSIS, Machado de. Crônica de 15.06.1877, publicada na revista *Illustração Brasileira*.
[483] ASSIS, Machado de. Crônica de 15.03.1877, publicada no jornal *Illustração Brasileira*, seção História de Quinze Dias.

o que faz com que as árvores não possam medrar. Todos sabem em que estado se acham, por exemplo, as árvores do boulevard Carceler, hécticas e dilaceradas, graças ao horror de que falei acima. Já estou a ouvir daqui uma pergunta infeliz: – Se a câmara municipal tem horror às árvores, como as faz plantar? Ao que eu respondo: – Se a câmara não tem horror às árvores, por que as não faz conservar?[484]

2.2.20 Responsabilidade do Estado

Nos livros de Direito Administrativo, a temática da responsabilidade civil do Estado sempre é abordada a partir da evolução histórica do problema, onde sempre há menção ao caso Blanco, julgado pela jurisdição administrativa francesa em 1873.

Explica Irene Nohara que, a partir desse caso, começou-se a "conferir contornos publicistas ao regime da responsabilidade do Estado. O caso envolveu uma ação de indenização movida pelo pai da menina Agnés Blanco, atropelada na cidade de Bordeaux por um vagonete da Companhia Nacional de Manufatura de Fumo".[485]

Por coincidência, as menções encontradas nas crônicas de Machado de Assis sobre uma possível responsabilidade pelos atos estatais também envolveram atropelamentos, mas por bondes.

Todavia, o ordenamento jurídico brasileiro de então atribuía a responsabilidade pelas ações e omissões do Estado tão somente ao servidor público. Nesse contexto, a Constituição Imperial de 1824 determinava que:

> Art. 179. [...]
>
> XXIX. Os Empregados Publicos são strictamente responsaveis pelos abusos, e omissões praticadas no exercicio das suas funcções, e por não fazerem effectivamente responsaveis aos seus subalternos.

Assim, não era permitido pelo Direito em vigor que o cidadão pleiteasse indenização ao Estado brasileiro por danos praticados pela Administração Pública. Machado de Assis foi um frequente comentarista dos muitos casos que envolviam acidentes com bondes, serviço público explorado por empresas concessionárias:

---

[484] ASSIS, Machado de. Crônica de 28.08.1864, publicada no jornal *Diário do Rio de Janeiro*.
[485] NOHARA, Irene. *Direito administrativo*. 10. ed. São Paulo: Atlas, 2020, p. 909.

Todas as cousas têm a sua filosofia. Se os dois anciãos que o bonde elétrico atirou para a eternidade esta semana, houvessem já feito por si mesmos o que lhes fez o bonde, não teriam entestado com o progresso que os eliminou. É duro dizer; duro e ingênuo, um pouco à La Palisse; mas é verdade. Quando um grande poeta deste século perdeu a filha, confessou, em versos doloridos, que a criação era uma roda que não podia andar sem esmagar alguém. Por que negaremos a mesma fatalidade aos nossos pobres veículos? Há terras, onde as companhias indenizam as vítimas dos desastres (ferimentos ou mortes) com avultadas quantias, tudo ordenado por lei. É justo; mas essas terras não têm, e deviam ter, outra lei que obrigasse os feridos e as famílias dos mortos a indenizarem as companhias pela perturbação que os desastres trazem ao horário do serviço. Seria um equilíbrio de direitos e de responsabilidades. Felizmente, como não temos a primeira lei, não precisamos da segunda, e vamos morrendo com a única despesa do enterro e o único lucro das orações. Falo sem interesse. Dado que venhamos a ter as duas leis, jamais a minha viúva indenizará ou será indenizada por nenhuma companhia. Um precioso amigo meu, hoje morto, costumava dizer que não passava pela frente de um bonde, sem calcular a hipótese de cair entre os trilhos e o tempo de levantar-se e chegar ao outro lado. Era um bom conselho, como o Doutor Sovina era uma boa farsa, antes das farsas do Pena. Eu, o Pena dos cautelosos, levo o cálculo adiante: calculo ainda o tempo de escovar-me no alfaiate próximo. Próximo pode ser longe, mas muito mais longe é a eternidade. Em todo caso, não vamos concluir contra a eletricidade. Logicamente, teríamos de condenar todas as máquinas, e, visto que há naufrágios, queimar todos os navios. Não, senhor. A necrologia dos bondes tirados a burros é assaz comprida e lúgubre para mostrar que o governo de tração não tem nada com os desastres. Os jornais de quinta-feira disseram que o carro ia apressado e um deles explicou a pressa, dizendo que tinha de chegar ao ponto à hora certa, com prazo curto. Bem; poder-se-ia combinar as cousas, espaçando os prazos e aparelhando carros novos, elétricos ou muares, para acudir à necessidade pública. Digamos mais cem, mais duzentos carros. Nem só de pão vive o acionista, mas também da alegria e da integridade dos seus semelhantes.[486]

Moderno e antigo a um tempo é o novo desastre produzido pelo bonde elétrico, não por ser elétrico, mas por ser bonde. Parece que contundiu, esmagou, fez não sei que lesão a um homem. O cocheiro evadiu-se. Há estribilhos mais animados que este; não creio que nenhum o alcance na regularidade e na graça do ritmo. O cocheiro evadiu-se. O bonde mata uma pessoa; dou que não a mate, que a vítima perca simplesmente uma perna, um dedo ou os sentidos. O cocheiro evadiu-se. Ninguém

---

[486] ASSIS, Machado de. Crônica de 23.10.1892, publicada no jornal *Gazeta de Notícias*.

ignora que todas as revisões de jornais têm ordem de traduzir por aquelas palavras um sinal posto no fim das notícias relativas a desastres veiculares. Vá, aceitem o adjetivo; é novo, mas lógico. Veículo, patíbulo. Patibulares, veiculares.[487]

não vi nem quero saber o que houve com as pernas de um pobre moço, no Catete, que ficaram embaixo de um bonde da Companhia Jardim Botânico. Ouvi que se perderam. Não é a primeira pessoa a quem isto acontece, nem será a última. A Companhia pode defender-se muito bem, citando Victor Hugo, que perdeu uma filha por desastre, e resignadamente comparou a criação a uma roda: *Que la création est une grande roue. Quine peut se mou voir sansécraser quelqu'un*. A mesma coisa dirá a Companhia Jardim Botânico, em prosa ou verso, mas sempre a mesma coisa: – "Eu sou como a grande roda da criação, não posso andar sem esmagar alguma pessoa". Comparação enérgica e verdadeira. A fatalidade do ofício é que a leva a quebrar as pernas aos outros. O pessoal desta companhia é carinhoso, o horário pontual, nenhum atropelo, nenhum descarrilamento, as ordens policiais contra os reboques são cumpridas tão exatamente, que não há coração bem formado que não chegue a entusiasmar-se. Se ainda vemos dois ou três carros puxados por um elétrico, é porque a eletricidade atrai irresistivelmente, e os carros prendem-se uns aos outros; mas a administração estuda um plano que ponha termo a esse escândalo das leis naturais.[488]

Na crônica de 1895, em que comenta as estatísticas divulgadas pela Polícia da Capital Federal sobre o grande número de acidentes causados pelos bondes (entre os anos 1870 e 1888, mais de quatro mil pessoas morreram ou ficaram feridas em desastres e acidentes de ruas, a maior parte causados por bondes), Machado de Assis cogita haver a responsabilidade das companhias:

Bem sei que eles não dão só dinheiro, dão também a morte e pernas quebradas. É o que dizem as estatísticas do Dr. Viveiros de Castro, o qual acrescenta que o maior número de desastres dessa espécie é causado pelos bondes. Parece-lhe que o meio de diminuir tais calamidades é responsabilizar civilmente as companhias; desde que elas paguem as vidas e as pernas dos outros, procurarão ter cocheiros hábeis e cautelosos, em vez de os ter maus, dar-lhes fuga ou abafar os processos com empenhos. A primeira observação que isto me sugere é que há já muitos responsáveis, o burro, o cocheiro, o bonde e a companhia.

---

[487] ASSIS, Machado de. Crônica de 13.11.1892, publicada no jornal *Gazeta de Notícias*.
[488] ASSIS, Machado de. Crônica de 02.12.1894, publicada no jornal *Gazeta de Notícias*.

É provável que a eletricidade também tenha culpa. Por que não o Padre Eterno, que nos fez a todos? A segunda observação é que tal remédio, excelente e justo para que os criados não nos quebrem os pratos, uma vez que os paguem, é injusto e de duvidosa eficácia, relativamente às companhias de bondes. Injusto, porque o dinheiro da companhia é para os dividendos semestrais aos acionistas, e para o custeio do material.[489]

Machado de Assis continua sua campanha para responsabilização daqueles que prestam serviços à coletividade. Em novo acidente, desta vez atingindo um cavalo que fazia sucesso nas pistas do Hipódromo do Rio de Janeiro, que ficou gravemente ferido, o escritor afirmava ser "inútil lavrar um protesto contra o modo brutal por que procedem os cocheiros dos bondes, que nem a vida de seus semelhantes poupam".[490] Sugere Machado que as companhias paguem uma indenização neste caso. Miguel Matos conta que "o proprietário do animal, Herbert Arnold, entrou com uma ação contra a Companhia de Bondes Vila Isabel, reclamando a quantia de 60 contos. O feito correu e a Câmara Civil do Tribunal considerou procedente o pedido".[491]

Até esta última crônica, perceba o leitor que a questão, à época, repercutia no âmbito penal, mas, aparentemente, não no civil. Com as pressões exercidas por Machado, a coisa começa a mudar:

> os desastres seguiam invariavelmente os mesmos trâmites. A vítima, bicho ou gente, morta ou ferida, caía na rua. A multidão aglomerava-se em redor dela, olhando calada como é seu próprio costume. O cocheiro evadia-se. A polícia abria inquérito, naturalmente rigoroso. Toda essa tragédia podia resumir-se em um verso, mais ou menos assim: "Crime nefando! Rigoroso inquérito!"[492]

2.2.21 Serviços públicos

O cronista atento da realidade brasileira foi testemunha da introdução de novos serviços no âmbito da Administração Pública e um crítico contundente da precariedade daqueles.

Nesse contexto, Machado de Assis chegou ao ponto de ser até mesmo profético, ao prever que, caso não fossem tomadas providências

---

[489] ASSIS, Machado de. Crônica de 17.03.1895, publicada no jornal *Gazeta de Notícias*.
[490] ASSIS, Machado de. Crônica de 12.04.1896, publicada no jornal *Gazeta de Notícias*.
[491] MATOS, Miguel. *Código de Machado de Assis*. São Paulo: Migalhas Jurídicas, 2021, p. 407.
[492] ASSIS, Machado de. Crônica de 12.04.1896, publicada no jornal *Gazeta de Notícias*.

pelas autoridades, um acidente poderia acontecer com embarcação no Rio de Janeiro (o leitor se recorda do acidente com o Bateau Mouche, em 31 de dezembro de 1988?):

> As Autoridades são acusadas de não tomarem providências para que não haja uma catástrofe das barcas Ferry.[493]

Também alertava para as péssimas condições do bonde de Santa Teresa e para a possibilidade de um acidente (que também ocorreria em 2011):

> Inauguraram-se os bondes de Santa Teresa, – um sistema de alcatruzes ou de escada de Jacó, – uma imagem das coisas deste mundo. Quando um bonde sobe, outro desce, não há tempo em caminho para uma pitada de rapé, quando muito, podem dois sujeitos fazer uma barretada. O pior é se um dia, naquele subir e descer, descer e subir, subirem uns para o céu e outros descerem ao purgatório, ou quando menos ao necrotério.[494]

Como cidadão participativo, cobrava melhorias dos serviços públicos, seja no caso em que clamava pelo aumento da capacidade de transporte dos bondes em dias de concerto (talvez estes fossem os jogos de futebol dos nossos dias), seja no caso em que apontava para a necessidade de medidas para melhoria do saneamento básico (para o qual costumava haver o "adiamento de tais esforços):

> Pela minha parte, proponho que, nos dias de concerto, a Companhia do Jardim Botânico, excepcionalmente, meta dez pessoas por banco nos bondes elétricos, em vez das cinco atuais. Creio que não haverá representação à Prefeitura, pois todos nós amamos a música; mas dado que haja, o mais que pode suceder, é que a Prefeitura mande reduzir a lotação a quatro pessoas do contrato; em tal hipótese, a companhia pedirá como agora, segundo acabo de ler, que a Prefeitura reconsidere o despacho, – e as dez pessoas continuarão, como estão continuando as cinco. Há sempre erro em cumprir e requerer depois; o mais seguro é não cumprir e requerer. Quanto ao método, é muito melhor que tudo se passe assim, no silêncio do gabinete, que tumultuosamente na rua: Não pode! Não pode![495]

---

[493] ASSIS, Machado de. Crônica de 27.07.1862, publicada no jornal *Semana Ilustrada*.
[494] ASSIS, Machado de. Crônica de 15.03.1877, publicada na revista *Illustração Brasileira*.
[495] ASSIS, Machado de. Crônica de 31.05.1896, publicada no jornal *Gazeta de Notícias*, seção A Semana.

Não se diga que a febre amarela tem medo ao saneamento; mais depressa o saneamento terá medo à febre amarela. Em vez de o temer, pôs a ponta da orelha de fora esta semana, e se a tinha posto antes, não sei; eu não sou leitor assíduo de estatísticas. Não nego o que valem as lições que dão, e a necessidade que há delas para conhecer a vida e a economia dos Estados; mas entre negar e adorar há um meio termo, que é a religião de muita gente. [...] Nada do que fica aí é novo; a febre é velha, velhas as lástimas, velhíssimos os esforços para destruir o mal, e têm a mesma idade os adiamentos de tais esforços.[496]

Venhamos à vida, ao saneamento. Uma folha estrangeira perguntava há pouco quais eram as duas condições essenciais da salubridade de uma cidade, e respondia a si mesma que eram a água corrente em abundância e a eliminação rápida dos resíduos da vida. Depois, com um riso escarninho, concluía que tudo estava achado há vinte séculos pelos romanos. E lá vinham os famosos aquedutos... Mas, entre nós, os aquedutos, com o trem elétrico por cima, dão a imagem de um progresso que os romanos nem podiam sonhar. E quanto aos banhos, não há de que se orgulhem os antigos. O atual chafariz da Carioca tem lavado muito par de pernas, muito peito, muita cabeça, muito ventre; na menor das hipóteses, muito par de narizes. Não tem nome de banho público, mas *what's in a name?*, como diz a divina Julieta.[497]

Quando eu cheguei à rua do Ouvidor e soube que um empregado do correio adoecera do cólera, senti algo parecido com susto, se não era ele próprio. Contaram-me incidentes. Nenhum hospital quisera receber o enfermo. Afinal fora conduzido para o da Jurujuba, e insulado, como de regra.[498]

2.2.22 Licitações, contratos e obras públicas

Uma das normas jurídicas que Machado de Assis mais deve ter utilizado em sua atuação como servidor público, especialmente quando foi Diretor de Contabilidade, foi a normativa sobre contratações administrativas, instituída pelo Decreto nº 2.926, de 14 de maio de 1862. Na realidade, no âmbito da Administração Pública Imperial, o citado decreto foi criado exatamente para as contratações do órgão em que

---

[496] ASSIS, Machado de. Crônica de 18.10.1896, publicada no jornal *Gazeta de Notícia*, seção A Semana.
[497] ASSIS, Machado de. Crônica de 10.01.1897, publicada no jornal *Gazeta de Notícia*, seção A Semana.
[498] ASSIS, Machado de. Crônica de 27.08.1893, publicada no jornal *Gazeta de Notícia*, seção A Semana.

Machado trabalhava, pois este, por sua abrangência temática, era a principal unidade administrativa encarregada de realizar licitações e formalizar contratos:

> DECRETO Nº 2.926, DE 14 DE MAIO DE 1862
> Approva o Regulamento para as arrematações dos serviços a cargo do Ministerio da Agricultura, Commercio e Obras Públicas.
> CAPÍTULO I
> DO PROCESSO DAS ARREMATAÇÕES.
> Art. 1º Logo que o Governo resolva mandar fazer por contracto qualquer fornecimento, construcção ou concertos de obras cujas despezas corrão por conta do Ministerio da Agricultura, Commercio e Obras Públicas, o Presidente da junta, perante a qual tiver de proceder-se á arrematação, fará publicar annuncios, convidando concurrentes, e fixará, segundo a importancia da mesma arrematação, o prazo de quinze dias a seis mezes para a apresentação das propostas. [...]
> Art. 4º Findo o termo dos annuncios, e no dia e hora nelles designados, comparecerão os concurrentes no lugar determinado; e ahi, em presença da junta perante a qual se tiver de fazer a arrematação, serão inscriptos em um livro para esse fim destinado. [...]
> Art. 10. Os arrematantes de obras novas ou concertos, os fornecedores de materiaes ou de quaesquer objectos, e os conservadores de obras já acabadas, ficarão sujeitos, na parte que lhes disser respeito, ás clausulas estipuladas nos artigos seguintes, e que serão consideradas geraes.

Na condição de cronista, Machado de Assis fez diversas referências a contratos firmados pela Administração Pública. Em alguns casos, também comentou a realização de processos licitatórios, como uma espécie de concurso (modalidade de licitação) para escolha de trabalho científico (história do Distrito Federal) realizado pela Prefeitura da capital do país (Rio de Janeiro) em 1896:

> Se todos quantos empunham uma pena não estão a esta hora tomando notas e coligindo documentos sobre a história desta cidade, não sabem o que são cinquenta contos de réis. Uma lei municipal votada esta semana destina, "ao historiador que escrever a história completa do Distrito Federal desde os tempos coloniais até a presente época", aquela valiosa quantia. O prazo para compor a obra é de cinco anos. O julgamento será confiado a pessoas competentes a juízo do prefeito.[499]

---

[499] ASSIS, Machado de. Crônica de 02.03.1896, publicada no jornal *Gazeta de Notícias*, seção A Semana.

Vê-se que até mesmo antes do citado Decreto nº 2.926, de 14 de maio de 1862, a Administração Pública do Império já celebrava contratos e termos aditivos aos mesmos. Na crônica abaixo, que mais parece o relatório de um parecer jurídico, Machado aborda várias questões contratuais:

> Os termos aditivos contratuais já estavam presentes. No caso das "obras rezadas no contrato de 1º de dezembro de 1860", que "foram orçadas em oitenta contos", e "foram pagos à boca do cofre". "As que não estavam mencionadas no contrato foram pagas à parte, assim: a ponte de ferro, os seis pedestais para as estátuas e o repuxo". Segundo documentos "colhidos no expediente do Ministério da Agricultura": "para ordenar que ao empresário das obras de restauração e conservação do Passeio Público desta corte, Francisco José Fialho, seja paga pela verba a que se refere o §55 do art. 2º da lei do orçamento a quantia de 5:550$000, proveniente de diversas obras acrescidas, e que não foram incluídas no contrato celebrado em 1º de dezembro de 1860, sendo 3:500$000 pela construção de uma ponte de ferro em substituição de uma de madeira, 1:800$000 pela de seis pedestais para as estátuas e 250$000 pela de um repuxo. Ao mesmo, comunicando que o governo, concordando com sua informação constante do ofício da mesma inspetoria de 4 de fevereiro próximo passado, relativo à abertura do Passeio à concorrência do público se expedem nesta data ao tesouro nacional as precisas ordens para que Francisco José Fialho, empresário das respectivas obras de conservação e reparação, comece a perceber a subvenção estipulada na condição 7ª do seu contrato desde o dia 29 de janeiro do corrente ano, em que o dito Passeio foi dado por pronto.[500]

Nosso cronista administrativista utilizava com frequência suas colunas nos jornais para realizar cobranças aos gestores públicos:

> V. S. correu daqui para ali sobre o assunto, com a vivacidade e graça que todos lhe reconhecem, mas nem por isso conseguiu vencer, nem mesmo convencer. Entre outras coisas alegou em um dos seus comunicados "documentos de desinteresse exibidos nos reparos do Passeio". Hein? Creio que não li bem. Onde estão esses documentos? Quando fez esses reparos desinteressadamente? As obras rezadas no contrato de 1º de dezembro de 1860 foram orçadas em oitenta contos. Os oitenta contos foram pagos à boca do cofre. Até aqui não houve desinteresse. As que não estavam mencionadas no contrato foram pagas à parte, assim: a ponte de ferro, os seis pedestais para as estátuas e o repuxo. Também

---

[500] ASSIS, Machado de. Crônica de 28.09.1862, publicada no jornal *Semana Ilustrada*.

não houve desinteresse. Ainda mais: V. S. não prescindiu da subvenção estipulada na condição 7ª do contrato e começou a percebê-la desde o dia 27 de janeiro do corrente ano. Esta subvenção é de 833$333 mensais. Isto significa que, antes da abertura do Passeio, V. S. teve para conservação de uma coisa que ninguém estragava o magro auxílio de seis contos cento e onze mil e tantos réis (6:111$000). Quem sabe se não é isto o que mereceu o nome de desinteresse?[501]

Vê-se que mesmo quando Machado já era integrante da Administração Pública do Império (depois da União), seus comentários a respeito dos contratos administrativos continuavam a ocorrer, embora fosse mais comum que analisasse situações que envolviam a municipalidade, como no episódio que tratava do aterro da baía. Na crônica abaixo, o leitor verá como o jornalista Machado de Assis não era um mero colunista, que dava informações genéricas ao público. Na verdade, ele entrava nos mínimos detalhes da contratação, e fazia críticas e sugestões:

> Não se pense que sou oposto a qualquer idéia de aterrar parte da nossa baía. Sou de opinião que temos baía demais. O nosso comércio marítimo é vasto e numeroso, mas este porto comporta mil vezes mais navios dos que entram aqui, carregam e descarregam, e para que há de ficar inútil uma parte do mar? Calculemos que se aterrava metade dele; era o mesmo que alargar a cidade. Ruas novas, casas e casas, tudo isso rendia mais que a simples vista da água movediça e sem préstimo. As ruas podiam ser de dois modos, ou estreitas, para se alargarem daqui a anos, mediante uma boa lei de desapropriação, ou já largas, para evitar fadigas ulteriores. Eu adotaria o segundo alvitre, mas por uma razão oposta, para estreitar as ruas, mais tarde, quando a população crescesse. É bom ir pensando no futuro. Telegramas de S. Paulo dizem que foram edificadas naquela cidade, nos últimos seis meses, mais de quatrocentas casas; naturalmente, havia espaço para elas. Não o havendo aqui, força é prevê-lo. Não sei por que razão, uma vez começado o aterro do porto, em frente à Glória, não iríamos ao resto e não o aterraríamos inteiramente. Nada de abanar a cabeça; leiam primeiro. Não está provado que os portos sejam indispensáveis às cidades. Ao contrário, há e teria havido grandes, fortes e prósperas cidades sem portos. O porto é um acidente. Por outro lado, as populações crescem, a nossa vai crescendo, e ou havemos de aumentar as casas para cima, ou alargá-las. Já não há espaço cá dentro. Os subúrbios não estão inteiramente povoados, mas são subúrbios. A cidade, propriamente dita, é cá em baixo. Se tendes imaginação, fechai os olhos e contemplai toda

---

[501] ASSIS, Machado de. Crônica "Passeio público" de 28.09.1862, publicada no jornal *A Semana*, seção Dr. Semana.

> essa imensa baía aterrada e edificada. A questão do corte do Passeio Público ficava resolvida; cerceava-se-lhe o preciso para alargar a rua, ou eliminava-se todo, e ainda ficava espaço para um passeio público enorme. Que metrópole! Que monumentos! Que avenidas! Grandes obras, uma estrada de ferro aérea entre a Laje e Mauá, outra que fosse da atual praça do Mercado a Niterói, iluminação elétrica, aquedutos romanos, um teatro lírico onde está a Ilha Fiscal, outro nas imediações da igrejinha de S. Cristóvão, dez ou quinze circos para aperfeiçoamento da raça cavalar, estátuas, chafarizes, piscinas naturais, algumas ruas de água para gôndolas venezianas, um sonho. Tudo isso custaria dinheiro, é verdade, muito dinheiro. Quanto? Quinhentos, oitocentos mil contos, o duplo, o triplo, fosse o que fosse, uma boa companhia poderia empreender esse cometimento. Uma entrada bastava, dez por cento do capital, era o preciso para os primeiros trabalhos do aterro; depois levantava-se um empréstimo. Convém notar que a renda da companhia principiaria desde as primeiras semanas. Como os pedidos de chãos para casas futuras deviam ser numerosíssimos, a companhia podia vendê-los antes do aterro, sob a denominação de chãos ulteriores, com certo abatimento. Assim também venderia o privilégio da iluminação, dos esgotos, da viação pública. Podia também vender os peixes que existissem antes de começar a aterrar o mar. Eram tudo fontes de riqueza e auxílios para a realização da obra.[502]

Ainda sobre as obras de aterro da Baía de Guanabara, diante da crise financeira causada por encilhamento, pelo sugere uma solução jurídico-administrativa sofisticadíssima: a criação de uma espécie de sociedade de propósito específico para se dedicar exclusivamente a esta contratação administrativa. Segue sua opinião:

> Se tendes imaginação, fechai os olhos e contemplai toda essa imensa baía aterrada e edificada. A questão do corte do Passeio Público ficava resolvida; cerceava-se-lhe o preciso para alargar a rua, ou eliminava-se todo, e ainda ficava espaço para um passeio público enorme. Que metrópole! Que monumentos! Que avenidas! [...] Tudo isso custaria dinheiro, é verdade, muito dinheiro. Quanto? Quinhentos, oitocentos mil contos, o duplo, o triplo, fosse o que fosse, uma boa companhia poderia empreender esse cometimento. Uma entrada bastava, dez por cento do capital, era o preciso para os primeiros trabalhos do aterro; depois levantava-se um empréstimo. Convém notar que a renda da companhia principiaria desde as primeiras semanas. Como os pedidos de chãos para casas futuras deviam ser numerosíssimos, a companhia podia

---

[502] ASSIS, Machado de. Crônica de 25.02.1894, publicada no jornal *Gazeta de Notícia*, seção A Semana.

vendê-los antes do aterro, sob a denominação de chãos ulteriores, com certo abatimento. Assim também venderia o privilégio da iluminação, dos esgotos, da viação pública. Podia também vender os peixes que existissem antes de começar a aterrar o mar. Eram tudo fontes de riqueza e auxílios para a realização da obra.[503]

Em suas crônicas, Machado de Assis dava voz à sociedade, apresentando suas demandas, que muitas vezes dependiam da realização de obras públicas, como no caso de calçamento de ruas:

> Talvez sejam tão exigentes como os moradores da Rua das Laranjeiras, que estão a bradar que a mandem calçar, como se não bastasse morar em rua de nome tão poético. É certo que, em dias de chuva, a rua fica pouco menos lamacenta que qualquer sítio do Paraguai. Também é verdade que duas pessoas, necessitadas de comunicar uma coisa à outra, com urgência podem vir desde o Cosme Velho até o Largo do Machado, cada uma de sua banda, sem achar lugar em que atravessem a rua. Finalmente, não se contesta que sair do bonde, em qualquer outra parte da dita rua, é empresa só comparável à passagem do mar Vermelho, que ali é escuro. Tudo isso é verdade. Mas em compensação, que bonito nome! Laranjeiras! Faz lembrar Nápoles; tem uns ares de idílio: a sombra de Teócrito deve por força vagar naquelas imediações. Não se pode ter tudo – nome bonito e calçamento; dois proveitos não cabem num saco. Contentem-se os moradores com o que têm, e não peçam mais, que é ambição.[504]

2.2.23 Regulação, fomento e intervenção estatal na propriedade

O Estado brasileiro, durante o século XIX (bem antes da adoção do Estado de Bem-Estar Social), já começava a adotar algumas tímidas medidas para intervir na realidade social e econômica.

Assim, ainda que o liberalismo ainda fosse predominante no referido período, já são encontradas, nas crônicas de Machado de Assis, algumas referências a medidas administrativas de regulação, de fomento e até mesmo de intervenção estatal na propriedade privada.

Nesse contexto, sobre uma proposta de regulação do trabalho doméstico, poucos anos após a abolição da escravidão, Machado de

---

[503] ASSIS, Machado de. Crônica de 28.08.1894, publicada no jornal *Gazeta de Notícia*, seção A Semana.
[504] ASSIS, Machado de. Crônica de 15.09.1876, publicada na revista *Illustração Brasileira*.

Assis já ressaltava a necessidade de disciplinamento da citada relação laboral, mas, com sua conhecida ironia, questionava se este não estaria protegendo mais o patrão que o empregado, e se tais regras seriam de fato cumpridas:

> O conselho municipal vai regulamentar o serviço doméstico. Já há um projeto, apresentado esta semana [...] para substituir o que se adiara [...]. Mas, seja câmara, intendência ou conselho, vai reformar o serviço doméstico, e desde já tem o meu apoio, embora os balanços da fortuna possam levar-me algum dia a servir, quando menos, o ofício de jardineiro [...]. Enquanto, porém, não me chega o infortúnio, quero o regulamento, que é muito mais a meu favor do que a favor do meu criado. Na parte em que me constrange, não será cumprido, porque eu não vim ao mundo para cumprir lei, só porque é lei.[505]

Em 1876, Machado defendia proposta para regular as casas de tolerância no Rio de Janeiro:

> Segundo a Constituição, há uma religião do Estado, a católica; mas os outros cultos são tolerados. Ora, se há também um amor ortodoxo, um amor do Estado, há outros amores dissidentes; daí a necessidade de se tolerarem as tais casas e regulá-las. Os escorregões são uma forma de protestantismo.[506]

Todavia, em 1894, quando o tema voltou a ser debatido no Rio de Janeiro, ele demonstrou um maior ceticismo em relação à efetividade social de uma possível regulação estatal da prostituição:

> o intendente municipal Dr. Capelli fundamentou uma lei regulando a prostituição pública – "a vaga Vênus", diria um finado amigo meu, velho dado a clássicos. [...] Vieram finalmente os remédios, que são quatro: a educação da mulher, a proibição legal da mancebia, o divórcio e a regulamentação da prostituição pública. Toda essa parte é serena. Há imagens tocantes. "No pórtico da humanidade a mulher aparece como a estrela do amor". Depois, vem o projeto, que contém cinco artigos. Será aprovado? Há de ser. Será cumprido?[507]

---

[505] ASSIS, Machado de. Crônica de 09.04.1893, publicada no jornal *Gazeta de Notícias*.
[506] ASSIS, Machado de. Crônica de 1º.12.1876, publicada no jornal *Illustração Brasileira*, seção História de Quinze Dias.
[507] ASSIS, Machado de. Crônica de 21.10.1894, publicada no jornal *Gazeta de Notícias*.

Sobre a atividade estatal de fomento, Machado de Assis considerava que era dever do Estado estimular a cultura e a arte, criando escolas, prêmios, incentivos, entre outras medidas. O escritor dedicou algumas crônicas ao fomento das artes dramáticas (teatro), o que, inclusive, credenciou-lhe a atuar no Conservatório Dramático Brasileiro alguns anos depois:

> Criar no teatro uma escola de arte, de língua e de civilização não é obra de concorrência, não pode estar sujeita a essas mil eventualidades que têm tornado, entre nós, o teatro uma coisa difícil e a arte uma profissão incerta. É na ação governamental, nas garantias oferecidas pelo poder, na sua investigação imediata, que existem as probabilidades de uma criação verdadeiramente séria e seriamente verdadeira.[508]

> Essas reflexões sobre ossos e ruínas levam-me naturalmente ao teatro, que está ameaçado de passar ao estado de monumento curioso, a despeito dos esforços individuais. Mas parece que a força da corrente é superior a todos os esforços, e que não há regime preventivo contra o efeito dos elementos deletérios. Eu não acho culpa do que sucede senão nos poderes do Estado, que ainda se não convenceram de que a matéria de teatros merece uns minutos ao menos da sua atenção como tem merecido nos países adiantados.[509]

Se por acaso alguém duvidou que, em pleno século XIX, já se discutia no Brasil sobre os limites do direito de propriedade e sobre a possibilidade de o Estado realizar alguma medida de intervenção, segue uma crônica de 1864 em que Machado de Assis defende a natureza relativa do direito de propriedade e necessidade de preponderância do interesse público:

> A casa misteriosa da rua do Ouvidor nº 93, canto da dos Ourives, continua fechada em benefício dos ratos e prejuízo dos cofres públicos. Este encerramento é um mote, que cada um vai glosando com ou sem fundamento. [...] Os mais discretos exclamam: o direito de propriedade tem limites, não se deve confundir com o arbítrio de torná-la escarro em parede limpa, foco de infecção, ninho de arganazes, baratas, lacraias e minhocas. Se esse direito não tivesse limites, o proprietário que embirrasse com sua propriedade poderia incendiá-la, demoli-la a tiros de canhão, sem dar cavaco aos vizinhos e aos transeuntes, nem se responsabilizar pelos escalavramentos de uns e outros. [...] O direito de

---

[508] ASSIS, Machado de. Crônica de 16.12.1861, publicada no jornal *Diário do Rio de Janeiro*.
[509] ASSIS, Machado de. Crônica de 30.11.1862, publicada no jornal *O futuro*.

propriedade tem limites. Acho até escandaloso o mistério de fechamento. V. Excia., se quiser, pode averiguar o segredo da abelha, que fechou a imunda colméia. Chame-a a contas, Exmo.; e em nome da civilização, do desemperramento, do bem público, do aformoseamento da rua do seu antigo colega ouvidor, que Deus haja, obrigue V. Excia. o proprietário birrento a desembirrar-se, abrindo a casa endiabrada. Faça-lhe este favor, Exmo., e conte com os aplausos de quem se preza de ser de V. Excia.[510]

2.2.24 Patrimônio público

Em relação à temática dos bens públicos, em 1877, Machado de Assis previu um episódio que somente ocorreria em 1922: a remoção do Morro do Castelo (Rio de Janeiro), para realização de obras públicas de urbanização, oportunidade em que foram encontrados bens de valor histórico. Conforme se verá a seguir, além de visionário, o escritor foi pioneiro na defesa da preservação do patrimônio cultural:

> Crê-se geralmente que os jesuítas, deixando o Rio de Janeiro, ali enterraram riquezas incalculáveis. Eu desde criança ouvia contar isso, e cresci com essa convicção. Os meus vizinhos, os vizinhos do leitor, os respectivos compadres, seus parentes e aderentes, toda a cidade em suma crê que há no Morro do Castelo as maiores pérolas de Golconda. O certo é que um destes dias acordamos com a notícia de que, cavando-se o Morro do Castelo, descobriram-se galerias que iam ter ao mar. A tradição começou a tornar-se verossímil. Fiquei logo de olho aberto sobre os jornais. Disse comigo: vamos ter agora, dia por dia, uma descrição da descoberta, largura da galeria encontrada, matéria da construção, direção, altura e outras curiosidades. Por certo o povo acudirá ao lugar da descoberta. Não vi nada. Nisto ouço uma discussão. A quem pertencerão as riquezas que se encontrarem? Ao Estado? Aos concessionários da demolição? *That is the question*. As opiniões dividem-se; uns querem que pertençam aos concessionários, outros que ao Estado, e aduzem-se muito boas razões de um lado e do outro. Coagido a dar a minha opinião, fá-lo-ei com a brevidade e clareza que me caracterizam. E digo: os objetos que se acharem pertencem, em primeiro lugar, à arqueologia, pessoa que também é gente, e não deve ser assim tratada por cima do ombro. Mas a arqueologia tem mãos? Tem casa? Tem armários onde guarde os objetos? Não; por isso transmite o seu direito a outra pessoa, que é a segunda a quem pertencem os objetos: o Museu Nacional.[511]

---

[510] ASSIS, Machado de. Crônica de 08.05.1864, publicada no jornal *A Semana*, seção Dr. Semana.

[511] ASSIS, Machado de. Crônica de 1º.01.1877, publicada na revista *Illustração Brasileira*.

Outra medida urbanística comentada por Machado de Assis foi promovida pelo prefeito Barata Ribeiro em 1893, que "investiu em políticas de higiene e saúde através do combate à instalação de cortiços na cidade":[512]

> Gosto deste homem pequeno e magro chamado Barata Ribeiro, prefeito municipal, todo vontade, todo ação, que não perde o tempo a ver correr as águas do Eufrates. Como Josué, acaba de pôr abaixo as muralhas de Jericó, vulgo Cabeça de Porco. Chamou as tropas segundo as ordens de Javé durante os seis dias da escritura, deu volta à cidade e depois mandou tocar as trombetas. Tudo ruiu, e, para mais justeza bíblica, até carneiros saíram de dentro da Cabeça de Porco tal qual da outra Jericó saíram bois e jumentos. A diferença é que estes foram passados a fio de espada. Os carneiros não só conservaram a vida, mas receberam ontem algumas ações de sociedades anônimas. [...]. Lá estavam para fazer cumprir a lei a autoridade policial, a autoridade sanitária, a força pública, cidadãos de boa vontade, e cá fora é preciso que esteja aquele apoio moral, que dá a opinião pública aos varões provadamente fortes.[513]

Ainda em relação aos bens públicos, Machado de Assis escreveu crônica em defesa de duas pessoas acusadas por terem criticado a presença de objetos sacros (como crucifixos) em prédios públicos.[514]

Também dedicou algumas crônicas ao tema, seja a que criticou a denominação dos logradouros (como ruas e praças), seja a que desabonou a homenagem, em forma de estátua, feita a Dom Pedro I na cidade do Rio de Janeiro:

> A câmara municipal atendeu a este conselho. O Sr. Dr. Dias da Cruz, um dos vereadores mais distintos, propôs à câmara a mudança do nome da rua dos Latoeiros e a Câmara adotou a proposta sem discussão. Folgamos de ver a municipalidade fluminense tomar a iniciativa de tais reformas; mas desejamos que ela não se detenha nesta. Há outras ruas cujos nomes, tão ridículos e sensaborões, como o da rua dos Latoeiros, carecem de reforma igual. As ruas do Sabão, Fogo, Violas, Pescadores e outras muitas podiam trocar os seus nomes por outros que recordassem uma individualidade histórica ou um feito nacional, mesmo independente da circunstância especial que se dá com a ex-rua dos Latoeiros. É isso que se faz atualmente em Paris, graças à iniciativa do

---

[512] YGOR, José; FERREIRA, Luiza. Barata Ribeiro, Cândido. Intendente de Matadouro, Presidente do Conselho de Intendência, Prefeito do Distrito Federal. Disponível em: http://expagcrj.rio.rj.gov.br/barata-ribeiro-candido/. Acesso em: 15 mar. 2024.

[513] ASSIS, Machado de. Crônica de 29.01.1893, publicada no jornal *Gazeta de Notícias*.

[514] ASSIS, Machado de. Crônica de 07.08.1892, publicada no jornal *Gazeta de Notícias*.

> Sr. Háussmann. Quase todos os poetas, prosadores, dramaturgos, estadistas célebres da França deram os seus nomes às ruas da capital do mundo.[515]
>
> Está inaugurada a estátua equestre do primeiro imperador. Os que a consideram como saldo de uma dívida nacional nadam hoje em júbilo e satisfação. Os que, inquirindo a história, negam a esse bronze o caráter de uma legítima memória, filha da vontade nacional e do dever da posteridade, esses se reconhecem vencidos, e, como o filósofo antigo, querem apanhar, mas serem ouvidos. Já é de mau agouro, se à ereção de um monumento que se diz derivar dos desejos unânimes do país precedeu uma discussão renhida, acompanhada de adesões e aplausos. O historiador futuro que quiser tirar dos debates da imprensa os elementos do seu estudo da história do império, há de vacilar sobre a expressão da memória que hoje domina a praça do Rocio. A imprensa oficial, que parece haver arrematado para si toda a honestidade política, e que não consente aos cidadãos a discussão de uma obra que se levanta em nome da nação, caluniou a seu modo as intenções da imprensa oposicionista. Mas o país sabe o que valem as arengas pagas das colunas anônimas do Jornal do Comércio. O que é fato é que a estátua se inaugurou e o bronze lá se acha no Rocio, com uma pirâmide de época civilizada, desafiando a ira dos tempos.[516]

Sobre os passeios públicos (calçadas) do Rio de Janeiro, que até hoje não cumprem seu papel de espaços públicos dedicados aos pedestres, já comentava o caos urbano que era em 1893, e apresenta um estudo aprofundado sobre a utilização do citado bem público no mundo:

> A desolação da rua Primeiro de Março é um dos espetáculos mais sugestivos deste mundo. Já ali não há turcas, ao pé das caixas de bugigangas; os engraxadores de sapatos com as suas cadeiras de braços e os demais aparelhos desapareceram; não há sombra de tabuleiro de quitanda, não há samburá de fruta. Nem ali nem alhures. Todos os passeios das calçadas estão despejados delas. Foi o prefeito municipal que mandou pôr toda essa gente fora do olho da rua, a pretexto de uma postura, que se não cumprira. Eu de mim confesso que amo as posturas, mas de um amor desinteressado, por elas mesmas, não pela sua execução. O prefeito é da escola que dá à arte um fim útil, escola degradante, porque (como dizia um estético) de todas as coisas humanas a única que tem o seu fim em si mesmo é a arte. Municipalmente falando,

---

[515] ASSIS, Machado de. Crônica de 21.02.1865, publicada no jornal *Diário do Rio de Janeiro*.
[516] ASSIS, Machado de. Crônica de 1º.04.1862, publicada no jornal *Diário do Rio de Janeiro*.

é a postura. Que se cumpram algumas, é já uma concessão à escola utilitária; mas deixai dormir as outras todas nas coleções edis. Elas têm o sono das coisas impressas e guardadas. Nem se pode dizer que são feitas para inglês ver. Em verdade, a posse das calçadas é antiga. Há vinte ou trinta anos, não havia a mesma gente nem o mesmo negócio. Na velha Rua Direita, centro do comércio, dominavam as quitandas de um lado e de outro, africanas e crioulas. Destas, as baianas eram conhecidas pela trunfa, – um lenço interminavelmente enrolado na cabeça fazendo lembrar o famoso retrato de Mme. de Stäel. Mais de um lord Oswald do lugar, achou ali a sua Corina. Ao lado da igreja da Cruz vendiam-se folhetos de vária espécie, pendurados em barbantes. Os pretos minas teciam e cosiam chapéus de palha. Havia ainda... Que é que não havia na Rua Direita? Não havia turcas. Naqueles anos devotos, ninguém podia imaginar que gente de Maomé viesse quitandar ao pé de gente de Jesus. Afinal um turco descobriu o Rio de Janeiro e tanto foi descobri-lo como dominá-lo. Vieram turcos e turcas. Verdade é que, estando aqui dois padres católicos, do rito maronita, disseram missa e pregaram domingo passado, com assistência de quase toda a coloria turca, se é certa a notícia que li anteontem. De maneira que os nossos próprios turcos são cristãos. Compensam-nos dos muitos cristãos nossos, que são meramente turcos, mas turcos de lei. Cristãos ou não, os turcos obedecem à postura, como os demais mercadores das calçadas. Os italianos, patrícios do grande Nicolau, têm o maquiavelismo a cumprir sem perder. Foram-se, levando as cadeiras de braços, onde o freguês se sentava, em quanto lhe engraxavam os sapatos; levaram também as escovas da graxa, e mais a escova particular que transmitia a poeira das calças de um freguês às calças de outro – tudo por dois vinténs. O tostão era preço recente; não sei se anterior, se posterior à geral. Creio que anterior. Em todo caso, posterior à Revolução Francesa. Mas aqui está no que eles são finos; os filhos, introdutores do uso de engraxar os sapatos ao ar livre, já saíram à rua com a caixeta às costas, a servir os necessitados. Irão pouco a pouco estacionando; depois, irão os pais, e, quando se for embora o prefeito, tornarão à rua as cadeiras de braços, as caixas das turcas e o resto. Assim renascem, assim morrem as posturas. Está prestes a nascer a que restitui o Carnaval aos seus dias antigos. O ensaio de fazer dançar, mascarar e pular no inverno durou o que duram as rosas: *l'espace d'unmatin*. Não me cortem esta frase batida e piegas; a falta de carne ao almoço e ao jantar desfibra um homem; preciso ser chato como esta folha de papel que recebe os meus suspiros. Felizmente uma notícia compensa a outra. A volta do carnaval é uma lição científica. O conselho municipal, em grande parte composto de médicos, desmente assim a ilusão de serem os folguedos daqueles dias incompatíveis com o verão. Aí está uma postura que vai ser cumprida com delírio.[517]

---

[517] ASSIS, Machado de. Crônica de 08.01.1893, publicada no jornal *A Semana*.

Conforme se demonstrou nesta segunda parte do livro, praticamente não houve temática de Direito Administrativo ou sobre Administração Pública que não tenha sido abordada por Machado de Assis em suas crônicas. Também foi possível perceber que seus comentários não eram vagas opiniões. Ao contrário, tratava-se de análises marcadas pela riqueza informativa, capacidade técnica e engajamento político.

Assim, tais conclusões, somadas as da primeira parte deste trabalho (na qual o desempenho do servidor público analisado foi considerado de excelência), permitem-nos afirmar que, sem espaço para dúvidas, Machado de Assis, além de maior nome da literatura brasileira, também era um administrativista de primeira qualidade, cujo legado muito tem a contribuir para a Administração Pública brasileira do século XXI.

REFERÊNCIAS

Livros e artigos

ALEXANDRIS, Georges. A Administração Pública como Ciência ou Arte. *Revista Internacional de Ciências Administrativas*, v. XXVII, n. 10, 1961. Tradução de Glauciè Vai. *Revista do Serviço Público*, v. 95, n. 1, 1963.

ANDRADE, Carlos Drummond de. A rotina e a quimera. In: *Passeios na ilha*: divagações sobre a vida literária e outras matérias. Rio de Janeiro: Organização Simões, 1952.

ANDRADE, Carlos Drummond de. Canção funcionária mineira. Texto inédito cujo original integra o acervo do Arquivo-Museu de Literatura Brasileira, instalado em 1972 na Fundação Casa de Ruy Barbosa, no Rio de Janeiro.

ASSIS, Machado de. *Memórias póstumas de Brás Cubas*. In: ASSIS, Machado de. *Obra completa*. Rio de Janeiro: Nova Aguilar, 1994. Publicado originalmente em folhetins, a partir de março de 1880, na *Revista Brasileira*, capítulo XX, https://machado.mec.gov.br/obra-completa-lista/itemlist/category/23-romance.

ASSIS, Machado de. O caso Barreto. *In*: ASSIS, Machado de. *Relíquias de Casa Velha*. Rio de Janeiro: W. M. Jackson, 1938. Publicado originalmente em *A Estação*, 15 mar. 1892.

ASSIS, Machado. *O velho Senado*. Brasília: Senado Federal, 2004.

BARBOSA, Rui. Discurso pronunciado na Academia Brasileira, junto do ataúde de Machado de Assis, aos 29 de setembro de 1908, minutos antes de partir o féretro para o cemitério de S. João Batista. In: *Obras Completas de Rui Barbosa*. Discursos Parlamentares. v. XXXV. tomo 1. 1908.

BARRETO, Lima. *Os Bruzundangas*. Obra de domínio público, p. 64. Disponível em: http://www.dominiopublico.gov.br/download/texto/bv000149.pdf. Acesso em: 09 dez. 2023.

BIASON, Rita de Cássia. Os Códigos Penais brasileiros no combate à corrupção. *Revista USP*, São Paulo, n. 134, p. 163-178, jul./set. 2022.

BLOODWORTH, James. *The myth of meritocracy*. Bitevack Publishing, London, 2016.

BUENO, José Antônio Pimenta. *Direito público brasileiro e análise da Constituição do Império*. *Apud* GUANDALINI JÚNIOR, Walter. História do Direito Administrativo Brasileiro: formação (1821-1895). Curitiba: Juruá, 2016.

CALLIPO, Daniela Mantarro. Machado de Assis cronista. A importância do contexto histórico para a análise das crônicas machadianas. *UNESP – FCLAs – CEDAP*, v. 1, n. 1, p. 13-29, 2005.

CANDIDO, Antonio. A vida ao rés do chão. In: CANDIDO, Antonio et al. *A crônica*: o gênero, sua fixação e suas transformações no Brasil. Campinas, Rio de Janeiro: Ed. Unicamp, Fundação Casa de Rui Barbosa, 1992.

CANDIDO, Antonio. Esquema de Machado de Assis. *In*: Vários escritos. São Paulo: Duas Cidades, 1970.

CANDIDO, Antonio. *Formação da literatura brasileira*: momentos decisivos 1750-1880. Rio de Janeiro: Ouro sobre Azul, 2012.

CARDOSO, Nuno Vale. *Tipografia*: personagens, tecnologia e história. Faculdade de Belas Artes, Universidade de Lisboa, 2008. Disponível em: https://repositorio.ul.pt/bitstream/10451/39574/3/ULFBA_TES302_2.pdf. Acesso em: 25 fev. 2024.

CARVALHO, Fábio Lins de Lessa. A mal-amada administração pública brasileira: uma análise das práticas de Odorico Paraguaçu na gestão de Sucupira e de sua subsistência nos tempos atuais. *Revista Brasileira de Direito Público*, v. 19, p. 37-72, 2021.

CARVALHO, Fábio Lins de Lessa. *Acceso igualitário a la función pública*. Consideraciones sobre el modelo español de selección de los funcionários públicos. 2. ed. Lisboa: Juruá Europa, 2017.

CARVALHO, Fábio Lins de Lessa. *Autoritarismo e patrimonialismo no Brasil*. 40 visões da Literatura e da Academia (1500-2021). Curitiba: Juruá, 2021.

CARVALHO, Fábio Lins de Lessa. Concursos públicos eletrônicos. Perspectivas para o uso de novas tecnologias da informação nos processos seletivos de acesso à função pública no Brasil. *In*: CARVALHO, Fábio Lins de Lessa *et al.* (Coord.). *Direito administrativo e novas tecnologias*. Curitiba: Juruá, 2022.

CARVALHO, Fábio Lins de Lessa. *Concursos públicos no direito brasileiro*. Curitiba: Juruá, 2015.

CARVALHO, Fábio Lins de Lessa. *Graciliano Ramos e a administração pública*. Comentários a seus relatórios de gestão à luz do direito administrativo moderno. Belo Horizonte: Fórum, 2017.

CARVALHO, Fábio Lins de Lessa. *Igualdade, discriminação e concurso público*. Maceió: Viva, 2015.

CARVALHO, Fábio Lins de Lessa. *Nise da Silveira e a administração pública*. Reflexões sobre a trajetória de uma heroína brasileira no serviço público. Belo Horizonte: Fórum, 2023.

CARVALHO, Fábio Lins de Lessa. *Pontes de Miranda e a administração pública*. O pensamento ponteano no direito administrativo. Belo Horizonte: Fórum, 2020.

CARVALHO, Fábio Lins de Lessa. *Raul Seixas e a administração pública*. Uma abordagem musical dos grandes desafios do direito administrativo no Brasil. Belo Horizonte: Fórum, 2022.

CARVALHO, José Murilo de. *Cidadania no Brasil*. O longo caminho. 19. ed. Rio de Janeiro: Civilização Brasileira, 2015.

CHALHOUB, Sidney. *Machado de Assis, historiador*. São Paulo: Companhia das Letras, 2003.

COLUCCI, Bruna Colucci; TELLES, Raissa M.; SOUZA, Stefani. O papel da mulher na gestão pública: uma discussão sobre os espaços de liderança. *Coisa Pública*, 06 jul. 2023. Disponível em: https://wp.ufpel.edu.br/coisapublica/2023/09/06/o-papel-da-mulher-na-gestao-publica-uma-discussao-sobre-os-espacos-de-lideranca/. Acesso em: 1º fev. 2024.

COMPARATO, Fábio Konder. O Poder Judiciário no Brasil. *Revista Estudos Institucionais*, v. 2, n. 1, 2016.

CORDEIRO, Carla Priscilla Barbosa Santos; LINS JÚNIOR, George Sarmento. A ocupação dos cargos públicos ao longo da história brasileira: o concurso público como instrumento jurídico por excelência para a escolha dos agentes públicos. *In*: CARVALHO, Fábio Lins de Lessa; CORDEIRO, Carla Priscilla Barbosa Santos. *Direito dos concursos públicos*. Rio de Janeiro: Lumen Juris, 2016.

COSTA, Frederico Lustosa da; COSTA, Elza Marinho Lustosa da. Nova história da administração pública brasileira: pressupostos teóricos e fontes alternativas. *Revista da Adminitração* Pública, v. 50, n. 2, mar./abr. 2016. Disponível em: https://www.scielo.br/j/rap/a/YtGvHZkhxfPvpBSXfSxp45x/#. Acesso em: 23 dez. 2023.

DAMATTA, Roberto. *Carnavais, malandros e heróis*. Para uma sociologia do dilema brasileiro. 6. ed. Rio de Janeiro: Rocco, 1997.

DEMANT, Peter. Direitos para os excluídos. *In*: PINSKY, Jaime; PINSKY, Carla Bassanezi (Org.). *História da cidadania*. 6. ed. São Paulo: Ed. Contexto, 2016.

DOMINGUES, José Maurício. Patrimonialismo e neopatrimonialismo. *In*: AVRITZER, Leonardo *et al* (Orgs.). *Corrupção*: ensaios e críticas. Belo Horizonte: Ed. UFMG, 2008.

FAORO, Raymundo. *Os donos do poder*. Formação do patronato político brasileiro. 3. ed. Rio de Janeiro: Globo, 201º.

FARIA, José Roberto. Machado de Assis, leitor e crítico de teatro. *Estudos Avançados*, v. 18, n. 51, 2004.

FERNANDES, Érika Capella; NOHARA, Irene Patrícia. Retrocessos da positivação do princípio da subsidiariedade: a inconstitucionalidade da reforma pretendida pela PEC 32/2020. *Revista do Direito Público*, Londrina, v. 18, n. 3, p. 219-235, dez. 2023.

FERNANDES, Ronaldo Costa. Machado de Assis: servidor público. Apresentação do livro GUEDES, Paulo; HAZIN, Elizabeth. *Machado de Assis e a administração pública federal*. Brasília: Ed. Senado Federal, 2006, p. XVI.

FIGUEIREDO, Luciano Raposo. A corrupção no Brasil Colônia. *In*: AVRITZER, Leonardo *et al*. (Orgs.). *Corrupção*: ensaios e críticas. Belo Horizonte: Ed. UFMG, 2008.

FIGUEIREDO, Roseana Nunes Baracat de Souza. A crítica social em *Memórias póstumas de Brás Cubas*. *Scripta*, Belo Horizonte, v. 3, n. 6, p. 183-186, 1º sem. 2000.

FISCHER, Almeida. Escritores no serviço público. *Revista do Serviço Público*, v. 105, n. 3, p. 309-312, 1970.

FRANCO, Maria Sylvia de Carvalho. *Homens livres na ordem escravocrata*. 4. ed. São Paulo: Ed. Unesp, 1997.

GODOI, Rodrigo Camargo de. "Altamente literário" e "Altamente moral": Machado de Assis e o Conservatório Dramático Brasileiro (1859-1864). *Olho d'água*, São José do Rio Preto, v. 1, n. 2, p. 109-124, 2009.

GOMES, Joaquim Benedito Barbosa. *Ação afirmativa e princípio constitucional da igualdade*. Rio de Janeiro: Renovar, 201º.

GOUVÊA, Gilda Portugal. *Burocracia e elites burocráticas no Brasil*. São Paulo: Paulicéia, 1994.

GUANDALINI JÚNIOR, Walter. *História do direito administrativo brasileiro*: formação (1821-1895). Curitiba: Juruá, 2016.

GUEDES, Paulo; HAZIN, Elizabeth *Machado de Assis e a administração pública federal*. Brasília: Ed. Senado Federal, 2006.

GUIMARÃES, Hélio de Seixas. Romero, Araripe, Veríssimo e a recepção crítica do romance machadiano. *Leitores de Machado de Assis – Estudos Avançados*, v. 18, n. 51, ago. 2004. Disponível em: https://www.scielo.br/j/ea/a/TDtsk8DkFn8rJWYWrc793Jj/. Acesso em: 17 fev. 2024.

HARARI, Yuval Noah. *21 lições para o século 21*. Tradução de Paulo Geiger. São Paulo: Companhia das Letras, 2018.

HOLANDA, Sérgio Buarque de. *Raízes do Brasil*. 26. ed. São Paulo: Companhia das Letras, 1995.

KEHRIG, Ruth Terezinha. *História da administração pública brasileira*. 4. ed. rev. e atual. Palhoça: UnisulVirtual, 2008.

LEAL, Victor Nunes. *Coronelismo, enxada e voto*. O município e o regime representativo no Brasil. 7. ed. São Paulo: Companhia das Letras, 2012.

LÜCK, Heloisa. *Pedagogia interdisciplinar*: fundamentos histórico-metodológicos. 11. ed. Petrópolis: Vozes, 2003.

MAGALHÃES JÚNIOR, Raimundo. *Machado de Assis funcionário público*. 2. ed. Ministério dos Transportes. Serviço de Documentação, 1970.

MALONE, Patrick S. Diversity, the Newest Era in Public Personnel Administration, PA Times, American Society for Public Administration. Texto publicado em 13.03.2023. Disponível em: https://patimes.org/diversity-the-newest-era-in-public-personnel-administration/. Acesso em: 31 jan. 2024.

MARKOVITS, Daniel. *The Meritocracy Trap. How America's foundational myth feeds inequality, dismantles the middle class and devours the elite*. New York: Penguin Books, 2019, p. IX. Tradução livre do autor.

MATOS, Gregório de. Seleção de obras poéticas. Disponível em: http://www.dominiopublico.gov.br/download/texto/bv000119.pdf.

MATOS, Miguel. *Código de Machado de Assis*. São Paulo: Migalhas Jurídicas, 2021.

MELLO, Franceli Aparecida da Silva. A crítica teatral de Machado de Assis. *Revista do GELNE*, ano 1, n. 2, 1999, p. 111. Disponível em: https://periodicos.ufrn.br/gelne/article/view/9270/6624. Acesso em: 18 dez. 2023.

MIRANDA, Francisco Cavalcanti Pontes de. *História e prática do habeas corpus*. 7. ed. tomo 1. Rio de Janeiro: Borsoi, 1972.

MONTELLO, Josué. A liderança de Machado de Assis. Texto publicado no *site* da Academia Brasileira de Letras. Disponível em: https://www.academia.org.br/a-historia-da-abl/a-lideranca-de-machado-de-assis. Acesso em: 02 mar. 2024.

MONTELLO, Josué. *O presidente Machado de Assis nos papéis e relíquias da Academia Brasileira*. Rio de Janeiro: José Olímpio, 1986, p. 84.

MONTELLO, Josué. *Os inimigos de Machado de Assis*. Rio de Janeiro: Nova Fronteira, 1998.

MOREIRA, João Batista Gomes. Princípios constitucionais da legalidade e da eficiência nos concursos públicos. In: MOTTA, Fabrício (Coord.). *Concurso público brasileiro e Constituição*. Belo Horizonte: Fórum, 2005.

NABUCO, Joaquim. *O Abolicionismo*. Petrópolis: Vozes de Bolso, 2012. edição digital. Disponível em: file:///D:/Downloads/O%20Abolicionismo%20-%20Joaquim%20 Nabuco%20(2)%20(1).pdf. Acesso em: 09 dez. 2023.

NOHARA, Irene. *Direito administrativo*. 10. ed. São Paulo: Atlas, 2020.

OLIVEIRA, Thainá Aparecida Ramos de; SILVA, Agnaldo Rodrigues da. Comentários da semana: uma análise das crônicas jornalísticas de Machado de Assis. *Revista de Estudos Acadêmicos de Letras*, v. 8, n. 2, dez. 2015.

PARADA, Ramón. *Derecho administrativo II, organización y empleo público*. 20 ed. Madrid: Marcial Pons, 2008.

PAREJO ALFONSO, Luciano, JIMÉNEZ-BLANCO, A., ORTEGA ÁLVAREZ, L. *Manual de derecho administrativo*. v. 2. 5. ed. Barcelona: Editorial Ariel, 1998.

PAUPÉRIO, A. Machado. O governo municipal na Monarquia. *Revista do Serviço Público*, abr. 1958.

PEREIRA, Lúcia Miguel. *Machado de Assis*. Estudo crítico e biográfico. 6. ed. São Paulo: Ed. USP, 1988.

PEREZ, Marcos Augusto. *A administração pública democrática*: institutos de participação popular na administração pública. Belo Horizonte: Fórum, 2004.

PETRAGLIA, Benito. Machado de Assis e as crônicas de *A Semana*. *Temporis (ação)*, v. 14, n. 1, p. 42-50, jan./jun. 2014.

PIKETTY, Thomas. *Uma breve história da igualdade*. Tradução Maria de Fátima Oliva do Coutto. Rio de Janeiro: Intríseca, 2022.

PINA, Patrícia Kátia da Costa. Machado de Assis e o jornal no século XIX: a crônica educando o leitor. Disponível em: https://alb.org.br/arquivo-morto/edicoes_anteriores/anais15/Sem08/patriciapina.htm. Acesso em: 20 jan. 2024.

PINTO, Nilton de Paiva. Quase Ministro: era uma vez um cavalo. *Machado de Assis em Linha*, São Paulo, v. 14, p. 1-16, 2021.

PITOMBEIRA, Antonio Euclides Vega de; HOLANDA, Nogueira; SIQUEIRA, Ana Marcia Alves; GIUSTI, Jean Paulo. A violência simbólica nas crônicas de Machado de Assis, um estudo sobre 'História de quinze dias'. *Letras*, Santa Maria, v. 30, n. 61, p. 71-92, jul./dez. 2020.

PIZA, Daniel. *Machado de Assis*: um gênio brasileiro. São Paulo: Imprensa Oficial de São Paulo.

PRADO JR., Caio. *Formação do Brasil contemporâneo*. São Paulo: Companhia das Letras, 2011.

PROUDHON, Pierre-Joseph. *A propriedade é um roubo*. Porto Alegre: L&PM Pocket, 201º.

RAMIRO, Carlos Henrique Lopes. Direito, literatura e a construção do saber jurídico. Paulo Leminski e a crítica do formalismo jurídico. *Revista de Informação Legislativa*, Brasília, ano 49, n. 196, out./dez. 2012.

RIBAS, Antônio Joaquim. *Direito administrativo brasileiro*. Ministério da Justiça, Serviço de Documentação, Brasília, 1968.

RIBEIRO JÚNIOR, João. *A formação pedagógica do professor de Direito*: conteúdos e alternativas metodológicas para a qualidade do ensino do Direito. 2. ed. Campinas: Papirus, 2003.

RIBEIRO, Celso Diniz. Escritores diplomatas: a trajetória do trabalho intelectual brasileiro no século XIX. *Ipotesi*, Juiz de Fora, v. 21, n. 2, p. 84-96, jul./dez. 2017.

RITTER, Eduardo. Escritores-jornalistas: uma tribo no campo jornalístico brasileiro. *Revista Pauta Geral – Estudos em Jornalismo*, Ponta Grossa, v. 2, n. 2, p. 88-104, ago./dez. 2014.

ROCHA, Francisco Lobello de Oliveira. *Regime jurídico dos concursos públicos*. São Paulo: Dialética, 2006.

RODRIGUES, Marco Antonio. *Contos da vida burocrática*: o funcionário público na narrativa curta de ficção brasileira. 2015. Tese (Doutorado em Literatura Brasileira) – Instituto de Letras, Universidade de Brasília, Brasília. p. 31-32 Disponível em: https://repositorio.unb.br/bitstream/10482/22054/1/2015_MarcoAntonioRodrigues.pdf. Acesso em: 11 jan. 2024.

RODRIGUES, Pedro Parga. *A Diretoria de Agricultura em que Machado de Assis atuou*: um esboço de uma pesquisa em andamento. ANPUH – Brasil. 30º Simpósio Nacional de História, Recife, 2019, p. 10. Disponível em: https://www.snh2019.anpuh.org/resources/anais/8/1547735800_ARQUIVO_anpuh2019_revisto.pdf. Acesso em: 05 dez. 2023.

ROMERO, Silvio. *Apud* BUENO, Alexei; ERMAKOFF, George. *Duelos no serpentário*: uma antologia da polêmica intelectual no Brasil (1850-1950). Rio de Janeiro: G. Ermakoff, 2005.

ROUANET, Sergio Paulo (Coord.). *Correspondência de Machado de Assis*. tomo I (1860-1869). Organizada e comentada por Irene Moutinho e Sílvia Eleutério. Rio de Janeiro, 2008, p. 203, nota de rodapé 4.

SAMYN, Henrique Marques. Prefácio "Machado, o cronista". *Machado de Assis*. Todas as crônicas: volume 1. Aquarelas e outras crônicas (1859-1878). Rio de Janeiro: Nova Fronteira, 2021.

SÁNCHEZ MORÓN, Miguel. *Derecho de la función pública*. 5. ed. Madrid: Tecnos, 2008.

SANDEL, Michael J. *A tirania do mérito*. O que aconteceu com o bem comum?. Tradução de Bhuvi Libanio. 6. ed. Rio de Janeiro: Civilização brasileira, 2021.

SARNEY, José. Lições políticas de Machado de Assis. In: ASSIS, Machado. *O velho Senado*. Brasília: Senado Federal, 2004.

SARNEY, José. Prefácio. In: MATOS, Miguel. *Código de Machado de Assis*. São Paulo: Migalhas Jurídicas, 2021.

SARTORELLI, Isabel Cristina; MARTINS, Eliseu. Machado de Assis, guarda-livros?. *Estudos Avançados*, v. 88, 2016.

SCHUBSKY, Cássio; MATOS, Miguel. *Doutor Machado*. O Direito na vida e na obra de Machado de Assis. Ribeirão Preto: Lettera, Migalhas, 2008.

SCHWARCZ, Lilia. *Sobre o autoritarismo brasileiro*. São Paulo: Companhia das Letras, 2017.

SCHWARZ, Roberto. *Um mestre na periferia do capitalismo*: Machado de Assis. São Paulo: Duas Cidades, 1990.

SENA, Tatiana. *Machado de Assis, tipógrafo*. Dossiê "Editar Machado de Assis". *Machado Assis em Linha*, v. 13, n. 29, jan./abr. 2020. Disponível em: https://www.scielo.br/j/mael/a/Zb9qGks8Q69sYmfcwpqGRVM/?lang=pt#. Acesso em: 28 dez. 2023.

SILVA, Tatiana Dias; CAMPOS, André Gambier; AVELAR, Adriana; ARAÚJO, Carla. Custos de um concurso para a magistratura: uma análise a partir da perspectiva de inclusão racial. *Boletim de Análise Político-Institucional*, IPEA, n. 31, dez. 2021, Disponível em: https://repositorio.ipea.gov.br/bitstream/11058/11039/13/bapi_31_custos_concurso.pdf. Acesso em: 02 fev. 2024.

SIQUEIRA, Lea Rodrigues. *O herói das memórias*: análise em *Memórias póstumas de Brás Cubas* e *Memórias de um sargento de milícias*. Dissertação (Mestrado em Letras) – Programa de Pós-Graduação em Letras, Universidade Federal do Rio Grande do Sul, Porto Alegre, 2010. Disponível em: https://lume.ufrgs.br/handle/10183/24017. Acesso em: 25 fev. 2024.

SOARES, Guilherme Augusto de Vargas; FONTANIVE, Thiago. Diálogo entre Direito e Literatura: uma interdisciplinariedade promissora. *Consultor Jurídico*, 21 jul. 2018. Disponível em: https://www.conjur.com.br/2018-jul-21/diario-classe-dialogo-entre-direito-literatura-interdisciplinariedade-promissora/. Acesso em: 18 dez. 2023.

SOARES, Leonardo Francisco. A guerra é uma ópera e uma grande ópera: as crônicas de Machado de Assis e a questão do oriente. *Machado Assis em Linha*, Rio de Janeiro, v. 5, n. 9, p. 155-170, jun. 2012.

SUNDFELD, Carlos Ari. Direito administrativo no Brasil. Círculo de Derecho Administrativo, p. 204. Disponível em: file:///C:/Users/Fabio/Downloads/Dialnet-DireitoAdministrativoNoBrasil-7810846.pdf. Acesso em: 14.02.2024.

TÁCITO, Caio. Evolução Histórica do Direito Administrativo. *Revista do Serviço Público*, março 1955.

VIEIRA, Padre Antônio. *Sermão do bom ladrão*. Texto de domínio público, p. VII. Disponível em: http://www.dominiopublico.gov.br/download/texto/fs000025pdf.pdf. Acesso em: 09 dez. 2023.

YOUNG, Michael. *The rise of the meritocracy*. Harmondsworth: Penguin Books, 1958.

ZIMIANI, D. T.; HOEPPNER, M. G. Interdisciplinaridade no ensino do direito. *Akrópolis Umuarama*, v. 16, n. 2, p. 103-107, abr./jun. 2008.

Textos e reportagens divulgadas na imprensa e em *sites* institucionais

ADMINISTRAÇÃO Central e Secretarias de Estado (1822-1889). Verbete do *Glossário do Arquivo Nacional Memória da Administração Pública Brasileira*, 15 dez. 2017. Disponível em: http://mapa.an.gov.br/index.php/producao?layout=&id=497. Acesso em: 09 fev. 2024.

ADMINISTRAÇÃO Central e Secretarias de Estado (1889-1930). Verbete do *Glossário do Arquivo Nacional Memória da Administração Pública Brasileira*, 15 dez. 2017. Disponível em: http://mapa.an.gov.br/index.php/producao/82-assuntos/producao/glossario/498-administracao-central-e-secretarias-de-estado-1822-1890. Acesso em: 09 fev. 2024.

AGATHA Christie, Pharmacist. *Daily from JSTOR*, 15 set. 2016. Disponível em: https://daily.jstor.org/agatha-christie-pharmacist/. Acesso em: 07 fev. 2024.

ALMEIDA, Marco Rodrigo. Pesquisas apontam Machado de Assis como o autor brasileiro mais estudado. *Folha de São Paulo*, 03 jul. 2013. Disponível em: https://m.folha.uol.com.br/ilustrada/2013/07/1305864-pesquisam-apontam-machado-de-assis-como-o-autor-brasileiro-mais-estudado.shtml. Acesso em: 06 fev. 2024.

ASCENÇÃO, Andréa. Servidores públicos, escritores da nação: eles retratam a diversidade do Brasil em suas obras. *Folha do Servidor*, 27 out. 2023. Disponível em: https://www.afpesp.org.br/folha-do-servidor/servidor-publico/servidores-publicos-escritores-da-nacao-eles-retratam-a-diversidade-do-brasil-em-suas-obras. Acesso em: 09 dez. 2023.

ATLAS do Estado brasileiro. Disponível em: https://www.ipea.gov.br/atlasestado/. Acesso em: 02 fev. 2024.

BARBATO, Roberto Júnior. Entre a rotina e o ócio. *Lápis impreciso*, 21 jan. 2012. Disponível em: https://lapisimpreciso.blogspot.com/2012/01/entre-rotina-e-o-ocio.html#. Acesso em: 11 jan. 2024.

BENTO, Berenice. Crítica da crítica à meritocracia. *UnB Notícias*, 19 maio 2021. Disponível em: https://noticias.unb.br/artigos-main/4976-critica-da-critica-a-meritocracia. Acesso em: 1º fev. 2024.

BETTAMIO, Rafaella. Imprensa no período joanino. Disponível em: https://bndigital.bn.br/projetos/expo/djoaovi/imprensajoanino.html. Acesso em: 24 fev. 2024.

BIOGRAFIA. *Revista do Instituto Humanitas Unisinos – IHU*, n. 427, 16 set. 2013. Disponível em: https://www.ihuonline.unisinos.br/artigo/5160-biografia-13. Acesso em: 07 fev. 2024.

CNJ aprova regra de gênero para ampliar número de juízas. *Agência Brasil*, 26 set. 2023. Disponível em: https://agenciabrasil.ebc.com.br/justica/noticia/2023-09/cnj-aprova-regra-de-genero-para-ampliar-numero-de-juizas#:~:text=A%20aprova%C3%A7%C3%A3o%20 da%20medida%20pelo,ju%C3%ADzes%2C%20%C3%A9%20formada%20por%20 mulheres. Acesso em: 02 fev. 2024.

CONCURSOS: PL que amplia cota de negros para 30% avança no Senado. *Folha Dirigida*, 15 dez. 2023. Disponível em: https://folha.qconcursos.com/n/concursos-pl-que-amplia-cota-racial-avanca-no-senado. Acesso em: 1º fev. 2024.

CRONOLOGIA da vida de Machado de Assis. *Senado Notícias*, 26 set. 2008. Disponível em: https://www12.senado.leg.br/noticias/materias/2008/09/26/cronologia-da-vida-de-machado-de-assis. Acesso em: 02 mar. 2024.

CUNHA, Gilberto. O bibliotecário J. L. Borges. O Nacional, 11 nov. 2006. Disponível em: https://www.onacional.com.br/cidade,2/2016/11/11/o-bibliotecario-jl-borges,104141. Acesso em: 07 fev. 2024.

FANJUL, Sérgio C. A meritocracia é uma armadilha. *El País*, 18 jul. 2021. Disponível em: https://brasil.elpais.com/economia/2021-07-18/a-meritocracia-e-uma-armadilha.html. Acesso em: 1º fev. 2024.

FERREIRA, Raquel. O genial Machado de Assis. Fundação Biblioteca Nacional, 19 jun. 2020. Disponível em: https://www.gov.br/bn/pt-br/central-de-conteudos/noticias/o-genial-machado-de-assis. Acesso em: 25 nov. 2023.

FILGUEIRAS, Mariana. O adeus ao primeiro e único imortal. *Jornal do Brasil*, Rio de Janeiro, 13 abr. 2008. Disponível em: https://www.academia.org.br/noticias/o-adeus-ao-primeiro-e-unico-imortal. Acesso em: 18 fev. 2024.

FRANCA FILHO, Marcílio Toscano. Quando Machado de Assis encontrou Epitácio Pessoa no Rio de Janeiro. *Jota*, 19 abr. 2020. Disponível em: https://www.jota.info/opiniao-e-analise/artigos/quando-machado-de-assis-encontrou-epitacio-pessoa-no-rio-de-janeiro-19042020. Acesso em: 02 mar. 2024.

FRAZÃO, Dilva. Manuel Antônio de Almeida. *E-biografia*, 06 mar. 2019. Disponível em: https://www.ebiografia.com/manuel_almeida/. Acesso em: 25 fev. 2024.

GEARINI, Victória. 5 obras de Machado de Assis que denunciavam a sociedade escravista. *Aventuras da História*, 28 jan. 2020. Disponível em: https://aventurasnahistoria.uol.com.br/noticias/vitrine/historia-5-obras-de-machado-de-assis-que-denunciavam-sociedade-escravista.phtml. Acesso em: 16 fev. 2024.

LEITE, Gisele. O feminino em Machado de Assis. Entre a estória e a história. *Jornal Jurid*, 17 jul. 2023. Disponível em: https://www.jornaljurid.com.br/colunas/gisele-leite/o-feminino-em-machado-de-assis-entre-a-estoria-e-a-historia. Acesso em: 14 mar. 2024.

LOBATO, Arthur. O esgotamento profissional: o *burn-out* segundo Dostoiévski. Sindicato dos Trabalhadores do Poder Judiciário Federal no Estado de Minas Gerais, 23 maio 2017. Disponível em: https://www.sitraemg.org.br/post_type_artigo/o-esgotamento-profissional-o-burn-out-segundo-dostoiewisk/. Acesso em: 07 fev. 2024.

LOPES, Carlos Herculano. Enquete com especialistas elegeu os melhores livros e autores do país. *Correio Braziliense*, 14 abr. 2013. Disponível em: https://www.correiobraziliense.com.br/app/noticia/diversao-e-arte/2013/04/14/interna_diversao_arte,360305/enquete-com-especialistas-elegeu-os-melhores-livros-e-autores-do-pais.shtml. Acesso em: 18 fev. 2024.

MACHADO de Assis: Trabalho na cobertura jornalística do Senado moldou o grande escritor. *Senado Notícias*, 28 abr. 2006. Disponível em: https://www12.senado.leg.br/noticias/materias/2006/04/28/machado-de-assis-trabalho-na-cobertura-jornalistica-do-senado-moldou-o-grande-escritor. Acesso em: 12 mar. 2024.

MINISTRO negro quebra tabu no STF. *Memorial da Democracia*, 05 jun. 2003. Disponível em: http://memorialdademocracia.com.br/card/ministro-negro-quebra-tabu-no-stf#:~:text=De%20origem%20humilde%2C%20Barbosa%20%C3%A9,no%20cargo%20em%2066%20anos&text=Sessenta%20e%20seis%20anos%20ap%C3%B3s,da%20mais%20alta%20corte%20nacional. Acesso em: 1º fev. 2024.

NASSER, Paulo. (Nada) respeitável público. *Observatório da Imprensa*, 04 ago. 2009. Disponível em: https://www.observatoriodaimprensa.com.br/feitos-desfeitas/nada-respeitavel-publico/. Acesso em: 07 fev. 2024.

NOGUEIRA, Paulo. Conheça o verdadeiro Machado de Assis: negro e crítico da escravidão. *Estado de Minas Gerais*, 26 jun. 2020. Disponível em: https://www.em.com.br/app/noticia/pensar/2020/06/26/interna_pensar,1159969/conheca-o-verdadeiro-machado-de-assis-negro-e-critico-da-escravidao.shtml. Acesso em: 11 fev. 2024.

NÚMERO de pessoas com deficiência no serviço público federal cresceu 70% entre 2014 e 2023. Secretaria de Comunicação da Presidência da República, 21 set. 2023. Disponível em: https://www.gov.br/secom/pt-br/assuntos/noticias/2023/09/numero-de-pessoas-com-deficiencia-no-servico-publico-cresceu-70-entre-2014-e-2023. Acesso em: 02 fev. 2024.

O ESCRAVO que Machado de Assis censurou. *Revista Fórum*, 19 ago. 2014. Disponível em: https://revistaforum.com.br/blogs/outrofobia/2014/8/19/escravo-que-machado-de-assis-censurou-27076.html. Acesso em: 17 dez. 2023.

O'BRIEN, George. How the Civil Service became a hotbed of great Irish writing. *The Irish Times*, 03 fev. 2018. Disponível em: https://www.irishtimes.com/culture/books/how-the-civil-service-became-a-hotbed-of-great-irish-writing-1.3374347. Acesso em: 11 jan. 2024. Tradução livre do autor.

PARTICIPAÇÃO de mulheres no governo Bolsonaro é uma das menores do mundo. Confederação Nacional de Trabalhadores em Saúde, 13 mar. 2019. Disponível em: https://cnts.org.br/noticias/participacao-de-mulheres-no-governo-bolsonaro-e-uma-das-menores-do-mundo/. Acesso em: 16 mar. 2024.

PAULA Brito. *Literafro: o portal da literatura afro-brasileira*, 29 set. 2020. Disponível em: http://www.letras.ufmg.br/literafro/autores/374-paula-brito. Acesso em: 25 fev. 2024.

PGR questiona leis de 17 estados que limitam participação feminina em concursos para PM e bombeiros. Supremo Tribunal Federal, 11 out. 2023. Disponível em: https://portal.stf.jus.br/noticias/verNoticiaDetalhe.asp?idConteudo=515622&ori=1.

PREFEITURA de Palmeira dos Índios lança cursinho preparatório gratuito para concurso público 2024. Prefeitura de Palmeira dos Índios, 03 dez. 2023. Disponível em: https://palmeiradosindios.al.gov.br. Acesso em: 06 fev. 2024.

ROUBICEK, Marcelo. Qual o efeito da cota racial no setor público. E como aprimorá-la. *Nexo*, 23 set. 2022. Disponível em https://www.nexojornal.com.br/expresso/2022/09/23/Qual-o-efeito-da-cota-racial-no-setor-p%C3%BAblico.-E-como-aprimor%C3%A1-la. Acesso em: 1º fev. 2024.

SALOMÃO, Alexa. Brasil tem menos servidores que EUA, Europa e países vizinhos. *Folha de São Paulo*, 30 jul. 2023. Disponível em: https://www1.folha.uol.com.br/mercado/2023/07/brasil-tem-menos-servidores-que-eua-europa-e-paises-vizinhos.shtml#:~:text=Na%20m%C3%A9dia%20dos%20pa%C3%ADses%20da,48%25%20do%20total%20de%20trabalhadores. Acesso em: 02 fev. 2024.

SARAMAGO, José. Autobiografia. Texto publicado no *site* da Fundação José Saramago. Disponível em: https://www.josesaramago.org/biografia/. Acesso em: 07 fev. 2024.

SINOPSE do livro *O Duplo*, de Fiódor Dostoiéviski, publicado no *site* Estante Virtual. Disponível em: https://www.estantevirtual.com.br/livros/fiodor-dostoievski/o-duplo/407468509#. Acesso em: 07 fev. 2024.

STF afasta limitação de vagas para mulheres em concurso da PM do Amazonas e do Ceará. Supremo Tribunal Federal, 14 fev. 2024. Disponível em: https://portal.stf.jus.br/noticias/verNoticiaDetalhe.asp?idConteudo=527009&ori=1#:~:text=A%20PGR%20questionou%20dispositivo%20da,para%20os%20quadros%20da%20PM. Acesso em: 14 mar. 2024.

YGOR, José; FERREIRA, Luiza. Barata Ribeiro, Cândido. Intendente de Matadouro, Presidente do Conselho de Intendência, Prefeito do Distrito Federal. Disponível em: http://expagcrj.rio.rj.gov.br/barata-ribeiro-candido/. Acesso em: 15.03.2024.

Crônicas de Machado de Assis

ASSIS, Machado de. Crônica "A reforma pelo jornal", de 23.10.1859. In: *Crônicas (1859-1888)*.

ASSIS, Machado de. Crônica "A reforma pelo jornal", de 24.10.1859, publicada no jornal *O Espelho*.

ASSIS, Machado de. Crônica "Carrapatos políticos", de 28.09.1862, publicada no jornal *A Semana*, seção Dr. Semana.

ASSIS, Machado de. Crônica "O jornal e o livro", de 10.01.1859, publicada no jornal *Correio Mercantil*.

ASSIS, Machado de. Crônica "Passeio público" de 28.09.1862, publicada no jornal *A Semana*, seção Dr. Semana.

ASSIS, Machado de. Crônica "Pedro Luís", publicada em 05.10.1884 em *A Ilustração*, Rio de Janeiro.

ASSIS, Machado de. Crônica de 02.02.1873, publicada no jornal *Semana Ilustrada*.

ASSIS, Machado de. Crônica de 02.03.1896, publicada no jornal *Gazeta de Notícias*, seção A Semana.

ASSIS, Machado de. Crônica de 02.07.1893, publicada no jornal *A Semana* (1º volume – 1892-1893).

ASSIS, Machado de. Crônica de 02.08.1896, publicada no jornal *A Semana* (1892-1900).

ASSIS, Machado de. Crônica de 02.12.1894, publicada no jornal *Gazeta de Notícias*.

ASSIS, Machado de. Crônica de 03.03.1895, publicada no jornal *Gazeta de Notícia*, seção A Semana.

ASSIS, Machado de. Crônica de 03.07.1892, publicada no jornal *Semana Illustrada*, seção A Semana.

ASSIS, Machado de. Crônica de 03.11.1894, publicada em *A Semana*, p. 229.

ASSIS, Machado de. Crônica de 04.08.1878. In: *Crônicas (1878-1888)*.

ASSIS, Machado de. Crônica de 04.10.1863, publicada no jornal *Semana Illustrada*, seção Crônicas do Dr. Semana.

ASSIS, Machado de. Crônica de 04.10.1892, publicada no jornal *A Semana*.

ASSIS, Machado de. Crônica de 04.12.1892, publicada no jornal *A Semana*.

ASSIS, Machado de. Crônica de 05.03.1867, publicada em *Cartas Fluminenses* (A Opinião Pública).

ASSIS, Machado de. Crônica de 05.09.1864, publicada no jornal *Diário do Rio de Janeiro*.

ASSIS, Machado de. Crônica de 06.11.1885, publicada no jornal *Gazeta de Notícias* (1884-1888), seção Balas de Estalo.

ASSIS, Machado de. Crônica de 06.12.1863, publicada no jornal *Semana Ilustrada*.

ASSIS, Machado de. Crônica de 07.01.1862, publicada no jornal *Diário do Rio de Janeiro*.

ASSIS, Machado de. Crônica de 07.01.1894, publicada no jornal *A Semana* (2º volume – 1894-1895).

ASSIS, Machado de. Crônica de 07.06.1896, publicada no jornal *A Semana*.

ASSIS, Machado de. Crônica de 07.07.1878. In: *Crônicas (1878-1888)*.

ASSIS, Machado de. Crônica de 07.08.1864, publicada no jornal *Diário do Rio de Janeiro*.

ASSIS, Machado de. Crônica de 07.08.1892, publicada no jornal *A Semana*.

ASSIS, Machado de. Crônica de 07.08.1892, publicada no jornal *Gazeta de Notícias*.

ASSIS, Machado de. Crônica de 07.10.1894, publicada no jornal *A Semana*.

ASSIS, Machado de. Crônica de 07.10.1894, publicada no jornal *A Semana* (2º volume – 1894-1895).

ASSIS, Machado de. Crônica de 08.02.1862, publicada no jornal *Diário do Rio de Janeiro*.

ASSIS, Machado de. Crônica de 08.02.1862. In: *Crônicas (1859-1888)*.

ASSIS, Machado de. Crônica de 08.03.1896, publicada no jornal *A Semana* (1892-1900).

ASSIS, Machado de. Crônica de 08.05.1864, publicada no jornal *A Semana*, seção Dr. Semana.

REFERÊNCIAS | 311

ASSIS, Machado de. Crônica de 08.05.1892, publicada no jornal *Gazeta de Notícias*

ASSIS, Machado de. Crônica de 09.04.1893, publicada no jornal *A Semana* (1º volume – 1892-1893).

ASSIS, Machado de. Crônica de 09.04.1893, publicada no jornal *Gazeta de Notícias*.

ASSIS, Machado de. Crônica de 09.06.1878, publicada no jornal *O Cruzeiro* (1878), Notas semanais. In: *Crônicas (1878-1888)*.

ASSIS, Machado de. Crônica de 09.06.1878. In: *Crônicas (1878-1888)*.

ASSIS, Machado de. Crônica de 09.08.1896, publicada no jornal *Gazeta de Notícias*.

ASSIS, Machado de. Crônica de 09.09.1894, publicada no jornal *A Semana*.

ASSIS, Machado de. Crônica de 10.01.1897, publicada no jornal *A Semana* (1892-1900).

ASSIS, Machado de. Crônica de 10.01.1897, publicada no jornal *Gazeta de Notícia*, seção A Semana.

ASSIS, Machado de. Crônica de 10.07.1892, publicada no jornal *A Semana*.

ASSIS, Machado de. Crônica de 11.09.1864, publicada no *Diário do Rio de Janeiro*. In: *Crônicas (1864-1867)*.

ASSIS, Machado de. Crônica de 11.09.1864, publicada no jornal *Diário do Rio de Janeiro*.

ASSIS, Machado de. Crônica de 11.10.1863, publicada no jornal *Semana Ilustrada*.

ASSIS, Machado de. Crônica de 11.10.1896, publicada no jornal *A Semana* (1892-1900).

ASSIS, Machado de. Crônica de 11.11.1861, publicada no *Diário do Rio de Janeiro*.

ASSIS, Machado de. Crônica de 11.11.1897, publicada no jornal *A Semana*.

ASSIS, Machado de. Crônica de 12.03.1893, publicada no jornal *A Semana*.

ASSIS, Machado de. Crônica de 12.04.1896, publicada no jornal *Gazeta de Notícias*.

ASSIS, Machado de. Crônica de 12.05.1864, publicada no jornal *Semana Illustrada*, seção Crônicas do Dr. Semana.

ASSIS, Machado de. Crônica de 12.08.1894, publicada no jornal *A Semana* (2º volume – 1894-1895), p. 170.

ASSIS, Machado de. Crônica de 12.08.1894, publicada no jornal *A Semana* (2º volume – 1894-1895).

ASSIS, Machado de. Crônica de 12.11.1893, publicada no jornal *Gazeta de Notícias*.

ASSIS, Machado de. Crônica de 13.11.1892, publicada no jornal *Gazeta de Notícias*.

ASSIS, Machado de. Crônica de 14.01.1862. In: *Crônicas (1859-1888)*.

ASSIS, Machado de. Crônica de 14.03.1893, publicada no jornal *Gazeta de Notícias*.

ASSIS, Machado de. Crônica de 14.06.1892, publicada no jornal *A Semana*.

ASSIS, Machado de. Crônica de 14.07.1878, publicada no jornal *O Cruzeiro*.

ASSIS, Machado de. Crônica de 14.08.1864, publicada no jornal *Diário do Rio de Janeiro*.

ASSIS, Machado de. Crônica de 15.01.1893, publicada no jornal *Gazeta de Notícias*.

ASSIS, Machado de. Crônica de 15.03.1877, publicada na revista *Illustração Brasileira*.

ASSIS, Machado de. Crônica de 15.03.1877, publicada no jornal *Illustração Brasileira*, seção História de Quinze Dias.

ASSIS, Machado de. Crônica de 15.03.1896, publicada no jornal *A Semana* (1892-1900).

ASSIS, Machado de. Crônica de 15.04.1894, publicada no jornal *A Semana*.

ASSIS, Machado de. Crônica de 15.05.1864. In: *Crônicas (1859-1888)*.

ASSIS, Machado de. Crônica de 15.05.1892, publicada no jornal *A Semana* (1º volume – 1892-1893), p. 36.

ASSIS, Machado de. Crônica de 15.06.1877, publicada na revista *Illustração Brasileira*.

ASSIS, Machado de. Crônica de 15.07.1894, publicada no jornal *A Semana* (2º volume – 1894-1895).

ASSIS, Machado de. Crônica de 15.07.1894, publicada no jornal *Gazeta de Notícias*.

ASSIS, Machado de. Crônica de 15.08.1876, publicada na revista *Illustração Brasileira*.

ASSIS, Machado de. Crônica de 15.08.1876. In: *Crônicas (1871-1878)*.

ASSIS, Machado de. Crônica de 15.09.1876, publicada na revista *Illustração Brasileira*.

ASSIS, Machado de. Crônica de 15.11.1896, publicada no jornal *A Semana* (1892-1900).

ASSIS, Machado de. Crônica de 16.06.1878, publicada no jornal *O Cruzeiro*.

ASSIS, Machado de. Crônica de 16.12.1861, publicada no jornal *Diário do Rio de Janeiro*.

ASSIS, Machado de. Crônica de 17.03.1895, publicada no jornal *Gazeta de Notícias*, seção A Semana.

ASSIS, Machado de. Crônica de 17.03.1895, publicada no jornal *Gazeta de Notícias*.

ASSIS, Machado de. Crônica de 17.05.1896, publicada no jornal *A Semana* (1892-1900).

ASSIS, Machado de. Crônica de 17.06.1894, publicada no jornal *A Semana*.

ASSIS, Machado de. Crônica de 17.07.1864, publicada no jornal *Diário do Rio de Janeiro*.

ASSIS, Machado de. Crônica de 17.07.1864, publicada no jornal *Diário do Rio de Janeiro*. In: *Crônicas (1864-1867)*.

ASSIS, Machado de. Crônica de 18.08.1878, publicada no jornal *Gazeta de Notícias* (1884-1888), seção Balas de Estalo. In: *Crônicas (1878-1888)*.

ASSIS, Machado de. Crônica de 18.10.1896, publicada no jornal *Gazeta de Notícia*, seção A Semana.

ASSIS, Machado de. Crônica de 19.03.1893, publicada no jornal *Gazeta de Notícias*.

ASSIS, Machado de. Crônica de 19.07.1896, publicada no jornal *A Semana*.

ASSIS, Machado de. Crônica de 19.08.1894, publicada no jornal *Gazeta de Notícias*.

ASSIS, Machado de. Crônica de 1º.01.1877, publicada na revista *Illustração Brasileira*.

ASSIS, Machado de. Crônica de 1º.01.1893, publicada no jornal *A Semana* (1º volume – 1892-1893).

ASSIS, Machado de. Crônica de 1º.04.1862, publicada no jornal *Diário do Rio de Janeiro*.

ASSIS, Machado de. Crônica de 1º.04.1863. In: *Crônicas (1859-1888)*.

ASSIS, Machado de. Crônica de 1º.04.1877. In: *Crônicas (1871-1878)*.

ASSIS, Machado de. Crônica de 1º.04.1893, publicada no jornal *A Semana* (1º volume – 1892-1893).

ASSIS, Machado de. Crônica de 1º.04.1894, publicada no jornal *A Semana*.

ASSIS, Machado de. Crônica de 1º.05.1864, publicada no jornal *A Semana*, seção Dr. Semana.

ASSIS, Machado de. Crônica de 1º.05.1864, publicada no jornal *Semana Ilustrada*.

ASSIS, Machado de. Crônica de 1º.06.1877. In: *Crônicas (1871-1878)*.

ASSIS, Machado de. Crônica de 1º.09.1878, publicada no jornal *O Cruzeiro*.

ASSIS, Machado de. Crônica de 1º.09.1878. In: *Crônicas (1878-1888)*.

ASSIS, Machado de. Crônica de 1º.10.1876, publicada na Revista *Illustração Brasileira*, seção História de Quinze Dias.

ASSIS, Machado de. Crônica de 1º.11.1861, publicada no jornal *Diário do Rio de Janeiro*.

ASSIS, Machado de. Crônica de 1º.12.1876, publicada no jornal *Illustração Brasileira*, seção História de Quinze Dias.

ASSIS, Machado de. Crônica de 1º.12.1877, publicada na revista *Illustração Brasileira*.

ASSIS, Machado de. Crônica de 20.10.1872, publicada em *Semana Illustrada*.

ASSIS, Machado de. Crônica de 20.12.1896, publicada no jornal *Gazeta de Notícias*, seção A Semana.

ASSIS, Machado de. Crônica de 21.01.1894, publicada no jornal *A Semana*.

ASSIS, Machado de. Crônica de 21.02.1865, publicada no jornal *Diário do Rio de Janeiro*.

ASSIS, Machado de. Crônica de 21.03.1865. *In: Crônicas* – 1º volume (1859-1863), 2º volume (1864-1867).

ASSIS, Machado de. Crônica de 21.10.1894, publicada no jornal *Gazeta de Notícias*.

ASSIS, Machado de. Crônica de 21.11.1861. *In: Crônicas (1859-1888)*.

ASSIS, Machado de. Crônica de 22.08.1864, publicada no jornal *Diário do Rio de Janeiro*.

ASSIS, Machado de. Crônica de 23.10.1892, publicada no jornal *A Semana*.

ASSIS, Machado de. Crônica de 23.10.1892, publicada no jornal *Gazeta de Notícias*.

ASSIS, Machado de. Crônica de 24.02.1895, publicada no jornal *Gazeta de Notícias*, seção A Semana.

ASSIS, Machado de. Crônica de 24.04.1864, publicada no jornal *A Semana*, seção Dr. Semana.

ASSIS, Machado de. Crônica de 24.10.1864, publicada no jornal *Diário do Rio de Janeiro*.

ASSIS, Machado de. Crônica de 24.12.1861. *In: Crônicas (1859-1888)*.

ASSIS, Machado de. Crônica de 25.02.1894, publicada no jornal *A Semana* (2º volume – 1894-1895).

ASSIS, Machado de. Crônica de 25.02.1894, publicada no jornal *Gazeta de Notícia*, seção A Semana.

ASSIS, Machado de. Crônica de 25.03.1862, publicada no jornal *Diário do Rio de Janeiro*.

ASSIS, Machado de. Crônica de 25.10.1896, publicada no jornal *A Semana*.

ASSIS, Machado de. Crônica de 25.10.1896, publicada no jornal *A Semana* (1892-1900).

ASSIS, Machado de. Crônica de 25.11.1861. *In: Crônicas (1859-1888)*.

ASSIS, Machado de. Crônica de 25.12.1892, publicada no jornal *A Semana* (1892-1893).

ASSIS, Machado de. Crônica de 26.02.1893, publicada no jornal *Gazeta de Notícias*.

ASSIS, Machado de. Crônica de 26.07.1896, publicada no jornal *A Semana* (1892-1900).

ASSIS, Machado de. Crônica de 27.03.1864, publicada no jornal *Semana Ilustrada*.

ASSIS, Machado de. Crônica de 27.07.1862, publicada no jornal *Semana Ilustrada*.

ASSIS, Machado de. Crônica de 27.07.1862. *In: Crônicas (1859-1888)*.

ASSIS, Machado de. Crônica de 27.08.1893, publicada no jornal *Gazeta de Notícia*, seção A Semana.

ASSIS, Machado de. Crônica de 27.09.1896, publicada no jornal *A Semana* (1º volume – 1892-1893).

ASSIS, Machado de. Crônica de 27.11.1892, publicada no jornal *A Semana*.

ASSIS, Machado de. Crônica de 27.11.1892, publicada no jornal *A Semana* (1º volume – 1892-1893).

ASSIS, Machado de. Crônica de 28.01.1894, publicada no jornal *A Semana* (2º volume – 1894-1895).

ASSIS, Machado de. Crônica de 28.03.1865, publicada no jornal *Diário do Rio de Janeiro*.

ASSIS, Machado de. Crônica de 28.08.1864, publicada no *Diário do Rio de Janeiro*. In: *Crônicas (1864-1867)*.

ASSIS, Machado de. Crônica de 28.08.1864, publicada no jornal *Diário do Rio de Janeiro*. In: *Crônicas (1864-1867)*.

ASSIS, Machado de. Crônica de 28.08.1894, publicada no jornal *Gazeta de Notícia*, seção A Semana.

ASSIS, Machado de. Crônica de 28.09.1862, publicada no jornal *Semana Ilustrada*.

ASSIS, Machado de. Crônica de 28.09.1862. In: *Crônicas (1859-1888)*.

ASSIS, Machado de. Crônica de 29.01.1893, publicada no jornal *Gazeta de Notícias*.

ASSIS, Machado de. Crônica de 29.11.1864. In: *Crônicas (1864-1863)*.

ASSIS, Machado de. Crônica de 30.11.1862, publicada no jornal *O futuro*.

ASSIS, Machado de. Crônica de 31.05.1896, publicada no jornal *Gazeta de Notícias*, seção A Semana.

ASSIS, Machado de. Crônica de 31.07.1892, publicada no jornal *Gazeta de Notícias* (1884-1888).

ASSIS, Machado de. Crônica publicada em 24.12.1861, no jornal *Diário do Rio de Janeiro*.

ASSIS, Machado de. Crônica publicada no jornal *Gazeta de Holanda*, n. 38, de 29.11.1887, p. 423.

ASSIS, Machado de. Crônica publicada no jornal *Gazeta de Notícias* (1884-1888), seção Balas de Estalo.

IMAGENS

PRIMEIRA PARTE DO LIVRO:
MACHADO DE ASSIS SERVIDOR

Mapa da cidade do Rio de Janeiro na primeira metade do século XIX

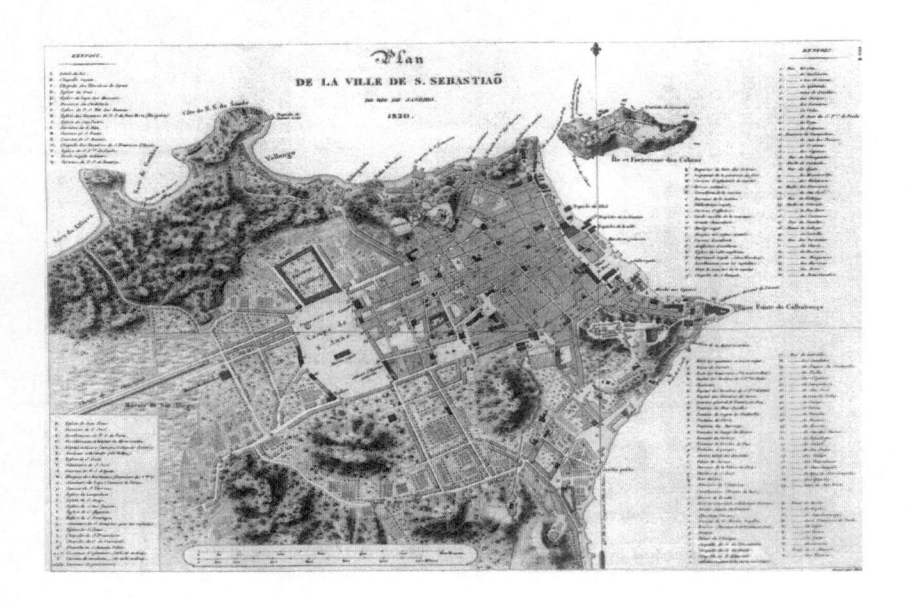

Fonte: Domínio público.

Machado de Assis passou sua infância do Morro da Livramento
(imagem abaixo), na região de Gamboa
(no mapa, no alto à esquerda)

Fonte: Domínio público.

Imprensa Nacional
(onde Machado de Assis trabalhou nos períodos de 1856-1858 e 1867-1873)

"A primeira sede da Imprensa Nacional, ainda como Impressão Régia, foi na casa do Conde da Barca, na Rua do Passeio. Mais tarde, funcionou na Rua dos Barbonos (atual Evaristo da Veiga, esquina com a Rua das Marrecas). Em 1809, voltou para a Rua do Passeio, depois foi transferida para a Academia de Belas Artes, e, a seguir, para o prédio da Cadeia Velha (atual Alerj). Em 1874, o ministro da Fazenda, Visconde do Rio Branco, iniciou a obra do edifício da nova sede da Imprensa Nacional, localizada na Rua 13 de maio (na época, Rua Velha Guarda), onde ficou até o fim do ano de 1940, apesar de ter enfrentado um grande incêndio em 1911. A ocorrência destruiu a maior parte de suas instalações; documentos, publicações raras e o precioso acervo de sua biblioteca. Em 1941, o prédio foi demolido. Inaugurado pelo Presidente Getúlio Vargas, a nova sede, na Avenida Rodrigues Alves, foi a última no Rio de Janeiro antes de se mudar para Brasília, sendo ligada à Casa Civil da Presidência da República". (Fonte: http://portal.imprensanacional.gov.br/acesso-a-informacao/institucional/a-imprensa-nacional. Acesso em: 16 mar. 2024)

Antiga Cadeia Velha, onde funcionou a Câmara dos Deputados até a construção do Palácio Tiradentes.

Fonte: *Revista do Instituto Histórico e Geográfico Brasileiro – IHGB*, v. 272, jul./set. 1966. Foto retirada de Reficio.

Conservatório Dramático Brasileiro
(onde Machado de Assis trabalhou entre 1862-1864)

Praça da Constituição, atual Tiradentes, onde se localizavam os principais teatros da cidade do Rio de Janeiro, o Real Teatro de São João (1813), hoje João Caetano, e o Theatre Franc-Brésiliene (1872), atual Carlos Gomes.

(Fonte: http://mapa.an.gov.br/index.php/menu-de-categorias-2/304-conservatorio-dramatico. Acesso em: 16 mar. 2024)

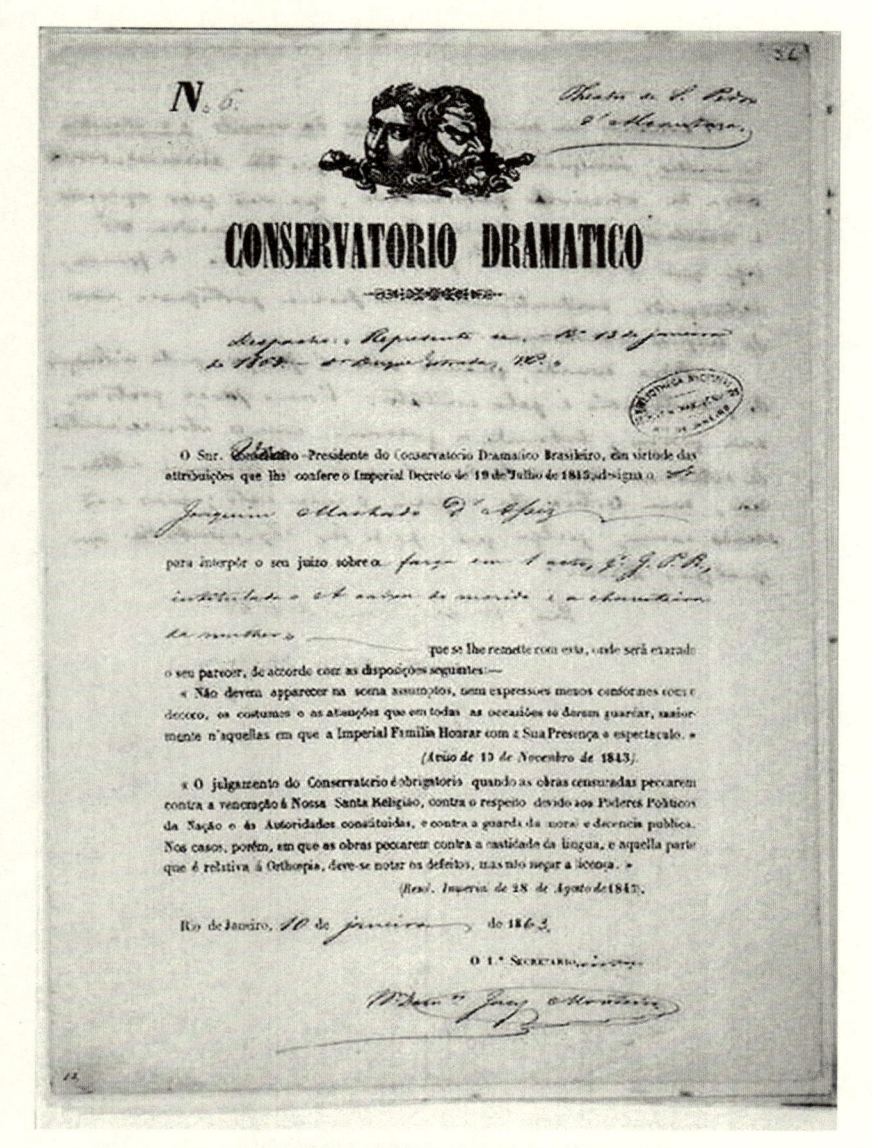

Aprovação de Joaquim Maria Machado de Assis como Censor do Conservatório Dramático Brasileiro para a representação da obra *A caixa do marido e a charuteira da mulher* (16.01.1863). Reprodução digital do manuscrito original conservado na Fundação Biblioteca Nacional.

(Fonte: https://www.cervantesvirtual.com/obra/aprovaco-de-joaquim-maria-machado-de-assis-como-diretor-do-conservatorio-dramatico-brasileiro-para-a-representaco-da-obra-a-caixa-do-marido-e-a-charuteira-da-mulher--0/. Acesso em: 16 mar. 2024)

Secretaria da Agricultura, Comércio e Obras Públicas e do Ministério
da Indústria, Viação e Obras Públicas
(onde Machado de Assis trabalhou entre 1873-1908)

Sede da Secretaria de Estado dos Negócios da Agricultura, Comércio e Obras Públicas, inaugurada em 1875 no Rio de Janeiro.

(Fonte: http://mapa.an.gov.br/index.php/menu-de-categorias-2/338-secretaria-de-estado-dos-negocios-da-agricultura-comercio-e-obras-publicas. Acesso em: 16 mar. 2024)

Ministerio da agricultura
DIRECTORIA DO COMMERCIO
PATENTES
Para conhecimento dos interessados faço publico que no dia 15 do corrente, ao meio-dia, haverá abertura extraordinaria do envolucros depositados no archivo publico.
Em 11 de julho de 1889—O director,
Joaquim M. Machado de Assis.

Fonte: https://www.scielo.br/j/ea/a/gpbKFM85NSdM8kqYzJWZMSK/?format=pdf. Acesso em: 16 mar. 2024

IMAGENS
PRIMEIRA PARTE DO LIVRO: MACHADO DE ASSIS SERVIDOR | 323

Reconhecimento de Machado de Assis na Administração Pública

Livro de 1936

Livro de 1970

Revista do Serviço Público de 1958

Livro de 2006

SEGUNDA PARTE DO LIVRO:
MACHADO DE ASSIS CRONISTA (1859-1900)

Machado de Assis aos 25 anos, quando escrevia colunas
no *Diário do Rio de Janeiro*

Machado de Assis aos 46 anos, quando escrevia crônicas
na *Gazeta de Notícias*

Sede do jornal *Gazeta de Notícias*, na Rua do Ouvidor, onde Machado de Assis trabalhou como cronista nas décadas de 1880 e 1890

Exemplar do jornal *Diário do Rio de Janeiro*

Machado de Assis foi cronista entre 1860 e 1867 do *Diário do Rio de Janeiro*, ou *Diário do Rio*, como carinhosamente o carioca se acostumou a chamá-lo, que foi o primeiro jornal diário do país, começando a circular em primeiro de junho de 1821, antes mesmo da Independência do Brasil.

(Fonte: https://diariodorio.com/historia-e-antecedentes/. Acesso em: 16 mar. 2024)

Semana Illustrada, revista em que Machado de Assis escreveu crônicas nas décadas de 1860 e 1870

Fonte: Domínio público.

O Cruzeiro, jornal em que Machado de Assis publicou crônicas na década de 1870

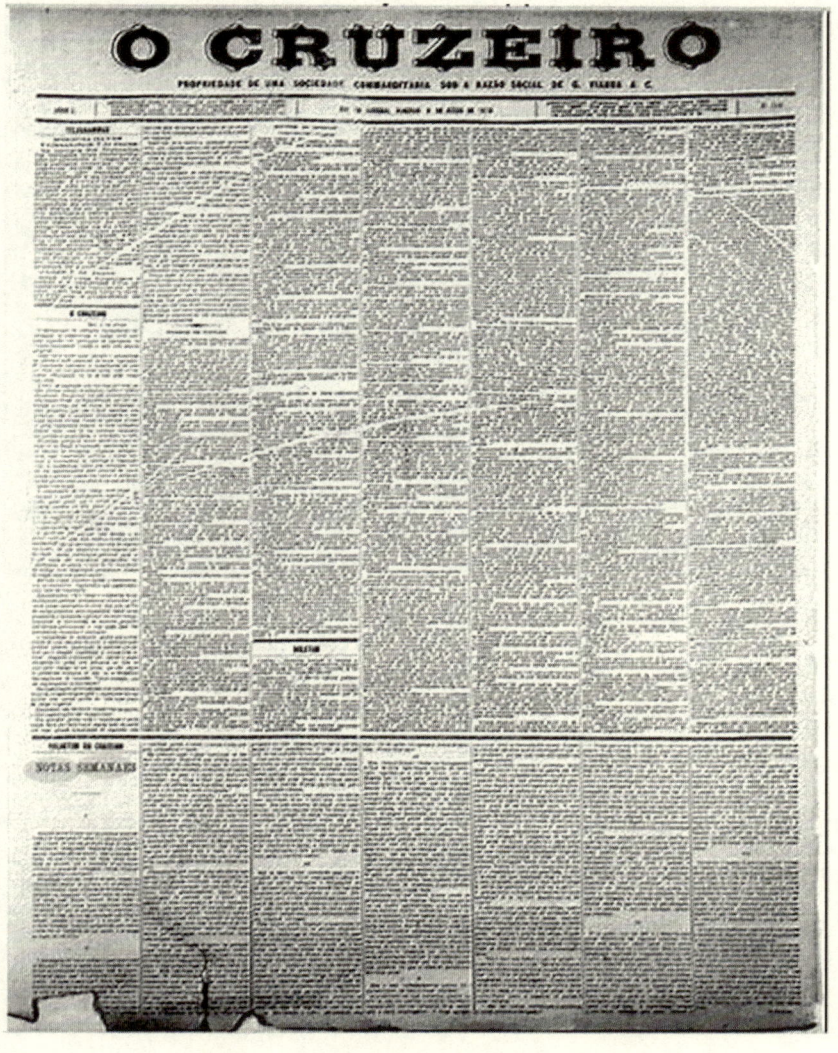

(Fonte: *O Cruzeiro*, 09 jun. 1878. In: WIKIMEDIA COMMONS, 09 jan. 2022. Disponível em: https://commons.wikimedia.org/w/index.php?curid=114718434. Acesso em: 15 maio 2024)

Remoção do Morro do Castelo

A remoção do Morro do Castelo, medida urbanística que somente aconteceu em 1922, foi ventilada por Machado de Assis em crônica de 1º.01.1877, publicada na *Revista Illustração Brasileira*. Foto de Augustro César Malta.

(Fonte: Acervo do Instituto Moreira Salles)

Várias crônicas de Machado de Assis sobre serviços públicos, inovação e responsabilidade estatal inspiraram-se nos bondes instalados no Rio de Janeiro.

Capa de livro de Virna L. Cunha de Freitas, que analisa a atuação de Machado de Assis na imprensa do século XIX

Machado de Assis fotografado em diversas fases da vida

Casa do escritor Machado de Assis e de sua esposa,
na Rua Cosme Velho, nº 18

Nessa casa, Machado e Carolina viveram juntos entre 1883 e 1904 (ano da morte de Carolina). A casa foi demolida na década de 1980.

Fotos do sepultamento de Machado de Assis em 1908

Imagens de domínio público

Esta obra foi composta em fonte Palatino Linotype, corpo 10 e impressa em papel Pólen Bold 70g (miolo) e Supremo 250g (capa) pela Formato Artes Gráficas.